◎ 孙 江　主编
◎ 黄东兰　本卷执行主编

亚洲概念史研究

第9卷

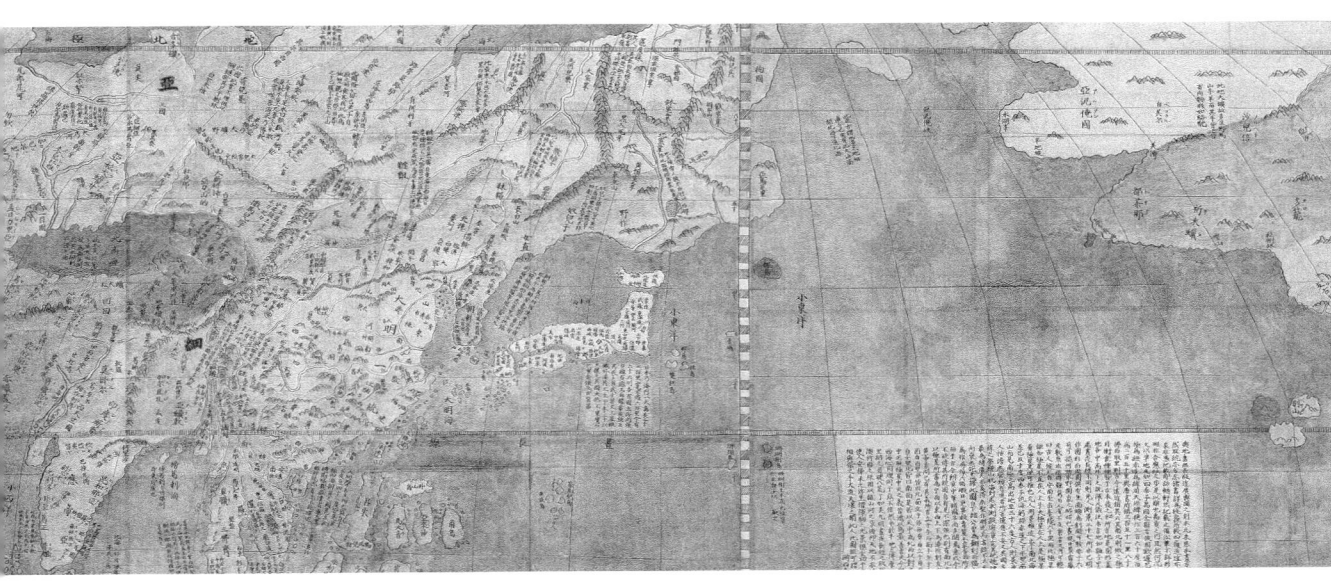

商务印书馆
The Commercial Press

图书在版编目（CIP）数据

亚洲概念史研究.第9卷/孙江主编.—北京：商务印书馆，2022
ISBN 978-7-100-21134-5

Ⅰ.①亚… Ⅱ.①孙… Ⅲ.①亚洲—历史—研究—丛刊 Ⅳ.① K300.7-55

中国版本图书馆 CIP 数据核字（2022）第 076371 号

南京大学"双一流"经费和人文基金资助项目

权利保留，侵权必究。

亚洲概念史研究
第 9 卷
孙 江 主编

商 务 印 书 馆 出 版
（北京王府井大街 36 号 邮政编码 100710）
商 务 印 书 馆 发 行
江苏凤凰数码印务有限公司印刷
ISBN 978-7-100-21134-5

2022 年 10 月第 1 版　　开本 787×1092　1/16
2022 年 10 月第 1 次印刷　印张 20¾

定价：98.00 元

《亚洲概念史研究》

主　办　方：南京大学学衡研究院

学术委员会（以姓氏字母为序）：

阿梅龙	德国法兰克福大学汉学系
陈力卫	日本成城大学经济学部
方维规	北京师范大学文学院
冯　凯	德国汉堡大学汉学系
韩东育	东北师范大学历史文化学院
胡传胜	江苏省社会科学院《学海》编辑部
黄东兰	日本爱知县立大学外国语学部
黄克武	台湾"中央研究院"近代史研究所
黄兴涛	中国人民大学历史学院
李　帆	北京师范大学历史学院
李恭忠	南京大学历史学院
李坰丘	韩国翰林大学翰林科学院
李里峰	南京大学政府管理学院
李雪涛	北京外国语大学历史学院
梁一模	韩国首尔国立大学自由研究学院
林少阳	香港城市大学中文及历史学系
刘建辉	日本国际日本文化研究中心
闾小波	南京大学政府管理学院
潘光哲	台湾"中央研究院"近代史研究所
彭南生	华中师范大学中国近代史研究所
沈国威	日本关西大学外国语学部
石　斌	南京大学中美文化研究中心

史易文　瑞典隆德大学中文系
孙　江　南京大学学衡研究院
王宏志　香港中文大学翻译系
王马克　德国埃尔朗根-纽伦堡大学汉学系
王晴佳　美国罗文大学历史系
王月清　南京大学哲学系
王中忱　清华大学中文系
杨念群　中国人民大学清史研究所
张凤阳　南京大学政府管理学院
章　清　复旦大学历史学系
朱庆葆　南京大学中华民国史研究中心

编辑委员会：
　　主　　编：孙　江
　　编　　辑：王　楠　于京东　石坤森
　　助理编辑：徐天娜　闵心蕙　王瀚浩　宋逸炜

开卷语

名不正,则言不顺。言不顺,则事不成。

历经"语言学的转变"之后,由不同学科条分缕析而建构的既有的现代知识体系受到质疑,当代人文社会科学正处在重要的转型期。与此同时,一项名为"概念史"的研究领域异军突起,越来越多的学者注意到,概念史是反求诸己、推陈出新的必经之路。

"概念史"(Begriffsgeschichte/conceptual history)一语最早见诸黑格尔《历史哲学》,是指一种基于普遍观念来撰述历史的方式。20世纪中叶以后,概念史逐渐发展为一门关涉语言、历史和思想的新学问。从概念史的角度来看,概念由词语表出,但比词语含有更广泛的意义;一定的社会、政治经验和意义积淀于特定的词语并被表征出来后,该词语便成为概念。概念史关注文本的语言和结构,通过对历史上主导概念的研究来揭示该时代的特征。

十年前,本刊部分同仁即已涉足概念史研究,试图从东西方比较的角度,考察西方概念如何被翻译为汉字概念,以及汉字圈内不同国家和地区之间概念的互动关系,由此揭示东亚圈内现代性的异同。当初的设想是,从"影响20世纪东亚历史的100个关键概念"入手,梳理概念的生成历史以及由此建构的知识体系,为展开进一步的研究奠定基础。但是,阴差阳错,力小而任重,此一计划竟迟迟难以付诸实行。

十年后,缘起石城,南京大学人文社会科学高级研究院先后于2010年和2011年主办两次"东亚现代知识体系构建"国际学术研讨会,来自各国的学者围绕概念史的核心问题展开了热烈讨论。本刊编委会急切地认识到,要想推进概念史研究,必须进行跨文化、跨学科的努力。

本刊是通向概念史研究的一条小径,举凡讨论语言、翻译、概念、文本、分科、制度以及现代性的论文及评论,皆在刊登之列。通过出版本刊,我们希望达到如下目标:首先梳理中国现代知识体系的生成与演变,继而在东亚范围内进行比较研究,最后在全球史(global history)视野下,从中国和东亚的视角与欧美学界进行学术、理论对话。

本刊将本着追求学术、献身学术的宗旨,为推动撰写"影响 20 世纪东亚历史的 100 个关键概念"做知识和人力准备,诚恳欢迎学界内外的朋友给予关心和支持。我们不敢自诩所刊之文篇篇珠玑,但脚踏实地、力戒虚言,将是本刊一以贯之的态度。

Verba volant, scripta manent(言语飞逝,文字恒留)。

《亚洲概念史研究》编委会

目 录

代序:马克·布洛赫的申辩 ············· 孙　江(1)

概念

法治 ································· 李晓东(7)

　　一、历史中的法与法治 ··················· (7)

　　二、近代法治与中国 ····················· (9)

　　三、法治思想的中国逻辑(1):严复的议会观 ········· (14)

　　四、法治思想的中国逻辑(2):梁启超与中国的自然法思想 ···· (22)

外来概念的哲学是否中国固有:近代中国知识人的困惑 ····· 陈继东(34)

　　一、从"斐录所费亚"到哲学 ················ (35)

　　二、哲学的是与非 ····················· (43)

　　三、经书是宗教还是哲学 ·················· (48)

　　四、结语 ························· (52)

从民初英汉辞典的编纂到百科名汇的确立:以"literature"词条的发展为例

　　······························ 蔡祝青(55)

一、前言 …………………………………………………………… (55)
二、英华(汉)辞典的编纂:韦柏士特辞典主导民初英汉辞典的发展
　　………………………………………………………………… (58)
三、民初英汉/汉英辞典、中文辞典与百科名汇如何反映学科新名词
　　——以"literature"的发展为中心 ……………………… (74)
四、小结 …………………………………………………………… (84)

近代翻译史中的"信达雅"
　　——翻译规范确立的程途 ……………………… 沈国威(85)
一、引言:再释"信达雅" ………………………………………… (85)
二、"信达雅"的提出 ……………………………………………… (87)
三、关于"信" ……………………………………………………… (90)
四、关于"达" ……………………………………………………… (95)
五、关于"雅" ……………………………………………………… (98)
六、翻译与小学:为何需要"汉以前的字法"? ……………… (106)
七、代结语:近代翻译规范确立之路 ………………………… (122)

比较

将中国史纳入"东洋历史"
　　——那珂通世与近代日本中国史叙述的转向 ……… 黄东兰(129)
一、问题的提出:《支那通史》未完之谜 ……………………… (129)
二、新旧之间:《支那通史》的华夷世界 ……………………… (133)
三、东洋史的创出 ……………………………………………… (145)
四、华夷世界的解体:《东洋地理历史讲义》 ………………… (150)
五、《那珂东洋小史》的历史世界 ……………………………… (154)
六、结语 ………………………………………………………… (162)

历史学中的"世纪" ………………………………… 森田直子(165)
一、序言 ………………………………………………………… (165)
二、作为概念的"世纪" ………………………………………… (166)
三、作为问题的"世纪" ………………………………………… (174)

四、结语 …………………………………………………………………… (181)

故乡无此好河山:日本僧北方心泉诗中的杭州体验 ……… 顾长江(183)

    一、北方心泉生平 ………………………………………………… (184)

    二、现存资料 ……………………………………………………… (186)

    三、西湖诗中的杭州 ……………………………………………… (189)

    四、结语 …………………………………………………………… (199)

域外

法兰西民族记忆中的农夫士兵沙文与沙文主义

    …………………………………… 热拉尔·德·皮默热(203)

    一、踪迹　寻找　鉴定 …………………………………………… (204)

    二、法国士兵,出生于卑微的农夫之家 ………………………… (211)

    三、沙文的遗嘱 …………………………………………………… (217)

中世纪的"大学"概念 ……………………………………… 雅克·韦尔热(222)

    一、在大学以前 …………………………………………………… (223)

    二、大学的诞生 …………………………………………………… (226)

    三、13 至 15 世纪的变迁 ………………………………………… (229)

    四、中世纪大学的使命 …………………………………………… (232)

革新与复古:皮科"尊严"概念的两张面孔 ………………………… 冯　飞(237)

    一、颂扬人性卓越的不同路径:皮科之前的人文主义者 …… (240)

    二、自由抉择是人的尊严的根据 ………………………………… (244)

    三、只有追求道德至善才能充分彰显人的尊严 ……………… (247)

    四、皮科的思想方位:靠近康德还是重释西塞罗? ………… (249)

    五、结语 …………………………………………………………… (253)

评论

高第及其中法战争叙述 …………………………………………… 葛晓雪(257)

    一、亨利·高第其人 ……………………………………………… (257)

    二、《法国与中国的冲突》 ………………………………………… (259)

三、《中国与西方列强关系史》……………………………………（262）
　　四、结语 ………………………………………………………………（266）
区域研究中的"空间" ……………………………………… 林　鑫（268）
　　一、区域研究的"空间转向" …………………………………………（268）
　　二、作为方法的区域研究 ……………………………………………（270）
　　三、作为思想的区域研究 ……………………………………………（272）
　　四、结语 ………………………………………………………………（276）
关于尼克拉斯·奥尔森《复数的历史:科塞雷克著作导读》
　　……………………………………………… 万里江·热合曼等（277）
　　一、家庭—战争—大学:科塞雷克多样化的教育 …………………（277）
　　二、现代政治思想的解释、批判与修正 ……………………………（279）
　　三、改革与革命中的社会历史 ………………………………………（280）
　　四、计划—项目—"紧身衣":《历史性基础概念》 …………………（283）
　　五、历史时间和历史写作的理论化 …………………………………（285）
　　六、纪念死者:经验、理解、身份 ……………………………………（288）
理解的历史
　　——《什么是概念史》研讨会纪要 ……………………… 闵心蕙等（290）
　　一、历史沉淀于特定概念 ……………………………………………（291）
　　二、"语言论转向"的不同取向 ………………………………………（299）
　　三、概念史研究的继往开来 …………………………………………（311）

征稿启事 ……………………………………………………………（320）

代序：马克·布洛赫的申辩

孙 江

"爸爸，给我讲讲，学历史有什么用。"

这是《年鉴》杂志创始人马克·布洛赫（Marc Bloch）未完成的遗著《为历史辩护或历史学家的工作》（*Apologie pour l'histoire ou Métier d'historien*）导言开篇第一句话。

这本书有两个法文版。一个是经布洛赫的友人、《年鉴》杂志另一位创始人吕西安·费弗尔（Lucien Febvre）整理的版本。多年后，马克·布洛赫的长子在比对手稿后发现，做事大大咧咧的费弗尔对难以识别的文字做了许多改动，决定重新整理遗稿，于是有了新的版本。我读此书是在1987年，此书是一个来南京留学的美国博士生借给我的，是英文版。书不厚，很快读完，也很快淡忘。再好的书，如果和自己的"生"没有关系，终究是"身"外之物。但是，上引那段话使我颇有临场感，也是我进大学后一直怀有的疑问，使我印象极为深刻。在日本，因邂逅著名法国史学者二宫宏之先生及其著作，我得以翻阅日文版。现在因为讲授"社会史的理论与方法"课，我找来中文版阅读。屈指算来，我与此书相识已有三十余年。

中译本有两个。一个是张和声、程郁翻译的《历史学家的技艺》（一度译为《为历史学辩护》），另一个是黄艳红翻译的《历史学家的技艺》。前者先出，后者后出。针对导言首句，前者译作："'告诉我，爸爸，历史有什么用。'几年前，我十分宠爱的小儿子居然向他身为历史学家的父亲提出这样的问题。"后者译为:"'爸爸,告诉我,历史究竟有什么用。'几年前,一个小男孩靠在我身边,向他的历史学家父亲,提出了这样一个问题。"张、程将男孩译为布洛赫的儿子,黄译没有指明。恰好我手头有法文本,相关页有道:

«Papa，explique-moi donc à quoi sert l'histoire.» Ainsi un jeune garçon qui me touche de près interrogeait，il y a peu d'années，un père historien.

文中的一个小男孩(un jeune garçon)是泛称,在问他历史学家的父亲。何以张、程译本有不同的翻译呢?会不会由于英文本之故?恰好我手头也有英译本,相关页写着:

Tell me daddy，what is the use of history?
Thus，a few years ago，a young lad in whom I had a very special interest questioned his historian father.

"a young lad"是泛称,没有注明是否是布洛赫的儿子。张、程的翻译如果没有"十分宠爱"这一十分中国化的表述未尝不可,从上下文看,小男孩就是布洛赫的儿子。伟大的历史学家多有异乎寻常的经历。中国的"历史之父"司马迁的故事人尽皆知,不消多说。西方的"历史之父"古希腊的希罗多德的家乡在今土耳其西南部,他因为参加反对僭主的叛乱,失败后逃到对岸的萨摩斯(Samos)岛,虽然离家乡不到2公里,但也是流亡。堪称"新史学之父"的马克·布洛赫,而立之年参加第一次世界大战,军衔为上尉;天命之年遭逢第二次世界大战,投笔从戎。1940年在"奇怪的溃败"后,马克·布洛赫跟随溃军从法国西北部的敦刻尔克撤至英国,后又辗转回到法国。因为犹太人的身份,马克·布洛赫及其家人生活困顿。正是从此时开始,马克·布洛赫凭借记忆和读书笔记撰写此书。

勒高夫(Jacques Le Goff)在给法文新版写的长篇导读中认为,小男孩的问话是很沉重的开篇。这句话下面的注释提示,在朗格洛瓦(Charles-Victor Langlois)和瑟诺博斯(Charles Seignobos)合著的《历史研究导论》

(Introduction aux études historiques)中载有同样的疑问。瑟诺博斯是法国实证主义史学的代表,马克·布洛赫的老师。朗格洛瓦执笔的序言列举了几个无须回答的"无益的问题","学历史有什么用"就在其中。对实证主义史学来说,这不成问题;对马克·布洛赫来说,则值得深究。《经济与社会史年鉴》创刊号中的《致读者》(À nos lecteurs)委婉地批评实证主义史学漠视历史的余白和沉默的声音;在此书导言中,马克·布洛赫则挑明自己与实证主义史学的根本对立。他认为,在"历史"成为学问和知识之前,人们可以从有趣的故事中得到独特的美感,这是历史学的魅力所在。作为学问的历史学,不能漠视历史中的"诗性",而诉诸感性的历史学与"科学"研究并不矛盾,"科学"研究不仅仅要获得知识,还要追究事象之间可理解的关系。

按理,在如此有力的开篇后,接下来应该围绕"学历史有没有用"展开论述。一如序言中所说,在极端严酷的条件下,马克·布洛赫已无力完成此项工作,只能展示一个职业历史学家的"工作"(Métier)。虽然如此,我以为从导言中还是可以找到通向答案的痕迹的。话分两头:一方面,马克·布洛赫认为历史学是一门"不确定"的学问,如何使之在"科学"层面近乎完善关乎历史学家这个匠人"工作"的完成度。另一方面,马克·布洛赫关注历史的美感部分,这存在于过去或现在的人事关系之中,也是"我"与历史和他者发生关联的契机。这两个取向体现在布洛赫拟定的《为历史辩护或历史学家的工作》这一书名上。

英译本和中译本略去主标题不无根据,但因此而容易轻视了布洛赫的写作意图。Apologie源于希腊语,恰如柏拉图笔下的《苏格拉底的申辩》,布洛赫不是为过错进行辩解,而是基于强烈的信念和自信进行申辩或辩护。本书仅有五章,按手稿所列写作计划,马克·布洛赫将在第七章("预见的问题")和结语("社会和教育中的历史作用")回答历史到底有什么用的问题。

1943年,马克·布洛赫中断写作,参加抵抗运动。1944年3月8日,马克·布洛赫被捕。在饱受酷刑的折磨后,他于6月16日被枪杀,享年五十有八。马克·布洛赫用生命续写了未竟的篇章。抗争是最具诗性的历史书写。

概 念

法　治

李晓东[*]

近十余年来，中国提倡社会主义核心价值观，法治也是核心价值之一。既为核心价值，就不可不辨其内涵。当今，法治已成为现代社会的普遍价值，而若中国的法治不必是"三权分立"，社会主义的法治亦不同于西方的法治，那就意味着中国的法治建设必有其独自的特色。如此，就更不可不辨在"法治"这一普遍价值的前提下，何谓中国特色的"法治"。

中国对西方近代法治的借鉴始于近代的"西力冲击"之后，然而，法治的观念却在先秦时期就早已有之。因此，对中国法治特质的思考需要在历史的纵轴与东西比较的横轴中来加以定位。本文将首先概观中国围绕法治的两个传统，并在此基础上探讨近代启蒙思想家严复和梁启超的法治思想及其独特性。

一、历史中的法与法治

"法"，其字本为"灋"，在《说文解字》（以下简称《说文》）中解释如下："刑也。平之如水，从水。廌，所以触不直者去之，从去。"廌（音"至"），是古代传

---

[*] 李晓东，日本岛根县立大学教授。

说中可断曲直的独角兽。

然而,近代的梁启超在引用《说文》关于法的解释时,将"㓝"作"荆",他明确指出:"荆与刑为两字,《说文》云'刑,剄也',以刎颈为训。与法字殊义。"① 梁启超在此使用的是段玉裁注解中的解释。② 在《说文》中,并无"荆"字的解释。梁启超在段注的基础上参照各家说法,补其意为:"荆,法也。从刀从井。井亦声。"并为其下定义为:"荆也者,以人力制定一有秩序而不变之形式,可以为事物之模范及程量者也。是与法之观念极相合也。"③在后来的《先秦政治思想史》中,梁启超又补充道:"荆即型字,谓模型也。故于'型'字下云,'铸器之法也'……型为铸器模范,法为行为模范。'灋'含有平直两意,即其模范之标准也。"④据梁启超解释,"荆"字中的"井"字,其语源来自井田,"具有秩序及不变之两意",而偏旁"刂"则意味着"刀以解剖条理"。⑤

通过《说文》中"法"的定义,以及梁启超对"荆"字意的解释,可以看出,即便在古代,"法"与"荆"相通,而不同于"刑",它并不单纯意味着狭义的"剄人之颈"。"法"的内涵包含了"平、直、秩序、不变、模范标准"等基本因素和内涵。

另外,对于与法相关的"律"字,《说文》中的解释为"均布也",梁启超综合各家之说,将其概括为"律也者,平均正确,固定不动,而可以为一切事物之标准者也"⑥。由此可见,"法"与"律"自古以来就包含了丰富的内涵,梁启超将其总结为:"法也者,均平中正,固定不变,能为最高之标准以节度事物者也。"⑦

---

① 梁启超:《先秦政治思想史》,见《饮冰室合集·专集50》(以下简称《专集》或《文集》),中华书局1989年版,第133页。
② 对《说文》中的"法"字解"荆也",段注云:"荆者,罚辠(即罪——引者注)也。易曰,利用荆人,以正法也。引申为凡模范之称。木部曰,模者,法也;竹部曰,范者,法也;土部曰,型者,铸器之法也。"另外,对《说文》中的"刑"字解"剄也",段注释道:"按荆者,五荆也。凡荆罚、典荆,仪荆皆用之。刑者,剄颈也。横绝之也。此字本义少用,俗字乃用刑为罚、典、仪字,不知造字之旨既殊。"由此可见,段注严格区分了"刑"与"荆"二字,尽管二字在"罚罪"的意义上是相通的,但"刑"与"剄"在《说文》中为互注而同义,相对于此,"荆"则被引申为"凡模范之称"而与"法"相通。由下文可知梁启超采此说。
另外,《说文》中的"从去",段注补上了"廌"字,即"从廌去",段注道:"此说从廌去之意,法之正人如廌之去恶也。"
③ 梁启超:《中国法理学发达史论》,见《文集15》,第51页。
④ 梁启超:《先秦政治思想史》,前出,第133页。
⑤ 梁启超:《中国法理学发达史论》,前出,第51页。
⑥ 同上书,第52页。
⑦ 同上书,第53页。

在诸子百家中,关于法的看法,最为耳熟能详的莫过于儒家与法家之间的对立了。《论语》中的"道之以法,齐之以刑,民免而无耻;道之以德,齐之以礼,有耻且格"的论断最具代表意义。然而,如果将"法"广义地解释为"行为模范"、节度事物的"最高标准",无论是儒家的"德、礼"还是法家的"法、刑",在强调最高的行为规范这一点上都是相通的。但是同时,二者之间存在两个根本的不同。一个就在于用以维持政治秩序的规范,是重视道德、以礼齐之,还是以法、刑来加以约束。就这一点来说,儒家重德、礼,法家重法。另一个则是,有没有超越世俗中的最高权力的"最高标准"和价值来对政治权力形成约束力。就这一点来说,儒家有,因为儒家的礼是天、理的具体表现形式,礼源自具有超越性的"天理";而法家则没有,法家之法是君主的统治工具,对君主的约束只有靠君主的"自禁"。

二、近代法治与中国

近代以后,传入中国的西方法治制度和思想大大地改变了中国人关于法的观念,可以说,近代以来对西方法治主义思想的追求和吸收,在中国形成了一个新的传统。那么,应该如何看待自古以来的法传统与近代以来的法传统之间的关系呢?

1. 近代西方的法治

首先,我们需要对西方的法传统有个基本的认识。体现西方法治(rule of law)的是西方近代的立宪主义。正如1789年法国《人权宣言》第16条所言,"凡个人权利无切实保障和分权未确立的社会,均无宪法可言",分权与权利保障均为立宪和近代意义上的"宪法"提供了古典式的定义[①]。分权论出自对于政治权力以及行使权力的人、机构的怀疑,它是为了避免权力的滥用而被创造出来的一种"消极的"组织原理,[②]而从制度上最能象征这一原理的就是议会。作为限制君主权力的机构而形成并发展起来的议会,现在依然是

[①] 参见樋口阳一:《宪法Ⅰ》,青林书院1998年版,第22页。
[②] 清宫四郎将分权的特点归纳为:(1)自由主义的组织原理;(2)消极防止权力滥用的原理;(3)对于国家权力的怀疑态度;(4)政治的中立性。参见清宫四郎:《权力分立制的研究》复刊版,有斐阁1999年版,第215页。

体现分权原理的核心机构,其"消极性"——对政治权力约束的特点非常强。

最早将分权论作为严格的政治组织原理提出来的,是孟德斯鸠(Montesquieu)的三权分立论。孟德斯鸠认为,"自古以来的经验表明,所有拥有权力的人,都倾向于滥用权力,而且不用到极限决不罢休"①。为了保障人们的"政治自由"②不受国家权力的侵害,孟德斯鸠主张权力的分立,认为必须让各自独立的不同机构来分担权力,因为所有的国家体制和宪法都必须服务于保障人的自由。主张权力的分立,实际上并非孟德斯鸠的首创,英国自由主义鼻祖洛克(John Locke)早已明确地提出了实行分权以防止政治权力过度集中的主张。但是,相对于洛克,孟德斯鸠不仅主张立法、行政、司法三权的分立,还进一步主张权力分立后各项权力之间需要相互制约,以形成各权力间的均衡。也就是说,通过对权力的限制以及各项权力相互间的牵制,来保证权力间的均衡,以实现保障国民自由这一目的。

另一方面,相对于以上这种重视对权力进行"限制"的观点,还有一种观点则重视权力间的"调和"。卡尔·施密特(Carl Schmitt)认为,19世纪德国的自由主义有一个从权力间制衡的"机械论观点"发展到"有机体媒介学说"的过程,伯伦知理(Johann Kaspar Bluntschli)即为后一学说的代表。在施密特看来,德国的自由主义思想通过与"德国特有的'有机体'思想结合,克服了机械性的制衡观点。但也正是得益于有机体思想的帮助,议会主义的理念得以保持下来"③。也就是说,有机体论在与原子论、机械论的观点形成对峙的同时,又继续保持了立宪主义的理念。

对于伯伦知理来说,国家是一个有机体,构成国家的各个要素并不是机器的一个部分,而是像构成身体的各个部位一样,各要素相互之间是调和的

---

① 孟德斯鸠:《论法的精神》(上卷),许明龙译,商务印书馆2014年版,第185页。此处严译原文为:"积历史之所经见者而推之,凡人有权,其不倒行逆施者亦鲜矣,且必尽其权之所能至者而为之。"参见严复著,王庆成、叶文心、林载爵编:《严复合集·13》,财团法人辜公亮文教基金会1998年版,第271页。
② 孟德斯鸠将"政治自由"定义为:"在一个国家里,即在一个有法可依的社会里,自由仅仅是做他应该想要做的事和不被强迫做他不应该想要去做的事","自由是做法律所许可的一切事情的权利"。参见孟德斯鸠:《论法的精神》(上卷),前出,第184页。
③ 卡尔·施密特:《现代议会主义的精神史地位》,稲叶素之译,みすず书房2000年版,第64页。

关系,国家即作为一个"有机的"整体而存在。① 伯伦知理站在国家有机体论的立场上,对"专属探理"②的孟德斯鸠的法理论提出了批判并从有机体论的角度把握国会,认为"巴力门各部决非独立拥有制法权者,君主两院相合,协力同心,共为一体,始得此权"③。伯伦知理认为,作为有机体的国家建立在包括君主、议会在内的各个机构(organ)间相互调和的基础上,议会和各权力之间"协力同心,共为一体"。

如果说孟德斯鸠主张的是通过"限制"权力以及权力间的相互"牵制"来保持均衡,那么伯伦知理强调的则是权力间的"调和"。二者看似意见相左,但是,孟德斯鸠所构想的是将权力分散到同时代的身份制社会里各种身份的人手中,只有相互配合,权力才能得以行使,其目的同时也是调和各种身份之间的利益。反观伯伦知理,他的国家有机体论无疑也是以立宪主义的有限政体为前提的。因此,从这个意义上说,"限制""牵制"与"调和"的两种主张未必不能兼容。

实际上,针对三权分立强调权力间的相互制衡,从而强调权力间的调和的不仅是有机体论。在19世纪的英国,白芝浩(Walter Bagehot)在其著名的《英国宪制》一书中也谈到,不能将英国的政治体制理解为彻底的三权分立,他认为:"英国宪法的高效的秘密可以说在于其行政权与立法权的密切结合,几乎是完全的融合。"④正因为这种融合,权力得以统一,宪法上的主权得以统一,并强有力地发挥其功能。在白芝浩看来,这正是英国宪法的长处所在。在白芝浩的时代,英国正处于产业革命所带来的繁荣时代,伴随着新兴阶级的成长,政治上的民主化也得到发展。所以,如何在国政的运作中纳入这些新的参与者成为同时代的课题,作为辉格党人的白芝浩的主张正是应对此课

---

① 关于伯伦知理学说的研究,可参照安世舟:《关于明治初期接受德意志国家思想的一个考察——以伯伦知理和加藤弘之为中心》,见《年报政治学·日本的西欧政治思想》,岩波书店1975年版;山田央子:《伯伦知理与近代日本政治思想——"国民"观念的成立与受容(上)》,《东京都立大学法学会杂志》1991年12月,第32卷第2号,第125—174页;山田央子:《伯伦知理与近代日本政治思想——"国民"观念的成立与受容(下)》,《东京都立大学法学会杂志》1992年7月,第33卷第1号,第221—293页;等等。
② 伯伦知理著,明治文化研究会编:《国法泛论》首卷(明治文化全集补卷2),加藤弘之、平田东助译,日本评论社1971年版,第25页。
③ 同上书,第16页。
④ Walter Bagehot, *The English Constitution*, Oxford University Press, 2001, p.11.

题的。辉格党在强化名望家的领导功能的同时,通过政治制度来维持并坚持多样性。显然,要想保持多样性,融合与妥协不可或缺。①

正如施密特一针见血地指出的那样,近代议会主义的危机就在于由"意见斗争"堕落到了"利害斗争"之中。议会主义的本质原本是"建立在讨论基础上的政治",而"讨论"指的是"以合理的主张阐述己方意见所具有的真理性和正当性,以说服对手信服"②。同时,也正因为如此,自己也必须"做好被对方说服的心理准备"③。这就是说,讨论、说服所带来的意见碰撞是为了阐明意见所具有的真理性和正当性。换而言之,对峙与对立最终是以一致与调和为目标的。在这个意义上,我们或许可以说,权力的限制、牵制本身并不是目的;相反,对立、争论后的分立、多元的"力"之间的调和才是真正的目的。

2. 议会制度、法治思想的导入与思索

近代中国对西方法治、宪政的关注最初是从议会制度开始的。在被称为西欧"议会主义世纪"的19世纪中叶,"西力冲击"把议会制带进了中国,西方的议会制度因被当作西方"富强"之本而备受瞩目,并被广为介绍。在早期魏源的《海国图志》、徐继畬的《瀛环志略》等对同时代的东亚知识分子产生了巨大影响的书里,就已能看到对西方议会的介绍。

例如,"国中有大事,王及官民俱至巴厘满衙门,公议乃行"。"设有大事会议,各抒己见。其国中尊者曰五爵,如中国之公、侯、伯、子、男,为会议之主。且城邑居民,各选忠义之士一二,赴京会议。国王若欲征税纳饷,则必绅士允从;倘绅士不允,即不得令国民纳钱粮;若绅士执私见,则暂散其会,而别择贤士。如有按时变通之事,则庶民择其要者,敬禀五爵、乡绅之会。大众可则可之。大众否则否之。"④以及,"都城有公会所,内分两所:一曰爵房,一曰乡绅房。爵房者,有爵位贵人及耶稣教师处之;乡绅房者,由庶民推择有才识学术者处之。国有大事,王谕相,相告爵房,聚众公议,参以条例,决其可否;

---

① 参见远山隆淑:《妥协的政治学——英国议会政治的思想空间》,风行社2017年版。
② 卡尔·施密特:《现代议会主义的精神史地位》,前出,第9页。施密特认为,只有当人们正确认识到这种"讨论"应有的中心地位时,自由主义式合理主义最具特色的两大政治要求——公开性与分权——才具有正当的意义,也才提高到了科学明晰性的高度(参见该书第49页)。
③ 同上书。
④ 魏源:《海国图志》(全四册),岳麓书社2011年版,第1425页。

辗转告乡绅房,必乡绅大众允诺而后行,否则寝其事勿论"①。

虽然议会的译词有"巴厘满""公会所"等等,并不统一,但都清楚认识到对国家"大事"进行"公议"的议会是一个限制王权的机构。书中所介绍的尽管只是西方议会的一些初级情况,但已经很清楚地反映出议会制度所体现的分权这一"消极的"特点。

西欧的近代议会制度,无疑给儒家知识分子带来了巨大的冲击。在中国传统的民本思想里本来就有"民贵君轻"的思想,提倡君主必须重视民意、施行"仁政",否则即失去作为君主的正当性。但这些只是停留在价值意识的层面上,而保障这些意识与思想的制度并没有真正建立起来。因此,对于近代中国的知识分子们来说,有了议会,"民"的意志不再像传统的民本思想那样,只是通过抽象的"天""天命"来彰显,而是能够通过现实中议会的讨论得以明确地表达出来。这样一种近代化的制度是中国政治传统中所没有的,它无疑给当时的知识分子带来了很大的启发。但是,反过来也可以说,正是因为拥有"天视自我民视,天听自我民听"这种民本思想的传统,儒家知识分子才得以很快理解了近代议会制度的作用并深感其魅力,从而致力于倡导引进西方的议会制度。经由19世纪末的有识之士如王韬、陈炽、陈虬、何启、胡礼垣以及郑观应等人的宣扬和推动,设立议会制度的主张在清末呼声日高。尽管经历了戊戌变法的失败,关于立宪的讨论依然方兴未艾。在国内舆论的推动下,同时受到日俄战争中日本的胜利被视为立宪国对专制国的胜利的国际舆情影响,清政府终于1906年宣布"预备立宪"。此后,"速开国会"的舆论迅速形成,并通过请愿运动对清廷形成压力,有力地推动了清末的立宪进程。

立宪的讨论不仅仅停留在上述的制度层面上。其实,真正从思想、精神的层面上对西方的法治有着更深切的体认,并为此倾力宣扬和推动的当属严复。正如本杰明·史华慈(Benjamin Schwartz)所指出的那样:"严复对法的关心是超越了仅把法作为变革的一个手段的。他将西方的法体系与法的世界观看作孕育了西方普罗米修斯似的爆发的各种要素的综合体中不可或缺的一部分并强烈地为其所吸引。"②从法治的角度看,严复认为,同属君主制的政体有"君主政体"和"专制政体",二者最大的区别就在于前者为"有道"而后

---

① 魏源:《海国图志》,前出,第1463页。
② Benjamin Schwartz, *In Search of Wealth and Power: Yen Fu and the West*, Cambridge, Mass.: The Belknap Press of Harvard University Press, 1964, p.151.

者为"无道"。严复说道:"所谓道非他,有法度而已。专制非无法度也,虽有法度,其君超于法外。民由而已不必由也。"①可以说,对法治的重要性的认识,是他花费了大量精力来翻译孟德斯鸠的《法意》的根本动力。②

就这样,在20世纪初的中国,无论是从制度的层面,还是从思想、精神的层面来看,建立体现法治主义的立宪制已成不可阻挡之趋势。而应该建立怎样的立宪制度、构建怎样的法体系,以及实行怎样的法治等问题自然也成为不得不面对的具体的现实问题。同时,这些问题在接受西方法体系的实践过程中,也不可避免地发生了文化、价值观上的冲突。例如,1906年4月,由沈家本与伍廷芳等人制定了《刑事民事诉讼法》草案。这一草案出台后,特别是围绕着"子孙对于尊长侵害之正当防卫"与"无夫奸"应入罪与否二条,在"法理派"与"礼教派"之间展开了激烈的争论。法理派为了能够修改不平等条约、废除领事裁判权,主张应实行刑法的近代化,使其与尊重个人权利的西方各国同轨。与此相对,礼教派尽管同样认识到学"西法"是强国的唯一途径,但是他们认为立法应该基于中国传统和习俗来进行。二者之间围绕着如何对待传统的礼教而展开了争论。③

可以说,近代中国知识分子不得不面对中国所面临的时代课题,即在接受西方近代的法思想与制度过程中,如何认识和学习西方、如何对待本国的历史文化与传统。我们能从他们的思考中观察到他们基于中国政治传统与现实的对近代西方的重新诠释,而这些再诠释正反映了中国特色。以下,本文将通过考察清末启蒙思想家严复和梁启超对法治的思考来阐述他们所诠释的法治中的中国逻辑。

三、法治思想的中国逻辑(1):严复的议会观

1. 质疑三权分立

如前所述,对于严复来说,法治是西方诸国富强的原点。为此,他将孟德

---

① 《严复合集·2》,前出,第473—474页。
② 《法意》由商务印书馆出版,共7册,最初3册于1904年发行,之后于1905、1907、1909年各发行1册。参见王栻:《严复传》,上海人民出版社1975年版,第102页。
③ 参见梁治平:《礼教与法律——法律移植时代的文化冲突》,广西师范大学出版社2015年版。

斯鸠的著作介绍到了中国。对于作为立宪制象征的议会制度，严复的看法十分明确，他主张："今夫国有代表议院者，其效果无他，不过政府所行，必受察于国民之大众耳。夫苟如此，则又何必定用自由名词，而称其国众为自由之国众乎！但云其国所建，乃有责任政府足矣。"①在这里，比起"自由"的人民，严复更重视有"责任"的政府（responsibility of government），而代表国民大众的国会正是监督政府使其负责任的机关。严复认为："立宪云者，要在国君守法已耳。不必以立宪，而代表之议众遂成一制造破坏（政府）之机关也。顾自吾党言，则专制立宪之分端，以此等之机关有无为断。"②在立宪制下，君主知其为"天下之公仆"，立宪之民具国家思想，知爱国为最重要的天职。③

但是，令人意外的是，如此追求法治的严复，对于《法意》中最为著名的三权分立论却提出了疑问，他的质疑主要针对三权分立论中权力相互制约的主张。孟德斯鸠认为，为了限制权力，应当让权力相互制约。显然，严复关于议会的讨论，并不是基于三权分立的"制约"与"牵制"来理解的。

严复在翻译《法意》的第 11 卷第 6 章《英伦宪法》时，在一开始就加上"此章所言，大半本诸英哲洛克之《民政论》"④一语，无意区分孟德斯鸠的权力分立论与洛克在其《统治二论》中的主张之不同。而实际上，日本学者清宫四郎指出："为了防止权力的过度集中，洛克的主张仅仅停留在权力的分离上，而孟德斯鸠则进一步主张对各权力的抑制与权力间均衡的必要性。"⑤也就是说，孟德斯鸠的权力分立论不单是主张权力的分离，同时还带有使权力相互牵制的意义。但是，严复关注孟德斯鸠与洛克主张的共性，却似乎没有重视孟德斯鸠的主张中权力抑制与均衡的一面。

严复对孟德斯鸠主张的质疑，在 1906 年《外交报》上连载的《论英国宪政两权未尝分立》中明确地表达了出来。他认为，征之历史与实际上各国实施的状况，"孟说确有其不可通者"⑥。从前后文的脉络来看，这一质疑显然指的是三权分立制度。严复特别举出第一宪法期的法国的例子，认为法国正是由

---

① 《严复合集·6》，前出，第 61 页。
② 《严复合集·2》，前出，第 490 页。
③ 同上书，第 481 页。
④ 《严复合集·13》，前出，第 272 页。
⑤ 清宫四郎：《权力分立制的研究》，前出，第 75 页。
⑥ 《严复合集·2》，前出，第 460 页。

于忠实地实行以行政权与立法权不相混为第一义的三权分立,使行政与立法府相互对立,结果导致国家陷入了大动乱。

值得注意的是,在翻译《法意》期间,严复还另外翻译了两部著作,即甄克思(Edward Jenks)的《社会通诠》和希利(Sir John Seeley)的《政治讲义》。此外,同一时期发表的论文《论英国宪政两权未尝分立》及其未发表的续篇,与《政治讲义》一道都属于对近代英国历史学家和政治学家希利的著作的翻译。① 强烈关注法治的严复在翻译《法意》的过程中特意腾出手来翻译其他著作,恐怕并非偶然。这两本著作的翻译应与《法意》的翻译之间存在着某种关系。就《社会通诠》而言,史华慈指出它是对《法意》的一种补遗,②是否可以说,翻译希利的著作同样是一种补遗呢? 如果是,那它又是对什么的补遗呢?

答案或许可以在严复的《论英国宪政两权未尝分立》及其续篇中找到。在《法意》最初,严复加上了《孟德斯鸠列传》,其中提到孟德斯鸠在伦敦居住过两年,倾倒于英国的法治,感叹道:"惟英之民可谓自繇矣。"③可以说,孟德斯鸠三权分立论的提出离不开英国这一模型。但是从这两篇文章的题目也可看出,严复是通过借用19世纪希利的学说来说明,现实中的英国国制与孟德斯鸠的三权分立论其实并不相符。他强调,其实在英国的国制中,立法与行政二权并未分立。也就是说,严复通过希利的主张来对孟德斯鸠的三权分立论进行了修正性的补遗。事实上,希利关于英国宪制的主张与前面提及的白芝浩的见解同属一个脉络,即认为行政权与立法权分离的主张不符合现实。这种认识在同时代的英国是一种比较普遍的看法。④

在《法意》第11卷第6章的《英伦宪法》中,孟德斯鸠从洛克的《统治二论》的后篇出发,展开了他的三权分立论。孟德斯鸠认为:"立法权和行政权如果集中在一个人或一个机构的手中,自由便不复存在。"⑤对此,严复在译出了原

---

① 参见戚学民:《严复〈政治讲义〉文本溯源》,《历史研究》2004年第2期。希利是19世纪英国历史学家,于1869—1895年间在剑桥大学担任近代史教授,教授历史学与政治学。
② Benjamin Schwartz, *In Search of Wealth and Power: Yen Fu and the West*, p.174.
③ 《严复合集·13》,前出,第3页。
④ 参见远山隆淑:《妥协的政治学——英国议会政治的思想空间》,前出。
⑤ 孟德斯鸠:《论法的精神》(上卷),前出,第186页。此处严译原文为:"故其国宪政二权合而归之一君,或统之以一曹之官长者,其国群之自繇失矣。"参见《严复合集·13》,前出,第273页。

文的同时,借由希利的理论来说明:在英国,立法与行政之权并未分立。

在《政治讲义》中,严复借希利的主张明确地阐述了他的议会观。他认为一国之中不仅有"治者"(the government)与"受治者"(the governed),二者之间还有"扶治"(the government-supporting body)。① 所谓"扶治",即"建造、扶持、破坏政府的权力"(government-making power)。无论哪个国家都有这种权力,但是在清朝这样的专制国家中所缺乏的正是"扶治"的机关(government-making organ)。这里的"扶治"机关指的就是议会。严复说:"立宪之国会,于国事无所不问也。其实乃无所问,要在建造、扶持、破坏见行之政府,以此为天职而已。"②而在他看来,现实中的英国议会正是"成毁政府之机关"③。这显然不是基于孟德斯鸠的三权分立论所理解的立法机关。

在文中,严复对英国政治的实际状况做了进一步论述。一方面,虽然内阁在名义上是行政机构,但实际上,行使执政权的内阁在立法过程中也掌握主导权,发起所有的政策与法令,其立法的权力高于议会。议员在立法上仅仅是对此进行讨论,各抒己见,各表赞同或反对之意。④ 因此,严复认为:"议院立法,名然而实不然,而宰相之为立法主者,其权又从议院而得之。"⑤但是,另一方面,英国政府的施政没有不经过议会讨论的。议会最大的权力在于监督行政,议会的作用实存于"禁制"(veto)⑥,这也就是拥立或改废政府的权力。在严复看来,这样的权力近于执行政治的权力。

严复认为,如果英国的国政如《法意》中所说的那样,将内阁诸行政大臣排除在议会之外,那么,它的整体按说早就崩坏散架了。英国宪政中的各权实际上并未分立,如果忠实按照三权分立的原则来实施的话,内阁与议会之间势必会产生很大的鸿沟。这种互相牵制会妨碍各个政治机关间的通畅,对政治是有害的。因此,英国的宪制中"阁部议院,虽若分职,而其实于国家要

---

① 《严复合集·6》,前出,第100页。英文原文出自Sir John R. Seeley, *Introduction to Political Science: Two Series of Lectures*, London: Macmillan and CO. Limited, 1896, p.196。
② 同上。
③ 《严复合集·2》,前出,第470页。
④ 同上书,第466—467页。
⑤ 同上书,第469页。
⑥ 同上书,第468页。

政,初无畛域可言"①。所以,他说:"岂知英之宪制,于立法、行法二者之权限固至严,然而有调剂之术焉。故有以收人才之用,而又有以通二权之邮,使常相资,而无至于相轭,是则英之宪法而已矣。"②相反,忠实遵循孟德斯鸠的三权分立论的法国宪政,从一开始行政与立法就相互对峙,结果导致政治混乱。因此,严复评价说:"孟说确有其不可通者。"

2. 严复对现实的认识

严复在强调法治重要性的同时,却对三权分立怀有疑问。他一方面强调代议制的重要性,另一方面却不能同意牵制的原理。相反,他期待作为"扶治"机关的议会能"调剂"立法、行法二权,使之相资。

如何理解严复对立宪制的这种解释？他的这种解释又是基于怎样的认识和逻辑的呢？

笔者认为,严复对西方宪政思想的理解和选择受到他对当时中国国内政治状况的认识影响。他的认识可以分为两个方面来看。

第一个方面,是严复的君主观。严复认为,与西方的君主专于为君不同,在还未结束宗法社会阶段的中国,君王同时还兼以为师、为民父母。君主的责任无穷,人民在仁君之下为其子民,在暴君之下为其奴隶。"而于其国也,无尺寸之治柄,无丝毫应有必不可夺之权利"③;"中国之言政也,寸权尺柄,皆属官家"④。这样,当拥有无限权力的君主负起君、父、师的无限责任时,没有权力的子民无法逃脱君主成为虎狼的可能性;反之,当君主放弃责任时,则会形成放任政体。

关于放任政体,同样生活于清末的章炳麟在反对代议制时,主张政府的放任使人民得以享受自由。⑤ 但是,严复却不能接受这样的观点。严复严格地区分自由与"无遮之放任"⑥,对他来说,不负责任的政府在国家处于危急存亡的情况下是万万要不得的。严复认为,在没有立宪制的中国,拥有无限权

---

① 《严复合集·2》,前出,第466页。
② 同上书,第461页。
③ 《严复合集·12》,前出,第168页。
④ 同上书,第174页。
⑤ 参见章炳麟:《代议然否论》,见《民报》,中国国民党中央委员会党史资料编纂委员会1969年版。
⑥ 《严复合集·12》,前出,第270页。

力的君主始终处于以上两种极端危险之间。因此,对于他来说,政治课题就在于如何避免君主的专横,同时防止出现放弃责任的放任政府。

第二个方面,是严复对人民与官僚"各恤己私"的认识。孟德斯鸠批判中国人民在所有事上都是各顾其私,严复认为孟氏所言一针见血,颇为认同。严复认为,中国之民"各恤己私"是法制与教化所致。在西方,属于个人之事则可以自由,非他人可以过问;而涉及社会之事,则人人皆得而问之。中国则相反,社会之事乃国家之事,"国家之事,惟君若吏得以问之,使民而图社会之事,斯为不本分之小人"①。这种"各恤己私"的现象在官的层面也同样可以观察到。各省督抚视他省如他国,郡邑也全无不同。所有人都只是追求眼前的利益,对其他所有一切毫不关心,无人从大局着眼立长久之计。

对于其理由,我们可从严复的以下论述中看到他的理解。在《论法的精神》关于风土的讨论部分中,孟德斯鸠在书中设有《人造工程》这一短章节。在其中,孟德斯鸠以波斯人为例论述道:"人类的辛勤劳动和优良的法律,使地球变得适宜居住。"②严复将这一章的标题翻译为"民力",并在此章的译文后面加上了比这一章本身还长的按语。严复指出,原本人们热爱生长于斯的土地是自然之情,但是由于君主政府"钤制其民",使之无所得为于其间,将全权授予官僚,又"视此如传舍之人,使主其地,而又以文法之繁,任期之短,簿书而外,一无可施"③。显然,严复认为传统官僚制中的本籍回避制与不久任制导致官僚无所作为。在传统的官僚制中,中央政府为了防止地方官僚培植自己的势力,对体制形成威胁,采取了回避出生地的任官制和原则上任期三年即转任的不久任制,以避免官僚的本土化。这一制度虽然可以避免地方官形成割据之势,但对官僚的各种限制使得官僚无法真正了解任地的实际情形,导致他们无所作为。传统官僚制中的这一问题,是历代儒家知识分子讨论的一大课题,同时也是主张中央集权的郡县制与重视地方分权的封建制之间优劣之争的传统问题。

对此,严复认为,在清朝这样的专制国家,"其立法也,塞奸之事九,而善

---

① 《严复合集·14》,前出,第509页。
② 孟德斯鸠:《论法的精神》(上卷),前出,第332页。
③ 《严复合集·14》,前出,第456页。

国利民之事一"①。君主政府握无限之权力,通过法制与教化使民权萎缩,又用各种限制牵制官僚群体,结果使得人民与官僚都各为其私,导致"通国之民不知公德为底物,爱国为何语"②。在严复看来,以此方法来统治,绝无使国家进化之理。

因此,严复主张改革必自改革官僚制开始,"所行之事,诚宜使便国者居其七,而塞奸者居其三"③。鉴于中国官僚制的现实,严复的质疑重在"塞"——铃制、牵制——的制度,这也正是他对三权分立表示怀疑的根本原因。

基于以上认识,对于严复来说,解决问题的关键在于确立民权。他认为,良好的制度必由其民自为之,只是等待他人之仁我则不可得。就令得之,也仅能说明其君为仁君,而制度并未成为仁制。④ 也就是说,良好的制度是出自民权的。严复认为,在立宪国,官吏虽然朝进夕退、不断更替,其国依然可存并有存其之主人,"主人非他,民权是已。民权非他,即为此全局之画,长久之计者耳"⑤。因此,民权的有无是在国家竞存中分出优劣和强弱的关键。

严复同时还具体地从制度方面来考察民权。为了改变人民各顾其私、不知公德的劣习,他认为:"居今而为中国谋自强,议院代表之制虽不即行,而设地方自治之规,使与中央政府所命之官和同为治,于以合亿兆之私以为公,安朝廷而奠磐石,则固不容一日缓者也。"⑥国家的富强需要鼓民力,为了鼓民力,严复在以确立议院代表制为目标的同时,主张首先实施象征民权伸张的地方自治。

上述严复对现实中官僚制的批判令人联想到明末清初的顾炎武,二人对郡县制下的官僚制所导致的弊病的批判可谓异曲同工。同时,严复在谈到"地方自治"时也自然地提及顾炎武。因为顾炎武所主张的"封建之意"可以说是一种传统的地方自治,他在原有的封建郡县的架构中,主张寓封建之意于郡县之中,以传统封建制的"众治"——立众多的"小官",使官僚本土化,成为"亲民"之官——来弥补郡县制下中央集权的"独治"导致的弊病。

---

① 《严复合集·13》,前出,第 278 页。
② 同上书,第 457 页。
③ 同上书,第 278 页。
④ 同上书,第 316 页。
⑤ 《严复合集·14》,前出,第 648—469 页。
⑥ 同上书,第 457 页。

然而,在谈及顾炎武时,严复将自己主张的地方自治严格区分于顾炎武的"封建之意"。严复说道:"地方自治之制,为中国从古所无。三代封建,拂特之制耳,非自治也。"严复认为:"往顾亭林尝有以郡县封建之议,其说甚健,然以较欧洲地方自治之制,则去之甚远也。"因为,严复认为,中国与西洋有截然不同之处,在中国,即便是古圣贤,也从未想过治人之人可以由被治者推举。①

对于严复来说,治者与被治者的同一性是区分封建制中的自治与近代地方自治的关键所在。严复也与顾炎武一样使用"独治""众治"等词汇,但是他们所赋予的内涵却存在着本质不同。特别是"众治",顾炎武所说的"众",意味着多设"小官",而小官之下的民并不在其视野之中。但是如果换个视角,这些小官也可能是地方豪强、土豪劣绅。② 而严复所说的"众治"则是意味着治者与被治者同一性的民权。对于严复来说,议院正是体现了"众治"的机关。③

在严复翻译的甄克思的书中,甄克思在谈到西欧的封建制时说道:"前之所谓地主者,受国疆寄,主其地之治者也。后之所谓地主者,以所寄者为己有,以其地为己之产业,而主其地之治也。"对此,严复在按语中写道:"读此乃悟商鞅、李斯其造福于中国之无穷也,使封建而不破坏,将中国之末流亦如是而已矣。抗怀三代之治者,其知之?"④

与顾炎武相反,严复在这里主张终止封建制,他高度评价终结了封建制的法家。而顾炎武所主张的"封建之意",以及他关于强化封建、宗法社会功能的主张,对于主张进化论的严复来说更是大异其趣,不值一提。在严复看来,为政首要不在于人,而在于一个能够体现民权的制度,那就是近代的议会制度。

在大量翻译西方近代思想家著作的过程中,严复实现了自我武装和思考,面对中国的现实提出了他自己的政治构想。他所面对的中国官僚制的缺陷也是顾炎武等先贤们所面对的课题。正是中国的这一政治现实,使他不得

---
① 《严复合集·12》,前出,第187页。
② 这也正是清末的章炳麟反对议会制度的主要原因之一。参见章炳麟:《代议然否论》,前出。
③ 《严复合集·2》,前出,第457页。
④ 同上书,第123页。

不对孟德斯鸠的三权分立理论产生怀疑。但是,在近代的地平线上构筑政治理想的严复当然不会停留在传统的封建郡县论架构中,他从治者与被治者的同一性的民主主义立场出发,主张以民权为前提的地方自治与代议制。这一近代性使他的主张在本质上区别于先贤们。在严复的构想中,地方自治是为了实现官民"和同"而治。在国家的独立受到威胁的情况下,如何唤起人民的公德心,使他们各私其国,实现近代意义上的"上下一心"? 面对这样的课题,他认为反映了民权的议会制度作为"扶治"机关是应对这一课题的重要设置。通过这一"扶治"机关,国家调节各权力间的关系,使之"相资"而非相轧,以此建立一个负责任的、高效的政府。这是一个代表民权的、拥有建立和破坏政府权力的机关,对政府起到监督作用。对严复来说,民权和实现治者与被治者的同一性的制度才是实现政治上"上下一心"的终极手段。

四、法治思想的中国逻辑(2):梁启超与中国的自然法思想

1. 自然法的超越性问题

有学者指出,近代东亚各国的法思想的特征之一,就是没有接受西方的近代自然法思想。[①] 然而,至少就中国来说,我们不能忽略梁启超的《中国法理学发达史论》。在这篇长文中,梁启超明确地在自然法的基础上系统地讨论了中国的法治问题。

在考察梁启超关于自然法的讨论之前,我们首先需要了解自然法在西欧文脉中的意义。

中世纪的阿奎纳(Thomas Aquinas)借助法的概念来展开其政治理论,在他的主张中,包含人类的自我保存、种族的保存,以及实现共同善的社会等内容的自然法,被看作具有超越性的神的一部分而拥有绝对权威,它对实定法具有超越性。也就是说,如果实定法与自然法出现矛盾,那么实定法就已不能被称为法,而是意味着法的腐败。到了17世纪,格劳秀斯(Hugo Grotius)又在主权国家的前提下重新构筑了自然法理论。他将自然法这一具有普遍性的规范与神的关系切割开来而使自然法世俗化,这样,自然法就完全成为

---

① 国分典子:《近代东亚世界与宪法思想》,庆应义塾大学出版会2012年版,第4页。

基于人类理性的法。在格劳秀斯看来,自然法根基于人类的社会性的欲求,即使没有神,只要人类存在,自然法就始终具有其普遍价值。① 由此,自然法这一规范所具有的普遍性和超越性从神性中独立出来,得以自立。近代自然法对实定法具有超越性,它作为基于人类理性这一自然本性的、反映了道德伦理的法,其作用就在于,它对克服法的工具主义、法实证主义中所存在的问题具有重要意义。

在近代,正如政治的正当性往往也被称作合法性一样,法与统治者的政治正当性是密不可分的。立宪主义的发展与法的合理化的增强,进一步加强了维持政治正当性(legitimacy)过程中的实定法的作用和以合法性为基准的重要性。这样,一方面,合理的法为政治在现实中的运作提供了规则性与可预测性;另一方面,由于所有决定都是在法这一抽象的规范之下做出的,而对伦理的考量以及对实质正义的参照都趋于被排除。正如韦伯所指出的那样:"今日的正当性的最一般的形式,就是合法性的信念。也就是服从于经正式手续和通常的形式而制定的规则。"②

对于近代法实证主义这种将政治正当性单纯地归结于合法性的倾向,哈耶克(Friedrich Hayek)也指出:"法实证主义从一开始就不需要超法原理,对此毫无同感,然而,超法原理却是法的统治理念及此概念本来意义上的法治国家的基础。"③在这里,"超法原理"指的就是自然法。而一旦自然法被排除,在哈耶克看来,"所谓'法律',就意味着无论当局者做什么,只要它是合法的就可以了。这样,问题就单纯地变成了合法性的问题"④。

显然,正当性并不能单纯地等同于合法性。在西方的法思想中,基于人本性的理性的自然法是超越国法(jus civile)而具有普遍性的,判断其是否符合自然法意味着对正邪的道德判断。而否定自然法思想的法实证主义则因为解除了自然法对实定法的制约,将正当性等同于合法性,结果可能导致丧失对主导制定法律的政治权力的制约。

---

① 福田欢一:《政治学史》,东京大学出版会1985年版,第142、294页。另参见同著《近代政治原理成立史序说》,岩波书店1998年版。
② 马克斯·韦伯:《社会学的根本概念》,清水几太郎译,岩波书店1972年版,第60页。
③ 哈耶克:《自由的条件Ⅱ》(哈耶克全集第6卷),气贺健三、古贺胜次郎译,春秋社1987年版,第146页。
④ 同上书,第146—147页。

法实证主义所存在的上述问题也同样适用于中国传统的法家。对于法家来说,法首先意味着"刑",即统治的工具。对于统治者制定出来的法,没有任何"超法原理"来对其进行制约。尽管在接受西方近代立宪主义的过程中,法家思想为确立中国近代法治起到了推动作用,但这一思想传统将道德与法律截然对立,具有强烈的法实证主义色彩。不仅如此,与西方的法实证主义相比,除了法的工具主义的问题,法家所主张的法治更为本质的问题在于它缺乏法对于政治权力的最高规范性,这意味着最高统治者可以凌驾于法之上而不受其约束,法家对君主只能要求其"自禁"。因此,法家主张的"法治",实际上只是"rule by law"(法制),而非"rule of law"(法治)。

那么,基于以上思想背景,梁启超又是如何在近代自然法的背景中分析中国的法传统,思考中国法治的呢?关于这点,日本法学者田中耕太郎的主张颇具启示意义。他在1947年出版的书中考察了梁启超的法思想后认为,中国"作为近代国家,为了强大起来,必须从古代的法家思想遗产中吸收必要的养分"。田中在这里特别意识到的是法家设定"标准"的法律观,以及重视法的安定性、法律上的统一等思想。但是,田中在认为"法家赋予法的世界以独特的文化使命"的同时,指出"它将法绝对化,陷入了法万能主义的弊害之中,它不仅将法与道德加以区分(Sonderung),更是主张二者之间的绝缘(Trennung)"。对于法家的诸多欠缺,比如不考虑法的目的、单纯地强调"法的安定性"、缺乏"道义上的要求",以及立足于机械的、唯物的人生观等,田中认为:"今后的问题要在于致力提携、调和儒家与法家、王道与霸道二者的立场。且这种努力并非不可能。这正是如何在法与道德、自然法与实定法之间,在法律哲学上架桥的问题。"[1]

在这里,田中在充分认识中国的法传统思想的基础上,提出了中国的法治建设所要面对的根本问题,即如何在儒家与法家、道德与法、自然法与实定法之间架桥的问题。儒家的德治与法家的法治如何互补互动?近代的自然法在其间又起到什么样的作用?可以说,梁启超是近代第一个对于以上问题系统地进行思考的中国人。

1906年,梁启超发表了《中国法理学发达史论》的长文。在近代中国政法

---

[1] 以上参见田中耕太郎:《法家的法实证主义》,福村书店1947年版,第107页。

史上,1906年是不寻常的一年。首先,这一年清廷发布了"预备立宪"的诏敕,正式开启了近代的立宪进程。也是在这年,《刑事民事诉讼法》草案出台并引发了如前所说的"法理派"与"礼教派"之间的争论。作为一位对现实政治十分敏感的政论家,梁启超的文章与中国国内的这些政治背景是息息相关的。

同时,此文的写就,受到了日本法学家穗积陈重在这一年年初发表的题为《礼与法》论文的启发。其实,《中国法理学发达史论》的"法理学"一词译自"Rechtsphilosophie",这一译词原本就出自穗积陈重之手。在穗积陈重看来,法理学与作为一个专业领域的"法哲学"并不一样,它是作为各个法领域分别形成的实践法学(如宪法学、民法学等)的前提的"法学"。[①] 作为近代日本最早的法学家之一,穗积陈重可以说是走在日本接受西方近代法学的最前列。他深受西方历史法学的代表人物萨维尼(Friedrich Carl von Savigny)的影响,并在这一方法论的影响下沉潜于日本历史传统中的法制度研究。与此同时,在接受西方法学的过程中,他又逐渐意识到萨维尼历史法学中的自然法思想的重要性。1906年初,穗积陈重发表了论文《礼与法》,这正是他加深了对西方法学中自然法的认识的结果。[②]

在《中国法理学发达史论》中,梁启超从法理学的角度对中国的法的历史及传统进行了考察,探讨了礼与法、自然法与实定法,以及近代的法意识与传统的关系。从文章中可以看到,梁启超不仅直接引用了穗积陈重的论述,同时,文章的主旨也很大程度上受到了《礼与法》的启发。在文章中,"自然法"一词可以说是贯穿全文的关键词。那么,在了解了自然法在西方近代法学中的作用后,梁启超又是如何看待中国传统中的自然法因素的呢?

2. 儒家的自然法及其意义

日本思想家丸山真男指出,在朱子学的思维中,儒学的伦理规范在双重意义上被自然化:"第一,在规范根基于宇宙秩序(天理)的意义上;第二,在规范被看作是先天地(作为本然之性)内在于人性中的。"[③]这是儒家的自然法所包含的两个层面。

梁启超正是从宇宙的自然与人类的自然这两个层面来叙述儒家自然

[①] 参见内田贵:《法学的诞生——对近代日本来说何为"法"》,筑摩书房2018年版,第168页。
[②] 同上书,第233页。
[③] 丸山真男:《日本政治思想史研究》,东京大学出版会1952年版,第202页。

法的。

首先,宇宙的自然可以在儒家的经典《易》中寻求。梁启超认为,儒家一切学说都根基于自然法观念,而在《易》中,"系辞传二篇,其发之最邕者"①。

> 天尊地卑,乾坤定矣。卑高以陈,贵贱位矣。动静有常,刚柔断矣。方以类聚,物以群分,吉凶生矣。在天成象,在地成形,变化见矣。
>
> 圣人有以见天下之赜,而拟诸形容,象其物宜。……圣人有以见天下之动,而观其会通,以行其典礼。……言天下之至赜,而不可恶也;言天下至动,而不可乱也。
>
> 是以明于天之道,而察于民之故,是兴神物以前民用。……一阖一辟谓之变;往来不穷谓之通;见乃谓之象;形乃谓之器;制而用之,谓之法;利用出入,民咸用之,谓之神。(《易·系辞》)

以上有两点值得注意。第一,宇宙、天地的自然与人类的自然是直接联系在一起的,即所谓"天人相与"。圣人知晓宇宙自然,并在它的基础上行"典礼",制定了"法",即梁启超所说的"人定法"。在梁启超看来,孔子五十而学《易》,就是求自然法于《易》中,并在此基础上制定了人定法。他认为:"凡人为法不可不以自然法为之原,此孔子所主张也。"②

第二,"天尊地卑"与"变、通"的共存。的确,《易》的宇宙观规定了"天尊地卑"的上下秩序,这也正是丸山批判儒学意识形态的"自然"的问题,即它用天地的上下秩序这一先天性的自然来固化人类政治社会中家长制的上下秩序。然而,这一宇宙秩序同时又是在不断"变、通"的。《易》中的"一阴一阳之谓道"(《易·系辞》),意味着一阴一阳的交互往来、变化无穷的作用乃是易之理、天地之道。换言之,"天尊地卑"并非一种静态的固定不变,上下之间往来无穷、充满动态的"变、通"才是天地之道。同时,这种不间断的变通的宇宙自然与人类的政治社会有直接联系,也就意味着在儒家的自然法中,政治社会中的家长制的上下秩序亦非永远固定不变。

其次,自然法的第二个层面是人类的自然,而最能表达人类社会自然法

---

① 梁启超:《中国法理学发达史论》,前出,第54页。
② 梁启超:《中国法理学发达史论》,前出,第55页。

的,梁启超认为非孟子莫属。

> 率性之谓道,……道也者,不可须臾离也。(《中庸》)
>
> 恻隐之心,人皆有之;羞恶之心,人皆有之;恭敬之心,人皆有之;是非之心;人皆有之。恻隐之心,仁也;羞恶之心,义也;恭敬之心,礼也;是非之心,智也。仁义礼智,非由外铄我也,我固有之也。(《孟子·告子上》)
>
> 故凡同类者,举相似也,何独至于人而疑之。……至于心独无同然乎。心之所同然者,何也? 谓理也、义也。圣人先得我心之所同然耳。(《孟子·告子上》)

在梁启超看来,孟子认为,人类具有普遍性("普通性"),而这种普遍性即出自自然法。这种普遍性非他,即"心之所同然"的"理、义""四端"——仁义礼智,梁启超认为这是"最为完满的理论"①。

对于以上的儒家自然法,丸山真男曾指出它具有两极指向性。儒家的自然法对于现实中的社会秩序起到两极的作用,即"要么固守自然法的纯粹理念性对现实中的秩序构成变革的原理;要么使自然法与事实上的社会关系全面合一,成为保障这一社会关系的永久性的意识形态"②。丸山一方面认为儒家自然法确有作为"变革原理"的一面,同时又认为其自然主义"使得自然法的纯粹的超越性的理念的性格变得甚为稀薄"③。

对自然法的理念的固守之所以能成为对现实秩序的"变革原理",就在于《易》的宇宙世界秩序是处于动态的变易之中的。它虽然规定了上下秩序,但这一秩序是在变易中不断更替的。在天人相与的观念下,政治社会中的汤武革命的王朝更替,顺天应人,也是顺乎自然更替之理的。进一步说,变革之所以能顺天应人,就在于革命符合儒家与"天理"为一体的、以"仁"为中心的道德价值观。

作为日本政治思想史家,丸山重视儒家自然法作为意识形态加强并固化

---

① 梁启超:《中国法理学发达史论》,前出,第55页。
② 丸山真男:《日本政治思想史研究》,前出,第203页。
③ 丸山真男:《日本政治思想史研究》,前出,第203页。

了日本德川封建体制的一面,所以更多地对此意识形态进行严厉的批判。而对于儒家自然法具有作为"变革原理"的一面则没有更多涉及。的确,从近代国家成立的观点来看,政治社会是由人的主体性的"作为"而构建的。在此意义上说,儒学意识形态将前近代家长制的上下秩序作为"自然"而固定下来,是与近代的"作为"相对立的,这也正是丸山着力批判之处。

然而,如果我们把出发点放在近代,在这一前提下思考如何"作为"——构建近代立宪体制时,就可以发现有一点不容忽视:儒家自然法中作为"变革原理"的一面与西方近代自然法思想有相通之处。因为它和近代西方自然法一样,作为超越性的价值存在,具有约束政治权力及其所主导的实定法的作用,对政治权力起到了重要的限制作用。梁启超正是从这样一种视角出发,探讨儒家的自然法思想作为建立政治秩序的必然依据在中国法治的构筑中所起到的作用。

梁启超将孔子之后的儒学分为孟子与荀子两支。孟子治《春秋》,承袭孔子的"微言",传承了"大同"理想;荀子研究孔子的礼,接受了孔子"为寻常人说法"的"小康"说。然而,汉代以后的两千年,儒学只继承了荀子的学问,而孟子的学问却后继无人。[①]

梁启超认为,儒家崇尚自然法,儒家的法的观念是以自然法为第一前提的。孟子作为儒家自然法最具代表性的表现者,主张从普遍的人性善说出发来构筑大同社会。与孟子相比,儒学另一支的代表荀子则从人性恶说出发,不承认自然法,主张"圣人化性起伪,伪起而生礼义,礼义生而制法度。然则礼义法度者,是圣人所生也"(《荀子·性恶篇》)。这种对儒家自然法的否认,为后来法家的法治主义开辟了道路。梁启超对此评价道,"荀卿实儒家中最狭隘者也",尊小宗("小康")而忘大宗("大同")。

尽管梁启超"绌荀申孟",但在清末立宪政治成为最重要的政治课题的时代状况中,梁启超讨论西方的法治主义,不能不涉及传统法家的法治主义,荀子作为法家产生的源头也必然要被提及。因为,作为对应现实的政治课题,荀子主张的合理性自然是不能无视的。

梁启超认为:"欲举富国强兵之实,惟法治为能致之……由是观之,则法

[①] 参见梁启超:《清代学术概论》,见《专集34》,前出。

治主义者,实应于当时之时代的要求,虽欲不发生焉而不可得者也。"①"法治主义为今日救时唯一之主义。"②在他看来,历史上的法治主义确有缺陷,它重视国家利益而轻视国家成员的利益。但是从消极动机来看,法治主义打破了阶级制度和贵族的专横;从积极动机来看,它追求富国强兵,有救治时弊之效用。因此,法家之源的荀子思想对于中国追求立宪具有重要意义。

这样一来,如何处理儒家自然法的优越性与法家救时的有效性之间的关系,对梁启超来说势必成为不可回避的问题。

3. 礼与法的关系——穗积陈重的影响

在《中国法理学发达史论》中,梁启超从自然法角度对儒家与法家进行解读,从中可以明显看到穗积陈重的影响。在《礼与法》论文中,穗积陈重将"礼"与"法"相较,认为作为人的行为规范,在低度的社会中是一个由礼向法的发展过程。在穗积陈重看来,儒家的"礼"源于两个路径:一个是源于天,或将人的本性归于"自然";另一个是将礼作为圣人的"作为"——伪——而归于人为的产物。③

在穗积陈重看来,首先,礼是具有超越性的自然——"道"——的有形化,它基于人的本性,与天、天理同一化。同时它又是被人为创作出来的"形式规范","是有形宗教或有形伦理"。④ 其次,同为人为的形式规范,穗积陈重又特地区分了礼与法二者的不同:"礼是宗教或德教的表彰,或是信仰的仪容,或是伦理的形状,或是社交的秩序。因此,礼成为规范的理由是为了作为宗教或德教的表彰。法因国家的权力而存,依国家的权力而行。因此,法作为规范的理由是为了作为国权的表彰。"⑤

在此,穗积陈重虽然没有使用"自然法"一词,但是,他明确了同样作为人为的规范的礼与法之间的重要区别:作为道德伦理的规范的礼是具有超越性的、与"天理""道"同一化了的价值的有形化;相反,法是以现实中的政治权力为背景的。在梁启超看来,前者的礼的权威性源自儒家的自然法,而后者的法的权

---

① 梁启超:《中国法理学发达史论》,前出,第92页。
② 梁启超:《中国法理学发达史论》,前出,第43页。
③ 穗积陈重:《礼与法》,见《穗积陈重遗文集》(第3册),岩波书店1934年版,第202—203页。
④ 同上书,第206页。
⑤ 同上书,第214页。

威性则以国家为背景,是在世俗政治权力背景下制定出来的实定法。

很显然,在穗积陈重的论述中,前者意味着以孟子为代表的儒家,后者则是以法家为代表,而作为儒者的荀子同时却又是法家之源,因此介于两者之间。在否认自然法的意义上,荀子的思想为法家所继承。然而,荀子认为礼由圣人"化性起伪"而作,"上事天,下事地,尊先祖而隆君师"(《荀子·礼论篇》),礼"百王之无变,足以为道贯"(《荀子·天论篇》),即礼可以为道之条贯,依然保留了其超越性的一面,不同于法家所主张的世俗权力所制之法。

在穗积陈重看来,不仅是荀子的思想象征着礼与法的分化,同时还有管子。他认为:"荀子代表了礼治的终端,管子代表了法治的开端,前者是儒家却近于法家,后者是法家却近于儒家。"①

梁启超接受了穗积陈重关于法的进化过程的观点,认为:从礼到法,法的规范从"社会制裁力"到"国家制裁力"的进化是中国近代国家建设过程的必经之路。在此意义上,荀子的思想对于中国的现实具有重大意义。

但是,这样一来,从礼到法的进化是否意味着法家思想是儒家法思想的进化态,因而法家思想处于价值上更高的进化阶段呢? 如果是这样,它与梁启超对儒家和法家的评价正好相反。对此,梁启超是如何思考的呢?

梁启超在穗积陈重的基础上对儒家与法家进行了进一步探讨。他的确认为向近代的法治进化是不可回避的过程,但是,他的法的进化论并不单纯。相对于法治,梁启超认为儒家是尊人治的,荀子"有治人,无治法"的看法便显示了这一点。梁启超认为,这确有其具真理性的一面,但是,儒家的人治并非简单的人治主义。儒家崇拜圣人,是因为圣人知晓自然法,并在自然法的基础上制定了人定法。因此,儒家崇拜圣人并非崇拜圣人本身,而是尊崇圣人所制之法。梁启超引用孟子之言:

  今有仁心仁闻,而民不被其泽,不可法于后世者,不行先王之道也。故曰:徒善不足以为政,徒法不能以自行。(《孟子·离娄上》)

所谓"先王之道",即根基于圣人发现的自然法所实行的德治,它通过"仁

---

① 穗积陈重:《礼与法》,前出,第216页。

政"、"礼"治来体现。因此,梁启超认为,孟子远贤于荀子,儒家主张的实际上是将人治与法治调和的政治。当然,这里的法治特指以"礼"的规范为基础的法治。梁启超主张,这也是作为法的规范形式需要向近代意义上的"法"进化的部分。

在穗积陈重的基础上,梁启超认为主张"社会制裁力"的礼治的荀子是"社会学大家",而主张"上下设,民生体""民体以为国"的管子则是"国家团体说之祖"。① 同时,梁启超认为此二者是互补的:

> 社会制裁力与国家强制组织,本为一物,礼治与法治,异用而同体,异流而同源,且相须为用,莫可偏废,此诚深明体要之言也。②

作为"社会制裁力"的礼与作为"国家制裁力"的法之间的关系并非二者选其一,也不是前者向后者的单纯进化,而是法治与礼治、德治之间的互补关系。当然,重要的是这种互补关系是建立在梁启超对近代自然法的认识的前提下的。

而体现了这种互补关系理想的,在梁启超看来,就是管子。梁启超对管子的关注是持续性的,他在1902年的《论中国学术思想变迁之大势》中就谈到《管子》一书关于国家思想的论见最为博深切明。③

> 上下设,民生体,而国都立矣。是故国之所以为国者,民体以为国。(《管子·君臣下第三十二》)
> 先王善与民为一体,与民为一体,则是以国守国,以民守民也。(《管子·君臣上第三十》)

这也是梁启超称管子为"国家团体说之祖"的理由。

在1909年的国会请愿运动中,梁启超又写就了《管子传》。他认为,管子是中国最大的政治家,也是学术界的大家。管子辅佐齐桓公治齐四十年,将

---

① 梁启超:《中国法理学发达史论》,前出,第48页。
② 同上书,第50页。
③ 梁启超:《论中国学术思想变迁之大势》,见《文集7》,前出,第21页。

齐国变为春秋时代的最强国。管子之后,齐国在几百年间延续他的政策。管子的成功正是因为他实行了法治。

  法者,民之父母也。(《管子·法法第十六》)
  法者,天下之至道也,圣君之实用也。(《管子·任法第四十五》)
  君臣上下贵贱皆从法,此谓为大治。(《管子·任法第四十五》)
  此圣君之所以自禁也。(《管子·任法第四十五》)
  法者,天下之仪也,所以决疑而明是非也,百姓所县命也。(《管子·禁藏第五十三》)

  从以上《管子》中的叙述可以看出,管子主张彻底实行法治。从这一点看,他是典型的法家。
  但是,梁启超认为,管子的法治主义并非纯粹的法治。例如,与后世的法家商鞅相比,二者在"法治"这一"政术"的形式上相同,但在精神上则迥然不同。[①] 商鞅的法治主义纯为富国强兵,管子则在富国强兵之外更有"化民成俗"的目的。《管子》中写道:

  国有四维,一维绝则倾,二维绝则危,三维绝则覆,四维绝则灭。(《管子·牧民第一》)
  何谓四维?一曰礼,二曰义,三曰廉,四曰耻。(《管子·牧民第一》)

  在梁启超看来,"四维"是管子所最兢兢之价值。他主张:

  政之所兴,在顺民心;政之所废,在逆民心。(《管子·牧民第一》)
  夫民必得其所欲,然后听上,听上然后政可善为也。故曰德不可不兴也。(《管子·五辅第十》)
  我有过为,而民无过命。民之观也察矣,不可逃遁以为不善。故我有善则立誉我,我有过则立毁我。当民之毁誉也,则莫归问于家矣。故

[①] 梁启超:《管子传》,见《专集28》,前出,第30页。

先王畏民。(《管子·小称第三十二》)

无论是顺"民心"、"畏民"、德之"六兴"(厚其生、输以财、遗以利、宽其政、匡其急、赈其穷)中所体现的民本思想,还是"四维",都是与儒家自然法下的政治道德伦理相契合的。

就这样,梁启超从管子的思想中理出了礼治与法治相结合的模范。当然,对管子的评价是以近代国家为前提的,管子所谓的君主"自禁",只有在近代法治下才能做出合理的制度性安排。在建设近代国家的过程中,确立近代的法律制度不可或缺,法治是救时的唯一主义,却不可能是传统法家的简单复古。同时,对于梁启超来说,以礼的形态出现的儒家自然法思想中的诸价值优越于否认自然法思想的法家。为了使对近代法治主义的追求不至于导致法堕落为统治者的统治工具,儒家的自然法作为世俗的实定法之法,对于梁启超来说,具有不可或缺的超越性价值。

从以上可以看出,走在近代中国摄取西方法治思想最前端的严复和梁启超都立足于中国的政治传统与现实,在传统与现代性前所未有的张力中,分别构筑了他们各自的法治思想。从严复和梁启超的法治思想中,我们既可以看到他们对西方法治的深刻理解,同时也可以感受到他们的法治思想中的"中国特色"。

外来概念的哲学是否中国固有：
近代中国知识人的困惑

陈继东[*]

"哲学"和"中国哲学"这两个概念，不仅开启了新的中国思想或思考方式，而且重新塑造了中国的传统思想（即没有与哲学发生过接触，也没有经过哲学解读的中国既有的思想传统）或思维方式。如果说在中国，哲学是作为普遍性的思考方式或认识方式而被接受的话，那么，中国的传统思想则因冠以"中国哲学"，具有了与哲学相同的悠久历史和知识地位。因此，中国的传统思想在享受与哲学相等的普遍性的同时，又不得不忍受"哲学"的宰割剖析，并通过哲学来重新组织，使其具有哲学的形式，迫使其追随哲学的内容。这就是说，随着哲学"君临"了中国的知识活动，传统的思想被迫变身，改变以往的思路，试图重新妆扮身姿，焕发生机。[①]

然而，由"哲学"到"中国哲学"并不是一蹴而就的，"哲学"与"中国哲学"也不是同时成立的。哲学一开始作为来自日本的外来概念，传入中国之际，

---

[*] 陈继东，日本青山学院大学教授。
[①] 冯友兰曾在批判胡适的中国哲学史研究时说："实用主义者的胡适，本来认为历史是可以随意摆弄的。历史像个'千依百顺的女孩子'，是可以随便装扮涂抹的。他底中国哲学史工作，就是随便装扮涂抹中国哲学史……"（《哲学史与政治——论胡适哲学史工作和他底反动的政治路线底联系》，《哲学研究》1955年第1期，第70页）

即受到了极大的非议。1903年,王国维(1877—1927)在《哲学辨惑》一文中,在明确承认哲学这一概念来自日本的同时,又为哲学所遭受的非难做了彻底辩护,表达了哲学乃中国之固有的主张,明确提出了"中国哲学"这一概念。王国维的哲学辩护是针对张之洞排斥哲学的做法而发的。张之洞(1837—1909)作为清末新教育体制的设计师,视哲学为危险之物,将哲学排除在由他制定的教育科目之外。与此同时,张之洞也拒绝承认哲学与正统的传统思想有任何联系。他在其后实施的教育纲领中,完全取消了哲学作为一门学问在教育体制中的位置。这一状况一直持续到清朝溃亡。1915年北京大学"哲学门"的开设,标志着哲学作为一门学问终于在制度上得到了认可。王国维和张之洞的辩论,暴露了"哲学"和"中国哲学"作为一门学问并不是不须摆明根据就可成立的自明的概念。当哲学、中国哲学逐渐为人接受,最终占据了知识活动的指导地位时,当年积极鼓吹哲学的梁启超(1873—1929),在撰写《儒家哲学》时,则断言中国并没有哲学,传统思想不能以哲学来概括,并彻底换洗了哲学概念的内涵。这表明以中国哲学代替传统思想乃是一条难以走通的路。上述事实显示了作为外来概念的"哲学"在中国传播的复杂而曲折的过程,反映了近现代中国知识人在新学与传统之间的彷徨和困惑。

不难看出,张之洞与王国维以及梁启超等人的议论,显露出了哲学是外来的还是中国固有的学问的两相对立的问题。本文试图厘清这一对哲学的认识过程,探究哲学与传统思想之间紧张关系的缘由所在。[①]

一、从"斐录所费亚"到哲学

在日制"哲学"(Tetsugaku)概念传入之前,中国有其独立的译词。耶稣会传教士艾儒略(Giulio Aleni,1582—1649)在1623年刊行的《西学凡》开篇

[①] 本文最初发表于2004年2月由现为东京大学中岛隆博教授召集的"東アジア思想における伝統と近代— hetero-genealogies of philosophy"研究会上,之后,学界关于此问题的研究有了长足的进步,如桑兵《近代"中国哲学"发源》(《学术研究》2010年第11期,第1—11页)、《思想如何成为历史》(《华东师范大学学报》[人文社会科学版]2020年第2期,第1—12页),但本文所关注的问题仍有一偏之见,故此次对原稿做了修改。

中,将西方学问"文字语言经传书集"分为六科做了介绍。其中作为理科的则是"斐录所费亚"(Philosophia)。书中还用"理学"这一儒学概念对斐录所费亚做了扼要说明,透露出两者是具有共通性质的学问。① 在同年刊刻的《职方外纪》序中,艾儒略在具体地介绍西方教育体制和科目时,再次提到了"斐录所费亚",指出"理科"中包括三门课程:一是"落日加"(logica),意为辨是非之学;二是"费西加"(phisyca),意为察性理之道;三是"默达费西加"(metaphisica),意为察性理以上之道。而三者统称"斐录所费亚"。他的说明中虽然使用了儒学的概念,但是可以看出,"斐录所费亚"虽与理学有相通之处,但又有区别。② 1631年刊行的傅泛际(Francisco Furtado,1587—1653)、李之藻(1565—1630)合译的《名理探》中则将Philosophia译为"爱知学",明显地区别于理学。③ 意大利传教士高一志(Alphonsus Vagnoni,1566—1640)于其所著《齐家西学》(1633)"西学"一章中将Philosophia音译为"费罗所非亚",意译为"格物穷理之学"和"格物穷理之道",并指出此学"名号最尊",只有完成"文学"学业之后的"慧明者"才立志向此,而且指出此学包括五门学问,即落热加(logica)、非西加(phisyca)、码得码弟加(mathamatica)、默大非西加(metaphisica)和厄第加(ethica)。显而易见,尽管高一志使用了"格物穷理"这一与理学相通的概念,然而究其内涵,则传达了费罗所非亚乃诸家学问之基础,迥别于理学这一信息。对于理学与斐录所费亚或爱知学的区别,曾留意过《西学凡》的清初学者纪昀(1724—1805)则有明确的见解。他指出斐录所费亚虽与主张"格物穷理""明体达用"的儒学有相似之处,然而,斐录所费亚所格之物只是事物的末端,所穷之理也是支离怪诞、不可诘问的,所以他将之称为"异学"。④ 或许因传教士介绍不力、语焉不详,斐录所费亚并没有激

---

① 《西学凡》:"理学者,义理之大学也。人以义理超于万物,而为万物之灵,格物穷理,则于人全而于天近。然物之理,藏在物中,如金在砂,如玉在璞,须淘之剖之以斐录所费亚之学。"此处的理学,并非如有的学者所说是Philosophia的意译,而是探究义理之学的泛称,显示与Philosophia的相关性,所以,又说对于事物之理要用"斐录所费亚之学"来剖析,暗示了两者的不同。
② 鲁军:《哲学译名演变》,《哲学研究》1983年第11期,第77页。
③ 钟少华:《清末中国人对于"哲学"的追求》,《中国文哲研究通讯》1992年第2卷第2期,第162页。
④ 《阅微草堂笔记·槐西杂志》:"其致力亦以格物穷理为要,以明体达用为功,与儒学次序略似,特所格之物皆器数之末,所穷之理又支离怪诞而不可诘,是所以为异学耳。"

起中国学者的好奇心。直到 1866 年,被看作中国第一位出访欧洲的官员刘椿在其《乘槎笔记》中,摘录了艾儒略著作《职方外纪》中介绍西方教育体制和科目的内容,不过对斐录所费亚仍没有作任何评述。

然而,令人诧异的是 1886 年刊行的英人艾约瑟(Joseph Edkins,1823—1905)著述《西学略述》径直将 Philosophy 表述为"理学"。其卷五"理学"正是一篇对西方斐录所费亚简史的介绍,恐怕这在中国还是最初的尝试。其文共有 17 节,对从古希腊的他里斯(泰利斯)到近代的罗革(洛克)、干得(康德)以至 19 世纪末的斯本赛(斯宾塞),都有十分扼要的解说。对于何以放弃音译,而改用理学对译 Philosophy,文中并没有交待。在篇首"理学分类"中,对于理学的内容则有所说明。其中指出,古希腊初创理学,分为三类:一是格致理学,讲明物质世界的原理;二是性理学,讲明人类社会的伦常之理;三是论辩之学,讲明语言上辨别是非之理。直接将理学等同于 Philosophy,并不限于艾约瑟。丁韪良(William Alexander Parsons Martin,1827—1916)也在他的《西学考略》(1883)中用"性理之学"表称 Philosophy。[1]

尽管如此,在接受哲学这一概念之前,使用最多的并不是理学,而是另一个与传统学术没有直接关系的"智学"。1882 年,王之春(1842—1906)在其《蠡测危言·广学校篇》中,详尽地介绍了西方教育体制,将西方大学教育科目分为经学、法学、智学和医学。其中经学是"第论其教中之事",即相当于宗教学的内容;而智学则为"讲求格物性理",是"各国语言文学之事"。书中还将自然科学的科目归为"技艺院"和"格物院",其所说"智学一科"可理解为斐录所费亚。梁启超在《论学日本文之益》(1899)中明确指出"智学,日本谓之哲学"。因此,"智学"一词在中国近代词汇中被看作 Philosophy 的对译概念。王之春"讲求格物性理"的说明,让人很容易将智学与传统的理学联系在一起。1892 年,郑观应在其《盛世危言·学校》一书中,重复了王之春的分类和说明。其中,郑观应对于经学则说"经学者,教中之学(即耶稣、天主教是也)",对于智学则说"智学者,格物、性理、文字语言之类"。除此之外,还有

---

[1] 《西学考略》:"人为万物之灵,而人之灵实原于天,则天理人性不可不究,况天地万物,皆以一理维系,是西学之精微者,莫如性理一门。"

"神学""爱智学""心学"等译法。①

综上所述,日制哲学传入之前的清末,似乎更多地使用智学对译 Philosophy 这一概念,而且用儒家(宋明理学)的格物性理概念来说明其性质和内容,显示了两者之间有相通之处。同时,智学这一概念也暗示了与理学的不同。这一姿态可以说与清初纪昀将斐录所费亚视为异学的立场一脉相承。

在西周(1829—1897)于1870年发明哲学一词之前,日本也经历了四百余年的翻译历程。1595年,日本就有了根据葡萄牙语意译的"学文之好"的译法,其后出现了音译以及"格物穷理之学""性理论""天道之说""理学""玄学""性理学"等译词,至1877年东京大学设置史学、哲学和政治学科以后,西周的翻译逐渐成为统一的译法。不过,西周的翻译也有一个摸索的过程。他的译法中除了音译的片假名或"斐卤苏比"之外,尚有"希哲学""希贤""爱贤德之学"等②。正如他自己所说明的那样,"希哲学""希贤"是受到宋儒周敦颐(1017—1073)的"士希贤"的启发而创制的。然而,当他发现其与宋儒之学有悬殊时,最终放弃了"希哲学"的译法而改译为"哲学"。③ 在西周那里,理学或者性理之学等传统思想一开始就成为理解 Philosophy 的基础,两者被视为"皆明天道而立人极,其实一也",认为邹鲁与雅典同为"斐卤苏比"(philisophy)的摇篮④。与此同时,西周也发现两者的不同之处,即西方的"斐卤苏比"较之于东方儒学,乃是"日新之业",自拖列氏(泰利斯)、夛古罗悌史(苏格拉底)以至韩图(康德)、俾牙尔(黑格尔),可谓世不乏人,诸贤辈出。与

---

① 参见北京师范学院中文系汉语教研组编著:《五四以来汉语书面语言的变迁和发展》,商务印书馆1958年版,第88页。
② 有关西周的"哲学"一词的翻译过程,桑木严翼《日本哲学の黎明期　西周の『百一新論』と明治の哲学》(书肆心水2008年版,第14—77页)、斎藤毅《哲学語源—艾儒略から西周・三宅雪嶺まで》《明治のことば》(讲谈社1977年版,第313—368页)、莲沼启介《西周に於ける哲学の成立》(有斐閣1987年版,第1—180页)、藤田正胜《日本哲学史》(昭和堂2018年版,第1—55页)等有详细考察。
③ 《生性发蕴》(1873):"英文 philosophy,法文 philosophie,均来自希腊之 philo 爱者,sophos 贤之义,所以在爱贤者这一意义上称其学为 philosophy,亦即周茂叔所谓希贤之义。后世之习用专指讲述理的学问,直译作理学、理论,不过,这会与其他诸多意思容易产生混淆,所以现译为哲学,以区别于东方之儒学。"《西周全集》第一卷,宗高书房1966年版,第31页)
④ 1863年写于荷兰留学期间的《开题门》中说:"东土谓之儒,西洲谓之斐卤苏比,皆明天道而立人极,其实一也","然汉土希腊,人文凤兴,邹鲁亚典,为斐卤苏比之襁褓,征诸东西史而可观"。《西周全集》第一卷,第19—20页)

此相对,"征诸东土,兴于孔孟,盛于程朱,少变于阳明,清儒考据之学,无功乎斯道",是"日新惟乏"的历史状态。尤其是到了现在的坤度(孔德)的"孛士氏非士谟"(positivism,实证主义),"据证确实,辩论明哲,将有大补乎后学,是我亚细亚之所未见"。① 因此,东西思想之间的同与异、重合与区别,在西周早期哲学的思索中就被作为问题提出来了。

其后,他更为自觉地检讨了东方儒学与西哲的区别。譬如,对于理,他认为宋儒将天理人伦混为一体,而西哲则区别以理性道理(reason)和理法或天然法律(law of nature)。西周还认为宋儒的天理、性理概念,将政与教、物理与心理混淆交错,以为格物致知便可诚意正心,由此便可治国平天下。而这些完全是不同的学问,其利害得失也不同,并非自然就可以顺次做到的。西周又撰述《理字说》一文,批评宋儒没有区别理中的物理与伦理之意。尽管如此,西周并没有以西方的哲学而否定或摒弃东方的儒学,而主张儒学必须革新,"汉儒做到如同西方那样的改革之时,会成为最为卓绝的"②。这些议论姑且不论确当与否,却积极地显示了西周对于新的知识体系的好奇心。这一好奇心,与其说是因为其思想内涵的高迈深刻,不如说是因其不同于儒学思维方式的新鲜和锐利。他曾叙述接触哲学的最初印象为"公平正大之论,实可惊叹,与以往所学之汉说颇为异趣","讲性命之理,优于程朱"③;对于基督教,则以为卑陋至极,一无可取;对于儒学,后来更为反省地论述道,孔孟学派虽连绵相续,而无更多之改革。与此相反,尽管自太古以来西洋学者连绵传受其学,然而只依据各自之发明,推翻前人之说,使之不断更新,所以逐次到达新的境界。汉儒之所以未能及至卓绝之境地,乃是在于泥古。最后,西周将自身的学问立场定位为不依据汉土儒家、天竺禅家,而以法国之孔德(Isidore Marie Auguste François Xavier Comte,1798—1857)实理学(positivism)为渊源,

---

① 《西周全集》第一卷,第19页。
② 为此,西周提出了八项改革儒学的建议,如第三条批评宋儒讲性理,可算是哲学家,但是没有自己的主张,只是在圣贤经传上添加自己的说法。换言之,要将批判与创新的精神导入儒学。西周说:"上述八条,改革而具备之时,儒学必不劣于西方。"《百学连环》(1870),见《西周全集》第四卷,第182页。有关西周对于理的理解,参见井上厚史《西周と儒教思想——「理」の解釈をめぐって》,见岛根县立大学西周研究会编:《西周と日本の近代》,Perikan社2005年版,第146—182页;张厚泉:《西洋近代の抽象概念の受容における西周の翻訳および思想》,见《通訳翻訳研究》20,日本通翻译学会2020年版,第69—73页。
③ 《西周全集》第一卷,第8页。

近日有名之大家约翰·斯图尔特·穆勒(John Stuart Mill,1806—1873)之归纳致知之方法(inductive method)为本。① 由于更加关注同时代的西方哲学,西周愈加发现理学与哲学的相异,以至认为理学无法与哲学完全对应,用理学或希哲学来对译哲学,则会产生意涵上的混淆。据高坂史朗的研究,在西周那里理学与哲学有三点不同:第一,哲学是体系化的学问,儒学是孔子等人的行述,是类似于《圣经》的对行为言论的记录。所以,西周在撰写《百学连环》一书时,则向哲学寻求其统合诸种学问的基础。第二,个人的伦理观与社会形成的原理是颇不相同的,而且与自然法则也不能等同看待。自然科学的观察,是通过找出具体的个别事象,从中进行归纳而发现真理。而儒教则将个人(圣人)的人生观适用于所有的事物,进行演绎。在哲学那里,导向真理的方法则是逻辑学(论理学)。第三,西周认为"逻辑学是思虑法之学"(logic is the science of the laws of thought),即致知启蒙的学问,试图将西方逻辑应用于日语,创立日语逻辑学。② 因而,他将希哲学改为哲学,以示与宋儒理学的不同。③ 尽管这一改动后来受到改正为误的指责,但是,重要的是在西周那里,哲学意味着不同于中国传统思想的学问,同时又能涵盖容纳理学的知识体系,④对于日本来说是一门新知识、新学问。这一点可以说显示了后来哲学在日本吸收和发展的基本性格,即不把哲学看作日本的固有学问,而是需要重新学习和建设的知识领域。⑤

尽管如此,采用理学对译 Philosophy 这一做法并没有断绝。启蒙思想

---

① 西周说:"汉儒未至卓绝,在于泥古二字。"见《西周全集》第四卷,第 182 页。又参见下村寅太郎:《日本の近代化における哲学について》,见《精神史中の日本近代》,灯影舎 2000 年版,第 316—317 页。
② 高坂史朗:《東洋と西洋の統合——明治の哲学者たちの求めたもの》,见日本哲学史フォーラム编:《日本の哲学》第 8 号,昭和堂 2007 年版,第 10 页。
③ 《西周全集》第一卷,第 598—601 页。
④ 《译利学说》(1877):"本译中所称哲学,即欧洲儒学也。今译哲学,所以别于东方儒学也。此语原名斐鲁苏非,希腊语,斐鲁求义,苏非亚贤义,谓求贤德也,犹周茂叔所谓士希贤之义。"(《西周全集》第一卷,161 页)据此可知,西周虽然用哲学取代了理学,但一直认为两者有重合的部分,儒学(理学)也是哲学,为哲学所涵盖。
⑤ 中江兆民起初将 Philosophie(Philosophy)译为理学,但在《日本に哲学なし》(见中江兆民:《一年有半》,博文馆 1901 年版)中却申明"我日本自古至今无哲学"。这表明中江兆民最终放弃了用理学对译和理解 Philosophie,而接受了"哲学"这一译法,并将哲学视为不同于理学的西方学问。参见藤田正胜:《日本哲学史》,昭和堂 2018 年版,第 69—71 页。

家中村正直(1832—1891)在其所译穆勒的《自由之理》(1871)中就将 Philosophy 译为"理学"。而最为有名的则是中江兆民(1847—1901),从法语用汉文译述了《理学沿革史》(1886),执意以"理学"译 Philosophie,以为其与《易经》穷理之语意义相同,而其所著《理学钩玄》(1886)被认为是日本最早的哲学概论。

然而,伴随着东京帝国大学的创立和发展,除了哲学之外,"印度哲学""东洋哲学"乃至"支那哲学"也先后在大学课程中轮番登场,此类书籍也纷纷出笼。这既是"哲学"的泛化所致,①也是哲学的相对化,其中反映了要从佛教思想和儒学中寻找哲理来对抗"西方哲学"的意图。② 因此,直至现在,哲学这一概念在日本专指西方哲学和近现代的日本哲学。虽然在日本,并不否定日本思想史上有哲学性的思想,但一般认为严格意义上的哲学概念是在明治以后出现的。而明治时代的前期,只停留在对西方哲学著作的翻译、介绍、概论式的议论上,习惯将学问看作践行之物,缺乏对于理论性思维的关心,属于接受哲学的准备阶段。这个时期被称作东方哲学的(中国的或者印度的、日本的),实际上只是与西方哲学进行对比附会并加以折中调和的产物。在这一时期起初流行的是英国和法国的功利主义与实证主义,稍后是德国的观念论哲学。虽然这些哲学在大学的教育中得到了传播,成了一门学问,然而止于概论性的概括,尚未达到对于哲学概念和问题进行严密的批判与历史性的理解之程度。到了明治末期,以西田几多郎的《善的研究》(1911)问世为标志,才逐渐摆脱这种概论式的议论。通过对各个古典思想家的切实研究,忠实而绵密地考究原典,对哲学问题的攻究和历史理解才有了进展。而从1920年代后期起,终于可以看到具有独创性和体系性的思想。③ 实际上,具有讽刺意味的是,其中与中国最有关系、对中国最有影响的,并不是日本的哲学最具独创性和体系性的时期,而是被揶揄为概论性的时期。

"哲学"这一日制概念,是什么时候传入中国的,仍是一个尚未厘清的问

---

① 桑兵:《近代"中国哲学"发源》,第3—5页。此文详细考察了"哲学"和"中国哲学"在近代中日的成立过程。由于其注重搜罗这两个概念的出现和使用,而弱于对这两个概念之间内在紧张关系的分析,与本文旨趣不同。
② 高坂史朗:《東洋と西洋の統合——明治の哲学者たちの求めたもの》,第12页。
③ 参见井上哲次郎:《明治哲学界的回顾》,见《岩波讲座 哲学〈18〉》,岩波书店1932年版;下村寅太郎:《明治以後の哲学》,见《精神史中的日本近代》,第276—302页。

题。依据现在的研究,至少黄遵宪(1848—1905)在1887年的《日本国志》(1895年刊行)序文中业已介绍了这个概念。该序文在绍述东京大学包括哲学科在内的各学科时,说到"哲学,谓讲明道义"。顾厚焜(1844—？)的《日本新考》(1888年序,1899年刊行)、黄庆澄(1863—1904)《东游日记》(1894)中均言及日本的大学中有哲学一科。《东游日记》中对于日本开设哲学会、聚众讲习哲学,以及肆意议论圣贤、标新立异之风气,似乎嗤之以鼻,不以为然。①

　　如果只局限于一部分思想家的使用状况来考察的话,戊戌变法前后是哲学开始作为思想概念出现在中国思想界的重要时期。康有为(1858—1927)在1897年编辑的《日本书目志》中对日本新学书籍做了分类,其中的"理学门"罗列了当时日本出版的二十二种哲学书籍,包括中江兆民的《理学沿革史》。康有为在1898年撰写的《日本变政考》中论及日本的大学教育学制,列举了东京大学的各个学科,哲学科也包括在内。关于哲学,康有为几乎没有做什么论述,似乎视之为与传统理学的相通之物②。然而,最值得注意的是其弟子梁启超(1873—1929)对哲学的介绍。他不单将哲学看作一门学问的科目,而且把哲学当作一个思想的新概念,并用之来概括和分析中国思想家的思想特质。1899年,他受邀在日本的哲学会作了《论支那宗教改革》的讲演,其中对康有为的哲学进行了一定介绍。不过,其"哲学"的内容讲的是中国的宗教革命和世界的宗教统一。在其所讲内容中,对于哲学与宗教的区别没有明确的认识,哲学被理解为社会变革的理论和意识形态。同年的《东籍月旦》虽然提到了哲学,但是没有介绍和推荐任何一本有关哲学的书籍。

　　1901年,梁启超在《康南海先生传》中,辟设"宗教家之康南海"和"康南海之哲学"两章,介绍了康有为的宗教和哲学思想。然而,对于哲学概念本身没有作任何说明,而是将康有为的哲学理解为道德和社会学说。直到1902年,在撰写《论宗教家与哲学家之长短得失》时,梁启超才对哲学作了简单说明,其要点是与"宗教贵信"相比,"哲学贵疑"。而且认为和哲学相比,宗教(主要

---

① 《东游日记》:"东人近设哲学会,聚友讲求,间出一书以传播。观凡儒学、佛学、老庄之学、基督之学以及各教中有关天地人之理,无不肆加研讨,各标新义。庆澄谓孔子之大、如来之神通、老庄之元妙、基督之权力,我生后小子均不能望其项背,从事哓哓冀为者。"
② 康有为在列举了《哲学一斑》(译书)、井上哲次郎等编《改订增补 哲学字汇》等哲学书籍后,作按语说"造化为庐,哲人同舆,沉精极思,无所不伹,穷有入无"。以哲人能觉察沉思造化之机,无所不往,穷究存在万物,而深入虚无之境。此处哲人或许暗指哲学家。

指佛教)对于社会变革具有更为重要的作用。这一论点的提出暗示了梁启超思想的变化。在1902年至1903年,梁启超又撰写《近世第一大哲康德之学说》,将康德哲学与佛教进行比较,认为哲学对国民道德(自由和责任)的增进以及民族精神的自觉有不可忽视的影响力。从上述的议论可以看出,梁启超具有把哲学与正统的传统思想相区别的倾向。尽管如此,他使用来自日语的新概念即"宗教"和"哲学"来叙述其师康有为的思想,这是前所未有的解释方法,以此展示新学家代表人物的新之所在,从而表明了一种不同于官制意识形态的思想倾向。

几乎在同一时期,梁启超主办的《新民丛报》与新起的《新世界学报》对于"哲学"这一译名、内涵以及与传统思想(理学)的关系进行了争论。从中可看出《新民丛报》主张将哲学理解为唯心、唯物的思考,包含了心理学和伦理学,并没有涉及与传统理学的关系。而《新世界学报》却不赞成将 Philosophy 译为"哲学",而主张宜译为"理学",其理由是理较之于哲,范围广大,哲字则颇狭;而理学也并非专指宋儒,应包括周秦汉宋以及东西哲学家的学说。这一争论提起了一个重大的问题:哲学是可足以取代理学的新学,还是能为理学(扩大的传统思想)所接纳的学问?①

二十世纪最初的几年,哲学是由被称为新学家(接受和传播来自西方、日本的学问思想)的人物逐步引入中国②,并逐渐作为诉诸社会变革的话语得到传播、流行的。这正是发生在张之洞和王国维之间有关哲学争论的一个重要的思想背景。

二、哲学的是与非

如果说斐录所费亚是通过西方教育制度的介绍而首次为中国人所知的话,那么哲学的是与非的议论,也是因在新的教育体制中是否应该设置哲学科目这一争议而引发的。因此,哲学从一开始就不是单纯作为一个引发好奇心的学问出现在中国,而是一个与传统思想在教育制度抢占地盘的意识形态

---

① 参见桑兵:《近代"中国哲学"发源》,第6—7页。
② 蔡元培从日文译出的《哲学要领》(1903),尽管没有讨论哲学与中国传统思想的关系,但对哲学一词在汉语里的固化起了重要作用。

的问题。

1902年末,负责制定教育学制的张之洞,在向朝廷陈述兴办学校(学堂)的奏折中特意提到了哲学的处置问题。这恐怕是哲学概念出现在官方公文中的最早记录了。张之洞在奏折中虽然赞扬日本的教育以德育、智育、体育为宗旨,诚足为中国学习的榜样,但又指出包括日本在内的西方教育科目的设置,必须根据中国的士风和物力有所变通。因此,他在陈述了具体的办学方针和实施方法后,提出了"防流弊"的三项建议,其中一项则是不可讲泰西哲学,从而将哲学作为一门学科排除在教育体制之外。其理由简单明了,可以归纳为三条:第一,哲学是空言不究实用之物。第二,哲学在西方可以实行,因为西方已经有了绵密坚实的学问,可以允许其聪明好胜之士的别出心裁和好高骛远。第三,哲学的空虚无用性质,只会助长不良学风、煽惑人心,不仅无用,而且会毁坏国家的伦理纲纪。值得注意的是,在严厉的批判中,张之洞还对哲学的内容作了扼要的说明。他说西方各派哲学所探讨的问题是"推论天人消息之原,人情物理爱恶攻取之故",与战国时期的名家和佛教经论相类似,指出哲学中被世俗推为精辟之理的内容,有许多已经是中国经传中讲过的东西了。而且,他还说那些提倡哲学的人,并不追求哲学的精义,而是专取有利于己私的内容,任意抨击伦理和国政。这一认识表明张之洞阅览过有关哲学的介绍,这与他对自由民权的批判不是没有关系的。① 所以,他说纵容哲学的流行将是大患不可胜言。因此,他的结论是:"中国圣贤经传无理不包,学堂之中岂可舍四千年之实理,而骛数万里外之空谈哉。"② 与无所不包的中国圣贤经传的实理相比,哲学乃是空谈而有害之物。

1903年,主管教育的大臣张百熙对张之洞的方案审查之后,在向朝廷上报的奏折中,对于诸子学和名学的评价作了若干修正,而对于哲学则延续了张之洞的主张。奏折中提出了数项建议:第一,诸子学说为中国数千年相传之旧学,其说往往与西人之哲理相同,可以列为文科专科的参考,不应列入高等课程之中。第二,名学一科,中国旧译为"辨学",日本称之为"论理",与哲

---

① 参见谢放:《戊戌前后国人对"民权""民主"的认知》,《二十一世纪》2001年6月号,第47—49页。
② 《筹定学堂规模次第兴办折》,见苑书义等主编:《张之洞全集》第2册卷57,河北人民出版社1998年版,第1501—1502页。

学判分两派,各不相关,其大旨主于正名实,明是非,尚无他弊。第三,哲学则是主开发未来的学说,有不着边际、荒废志向的弊害;名学主分别条理,迥非追求空虚之谈。其结论是:在此章程中之所以必取名学,而置哲学不议者,目的在于防止学生浮躁放荡,与张之洞等人的用意相同。[①] 张百熙在增加了诸子学和名学的科目的同时,又蹈袭了张之洞的主张,认为哲学不着边际、不务实事、使人迷失思考方向,是造成浮夸风气之说,因而将哲学排除在教育课程之列。

不论是张之洞还是张百熙,他们在考虑教育科目的设定时,总是以所设置的科目与正统的意识形态(儒学,即经学与理学)是否一致作为先决前提,注重的是思想学说的实践性和对于伦理道德的增益,而缺乏对于理论思维本身的兴趣。这正是张之洞在其有名的《劝学篇》中提出的"旧学为体,新学为用"这一标准的具体表现。在官方意识形态维护者那里,哲学首先是一个不同于正统的传统思想的异质性存在,同时他们也意识到哲学的问题与讲求天理人伦的传统思想有着重大的悬隔。其根本区别可以看成哲学不仅是局限于思维(玄想)的活动,不能付诸实践,而且会导致对旧有原理的怀疑和动摇。这显然与纪昀将费罗所非亚视为"异学"的观点相一致。

当国家的教育体制将如此被决定的时候,王国维作为远离权力体制之外的新学青年,正把自己的精力投入新式教育的思考和实践之中。他在《教育世界》杂志上连续发表论文,批驳对哲学的非议,肯定哲学在教育中的作用,为哲学的正当地位做了彻底的辩护。

王国维在《哲学辨惑》(1903)、《教育偶感四则》(1904)和《奏定经学科大学文学科大学章程书后》(1906)等文中,详尽地表述了自己的思考和主张。

在上述诸文中,他将非议和排斥哲学的意见归纳为三条,即哲学是有害的;哲学是无用的;哲学是与中国学术不相容的。第一,哲学的有害性在于哲学被看作自由平等民权的根据,弃绝了哲学,便可以消除此等危害既有体制的邪说。对此,王国维认为哲学固然与自由平等民权有关,然并不是此等学说的原理,也与革命无必然之关系。自由平等民权是政治学、法学之原理。因为哲学唯真理是从,并不关心实际的利害,今日之革命家实际上是浅薄之

---

① 朱有瓛编:《近代学制史料》第2辑上册,华东师范大学出版社1987年版,第66页。

辈,没有哲学之背景。这里,王国维将哲学与政治作了区别。第二,哲学的无用性恰恰是哲学的特征。哲学作为纯粹的科学,与人们的日常生活没有关系。然而,人之所以区别于动物正在于人有理性,即有对于宇宙人事变化求得解释的要求,而哲学则能满足这样的要求。同时,哲学是教育的原理,主张教育而不采用哲学是本末倒置的做法。在这里他对哲学作了说明,即哲学是综合真(智力)、善(意志)、美(感情)并探求其原理的学问。而教育的宗旨不外是造就真善美之人物,因此,教育学上的理想就是哲学上的理想。这显示了康德和叔本华哲学对他的影响。而且哲学的有无表明了一国的文明程度。这些都是哲学的"无用之用"。第三,张之洞等不仅视哲学与中国旧有学术不相容,也排斥周秦诸子学,只以宋儒之理学为依据。王国维在作了这样的归纳后指出,张之洞等所理解的理学局限在道德方面,忽视了其中形而上的内容(如太极、理、气等概念),因而难以了解理学的根底。其形而上的内容正是哲学的内容。因而,哲学并非外来之学,而是中国固有之学。西方哲学与中国哲学的关系,正如诸子哲学与儒家哲学的关系。①

从王国维对哲学的辩解中,可以看出他对哲学的理解力图摆脱当时对哲学与政治关系的误解,凸显哲学的独立性,将之视为人类理性的代表,表明了一种个人自由和独立研究的立场。这些特征在他一系列的哲学论文中都得到了充分反映。可以说他对哲学的理解程度远远超出了同一时期的梁启超等人的水平。尽管如此,和梁启超一样,王国维并没有将哲学完全等同于传统的理学。之所以接受哲学,而等闲理学,正如他所说,"夫哲学者,犹中国所谓理学云尔"。而哲学之语,始自日本,在日本称自然科学为理学,故不译费禄琐非亚为"理学",而译为"哲学"。这表明由于传统的理学概念业已被对译为自然科学,故只好接受日译哲学一词。不过,更为重要的是他对于哲学学问特征的认识,即哲学的体系性和论理性使得他采用了"哲学",而没有袭用传统的"理学",关于这一点在下一节将会涉及。对于为什么要用日制"哲学"取代既有的"理学",接受"哲学"的新学家们都没有给予应有的说明解释。严复在其《穆勒名学》(*A System of Logic, Ratiocinative and Inductive*,1905年译出)中就反对将 Philosophy 译为哲学,而主张仍应以理学译之。值得注

---

① 姚淦铭、王燕编:《王国维文集》第3卷,中国文史出版社1997年版,第3—17页。

意的是,在同一时期活跃的章太炎(1869—1936)几乎拒绝使用哲学一词,而宁可使用宗教概念。可是,1908年后,章太炎开始放弃宗教,而采用哲学来说明佛学,认为佛学是实证之哲学。①

王国维与张之洞有关哲学是与非的争议,与当时日本的哲学研究并非无关。哲学与政治的关系,在1870年代就由民权运动作为一个理论和实践问题提了出来。卢梭(Jean-Jacques Rousseau,1712—1778)的《民约论》等著述作为民权思想的根据,得到了广泛的关注。而梁启超等主张君主立宪和民有自主之权的社会思想,与其说是直接承接了卢梭等人的思想,毋宁说是吸纳了日本的咀嚼。1880年代日本民权运动衰落后,继之而起的则是德国观念论,其特点之一是主张学术的纯粹性,提倡对于人类理性本身的关注,至少王国维的哲学理解与这一潮流有关。特别是曾留学德国、在日本以康德研究著称的桑木严翼(1874—1946)对于王国维有深远的影响。1902年,王国维就将桑木严翼的《哲学概论》(1900)翻译出版,该书围绕哲学的是与非的争议,专门设了"对于哲学之非难"一节,力图作出正面的回答。② 其预想了对哲学的三种非难:第一是哲学乃空漠之议论,迂阔而无益;第二是哲学的问题业已由科学解决,哲学与科学不可并立;第三则是哲学作为一门学问到底能否成立,这是来自哲学内部的疑问。桑木对此一一作了反驳,特别是关于第一点的反论,他与王国维的观点十分接近,即桑木在承认哲学没有实际应用性的同时,主张哲学与人生有至大之关系,具有在人性之要求上不得不对于此种问题求得答案的性质。而且,在西方哲学之外,还存在着印度哲学以及"支那之哲学"。不仅如此,桑木还指出哲学在语意上最与"宋儒理学"相近,之所以译为"哲学",乃是现今的"理学"已成为自然科学的总称了,不便使用。而且同书的附录中还收录了桑木的《荀子论理学》论文,以为"支那之哲学"偏重人生哲学,而荀子的《正名篇》却是可与苏格拉底的论理学相媲美的学说。同书中还用"宋代哲学"的提法论述宋儒的思想。这些论说无疑启发了王国维的哲学乃中国之固有的主张。进而,桑木所给出的哲学定义是哲学乃探究实在及知识之根本原理之学,即探究有关自然(美)、人生(善)以及知识(真)的根本原

---

① 章太炎《齐物论释》(1908)、《国故论衡》(1910)等显示了这一变化。
② 桑木严翼:《哲学概论》,早稻田大学出版部1900年版,第9—17页。至1904年,该书印发了四版,之后又有多次印刷,影响甚广。

理的学问。这一点在王国维的哲学理解中得到了忠实反映,特别是桑木的书中提倡从事哲学的人必须具备自由、谦德、独立这一"哲学精神",对于王国维致力于哲学的态度可以说具有决定性的意义。敢于向国家意识形态的设定者张之洞提出挑战,正是这一哲学精神的具体表现。

三、经书是宗教还是哲学

如果说澄清政治与哲学的关系,使哲学获得清白,是哲学得以在中国传播的必要条件的话,如何说明哲学与传统思想的关系则是涉及哲学本身在中国有无合法性的更为深刻的问题。为此,王国维又从正面阐述了这个问题,其中最关键之处是如何看待经书与哲学的关系问题。

张之洞等在提议废除哲学之际,将经书和理学分别列为教育课程必修科目。在他们制定的教育纲要中,不仅中小学堂要有读经必修课,而且高等学堂和大学堂都要专设经学科和理学科。① 前面引用的1902年奏折,实际上提出了三条防流弊的建议,除了不可讲泰西哲学之外,还有幼学不可废经书和不必早习洋文两条。张之洞在陈述理由时,明确地提出经书(学)乃中国之宗教的主张。他指出中国虽然贫弱而人心尚未离散,是由于人人诵读经书,纲常名教、礼义廉耻的认识浸灌人心,使得人心坚固而不可动摇。因此,那种主张废除经书的言论大谬不道。他说:"西国学堂皆有宗教一门,经书即中国之宗教也……从此经书废绝,古史亦随之,中国之理既亡,中国岂能自存乎。"② 经书是关系中国存亡的根本。1904年制定的《学务纲要》中,重申了中国之经书即是中国之宗教,经书废则中国必不能立国,"学失其本则无学,政失其本则无政。其本既失,则爱国爱类之心亦随之改易矣。安有富强之望乎?"③ 经书是维系中国、使人们产生爱国爱类之心的终极根据。

---

① 《学务纲要》中对于设立"理学专科"说:"理学宜讲明,惟贵实践而忌空谈。理学为中国儒家最精之言,惟宗旨仍归于躬行实践,足为名教干城。""故于大学堂设有研究理学专科,又于高等学堂及师范学堂设人伦道德一科,专讲宋元明、国朝诸儒学案,及汉唐诸儒解经论理之言,与理学家相合者令其择要讲习。"(《近代学制史料》第2辑上册,第92页)
② 《筹定学堂规模次第兴办折》,见苑书义等主编:《张之洞全集》第2册卷57,第1500—1501页。
③ 《近代学制史料》第2辑上册,第83页。

宗教概念和哲学一样,也来自日语。① 尽管佛典和其他外典中早有此语,但是作为与西方"鲁黎礼整"(religion,此处为严复译词)相对应的概念,则是日本的创制。张之洞在什么意义上使用宗教概念,又是如何理解经书的宗教性质,是一个非常值得进一步追问的课题。然而,在他仅有的说明中,他理解的宗教是圣人之道,是伦理纲常的根据,是团结人心、维系国家生存的精神归宿。在他看来,西方教育中的宗教学科,正是起着维系国家和规范人们道德的作用。

王国维的主张则恰好相反。在王国维看来,宗教仅仅是维持下层社会的有效手段罢了。下层社会的人由于受教育水平低下,在辛苦的生活中希冀平等快乐的永恒世界,从中得到心灵上的慰藉。对于上层社会而言,美术则是其宗教。因此,王国维的宗教理解,不是从道德或国家的角度,而是从个人的信仰领域来说明的。他说:"宗教者,信仰之事,非研究之事。"② 就王国维个人而言,他是拒绝宗教的。

经书(学)是宗教,在张之洞的用法中或许只是个比喻,他试图借用宗教在西方教育中的崇高地位(至少在张之洞的认识中如此)来形象地说明经书的绝对权威。然而,王国维则用哲学来说明经书的性质和地位,他的主张是经学和宋儒理学属于哲学,因而哲学是中国固有之学。他具体地举出了其中的哲学内容。就宋儒理学而言,周敦颐的太极之说、张载的《正蒙》之论、邵雍的《皇极经世》,"皆深入哲学之问题"。不仅宋儒,六经亦有之。《易经》之太极、《书经》之降衷、《礼记》之中庸,都是形而上之问题。因此,若欲废除哲学,则不得不废除经书。基于这样的认识,他主张在经学科中设立哲学科,指出如果不讲哲学,经书的深意就难以讲明。为此,王国维重新拟定了一套独立完整的教育方案,将经学科大学并入文学科大学。在他的方案中,文学科大学分设五个科目,即经学科、理学科、史学科、中国文学科和外国文学科,五科目中均设哲学概论、中国哲学史、西洋哲学史课程。他的这一提案在清朝崩

---

① 陈熙远:《"宗教"——一个中国近代文化史上的关键词》,《新史学》2002年第13卷第4期,第51页。孙江:《表述宗教——"中国宗教"在1893年芝加哥万国宗教大会》,见《重审中国的"近代":在思想与社会之间》,社会科学文献出版社2019年版,第291—321页。
② 《奏定经学科大学文学科大学章程书后》,见姚淦铭、王燕编:《王国维文集》第3卷,第72页。

溃之前虽没被采用,但其思想之超越颇为时人所重。① 王国维并没有仅仅停留在提议阶段,在此前后,他撰写了众多论述中国哲学的论文,以此证明中国哲学的存在。②

尽管如此,王国维还面临着一个必须克服的难题,即既然哲学为中国所固有,只学中国哲学则足矣,又何必需要学西方哲学。他承认中国虽有哲学,但是与西方哲学相比,在形式上没有系统,在资料上过于分散,因此需要通过西方哲学的概念和问题来重新塑造中国哲学的形式,重新整理中国哲学的资料。这很容易让人联想起其后冯友兰所得意的中国哲学的实质系统和形式系统的发明。然而,王国维的这一认识表明了他之所以为哲学所吸引之理由和动机,即哲学作为一门学问的体系性或系统性。这恰恰是中国传统学问所缺乏的地方,所以他说"异日昌大吾国固有之哲学者,必在深通西洋哲学之人,无疑也"③。这像一句谶语,以后中国哲学的发展,正是按照这一预言而展开的。从中国哲学史发端之一的胡适到中国哲学史大成的冯友兰,无不是深通西洋哲学之人,这应验了王国维的预见。

然而用西方哲学的概念和问题,去发现和重建中国哲学,是一个十分矛盾的做法。这个矛盾恰如佛教在中国所遭受的历程。中国的高僧大德,利用传统的概念和问题意识推测佛典的原意,费去了将近四百年的时间才终于醒悟过来,意识到这是一条走不通的道路,从而放弃了这一被称为"格义"的方法,转而重造概念,将"无"改译为"空",以"涅槃"取代"灭度",立"菩提"而废用"道",以便准确地理解佛典。同样,将西方哲学的概念和问题移植到中国的思想传统中是否也会产生类似"格义"的弊端呢?在逻辑上是可能的。而实际上,王国维在具体分析中国哲学的时候,就产生了许多机械模拟的现象。固然西方哲学的应用可以帮助我们发现许多问题,但是这种研究到底对于哲学本身有多大贡献和必要呢?换句话说,中国哲学的研究到底能向哲学提出什么样的问题,而其所提出的问题又在多大程度上也让根本不了解所谓中国哲学的哲学研究者接受和思考呢?王国维提出的中国哲学不过是哲学的应

---

① 朱有瓛编:《中国近代学制史料》第2辑上册"原编者按",第823页。
② 乔志航《王国维与〈哲学〉》(东京大学中国哲学研究会编:《中国哲学研究》第20号,2004年,第54—117页)详细考察了王国维对哲学、"理"的理解。
③ 《哲学辨惑》,见《王国维文集》第3卷,第5页。

用罢了。中国哲学或中国哲学史首先是在接受了哲学的概念和问题,并按照其问题和概念去思考的哲学和历史,并非单纯的古已有之的学问。① 在这一点上,围绕张之洞等人的哲学批判,除去意识形态的部分,对于哲学不同于正统的传统思想的认识并无大过,令人首肯。

自胡适在《中国哲学史大纲》(1919)将哲学表述为"凡研究人生切要的问题,从根本上着想,要寻一个根本的解决",这一宽泛包容的定义,使得中国哲学的成立与存在变为更加自明无疑的事实,中国哲学的流行可谓进入了高潮,而经学与理学完全为哲学所取代,完全丧失了曾在京师大学堂所具有的独立学科的地位和特权。然而,曾着力称扬哲学的章炳麟在他的《国学概论》(1922)中,一方面指出哲学实在是一个甚为不妥的名词,传统的玄学、道学、理学都有各自独立的历史涵义和思想内容,都很难用哲学取而代之,另一方面又说很难找到能够概括这些传统学问的合适概念,所以只好因循习惯,姑且用之。不过,在讲述"国学派别"的时候,章炳麟还是将经学与哲学做了区别,分别讲述"经学派别"和"哲学派别"。② 这位近代中国知识巨人,对于哲学的泛滥及其对国学的侵蚀,显出了踌躇和无奈。

在哲学的理解上曾受到王国维嘲讽的梁启超,③于 1927 年撰写了《儒家哲学》,在序言中重提哲学是否中国固有之话题。他的结论是哲学与中国的思想传统大相径庭,中国的传统思想不可叫作哲学。他在再次确认"哲学"一语是来自日本这一事实之后,详细地分析了哲学在西方的几个阶段,指出其概念和问题都是围绕求知而展开的,并说将"哲学"改称为"爱智学"或许更为恰当。而中国学问则不然,与其说是知识的学问,毋宁说是行为的学问。中

---

① 藤田正胜在《日本哲学史》中说:"在接触 Philosophy 这一新学问之前,成为其容受基础的思想是否也是哲学这一设问,直接关系到我们在《日本哲学史》这本书中应从何处开始叙述的问题。"他接着追问:"我们是否也应将日本的'思想'史放入其中? 还是应该将之限定在接触了西方'哲学',开始进行接受之后的思索历程?"(第 13 页)藤田指出即使日本的传统思想缺乏原理性的思索,其与哲学也有相重合的部分,不能单纯地把它看作与"哲学"异质性的东西。尽管如此,藤田还是选择了后者,即将古来的日本哲学性思索看作"思想",把日本哲学史的范围限定在接触西方哲学之后,如何理解、接受以及独自思考"哲学"的历史,因此,其叙述便始于西周的哲学理解。藤田的设问也同样适合于"中国哲学史"的叙述问题。
② 章太炎演讲、曹聚仁编:《国学概论》,上海泰东图书局 1923 年版,第 32、55—56 页。
③ 《论近年之学术界》中说《新民丛报》中的康德哲学的介绍是"其纰缪十且八九"(《王国维文集》第 3 卷,第 37—38 页)。

国先哲虽不看轻知识,但不以求知识为出发点,亦不以求知识为归宿点。直译的Philosophy,其涵义实不适于中国,若勉强借用,只能在上头加上一个人生哲学。中国哲学以研究人类为出发点,最主要的是人类之所以为人之道:怎样才算一个人?人与人相互有什么关系?而且,梁启超还提议,与其使用中国哲学,不如用道学或者道术更能准确地概括中国的学问。该文的题目虽然使用了儒家哲学的名称,但是他指出,本来应该使用儒家道术这一新概念,但是由于流行和习惯的缘故,只好妥协从众。不过,他这里所使用的"哲学",其内涵已经发生了根本性的变化。他说:"我们所谓哲,即圣哲之哲,表示人格极其高尚,不是欧洲所谓Philosophy范围这样窄。这样一来,名实就符合了。"[①]梁启超的这一结论,是哲学在中国传播过程中的一个极其重要的认识。这既表明了对哲学理解的深入,又显示了对中国传统思想特质的自觉。梁启超可以说是与否定格义佛教的高僧道安相媲美的人物。

四、结语

哲学概念传入中国之前,虽然有斐录所费亚和智学、理学等说法,但对于这个概念以及这门学问却少有介绍,这只是一个属于西方的东西,没有引起太多的关心。然而,当外来的哲学作为一门学问要进入中国的教育领域时,则受到了严格的政治审查。张之洞等人将哲学排除在教育体制之外的理由,除了哲学在意识形态上的异己性(即与自由民权的关联)之外,与传统思想的宗旨大相径庭,亦是它受到排斥的基本原因。而王国维一方面力图澄清哲学与自由民权没有任何联系,另一方面指出哲学即是理学,为教育的原理。他承认哲学的无用性,但也指出这种无用性是人的理性的内在追求,显示了人的高贵和尊严。哲学并非外来之物,而是中国固有。基于这样的认识,王国维与热心改良革命的新学家保持一定距离,又不拒绝传统,而是试图将传统纳入他的哲学思考之中。他以独立不羁的姿态,来维护和证明哲学作为知识活动的独立性和普遍性。然而他提出的哲学是中国之学,本身即包含了难以克服的矛盾。具有讽刺意味的是,正是热心标榜中国哲学的王国维,在三十岁以

[①]《儒家哲学是什么》,见葛懋春、蒋俊编选:《梁启超哲学思想论文选》,北京大学出版社1984年版,第490页。

后便彻底放弃了哲学,转而埋头于中国文学与文字的研究。他在说明这种转变时,指出哲学上的学说大多可爱而不可信,或者可信而不可爱,这是他转入文学的主要动机。不过,正如他所说的,不甘于只做一个哲学史家,而又难以成为一个哲学家,这才是他转入文学的真实动机。因为,只是停留于运用西方的哲学概念和问题来剖析中国传统思想,不过是西方哲学的简单延伸,难以有创造的愉悦。胡适的中国哲学史研究,一开始就完全没有设问哲学(外来)与传统思想(固有)的关系,不过,其结局几乎与王国维的自省相同,不久就改用中国思想史,而极少再用"中国哲学"了。

梁启超对于这个矛盾给予了一个解决方法,即区别哲学和中国传统思想。他承认哲学的价值,但是拒绝中国哲学的提法,并彻底改造了哲学概念的内涵,将哲学的内涵按照汉字的字面原意来解释,即讲究成为圣哲的道学和道术,不再是单纯求知的"哲学"(Philosophy,Tetsugaku)。

哲学在中国的传播与"中国哲学"的创制密不可分,甚至可以说依赖于中国哲学这一派生概念。换言之,清末以来关心和传播哲学的知识人,是通过塑造一个中国哲学来接受哲学的。上述的议论,涉及中国哲学概念的两种涵义。其一,哲学是中国固有之学问,即在哲学这一概念传入中国之前,中国的思想传统中就存在一个叫作中国哲学的传统和学问,只是中国人没有自觉到罢了。王国维及胡适、冯友兰、牟宗三等便是其中代表。其二,哲学是外来的概念和学问,接受哲学的概念和问题,将之化为自己的问题,这样的学问和历史叫作中国哲学和中国哲学史。因此,中国哲学是哲学在中国的形成和发展的学问,中国哲学史是哲学在中国展开的历史。按照这样的认识,中国哲学实际上是一门历史尚浅、尚属年轻的学问。这样的认识是从梁启超区别传统思想与哲学的看法中抽出的,至今我们还找不到合适的代表人物,勉强而言,金岳霖(1895—1984)曾闪现过这样的志向。[1] 对中国哲学的两种不同理解,实际是两种立场的问题。采用哪种立场,其哲学的方向和结果迥然不同,而其对中国传统思想的诠释的特征和结果也会截然不同。不仅如此,更为值得关注的是,在上述两种立场之外,梁启超将哲学与中国传统思想相区别,提示了不同于哲学和中国哲学的又一种学问形态的存在,即由他命名的"道学"或

---

[1] 参见桑兵:《思想如何成为历史》,《华东师范大学学报》(哲学社会科学版)2020 年第 2 期,第 3—4 页。

"道术"。

然而,梁启超的反思并没有为中国哲学界所接受,冯友兰(1895—1990)的两卷《中国哲学史》(1934)无疑使得"中国哲学"作为一门学科的地位无法撼动。尽管如此,自20世纪90年代以来,德里达"中国无哲学"的断言在中国引发争论,"中国哲学"的合法性再次受到质疑和挑战。[①] 直到今天,如何理解哲学和中国哲学,仍然困扰着中国知识人。

究其缘由,这一困惑乃在于传统思想(经学、理学)与哲学两方始终都没有共存的志向。假如张之洞能超出意识形态的拘囿,接受王国维的建议,在赋予经学(包括理学)于教育体制中作为独立学科的特权的同时,基于其对经学/理学与哲学乃是不同的学问这一恰当判断,认可哲学作为一门新学科而存在的话,那么两者或许能成为彼此尊重、互通有无的希贤求圣之道友。同样,在京师大学堂变身为北京大学,成立"哲学门"之际,若能继续坚守既有的"经学科"(或径直易名为"经学门")的话,或许亦是一条解惑的途径。

[①] 张祥龙:《"中国哲学","道术",还是可道术化的广义哲学?》,《哲学动态》2004年第6期,第11—13页。

从民初英汉辞典的编纂到百科名汇的确立：以"literature"词条的发展为例

蔡祝青[*]

一、前言

  文学观念的现代化进程是笔者近年来关注的重要议题。在相关著作中，[①]笔者曾透过 19 世纪以来英华/华英辞典的编纂与流通尝试描绘出"文学"词条朝向标准化、规范化的大致走向。除了清楚地看到辞书编纂者从传教士慢慢转由中日知识分子主导的趋势，至 1908 年由颜惠庆主编，转译自英国纳韬耳善本（*Nuttall's Standard Dictionary of the English Language*）的《英华大辞典》（*An English-Chinese Standard Dictionary*）则使英华辞典的编译提升至专业辞典编纂家的视野。纳韬耳善本不仅为中西"文学"观念搭起了可汇通之桥梁，也使"文学"等学科新名词朝向以西学"标准"进行解释的根

---

[*] 蔡祝青，台湾大学中文系副教授。
[①] 拙文曾以两种形式发表。蔡祝青：《文学观念流通的现代化进程：以近代英华/华英辞典编纂"literature"词条为中心》，《东亚观念史集刊》2012 年第 3 期，第 273—333 页。后在原文基础上，扩充讨论文学相关词条，使内容更为完整。蔡祝青：《现代文学观念的译介与传播：以近代英华/华英辞典编纂 literature 相关词条为中心》，见李奭学编：《清代文学与翻译》，"中央研究院"中国文哲研究所 2021 年版，第 237—303 页。

本依据,堪称清末民初最重要的英华标准辞典。

在颜惠庆主编的《英华大辞典》中,"literature"词条已然显现了现代学科定义下的特别意义。此"文学"不仅有别于哲学、科学,同时也以"灵性思想"为本质,"离奇变幻"为形式,"或实记或杜撰"为表征。① 然而,此现代文学观念又要如何通过流通、调整与发展,使得"文学"观念得以完成由传统向现代的意义转移,不证自明地成为指涉西方文学观念的内涵,则是笔者尝试进一步探索的重要议题。本文将在前文的基础上,继续观察清末民初以来英华/华英辞典的发展,尤其关注"literature"词条的变化以明其大略。②

若要论及英华/华英辞典的发展,除了19世纪下半叶上海兴起的英语学习热,③辞书的印行尤其与晚清以来的英语教育及商务印书馆密切相关。在王宠惠为《英汉双解韦氏大学字典》所写的序言(1922年11月)④中,即是透过中国英语教育的三阶段发展体现出英汉辞典编纂的方针:在晚清政治外交屡受挫败,科举制度废除(1905年)之前,英语教育主要以培养翻译人才为目的,以求能培养外交官吏与贸易往来之人才。等到《钦定学堂章程》及《奏定学堂章程》陆续于1902、1903年颁布后,各级学堂(从蒙养学堂、小学堂、中学堂到大学堂)得以在学制中确定其地位,外国语教育成为中学堂明订的课程之一,⑤且章程中尤其说明"惟中学堂着重在外国语,其重点除经学外,此为最

---

① 相关讨论详见蔡祝青:《现代文学观念的译介与传播:以近代英华/华英辞典编纂 literature 相关词条为中心》,第271—294页。
② 笔者曾于2014年8月20日至9月2日期间获得台湾"移地研究"补助,前往日本关西大学东西文化交涉学会拜访沈国威、内田庆市教授,并得以阅览内田教授丰富的英华/华英辞典收藏,本文即在此珍贵资料基础上完成,在此谨向以上单位及学者们敬致谢忱。2014年"移地研究"计划名称:近代"文学"观念的现代化进程——从辞书的规范化到"文学"的语用实况。计划编号:MOST 103 - 2010 - H - 002 - 140。
③ 关于19世纪下半叶上海的英语学习热与早期英语读本及其影响,可参见蔡祝青:《现代文学观念的译介与传播:以近代英华/华英辞典编纂 literature 相关词条为中心》,第241—245页。亦可参见邹振环:《19世纪下半期上海的"英语热"与早期英语读本及其影响》,见马长林编:《租界里的上海》,上海社会科学院出版社2003年版,第93—106页。
④ 王(宠惠)序,见郭秉文、张世鎏编:《英汉双解韦氏大学字典》(*Webster's Collegiate Dictionary with Chinese Translation*),张准等译,商务印书馆1924年版。
⑤ 依据《奏定中学堂章程》,中学堂学科目计有修身、读经讲经、中国文学、外国语(东语、英语或德语、法语、俄语)、历史、地理、算学、博物、物理及化学、法制及理财、图画、体操共十二科。详见璩鑫圭、唐良炎编:《中国近代教育史资料汇编·学制演变》,上海教育出版社2007年版,第327页。

多,以为将来应世办事之资"①,"上之则入高等专门各学堂,必使之能读西书;下之则从事各种实业,虽远适异域,不假翻译"②。可知此阶段以预备直接阅读为目的,期能培养日后继续升学或就业学生的外语能力。至"最近四五年间为第三期",因中外关系互动更趋频繁,表现在贸易、国交、学术诸方面,而有直接贸易、国民亲交、沟通彼我思想的要求。其所谓"近四五年间"者,正值1917—1918年以来胡适、陈独秀等人在《新青年》发起的新文化运动,相关论点已在当时的思想界慢慢酝酿出一个大原则,那就是"通过重新估价中国的传统和介绍西方的思想观念,来创造一个新社会和新文化"③。自清末民初以来政治制度、社会规范逐一崩坏,至五四时期而有全面性的反传统运动,这场新文化运动通过标举西方思想中"民主"与"科学"两面大纛,使"儒学"进一步成为"反传统"的主要对象。④ 在文学观念变迁与英华辞典编纂的考虑里,这样的思想背景同样具有极关键的作用。

而作为推动英华/华英辞典出版最力的商务印书馆,自1899年出版第一部英汉辞典——由邝其照所编《商务书馆华英字典》(*Commercial Press English and Chinese Dictionary*)以来,便已意识到"今各省华英学塾风气渐开,但学者虽有诸书参考,类多词不达意,头绪纷纭,惟字典一书实群书之总汇,在初学、已学者均不可少"⑤。透过张元济、王云五前后两位编译所所长的努力,该馆在20世纪前六七十年的英语辞书出版经历,不仅在质与量方面皆能与时俱进,为中国社会提供最适切的英语辞书,也为英华/华英辞典的出版奠定了良好的基础。确实如学者所言,"只要再略添几笔,就是一篇我国近代英语辞书的出版简史"⑥。在探讨清末民初的英汉/汉英辞典出版时,商务印书馆尤其居功厥伟,功不可没。下文将就民初重要英华(汉)、华英辞书的出版做一梳理,并在此基础上探究"literature"词条的变化与文学观念的演进。

---

① 璩鑫圭、唐良炎编:《中国近代教育史资料汇编·学制演变》,第327页。
② 同上书,第329页。
③ 周策纵:《五四运动史》上册,桂冠图书公司1989年版,第328页。
④ 余英时:《现代儒学论》,八方文化企业公司1996年版,第161页。
⑤ 邝其照:《序言》,见邝其照编:《商务书馆华英字典》,商务印书馆1899年版。
⑥ 汪家熔:《商务印书馆英语辞书出版简史》,见陈应年、陈江编:《商务印书馆九十五年——我和商务印书馆》,商务印书馆1992年版,第661页。

二、英华(汉)辞典的编纂:韦柏士特辞典主导民初英汉辞典的发展

关于民初重要的英华(汉)辞典编纂,应可从四部具代表性的辞书进行讨论:其一《商务书馆英华新字典》,其二《新订英汉辞典》,其三韦伯斯特系列辞典的集大成之作《英汉双解韦氏大学字典》,其四集英美辞书之长的《综合英汉大辞典》。其中,前两部辞书主要是晚清重要辞书的缩编本,后两部辞书则是民初新编译的辞书,以下将分述之。

(一) 晚清重要英华辞典的缩编本:《商务书馆英华新字典》(1907)与《新订英汉辞典》(1911)

1902年由企英译书馆(谢洪赉)编校的《商务书馆华英音韵字典集成》(以下简称《音韵字典集成》)(*Commercial Press English and Chinese Pronouncing Dictionary*)与1908年由颜惠庆编纂的《英华大辞典》,是商务印书馆在晚清时期最具代表性的两部英华辞典,且两书都有极佳的销售成绩。

《音韵字典集成》的编辑原则为"音韵以英儒纳韬耳本为宗,释义以英国罗布存德为主,并加增订",初版时便有严复背书,称其"独出冠时,世所宝贵"①,来年即有再版。至1907年商务便出缩编版,并更名为《商务书馆英华新字典》(*Commercial Press English and Chinese Pronouncing Condensed Dictionary*)(图1),书前有尚贤堂的创办人李佳白(Gilbert Reid)于丙午年(1906)所写的《商务印书馆英华新字典序》,文称:"全书凡七万言,于读法及名物动作区别形况之异用,有条不紊,言亦雅驯,无俚俗不适当之病,吾知学者得此,必有事半功倍之益,其诸诚良导师欤。"此言由来华传教24年,颇具

---

① 此为刊登在《东方杂志》1904年第1卷第1期商务印书馆出版广告,见王云五主持:《重印东方杂志全部旧刊五十卷》,台湾商务印书馆1971—1976年版。

社会声望的美国传教士道出,①极富说服力。进入民国之后,此书仍不断再版,至 1913 年已出至第十七版。1914 年又有郁德基修订的《增广英华新字典》,该版本参照时下欧美新版字典来进行增删损益,使其更符时用。

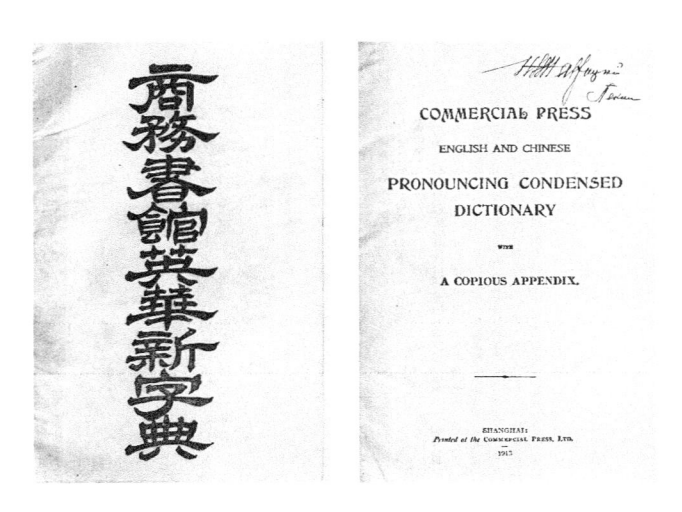

图 1　商务印书馆编译所编《商务书馆英华新字典》(商务印书馆,1913 年)②

而由颜惠庆所编《英华大辞典》自 1908 年出版以来,因其采用英国的纳韬耳善本进行改译,有不备之处再以韦伯斯特本补入,更广泛参考各类书籍、教科书等,堪称"集华英诸合璧之大成也",是"一具体而微之百科全书",③因此在晚清民初社会深受市场欢迎,流通极广。在 1911 年便出现了由商务印书馆编译所编纂发行的缩编本《新订英汉辞典》(*An Abridged English and*

---

① 李佳白,字启东,1882 年于纽约协和神学院毕业后,即以美国北长老会传教士身份前往中国,曾在山东烟台、济南等地传教 10 年,1890 年在第二届基督教在华传教士全国大会上提议将宣教对象转向中国的上层社会未果,遂于 1894 年 6 月与差会脱离关系成为独立传教士。1894 年以后,他以伦敦《泰晤士报》驻北京特约记者的身份,周旋于北京上层人物之中。同时在北京创设"尚贤堂",旨在通过"招集中西善士,凡道德高深,学问渊博者","使外人乐于与华人合作,挽救中国"。1900 年义和团事变后,尚贤堂的房舍被焚毁,李佳白获中国商绅捐助,1904 年于上海法租界购地,重建尚贤堂,在教育、社会、宗教和文化各方面开展活动,直至 1927 年去世。以上摘自李亚丁主编:《华人基督教史人物辞典》,2016 年 11 月 2 日,http://www.bdcconline.net/zh-hant/stories/by-person/l/li-jiabai.php。
② 引自台湾"中央研究院"近代史研究所"英华字典数据库",https://mhdb.mh.sinica.edu.tw/dictionary/image.php?book=1913&patch=%E5%B0%81%E9%9D%A2。
③ 关于颜惠庆编《英华大辞典》,笔者已有详细论述,在此不再赘言。详见蔡祝青:《现代文学观念的译介与传播:以近代英华/华英辞典编纂 literature 相关词条为中心》,第 264—271 页。

Chinese Dictionary)(图2),该书凡例中称:"是书就本馆印行之英华大辞典删繁就简改订成书,然各种应用之字仍毫无遗漏。"详究其实,缩编本在条目的安排上主要删减了英文释意的部分,使条目更为简洁;至1920年10月起更有小字本以单行册出版,不到一年,至1921年8月已出版到第四版,可知该书流行之大略。

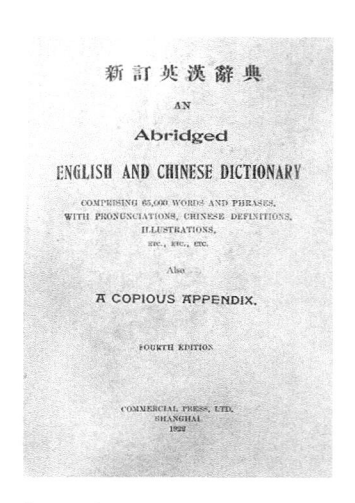

图2　商务印书馆编译所编纂发行的缩编本《新订英汉辞典》第四版(商务印书馆,1922年)

(二) 韦氏[①]字典系列:从参考用书、日文转译本、袖珍本到直译本

韦氏字典系列是美国通用的英文辞典,最早由辞典编纂家诺亚·韦伯斯特(Noah Webster,1758—1843)于1828年所出版的第一部《美国英语字典》(*American Dictionary of the English Language*)开启序幕。韦伯斯特除了努力追溯英语字汇的源头,也努力尝试在世界各国语言中凸显美语的特色,最终通过与同以英语为本体的英式英语进行比较,从政体形式、不同的律法、机构与风俗,标举出美式英语的特色。韦伯斯特强调"语言是概念的表达,如果一个国家的人民无法保存概念的同一性,他们将无法保存语言的同一性/

[①] 韦氏字典尚未定名之前,在张元济的日记与相关辞书里曾出现各种译法,如韦柏士特大字典、韦白士德本、惠白斯泰一书、韦氏字典、韦氏辞典、韦白斯达大字典、韦白司忒大字典、韦白司脱大字典、韦白司德大字典、韦白司德 Academic 字典等。在本段落中将引用原文的译法,并于文后标注英文书名,不特别进行统一,谨此说明。

认同(identity)"。① 透过将语言与国家进行紧密的结合,韦氏字典不仅为美式英语辞典奠定了良好基础,也成功形塑了美国文化与美国人的身份认同。至1843年诺亚·韦伯斯特辞世,由梅里亚姆(G. & C. Merriam)公司②取得韦氏字典版权,古德里奇(Chauncey A. Goodrich)担任主编,在《美国英语字典》的基础上开始出版各种版本的韦氏辞典系列丛书,其中又以耶鲁大学的诺亚·波特(Noah Porter,1811—1892)于1864年编纂出版的《韦氏国际词典》(*Webster's International Dictionary of the English Language*)最具代表性。自1884年起,诺亚·波特以《韦氏国际词典》为底本,开始编辑缩编版的韦氏字典以利流通,如《韦氏简明辞典》(*Webster's Condensed Dictionary of the English Language*,1884);另于1892年起,出版韦氏学校辞典系列(*Webster's School Dictionaries*),以适应各级学校学生与学者使用,如《韦氏初小辞典》(*Webster's Primary School Dictionary*,1892)、《韦氏小学辞典》(*Webster's Common School Dictionary：A Dictionary of the English Language, Designed for Use in Common Schools*,1892)、《韦氏高中辞典》(*Webster's High School Dictionary：A Dictionary of the English Language*,1892)、《韦氏学院辞典》(*Webster's Academic Dictionary：A Dictionary of the English Language*,1895)、《韦氏大学辞典》(*Webster's Collegiate Dictionary*,1898)等。至1909年梅里亚姆公司再推出《韦氏新国际辞典》(*Webster's New International Dictionary*),即世称的第一版《韦氏大字典》,至1934年再有第二版出版,使韦氏词典更趋完善。在韦氏词典系列中,《韦氏大学辞典》第十一版乃是美国销售最广的桌上型辞典,《韦氏新国际辞典》第三版(完整版)亦极负盛名。韦氏辞典不仅是美国最重要的语言辞典,也在世界各地获得普遍的重视。

---

① Noah Webster, "Preface," *An American Dictionary of the English Language*, New York: S. Converse, 1828.
② G. & C. Merriam Co. 成立于1831年,这是由George and Charles Merriam兄弟创立的出版社,公司位于美国麻州的春田市(Springfield, Massachusetts),至1982年,该公司改名为Merriam-Webster,使公司的商标与版权更为确立。关于Merriam-Webster的由来与发展可详参该公司网址说明,http://www.merriam-webster.com/info/faq.htm。

表 1 韦氏字典的重要版本举隅

字典名称	编者/再版编者	出版年	再版年
An American Dictionary of the English Language	Noah Webster/ Joseph Emerson Worcester & Chauncey A. Goodrich	1828	1829
An American Dictionary of the English Language, 2nd edition 注：1843 年 Noah Webster 死后，由米林兄弟（brothers George and Charles Merriam）取得"Webster"版权。	Noah Webster & William G. Webster	1841	J. S. & C. Adams of Amherst, Massachusetts, 1844; G & C Merriam, Springfield, Massachusetts, 1845
An American Dictionary of the English Language, New and Revised Edition	Chauncey A. Goodrich	1847	1858
Webster's International Dictionary of the English Language, Unabridged Edition	Noah Porter	1864	1879, 1884, 1890, 1898, 1900
Webster's Complete Dictionary of the English Language, Authorized and Unabridged Edition	Chauncey A. Goodrich, Noah Porter	1880	1886
Webster's Condensed Dictionary of the English Language (chiefly derived from the unabridged dictionary of Noah Webster)	Noah Porter	1884	
Webster's Primary School Dictionary	Noah Porter	1892	
Webster's Common School Dictionary: A Dictionary of the English Language, Designed for Use in Common Schools; abridged from Webster's International Dictionary	Noah Porter	1892	
Webster's High School Dictionary: A Dictionary of the English Language	Noah Porter	1892	
Webster's Academic Dictionary: A Dictionary of the English Language	Noah Porter	1895	

续　表

字典名称	编者/再版编者	出版年	再版年
Webster's Collegiate Dictionary	Noah Porter	1898	1916 (2nd), 1919 (3rd), 1923, 1929, 1936, 1947, 1971, 1983(9th), 2003(11th).
Webster's Little Gem Dictionary: Based on Webster's New International Dictionary	Webster, Noah	1905	1910(2nd); 1917(3rd)
Webster's New International Dictionary	William Torrey Harris and F. Sturgis Allen/ William Allan Neilson and Thomas A. Knott	1909	1934(2nd), 1961(3rd)

　　商务印书馆很早就留意到国际著名的韦柏士特辞典，在 1905 年商务邀请颜惠庆主编英华辞典时，本来决议要以韦柏士特大辞典作为底稿，但略译数纸后方才发现"韦书卷帙浩繁"，翻译成本过高，高额定价也无法嘉惠学子，所以改以英国纳韬尔善本为底本，有不备者再以韦本补入。[①] 至 1912 年，商务邀请郁德基增订《商务印书馆英华新字典》(1907)，郁氏在《修订例言八则》中就提及"是编就本馆原有之英华新字典删其不甚通行之字，而增入普通科学通用之字及新闻纸杂志中习见之字以合高小中学学生之用为目的"。该版本不仅调整了收录通行习见之字，也将目标读者设定在高小中学生，另说明"是编于删增各字颇费斟酌，凡所删各字均韦柏士特最近出版之大字典 (*Webster's International Dictionary*) 附于篇末者，其所增益则大半采自英文近世字典 (*A Modern Dictionary*) 择其重要者取之"[②]。因改名为《增广英华新字典》(*New Commercial Press English and Chinese Pronouncing Condensed Dictionary*)，可知郁德基受到韦氏系列辞典缩编、学校系列辞典的影响，同时也将英文近世字典纳入增删词条的重要参考依据。

[①] 详见该辞典《例言八则》，见颜惠庆主编：《英华大辞典》。
[②] 郁德基增订，改名为《增广英华新字典》(*New Commercial Press English and Chinese Pronouncing Condensed Dictionary*)，商务印书馆 1919 年版。

至1915年,商务出版了足本的韦柏士特大字典,这是由李文彬、张世鎏、徐铣、甘永龙编译的《英汉新字汇》(Webster's Unabridged Dictionary of the English Language Translated into Chinese)。此书乃根据日译本《ウェブスター氏新刊大辞书和译字汇》(Webster's Unabridged Dictionary of the English Language Translated into Japanese)转译而来。① 在商务的广告词中,除了点出其在日本"销数逾数十万,扶桑学子奉为良师",尤其强调"其于博物名词,罗列甚广,为他种字书所不及"②(图3)。在王蕴章的序言中也提及:"近科学日进,片词只义,□为专名,著录稍乖,则又难餍学者之求,而重为译界所诟病,是其事更非率尔操觚者所能胜任而愉快也,明矣。江浦张君叔良(按:即世鎏)有鉴于此,以惠白斯泰(按:即韦柏士特)一书为彼邦之名著,特纠集同志,译以问世,凡数载而功竣,芜者汰之,缺者补之,入邓林之选。"③该书《例言》也强调:"是书字意凡为原书所未经见者,悉由旁搜博采而取征于最新各种辞书之精义,洵辞典中空前之巨擘也。"此辞书内容不仅搜集成语极多,20世纪通用之科学名词搜罗尤备,其"解字之详为近今各辞典之冠",所标发音皆依韦氏原书为准则,④也与现今"外间英文课本注释字音皆从韦氏"⑤完全接轨,可知此书的编译策略为在日译本韦氏字典之基础上广搜群书,适合中国读者所需。此书至1917年已有第三版发行。

1916年11月商务出版由郁德基主编的《英华合解袖珍新字典》(Webster's Little Gem Dictionary Translated into Chinese),此书乃采用1913年新版的《韦柏斯德氏袖珍字典》(Webster's Little Gem Dictionary)为蓝本,是一部易于携带的袖珍字典。⑥ 同时间,张元济则找来了郭秉文商谈编译《新

---

① 详见《商务印书馆出版中外文辞书目录1897—1963.9》(电子资源)(北京商务印书馆资料室,出版年不详),第13页。《ウェブスター氏新刊大辭書和譯字彙》初由沃灵顿·伊斯莱克(F. Warrington Eastlake, 1858—1905)与棚桥一郎(Tanahashi Ichilo, 1862—1942)共译,后由南条文雄(Nanjo Bunyu, 1849—1927)增补,初版日期为1888年,由东京三省堂出版,至1892年已出版至第十七版,1896、1897、1902、1907年皆有再版,可知其畅销程度。
② 详见《英汉新字汇》广告,刊于《东方杂志》1916年第13卷第1号,见王云五主持:《重印东方杂志全部旧刊五十卷》,台湾商务印书馆1971—1976年版,第29967页。
③ 王(蕴章)序,见李文彬等编译:《英汉新字汇》,商务印书馆1915年初版,1917年第三版。
④ 《例言》,见李文彬等编译:《英汉新字汇》。
⑤ 同本页注释②。
⑥ 笔者所见为台湾大学图书馆藏1923年版(第三版),相关讨论可参见邹振环:《商务印书馆"韦氏字典"版权诉讼风波》,《世纪》2014年第1期,第44—48页。

图 3 《英汉新字汇》广告,刊登于《东方杂志》第 13 卷第 1 号(1916 年)

英华辞典》事,其决议采用的也是"韦白士德本"①。我们通过对《张元济日记》等相关史料进行爬梳,便可了解到张元济自 1916 年底以来,寻找主编郭秉文讨论韦氏辞书底本、译法与合同等问题,以及发信请教专家伍光建关于《韦氏字典》的优劣,派人了解中华书局翻印《韦氏字典》的详情,清楚估算《韦白司德 Academic 字典》虽可翻印,但市场销路甚微,故不办等决策。到了 1917 年 5 月,美国某书店允将《韦白司德大字典》贱售与商务印书馆,照原价打四折,张元济订购 300 部,尝试以代销的方式测试市场行情。就在同年 8 月,短短三个多月间,竟连续订购累积到 950 部之多,原著代销竟有如此惊人的成绩,可知外语词典市场需求之热烈。此外,商务印书馆的劲敌中华书局先于 1918 年出版由张谔、沈彬主编的《新式英华双解词典》(*A Modern Dictionary of the English Language with Anglo-Chinese Explanations*),所本便是《韦氏新国际辞典》(*Webster's New International Dictionary*)。② 经过与专家学者讨

---

① 张元济:《张元济日记》,河北教育出版社 2001 年版,第 184 页。
② 详见张元济:《张元济日记》,第 184、201、240、242、250、251、257、267、293、296、308、334、356、448、459、492、497、841、1006 页。

论,随时掌握市场行情与对手动静的商务印书馆,终于在张元济的主导下,由郭秉文、张世鎏担任前后主编,历时五年有余,最后甚至与美国原书发行人米林公司发生侵权纠纷。张元济为维护我书业主权,"一面聘请律师据理力争,一面与书业商会联系,争取舆论支持",终使原告败诉,[①]至1923年顺利出版了中译本《英汉双解韦氏大学字典》(Webster's Collegiate Dictionary with Chinese Translation)。

《英汉双解韦氏大学字典》所本为《韦氏大学字典》(Webster's Collegiate Dictionary)第三版(图4),该字典为了兼顾多数读者与学者的需要,内容主要是《韦氏新国际字典》的删节版。国际字典在再版的过程中,极注重增添更为实用的词汇与学科新名词,可说是当时与时俱进的最佳辞典。而在辞典编辑团队方面,1917年秋先由郭秉文总其事,并"特约国内外各大学教授多人,在馆外分任编辑"。当时郭秉文已获得美国哥伦比亚大学博士学位,并先后担任南京高等师范学校教务长、校长之职,颇受世人尊崇。编译工作先以《韦氏大学字典》第二版(1916)为底本,"两年书成,仅缺首尾附录各章,稍加厘定,垂付刊矣"。可惜编译过程中巧遇韦氏改定新版(即第三版,1920)又出,因此"取与旧版对照,增删损益之处,约居十之六七,既有新版,义不得以旧版译注问世"。然而,"其时原约馆外编辑诸氏,或职务日繁,或远游国外,重修前约,势有未能",因此,商务印书馆遂于1921年自辟"英汉字典部"于馆内,转由曾编译过日译本韦氏字典的资深编辑张世鎏主其事,"依据新版,从事改译,而以旧版译文为参考,其原任译订诸氏,或延揽入馆,或随时以函札相商榷",可知商务印书馆编译此书之艰辛与严谨。从初版辞书封面看来,此书编辑团队计有主编郭秉文、张世鎏,助理主编蒋梦麟、厉顶骧、冯蕃五、吴康,译者张准等26人,顾问张士一、朱经农、邝富灼、胡明复、王云五,共计37人,此中具有硕博士学位者共14人,可知此时的编辑条件和水平已较晚清提升多矣。

[①] 诉讼过程详见邹振环:《商务印书馆"韦氏字典"版权诉讼风波》,《世纪》2014年第1期,第44—48页。

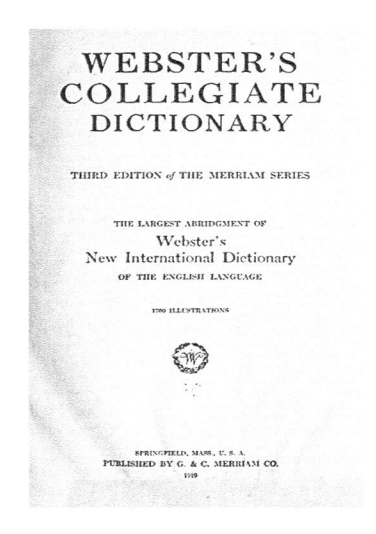

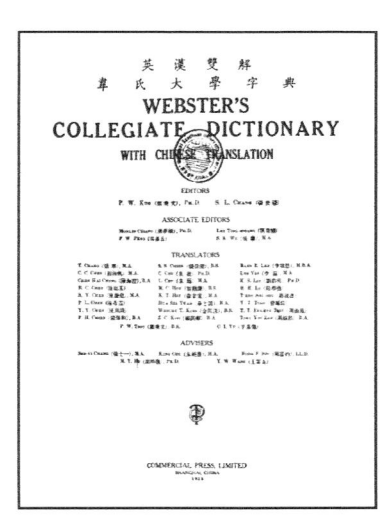

图 4 （左）《韦氏大学辞典》第三版(*Webster's Collegiate Dictionary*. 3rd ed. Springfield：G & C. Merriam Co.，1919)；（右）郭秉文、张世鎏编《英汉双解韦氏大学字典》(商务印书馆，1923 年)

在实际编译工作方面，郭秉文提及："是编以韦书为蓝本，比照移译；复旁搜博采，补其阙遗，凡晚近觓用之术语，孳乳之新词，皆犁然可考而粲然备矣。全书千七百余页，单字都十万余言，间以精图，缀以附录，详审赅博，蔚为巨观。"①在翻译工作方面，张元济已向郭秉文提出"遇有直译实在困难之处，不用直译"②的原则，张世鎏则强调"惟同人之意，以为英汉字典，贵能介绍英语之真相，故韦书义蕴之所有，不敢损其分毫，韦书义训之所无，不敢意为增益，宁受冗沓艰涩之讥，而未尝窜易原书本意，借以迁就汉字行文之便利"③。这种尊重原著之意蕴，不任意增损添删，强调在译文上宁受冗沓艰涩，而绝不窜改原书本意，看重英汉字典"贵能介绍英语之真相"的原则，已与早年传教士借由编译英华/华英辞典来介绍中华文化，以利传教的目的大不相同。显然已进入五四新文化运动后所建立的"以原著为中心"的翻译判准，期望借由翻译输入西方的思想资源，以达破旧立新之目的。④ 郭序就清楚点出，"吾国高

---

① 郭（秉文）序，见郭秉文、张世鎏编：《英汉双解韦氏大学字典》。
② 1918 年 1 月 11 日张元济复郭洪声内容，详见张元济：《张元济日记》，第 448 页。
③ 张（世鎏）序，见郭秉文、张世鎏编：《英汉双解韦氏大学字典》。
④ 关于文学翻译规范从晚清到五四的转变，可参见关诗佩：《从林纾看文学翻译规范由晚清中国到五四的转变：西化、现代化和以原著为中心的观念》，《中国文化研究所学报》2008 年第 48 期，第 343—371 页。

等教育,近年渐露向上之机,各种专门学术之研究,亦日趋繁复,而其教材与用书,大半沿用外国文,英文尤较普遍,此其当然与否,别一问题,其为事实,不容否认。自顷国人努力文化运动,系统地灌输西洋之学术思想,科学文艺,万涂竞萌,诛说纷起,而欲探讨其泉源,仍胥取资于外籍,所学愈高深,所涉文字恒愈艰仄,其需求一完善足供指导之字书亦愈殷,此则承学之士,久共认矣"①。可见,民国以来通过高等教育的建立,专门学术之发展,更添新文化运动的推波助澜,已使传播学术新知的教科书和辞书共同朝向探索原文、原著的泉源前进。

此书也邀得重要的专家学者作序推荐,计有蔡元培、王宠惠、黄炎培、蒋梦麟、郭秉文、张世鎏等人作序言各一篇。蔡(元培)序提及语文既为思想概念的载体,吾侪在攻治外籍之时,尤需丰富精当之汉译外国语字典,以助概念之明确落实。而商务印书馆于十五年前,已辑行《英华大辞典》一书,包罗宏要,学者便之,兹复有《英汉双解韦氏大学字典》之作,"适应新时会之要求,其不胫而走,可预卜已"②。王(宠惠)序则标举韦书的三大价值:在学术专名上搜罗百籍、严加解诂;在寻常习见字上"依次列解,示其引申,明其转注,寻条索脉";在同义字上"特列比较,剖析毫芒,各字义蕴,宣然毕达,学者翻检,易使思想趋于邃密"。相较于"从前编订字书,往往去取增删,不依一本",王氏尤其看重"是编悉照原书,依次译注,唯达唯雅,尤重在信,阅者对照英汉,可证彼我文字之异同,而得相当转译之原字,于棣通思想,最有裨益",因此宣称"此盖英语教育演进至第三期后最适用之字书,不仅学海凿幽之导炬,亦增进国民亲交之利器矣"③。这种悉照原书翻译、讲究信实,务使西来外籍的观念得以明确落实的姿态,在推荐者序中再次得到强调和体现。

商务印书馆除了在该辞典的编纂、版权的争取上费尽心思,在宣传广告上尤其表现出其他英汉辞典未曾有过的巧思与创意。在辞书预定出版(1923年5月)的前半年前,我们就可在商务自家出版的《东方杂志》半月刊中看到连续刊登的"预约简章"广告。首先是每期不断翻新的标题与图片,诸如"阁

---

① 郭(秉文)序,见郭秉文、张世鎏编:《英汉双解韦氏大学字典》。
② 蔡(元培)序,见郭秉文、张世鎏编:《英汉双解韦氏大学字典》。
③ 王(宠惠)序,见郭秉文、张世鎏编:《英汉双解韦氏大学字典》。

下能举飞机各部之名称乎？""HOOVERISM 等新名词已经收入本馆编译的英汉双解韦氏大学字典以内了""这个怪鱼叫什么名字？""这是阁下应备的字典"（图 5）等，或提问或利诱或论断的语气，反复标榜《韦氏大学字典》既权威又丰富的内容。其次还包括专家学者的推荐，以及预约书价从寻常售价的二十四元转变为特价优惠为十七元。后因与美国版权诉讼案件的延宕，使得预约期限又从 1923 年 3 月底延至同年 11 月底，预计 12 月底交书。透过诸多销售广告手法的刺激与拉抬声势，果然让《英汉双解韦氏大学字典》短期内取得极佳的销售成绩，"重版四次瞬息即尽"，至 1924 年 12 月已有第五版出书，①后于 1931 年发行第七版，1938 年发行国难第三版。

中国近代英汉（华）辞典之编纂自 1823 年马礼逊（Robert Morrison）的《华英字典》（*A Dictionary of the Chinese Language*）第三部《英华字典》出版以来，历经了由传教士至中日知识分子编纂的百年发展，至 1923 年《英汉双解韦氏大学字典》的出版，可以说已达到专业信实的程度，成为与西方辞典几乎同步译介的重要里程碑。

---

① 详见《英汉双解韦氏大学字典》第五版出书广告，《东方杂志》1924 年第 21 卷第 23 期，广告页。

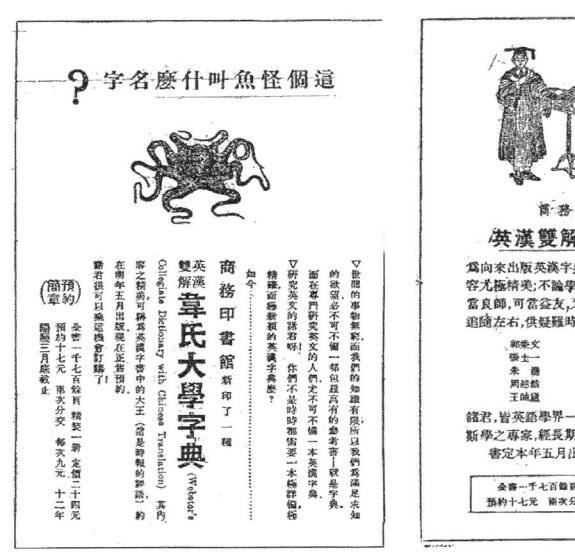

图 5 连续刊登于《东方杂志》的《英汉双解韦氏大学字典》广告。左上刊登于 19 卷 21 号（1922.11.10），右上刊登于 19 卷 22 号（1922.11.25），左下刊登于 19 卷 23 号（1922.12.10），右下刊登于 20 卷 1 号（1923.1.10）

（三）《综合英汉大辞典》（1927）

在《英汉双解韦氏大学字典》之后，最值得注意的是 1927 年由黄士复、江铁主编的《综合英汉大辞典》（*A Comprehensive English-Chinese Dictionary*）（图 6）出版，这部辞书不仅博采了英美众辞书之长，而且兼有百科辞书之用。在商务印书馆历来的外国语文辞典出版中，英文辞书也以《韦氏大学字典》的汉译以及《综合英汉大辞典》的编纂费力最多，[1]值得我们进一步探讨。

约在 1920 年，商务印书馆还在执编《英汉双解韦氏大学字典》时，便已开始酝酿《综合英汉大辞典》的编纂。在编者序中言及："翻译之为事，专据一书易，兼采众书难，综合体例不同之书尤难，坊间英汉字典，大都专据一书略加增补，本书曷为独综合各书，舍易而就难耶，以英美字典各有所长，须荟萃改编俾适合于我国之需要故。"论者以为："现行英汉字典，十之八九，皆以美国 Webster 氏各种字典为蓝本，韦书之佳故不待言；然如 Century 字典，Standard 字典，亦美国之名著，而吾国依据之者殊鲜；又如英国之 Oxford 大

---

[1] 佚名：《商务五十年》，见陈应年、陈江编：《商务印书馆九十五年——我和商务印书馆》，第 770—771 页。

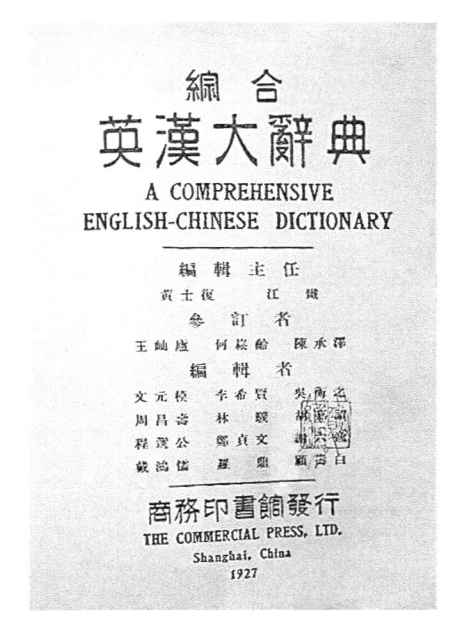

图 6　黄士复、江铁主编《综合英汉大辞典》(商务印书馆，1927 年)

字典,为英文界空前之著述,惟卷帙过繁,购置不易,于是有 Oxford 简明字典,取大字典之精华,重加编次,期便实用,此书简明赅括,世之治英文者无不奉为宝典,而吾国用者独罕,诚足怪也。"此时编辑不仅搜罗美国各种辞典名著,同时也留意到英国最具代表性的牛津字典,"至若 Oxford 简明字典,则其特色与韦书绝异,凡常见之字,其析义之精,引例之备,用法之详,成语之富,迥非同类之书所能及,就纯粹的字典及不兼带百科辞书性质的字典而言,其精美而切于实用,殆无有过于此书者"[1]。事实上,早在 1916 年 8 月商务印书馆的编辑徐闰全(铣)便打算翻译《牛津简明字典》(*The Concise Oxford Dictionary*),但此议似乎没有得到落实。[2] 直到 1920 年代,编辑所同人以为"必须综合英美各字典之长,搜罗最新材料,重加编次,方适用于现代之需要",于是决议"另订编例,足以容纳各字典之长,然后可免顾此失彼缺乏联络之憾,是以编辑之法,当慎择最为精审而足资依据之字典若干种,比较其同

---

[1]《序》,见黄士复、江铁主编:《综合英汉大辞典》(*A Comprehensive English-Chinese Dictionary*),商务印书馆 1927 年版,第 iii 页。
[2] 详见张元济:《张元济日记》,第 151 页。

异,研究取舍之方针,而定一采纳各种特色之编例,以期具备上述诸要件焉"。① 后"费时六七载,前后参与编辑者数十人,始终其事者亦数人,然后告竣"。

此书选定英美字典如下:

> 英文字典虽多,而出版界所奉为圭臬者,英国方面,首推 Oxford 字典,美国方面则有 Webster,Standard 及 Century 各种字典,兹择其内容丰富者列举如下:
> The Oxford Dictionary(简称 O. D.)
> The Concise Oxford Dictionary(简称 C. O. D.)
> Webster's New International Dictionary(简称 W. N. I. D.)
> Webster's Collegiate Dictionary(简称 W. C. D.)
> Funk & Wagnall's New Standard Dictionary(简称 N. S. D.)
> Funk & Wagnall's Practical Standard Dictionary(简称 P. S. D.)
> The Century Dictionary and Cyclopedia(简称 C. D. C.)②

在上列英美辞书中,诸编辑进而提出编辑准据:"C. O. D(Oxford 简明字典)为 O. D. 之节本,W. C. D.(Webster 大学字典)为 W. N. I. D. 之节本,P. S. D.(Standard 实用字典)为 N. S. D. 之节本,各有新增之材料,内容皆精审丰富而适用,若综合此三书之长而间采 O. D.,W. N. I. D.,N. S. D.,C. D. C. 及他书以补充之,可成一美备之字典,此则本书编辑之准据也。"③

除了决议以三本节本为底本,足本与他书为补充材料外,编辑亦对辞典究竟要编成字典或百科辞典进行了辨析:

> 就纯粹字典的性质与兼有百科辞书的性质比较之;O. D. 及 C. O. D. 属于前者,而 C. D. C. 属于后者,W. C. D. 与 P. S. D. 则在两者之

---

① 《编辑大纲》,见黄士复、江铁主编:《综合英汉大辞典》(*A Comprehensive English-Chinese Dictionary*),第 i 页。
② 同上注,第 i—ii 页。
③ 同上注,第 ii 页。

间;字典与百科辞书不同;百科辞书记述事物;字典则以解字为主,其记述事物,仅取足以确定字之正当意义及其用法而已,此解释内容之不同也;百科辞典以记述事物故,其所收之字大半为名词而且不尽限于一种国语;英文字典则各类之词皆收,而必限于英语或曾经转用为英语者,此收容语类之不同也。①

由此可见,商务编辑已能清楚辨明字典与百科全书性质之不同。事实上,商务印书馆早在1907年、1918年间便接受英国泰晤士报馆委托代销第十版、第十一版《大不列颠百科全书》。自1922年起担任商务印书馆编译所所长的王云五先生,不仅在青年时期就通读过大英百科全书,②在1921年提出的《改进编译所意见书》里,也曾对如何编译百科全书提出具体建议,③日后也陆续主持编成《日用百科全书》(1919年)、《百科小丛书》(1923年)、《少年百科全书》(1924年)④,甚至编印《万有文库》(1929年)等丛书。而《综合英汉大辞典》编者在将各辞书性质进行比较后,最后决议"取 W. C. D. 与 P. S. D. 之方针,务以字典而兼含百科辞典之用,力求新颖宏富,多参考专门辞典及最近出版物,是以所收新语新义,虽英美字典往往尚未之见"。⑤ 可知,"百科全书"的观念与提倡对王云五主持下的商务编译所起到积极而具体的作用。

由上述资料可知,《综合英汉大辞典》不仅在韦氏字典的基础上进一步发掘了美国其他著名字典,如 Standard 及 Century 字典,同时也引介英国最具分量的牛津字典。这种综合英美各字典之长,并且朝向以字典为主而兼含百

---

① 《编辑大纲》,见黄士复、江铁主编:《综合英汉大辞典》(*A Comprehensive English-Chinese Dictionary*),第 xi 页。
② 王寿南编:《王云五先生年谱初稿》第一册,台湾商务印书馆 1987 年版,第 63 页。
③ 王云五先生认为商务印书馆虽对百科全书、各种大辞书、大字典,已稍稍提倡,"惟距充分程度尚远,殆仍以资本巨销路狭为虑也"。因此建议若能选择卷帙较少之百科全书,译为国文,并加入本国固有或特有之资料,并仿照活页本办法,俾购者得随时插入书馆陆续供应之新资料,则其用益宏,"其价不及大英百科全书四之一,度其销数必不止倍蓰于原本之大英百科全书也"。同上注,第 113 页。
④ 王云五先生自述云:"我为着编辑百科全书的初步工作,经于十一年春间选定美国出版之 Book of Knowledge,作为少年百科全书之底本,期就此打下基础,再谋进一步编辑百科全书。"同上注,第 123 页。
⑤ 《编辑大纲》,见黄士复、江铁主编:《综合英汉大辞典》(*A Comprehensive English-Chinese Dictionary*),第 xi—xii 页。

科辞书之用的编辑方针,使得《综合英汉大辞典》成为"当时我国收词最多的英汉词典"[①],此后更成为商务的畅销书。待1941年太平洋战争起,商务上海发行所及厂栈、香港印刷厂及货栈被日军占领,当时总经理王云五即在重庆设立商务总管理处驻渝办事处及编审处,并且决定设法翻印《大学丛书》与《综合英汉大辞典》等工具书。[②] 因此,1945年有重庆出版的"合订本第一版",1948年返回后上海又有增订版。

三、民初英汉/汉英辞典、中文辞典与百科名汇如何反映学科新名词——以"literature"的发展为中心

在民初重要英华辞典出版系谱的基础上,我们可借由"literature"词条的发展,进一步探索民初英华辞典中"文学"词条如何由传统转化为西方文学观念,并且逐步确定的过程。在英汉辞典之外,笔者将参照同时期商务印书馆出版的《汉英辞典》、中文辞典《辞源》与《百科名汇》,希望借由学科新名词中英意义双向沟通的实况,来探求文学观念的转变。

(一) 韦氏系列辞典的定义成为新标准:由狭义到广义的新次第

一方面,民国初年的英汉辞典延续颜惠庆《英华大辞典》不断再版,出版缩编版《新订英汉辞典》及小字本,持续扩大其影响力;另一方面,更值得注意的是,韦氏系列辞典已在民初二十年间成为主导英华辞典发展最重要的外来资源。

《新订英汉辞典》(1911年)是颜编《英华大辞典》的缩编版,因此"literature"词条仅删去所有的英文定义,而完全照录颜氏辞典的中文译义:"n. 学识,学问,淹通,博学;文,书,文章,文库,经史子集;文学;文学业;belles lettres,文艺。"这四个层次的定义基本上按照由广义而狭义的次第安排,此中既保留了传统的"文,书,文章、经史子集"的概念,同时也出现作为日文总集

---

① 陈应年:《商务印书馆百年回眸》,《炎黄春秋》1997年第6期,第17—22页。
② 张毓黎:《商务印书馆总管理处迁渝时期的工作概况》,见陈应年、陈江编:《商务印书馆九十五年——我和商务印书馆》,第354—366页。

的"文库"概念,而现代狭义的"文学""文艺"观也已并陈在此词条之下。①

再者,以《韦氏学院辞典》(Webster's Academic Dictionary)为底本的《英华合解词汇》(1915),其"literature"词条的次第也类似于颜氏辞典的安排,依次如下:

> n. 1. learning. 学问,学. 2. collective body of literary productions. 文章,文库. 3. writings distinguished for beauty of style, disting. fr. Scientific treatises; belles lettres, 文学,文艺. 4. occupation of doing literary work, 文学业,笔墨生涯。

从最广泛的"学问",到其次"文章""文库"的文学生产总体,第三层次进入狭义的"文学""文艺"内涵,"此写作不仅是美文的形式,而且有别于科学论述",到最后一层的职业类别,所谓"文学业""笔墨生涯",词条内涵基本不出颜氏辞典之内涵。

除《英华合解词汇》之外,我们若稍加比较韦氏系列辞典的内涵,最明显的特征为定义是由狭义而广义的编排次第展开,因此"文学"在多部辞书中都跃升为"literature"词条的首要定义。如从日译本转译而来的《英汉新字汇》,其词条为:"n. 文学,文词之学;文字;学问,学识. Ancient literature,古文. Modern literature,时文。"该词条前半部分还是不出颜氏辞典的内涵,后半部则又加缀了罗存德《英华字典》(1866—1869)的内容,可见先行者辞典的深远影响。②

而民初时期最重要的两本韦氏辞典直译本,一是中华书局于 1918 年出版,以《韦氏新国际辞典》为底本的《新式英华双解辞典》;一是商务印书馆于 1923 年出版,以《韦氏大学辞典》为底本的《英汉双解韦氏大学字典》。兹罗列这两本辞书的"literature"词条如下:

---

① 详见蔡祝青:《现代文学观念的译介与传播:以近代英华/华英辞典编纂 literature 相关词条为中心》,第 280—285 页。
② 罗存德《英华字典》自 1866—1869 年出版以来,影响中日知识分子编译字典长达三十年时间,至颜惠庆《英华大辞典》于 1908 年出版,才跳脱罗氏字典影响,对于词汇的定义有中英参照的详细解说。详见蔡祝青:《现代文学观念的译介与传播:以近代英华/华英辞典编纂 literature 相关词条为中心》,第 274—280 页。

中华版《新式英华双解辞典》：

n. 1. Production of literary work, esp. as an occupation 文学；笔墨生涯。2. Literary production collectively, as all the writings of a country, notable for literary form or expression. 文章；文学；文艺。

商务版《英汉双解韦氏大学字典》：

1. Literary culture，文字上的修养。〔Now Rare〕2. Production of literary work, esp. as an occupation，文字之作品，尤指文艺。3. Literary productions collectively，文学，文章；specif.，特指：a. The total of preserved writings belonging to a given language or people，（甲）属于一种方言或民族所保存文学全体；b. The class or total of writings, as of a given country, notable for literary form or express，（乙）一国之文学；belles-lettres，优美文学；c. The body of writings having to do with a given subject, as physics，（丙）全体之著述而关于一题者,如物理学。4. Any kind of printed matter, as advertising matter，任何印刷品，如广告。Syn. Literature, belles-lettres. **Literature is now used chiefly of writings distinguished by artistic form or emotional appeal. But the word is often applied to the whole body of writings on a particular subject, regardless of literary excellence. Belles-lettres emphasizes the purely aesthetic aspects of literature.** Literature 现在大都用于文字著述之有精雅体式或能感动人处者,惟是字常用于指一种特别题目之著述,而不论其文字上之精美。**Belles-Lettres** 注重文字上纯粹美的方面。（按：黑体为笔者所加）

从上录两版词条,我们可明显看到中华版与商务版的英文定义颇多重合之处,但商务版的词条内涵与中文诠解显然更加细致且层次丰富,胜出中华版多矣。两条词条皆从狭义的,特指职业性的文学生产开始,其次则进入了整体的文学生产。中华版将"文章""文学""文艺"三词并列,无形中使三者有了等值的意义,可见传统的"文章"概念已与现代的"文学""文艺"概念慢慢混同。另在商务版的第一条虽然罗列了"文字上的修养",但英文也表明此意现代已罕用。第二条指"文字之作品",特指职业性的文学生产,译成"尤指文艺",可见民初时期"文艺"的概念是更为限定的概念。在第三条整体的文学生产之下,再点出特别的三大类:分别是(甲)方言或民族文学,(乙)国家文学,(丙)特定主题的作品。此定义显然已清楚带出现代民族国家之文学概念,又以民族与语言、国家、特定主题进行区分。第四条所指则是任何的印刷品,如广告等。编译者又在定义条文之后,特意说明"literature"现在的两种用法,可见"literature"的意义已随着使用者的习惯而出现重要的区分:其"主要用法"为"用于文字著述之有精雅体式或能感动人处者",即我们熟知注重艺术形式与情感内涵的狭义文学;同时,也仍保有其"普遍用法","指一种特别题目之著述,而不论其文字上之精美",即泛指一般有主题的文字创作,不特别讲究文字精美的广义文学。而法文字 Belles-Lettres 则强调其纯粹审美的形式,尤指优美的文学。

我们可再进一步探索商务印书馆于 1927 年出版,综合英美群书之长的《综合英汉大辞典》中"literature"词条的表现:

> n. 1.文学,诗文;文学界;(转为)著述。Light literature,软弱之文学(多指小说)。Polite literature,美文学。To be engaged in literature,从事著述。2.文书。3.学,学问。4.[俗,隐]任何种类之印刷文字(如广告文字)。

在第一层次中,"文学"已进一步与"诗文"同列,同时可指称"文学界",另在著述方面,也列举出"软弱之文学"(多指小说)与"美文学",此处 Light literature/Polite literature 的翻译还不够精确,但俗文学/雅文学的分野已透过英文定义表现出来。可见第一层次所包含的文学或著述,已慢慢限定在诗文、通俗文学(多指小说),以及优美的文学,可说是狭义文学的范畴。而第二至第四层次,则是范围渐宽的文字著述了。

透过上文的探讨,我们可归纳出民初重要英汉字典中"literature"词条的特征:一、颜氏辞典中"文学"开始与传统的"文章""经史子集"区分开来,而韦氏字典中华版又并列"文章""文学""文艺"的定义,貌似混同的状态,实已传递出过去的"文章"即今之"文学""文艺"的讯息。韦氏字典商务版对于"文学"的定义更加敏锐与细腻,除了将"文学"列在"文章"之前,又仔细区分出带有现代民族国家概念的民族文学、国家文学或特定主题的文学观。二、传统"文字上的修养"意义已逐渐少用。三、"文学"在词条中的位置已慢慢向前调整,而且意义愈趋明确而限定,可等同于诗文或多指小说,即狭义的文学。四、"文学"已发展出"主要用法"与"普遍用法",分别指狭义与广义的意涵。

(二)《汉英辞典》《辞源》与《英汉对照百科名汇》中"文学"意义的确定

除了民初最重要的英华辞典,本文亦尝试透过同时间三部性质各异,但皆具代表性的《汉英辞典》《辞源》与《英汉对照百科名汇》来参照检视"文学"词条的定义,以掌握中英对译新名词的另一个面向。

1. 张铁民编《汉英辞典》(*Chinese-English Dictionary*)(商务印书馆,1912年初版,1917年第7版)

张铁民所编《汉英辞典》是商务印书馆的第一部汉英辞典。在例言中,张氏就提及:

> 吾国由英译汉之字典自邝氏容阶开幕后,近十年来商务印书馆复增译若干种,固已蔚为大观,极嘉惠学人之盛。独由汉译英尚付阙如,其西人所编如《五车韵府》等意在饷遗彼国探讨汉文之士,而不甚适于吾国之用,学者病焉,然则汉英辞典之辑亦今日必要之书矣,商务印书馆主人以是相属,不揣谫陋,勉承其乏。①

可见,商务印书馆在连续出版英汉辞典之后,进一步考虑汉英辞典的编纂。尤其长久以来市面上可见的汉英辞典,主要为西人如马礼逊所编的《五

---

① 《汉英辞典例言》,见张铁民编:《汉英辞典》(*Chinese-English Dictionary*),商务印书馆1917年版。

车韵府》①等辞书,其预设读者为探究汉文之士(主要为西来的传教士),并不切合中国读者之用,因此,商务印书馆决议由张铁民启动国人自编的汉英辞典。

张氏在进行编辑时,也借鉴商务英华辞典的丰富经历,博采海内外群书,主要以"贾哀尔大字典、卫廉士汉英韵府为最多,次为日本人所著之和英大词典及本馆之英华大辞典",共收三千八百余习用字,并附翻译、解释与发音。翻译原则"但求大意不谬而已,不必沾沾于逐字逐句也"②。所采西书为《五车韵府》之后流通于中国通商口岸的重要汉英字典,其中"贾哀尔大字典"即著名的英国汉学家翟理思(Herbert A. Giles,1845—1935)所编的两大册《汉英词典》(*A Chinese-English Dictionary*,1892),这本辞书累积了翟理思二十多年来在中国多处通商口岸担任领事与翻译的实务经验,是他最引以为傲的作品之一。③ 在1912年另有三卷本增订版,直到1968年还在美国重印,堪称20世纪上半叶最流行的汉英词典,④可见其重要性。而"卫廉士汉英韵府"则为

---

① 《五车韵府》为第一部英华/华英辞典《华英字典》(*A Dictionary of the Chinese Language*)的第二部分,由英国伦敦传教会的传教士马礼逊(Robert Morrison)编纂,1823年由英国东印度公司在澳门的印刷所印成,有重要历史意义和地位。到了1865年再由同会上海站的慕维廉(William Muirhead)主持的墨海书屋重印全书的第二部分,书名就称为《五车韵府》。关于《五车韵府》的上海再版,杜愚翁对于学界谬称的美华书馆重印之说有一番考证,详见杜愚翁:《马礼逊字典〈五车韵府〉的重印》,档案如是说网站,http://thearchivesaysso.blogspot.tw/2012/10/blog-post.html。
② 《汉英辞典例言》,见张铁民编:《汉英辞典》(*Chinese-English Dictionary*)。
③ 翟理思,英国牛津人,父亲为英国国教牧师。1867年翟理思来到北京,通过译员口试后,随即开始在中国担任领事与译员,曾先后在天津、宁波、汉口、广东、汕头、淡水、厦门等地任职,最后因卷入纠纷于1893年离职,随后回到英国致力于中国研究,终于在1897年12月3日获得了极负声望的剑桥大学中国研究教授(系主任)一职。经过35年的累积,翟理思曾出版工具书、语言教科书、中国文学史、翻译与相关著作,其中让他最感自豪的两部著作是《汉英字典》(*Chinese-English Dictionary*,1892;2nd ed. 1912)与《中国人名辞典》(*Chinese Biographical Dictionary*,1898)。翟理思于1932年退休,并在1935年以90岁高龄辞世。本段文字摘译自Charles Aylmer,"Herbert Allen GILES (1845 - 1935)",http://www.lib.cam.ac.uk/mulu/gilesbio.html。
④ 据学者研究,"《汉英韵府》收字与体例以中国学者樊腾凤的《五方元音》为基础,注音取长江以北之平均音,兼顾官话、古音、主要方言。释义方面则参照了《康熙字典》以及麦都思对《康熙字典》的翻译,词源方面参照了《艺文备览》。该词典注音、释义、例子均较为简洁,在全书的一致性、编排的科学性方面比之前的汉英词典有很大进步"。详见董方峰:《近现代西方汉英词典编纂》,原载于《中国社会科学报》,转引自中国共产党新闻网,http://theory.people.com.cn/GB/17638682.html。

美国汉学家卫三畏(Samuel Wells Williams,1812—1884)主编的《汉英韵府》(*A Syllabic Dictionary of the Chinese Language*,1874)。此书在体例、注音、释义等方面皆前有所承,在全书的统一性与编排的科学性上尤有精进,被誉为"多年来新教与天主教传教士们工作的集大成之作"①。可知,商务编者广采英美著名汉学家的重要著作,兼及日本之和英大词典及商务自出的英华大辞典,其视野已堪称全面。

此书中关于"文"的词条如下:

文 1. 文学也,Literary,a.,如 literary accomplishments,文才;Letters,n.,如 man of letters,文人;Literature,n.

2. 辞也,Text,n.,如 the original text,原文。

3. 文章也,essay,n.,如 to write an essay,作文;Writing,n.,如 the writings of Confucius,孔子之文。

4. 武之对也。Civil,a.,如 a civil official,文官。

5. 文书也,Official dispatch,n.,如 to deliver an official dispatch,投文。

6. (去声)饰也,To gloss,v.,如 to gloss over faults,文过;To palliate,v.

张铁民所编《汉英辞典》所收"文"字诸多定义中,其第一义便是"文学",除有英文解释,也把传统的"辞""文章"之义向后挪移,足见"文学"在1912年已成为"文"的首要定义。

此外,在"文"的第一义"文学也"的英文释义与用例中,编者共标示了三种意义:其一为"Literary",形容词,用例为 literary accomplishments,指文才,即文学的才能。其二为"Letters",名词,用例为 man of letters,指文人,即有

---

① 据学者研究,"《汉英韵府》收字与体例以中国学者樊腾凤的《五方元音》为基础,注音取长江以北之平均音,兼顾官话、古音、主要方言。释义方面则参照了《康熙字典》以及麦都思对《康熙字典》的翻译,词源方面参照了《艺文备览》。该词典注音、释义、例子均较为简洁,在全书的一致性、编排的科学性方面比之前的汉英词典有很大进步"。详见董方峰:《近现代西方汉英词典编纂》,原载于《中国社会科学报》,转引自中国共产党新闻网,http://theory.people.com.cn/GB/17638682.html。

学问的人。其三即为"Literature",名词,其下虽未标注用例,但此词条已将"文学"二字对译为名词的"Literature",是个清楚的标志。

2. 陆尔奎、方毅等编校:《辞源》二册(商务印书馆,1915年)

《辞源》乃民初商务印书馆投注极多心力的中文辞典,于1908年春开始编纂,"其初同志五六人,旋增至数十人,罗书十余万卷,历八年而始竣事"。编者陆尔奎曾说明《编纂此书之缘起》曰:

> 癸卯甲辰之际[按:1903—1904年],海上译籍初行,社会口语骤变,报纸鼓吹文明,法学哲理名辞稠迭盈幅,然行之内地,则积极消极、内籀外籀皆不知为何语,由是缙绅先生摈绝勿观,率以新学相诟病。及游学少年续续返国,欲知国家之掌故,乡土之旧闻,则典籍志乘,浩如烟海,征文考献,反不如寄居异国,其国之政教,礼俗可以展卷即得,由是欲毁弃一切,以言革新,又竟以旧学为迂阔,新旧扞格,文明弗进。①

编者论及为了解决缙绅先生欲摈除新学,而游学少年又思毁弃旧学的新旧扞格之争,故求能编一辞书以化解新旧文化之矛盾。其欧美友人又特别强调"一国之文化,常与其辞书相比例",且"人之智力因蓄疑而不得其解,则必疲钝萎缩,甚至穿凿附会,养成似是而非之学术。古以好问为美德,安得好学之士有疑必问,又安得宏雅之儒,有问必答,国无辞书,无文化之可言也"②。可知,编者赋予《辞源》汇通新旧文化之重要功能。此辞书在体例、内容上皆有所创新,尤其适应"由清末到五四以前'钻研旧学、博采新知'的要求",承先启后,因此广受当时知识界的欢迎。

《辞源》中的文部已收有"文学"条,其文称:

> 〔文学〕(一)孔门四科之一。论语称文学子游子夏。疏谓文章博学。旧所称文学皆此义。今世界所谓文学。有广狭二义。狭义与哲学、科学相对峙。专指散文、韵文而言。广义该哲学、伦理学、政治学等言之。亦谓之文的科学。(二)汉时令郡国举贤良文学,而郡国皆置文学。魏晋以

---

① 陆尔逵:《编纂此书之缘起》,见陆尔奎、方毅等编校:《辞源》,商务印书馆1933年版。
② 同上注。

来并因之,即博士助教之任。唐时太子诸王置文学,侍奉文章,其州牧府尹各郡督府各州,并置文学,掌以五经教授诸生。①

在此"文学"词条下,除有传统的孔门四科意涵,也有汉魏至唐代设置"文学"官名的演变。最值得注意的是,在第一义中,编者以精简扼要的篇幅清楚点出"旧所称文学"皆指"文章博学"之义,而"今世界所谓文学"则有广狭二义。狭义的"文学"除了区别于哲学、科学等学科,又专指散文、韵文而言;而广义的"文学"则含纳哲学、伦理学、政治学等学科,是一门"文的科学"。可见"文学"的传统用法与现代用法在1915年的中文辞典中已能清楚区分。

除此,我们可再参看此字典的另一词条"文科":

〔文科〕大学七科之一。学科分哲学、文学、历史学、地理学四门。②

在这个"文科"的词条中,也非常清楚地反映出当时学制的新规定。在1913年初,教育部公布了《大学规程》,对大学设置的学科及其门类做了原则上的订定。此规程一方面废除了1903年《奏定京师大学堂章程》下的"经学科",③另一方面又调整科名为文科、理科、法科、商科、医科、农科、工科等七科,使得现代分科的"七科之学"确立,大学文科又分为哲学、文学、历史学、地理学四门。可知,从学科体制的发展上来看,"文学"在1913年以降也同时具有文科分科之一的现代学科意义。这是中国内部学科体制带来的变化,其内涵显然已溢出1923年与1927年两部英华辞典对于"文学"的定义。"文学"的多重现代意涵需要我们从多方梳理求索,才能得出较为真切的发展实况。

3. 王云五主编《英汉对照百科名汇》(商务印书馆,1931年)

商务印书馆在1931年出版了《英汉对照百科名汇》(*Encyclopaedic*

---

① 陆尔奎、方毅等编校:《辞源》,第171页。
② 同上注,第170页。
③ 1903年由张之洞、张百熙制定的《奏定京师大学堂章程》将大学堂分为八科,分别为:经学科、政法科、文学科、医科、格致科、农科、工科、商科。相关讨论详见左玉河:《中国近代学术体制之创建》,四川人民出版社2008年版,第243—259页。

Terminology），主编王云五曾在"序"中说明："各种新兴的科学，在现在的中国实在还很幼稚。因此新科学的介绍，也就成为我们学术界中人的很重大而且很迫切的使命。但是介绍工作的途径虽然很多，而科学术语和名词汉译的厘订恐怕要算最根本的了。"于是，在他担任商务印书馆编译所所长期间，"曾经商请所内同人何炳松、程瀛章、张辅良、许炳汉、黄绍绪诸君计划编纂一部关于百科名词的英汉/汉英互相对照的词书，希望在科学名词的选译上有一种相当的贡献"。编辑过程中，不仅"把现代一切新科学的主要术语和名词尽量搜罗。同时并尽量采取我国各种学术团体厘订的名词，……来做他们汉译的根据"。等到全书将成，又邀请国内许多专门学者协助郑重审查，"就中如哲学一类曾经蔡元培、胡适、唐钺、吴致觉诸先生的审定；文学的部分曾经胡适、唐钺两先生的审定"，借此，我们也可注意到五四新文化运动的主导人物，持续在文化界扮演审定新名词的仲裁角色。

而当我们查阅《英汉对照百科名汇》，可发现与 literature 等值的对译词仅剩"文学"一词（图7），再无其他众声喧哗的定义干扰 literature 与"文学"之间的联结。"文学"作为学科新名词，终跳脱了传统的定义而等同于 literature，也在《英汉对照百科名汇》中得到了确立。透过 literature 词条长远的发展变化，或可见证晚清民初以来学科新名词的译介发展如何从传统而现代，从纷繁而逐渐达致阶段性统一的历程。

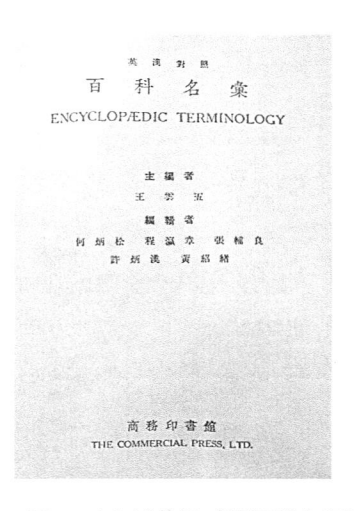

图7 （左）《英汉对照百科名汇》书影；（右）书中的 literature 词条

四、小结

本文试以民初到 20 世纪 30 年代重要的英汉辞典为经,聚焦探讨"literature"词条的历时发展,尝试探索双语辞典中近代"文学"观念由传统朝向现代,并逐步确立的过程。自晚清以来,商务印书馆已开始针对馆内两部畅销英华辞典进行缩编,而有《商务书馆英华新字典》(1907)、《新订英汉辞典》(1911),以利市场流通,同时也将美国的韦氏大辞典、Standard 与 Century 字典,以及英国的牛津辞典纳入译介出版的范畴,曾先后出版了《英汉双解韦氏大学字典》(1923)与《综合英汉大辞典》(1927)。前者已达专业信实,可与西方辞典出版同步译介,后者则综合英美各辞典之长,尝试融冶双语辞典与百科辞书于一书,可说是一座标志着商务印书馆外语辞书出版的重要里程碑。

而"literature"词条的定义则从颜惠庆《英华大辞典》由广义而狭义的编排次第,转而成为韦氏系列辞典由狭义而广义的编排次第,使得"文学"成为"literature"词条最为醒目的首要定义,狭义与广义的用法也逐渐明晰。当我们进一步参照《汉英辞典》与《辞源》的发展,"文学"词条不仅有相应的呈现,而且对新旧用法的区分更加明确,时间上亦略早于英华辞典的定义。可知文学观念的现代化发展,可在英汉/汉英辞典的词条基础上,进一步考察报刊论域、①文学史书写以及学科体制等多元资源的变化,以求掌握现代文学观念嬗变的全貌。

至 1931 年则有王云五主编的《英汉对照百科名汇》出版,并由蔡元培、胡适等人审阅哲学、文学名汇,使得"literature"对等于翻译词"文学"获得了确立。"文学"一词经由西学东渐、新思想新观念的刺激,透过由传教士与中日知识阶层编纂双语辞典的语汇选择,终于从传统用法,慢慢蜕变成为学科新名词,在双语辞典中展现其规范化的定义:属于狭义的"文学"或广义的"文的科学"。此中民初学科体制的制定、五四新文化运动的全面反传统,要求系统输入西学新知的趋势,对于翻译英美重要辞书与确立百科名汇标准,同样具有推波助澜之作用。

---

① 参见蔡祝青:《"文学"观念的现代化进程:以晚清报刊的运用实例为中心》,《清华中文学报》2020 年第 24 期,第 153—205 页。

近代翻译史中的"信达雅"
——翻译规范确立的程途

沈国威 *

一、引言:再释"信达雅"

1898年6月严复(1854—1921)的《天演论》一经刊行,立即引发了"优胜劣败、物竞天择"进化论的热潮。无事不进化,极大地撼动了"祖宗成法"。《天演论》不仅向中国介绍了西方最新的学说,在翻译方法上也除旧革新:摒弃了东汉译经以来"外人口述,中士笔录"的传统译法,译者直面原著进行翻译。其后,具有外语能力的译者逐渐成为翻译群体的主力,而严复在《天演论》的《译例言》中提出的"信达雅"亦被奉为翻译作品的最高标准,成了所有译者孜孜以求的目标。[①] 20世纪以来,120余年间,关于"信达雅"的研究可谓汗牛充栋,然而严复的"信达雅"来自哪里,其具体含义是什么等问题依旧众

---

* 沈国威,日本关西大学外国语学部教授,浙江工商大学东亚研究院兼职研究员。研究方向:近代词汇史,中日近代词汇交流。邮箱:shkky@kansai-u.ac.jp。本文包括2021年度国家社科基金重大项目"中西交流背景下汉语词汇学的构建与理论创新研究"(项目编号:21&ZD310)的阶段性成果。

[①] 杉田玄白在《解体新书》的凡例中说:"译有三等,一曰翻译,二曰义译,三曰直译。"这是译词的问题。

说纷纭、莫衷一是。翻译研究理论家谢振天指出：

> 有人说，中国传统翻译思想中，被人误读最多的就要数严复于1898年在他翻译的《天演论》一书的"译例言"中提出的"信达雅"三字了。对此，我深以为然。今天，当我们结合"信达雅"的上下文，再联系严复翻译八部名著的翻译实践，重新审视严复的"信达雅"说，对一百多年来围绕着"信达雅"所展开的林林总总的各种解读、阐发、阐释进行梳理的时候，我们不能不发现，我国翻译界近百年来对严复的"信达雅"说所进行的各种解读和阐释，确实存在着不少对严复"信达雅"说本意的误解、误读和误释。不仅如此，这些误解、误读、误释者还脱离严复提出"信达雅"说的上下文，望文生义地营造出了一套他们自己心目中的"信达雅"翻译标准，并在此基础上发展出一套紧紧环绕着"信达雅"三字展开的翻译理念。而有必要着重指出的是，这套打着"信达雅"名义的翻译标准和翻译理念在近百年的中国翻译界还一直占据着主流翻译思想的地位，主宰着我国翻译界的各种翻译行为和活动，并在某种程度上误导着我国翻译理论思想的建设和发展。①

为了厘清"信达雅"的真意以及严复的理论贡献和局限性，谢天振计划写论文详加阐述。但不久谢氏因病去世，只留下了一篇3000余字的未完稿。谢天振遗稿中的"严复提出'信达雅'，本来是作为一名翻译家个人的心得体会、经验之谈"，②以及引用的沈苏儒的论断"严复作为一位翻译家能在一百年前就把译

---

① 《回到严复的本意：再释"信达雅"》，见谢天振主编：《重写翻译史》，浙江大学出版社2021年版，第40—41页。《重写翻译史》是一部关于翻译研究的文集，收集了国内外翻译史研究领域相关专家学者的重要论文，分四编展示了翻译史研究的发展脉络，依次为"回到严复""翻译、语境与意义""翻译研究的多维视角"和"文化外译"。根据本书编者的说明，"谢先生回归严复，还原历史语境，重新阐释'信达雅'，并从中国翻译思想史发展角度，阐释严复的理论贡献，厘清学界对严复的误读、误解，辨析百年来中国翻译理论界借严复'信达雅'的表述建构'翻译标准'理论的意义及其局限方面的思考"。

② 谢氏未完稿的标题为"回到严复：再释'信达雅'——对中国翻译思想史的一个反思"。遗稿整理者说，与作者所编的目录遗稿中的表述有所不同，"本文拟通过对清末民初翻译家严复的'信达雅'说进行新的解读，指出一百多年来国内翻译界对'信达雅'说的误读、误释营造出了一个似是而非的翻译标准，导致国内翻译界的翻译理念越来越偏离翻译的跨文化交际的本质。本文力图揭示'信达雅'说蕴含着的目的论翻译思想因素，探索傅雷的'神似'说、钱锺书的'化境'说与'信达雅'说之间内在的呼应关系，并对中国翻译思想史的发展脉络做一个新的阐释"。

本所预期的读者纳入视野,并把达成交流的目的作为翻译的首要任务,不能不说是具有极大理论价值的创见"①等都是值得倾听的意见,谢文未能完成实为憾事。翻译标准又称"翻译规范",是特定的语言社会对翻译作品所应该具有的各项品质的心理预设,②常常由有影响的翻译家提出,为语言社会所广泛接受。翻译规范获得普遍认同后,会成为无形的压力作用于译者。严复的"信达雅"正是为建立翻译规范而做出的执着努力。然而严复赋予了"信达雅"何种含义,他本人想建立怎样的翻译标准?对此,我们既要认真解读严复说(写)了什么,也要观察他在自己的翻译实践中做了什么,同时也必须兼顾到汉语的时代局限性和其他译者做何种主张。本文就是基于此的初步尝试。

二、"信达雅"的提出

关于《天演论》的翻译,笔者认为,在 1894 年末或 1895 年初,严复已经得到并阅读了赫胥黎的论文集(*Evolution & Ethics and other Essays*,1894)。《论世变之亟》(1895 年 2 月)、《原强》(1895 年 3 月)、《救亡决论》(1895 年 5 月)等严复第一批公开发表的时论,无一不有赫胥黎论文集读后感的性质。③严复决心将论文集中的 Prolegomena 和 Evolution and Ethics 两篇译成中文并着手进行准备,估计是在 1895 年 5 月以后,为此,他甚至停止了其他写作活动。至"光绪丙申重九",即 1896 年 10 月 15 日,严复完成了最初的翻译手稿,题名为《赫胥黎治功天演论》。他在卷首《序言》中写道:"夏日如年,聊为移译。"这个"夏日"应该是指刚刚过去的 1896 年的夏天。其后,严复开始对译文进行修订、润色,在这一过程中,他接受了吴汝纶等师友的建议。翻译初稿

---

① 沈苏儒:《论信达雅——严复翻译理论研究》,商务印书馆 1998 年版,第 57 页。王宏志也很早就以同样的问题意识,出版了《重释信达雅:二十世纪中国翻译研究》(东方出版中心 1999 年版),倡导在历史语境中考察"信达雅"。
② 柳父章等编:《日本の翻訳論》,法政大学出版局 2010 年版,第 37 页。
③ 因为在这些严复最初发表的文章中,有与赫胥黎的主张相类似的内容。特别是《救亡决论》后半部分,与《天演论》"导言二 广义"论点和表述都一样。参见沈国威:《赫胥黎的 Evolution 与严复的"天演"》,《亚洲概念史研究》第 7 卷,商务印书馆 2021 年版,第 9—62 页。

完成前后,严复已经着手翻译《原富》。① 修订后的译稿于 1898 年 6 月以《天演论》的书名公开刊行,旋即风靡全国。

手稿卷首有一则《译例》,日期为 1896 年 10 月 15 日,内容如下:

表 1　手稿卷首《译例》②

❶	是译以理解明白为主,词语颠倒增减,无非求达作者深意,然未尝离宗也。
❷	原书引喻多取西洋古书,事理相当,则以中国古书故事代之,为用本同,凡以求达而已。
❸	书中所指作家古人多希腊、罗马时宗工硕学,谈西学者所当知人论世者也。故特略为解释。
❹	有作者所持公理已为中国古人先发者,谨就谫陋所知,列为后案,以备参观。

这个《译例》可以说是"信达雅"中"达"的原型。在公开刊行的《天演论》中,《译例》被扩充为《译例言》,日期署光绪二十四年四月二十二日,即 1898 年 6 月 10 日。所谓的"信达雅"就是第一次出现在《译例言》中的。从《译例》到《译例言》,前后有近 2 年的时间,严复先译《天演论》,再译《原富》,对翻译本质的理解更加深刻,翻译技巧也愈加成熟。如上文所示,至 1896 年 10 月《译例》执笔时,《原富》已经翻译到了原著的第 37 页。可以说《译例言》的内容与《原富》的翻译实践密切相关。下面让我们逐字逐句对严复《译例》和《译例言》中的言辞加以讨论。作为讨论的基础,笔者先将对"信达雅"的理解展示如下:

"信",基本上可以理解为忠实,即译者努力在内容和形式两个方面,使译著忠实于原著。

"达",即传达,也就是译者将原著的意义内容等量传输至读者。

"雅",译文须符合汉语社会的文章规范,并能精密地表述原著的微妙之处。

以下暂且基于笔者上述的理解展开讨论,考虑到叙述上的方便,将《译例言》切分为若干小节并添加编号。

---

① 据皮后锋《严复评传》(南京大学出版社 2006 年版,第 414—420 页),至 1896 年 10 月 30 日,严复已经译到原著第 37 页,在《译例言》执笔的 1898 年 6 月进一步译到了第 146 页。
② 王栻主编:《严复集》第 5 册,中华书局 1986 年版,第 1412—1413 页。

表 2　《译例言》1898.6.10[①]

①	译事三难：信、达、雅。求其信已大难矣，顾信矣不达，虽译犹不译也，则达尚焉。
②	海通已来，象寄之才，随地多有，而任取一书，责其能与于斯二者则已寡矣。其故在浅尝，一也；偏至，二也；辨之者少，三也。
③	今是书所言，本五十年来西人新得之学，又为作者晚出之书。
④	译文取明深义，故词句之间，时有所颠到附益，不斤斤于字比句次，而意义则不倍本文。
⑤	题曰达旨，不云笔译，取便发挥，实非正法。什法师有云："学我者病。"来者方多，幸勿以是书为口实也。
⑥	西文句中名物字，多随举随释，如中文之旁支，后乃遥接前文，足意成句。故西文句法，少者二三字，多者数十百言。假令仿此为译，则恐必不可通，而删削取径，又恐意义有漏。
⑦	此在译者将全文神理，融会于心，则下笔抒词，自然互备。至原文词理本深，难于共喻，则当前后引衬，以显其意。凡此经营，皆以为达，为达即所以为信也。
⑧	《易》曰："修辞立诚。"子曰："辞达而已。"又曰："言之无文，行之不远。"三曰乃文章正轨，亦即为译事楷模。故信达而外，求其尔雅。
⑨	此不仅期以行远已耳。实则精理微言，用汉以前字法、句法，则为达易；用近世利俗文字，则求达难。往往抑义就词，毫厘千里。审择于斯二者之间，夫固有所不得已也，岂钓奇哉！不佞此译，颇贻艰深文陋之讥，实则刻意求显，不过如是。
⑩	又原书论说，多本名数格致，及一切畴人之学，倘于之数者向未问津，虽作者同国之人，言语相通，仍多未喻，矧夫出以重译也耶！
⑪	新理踵出，名目纷繁，索之中文，渺不可得，即有牵合，终嫌参差，译者遇此，独有自具衡量，即义定名。
⑫	顾其事有甚难者，即如此书上卷《导言》十余篇，乃因正论理深，先敷浅说。仆始翻"卮言"，而钱唐夏穗卿曾佑，病其滥恶，谓内典原有此种，可名"悬谈"。及桐城吴丈挚父汝纶见之，又谓卮言既成滥词，悬谈亦沿释氏，均非能自树立者所为，不如用诸子旧例，随篇标目为佳。穗卿又谓如此则篇自为文，于原书建立一本之义稍晦。而悬谈、悬疏诸名，悬者玄也，乃会撮精旨之言，与此不合，必不可用。于是乃依其原目，质译导言，而分注吴之篇目于下，取便阅者。
⑬	此以见定名之难，虽欲避生吞活剥之诮，有不可得者矣。他如物竞、天择、储能、效实诸名，皆由我始。一名之立，旬月踟蹰。我罪我知，是存明哲。
⑭	原书多论希腊以来学派，凡所标举，皆当时名硕。流风绪论，泰西二千年之人心民智系焉，讲西学者所不可不知也。兹于篇末，略载诸公生世事业，粗备学者知人论世之资。
⑮	穷理与从政相同，皆贵集思广益。今遇原文所论，与他书有异同者，辄就谫陋所知，列入后案，以资参考。间亦附以己见，取《诗》称嘤求，《易》言丽泽之义。是非然否，以俟公论，不敢固也。如日标高揭己，则失不佞怀铅握椠，辛苦移译之本心矣。

[①]《严复集》第 5 册，第 1321—1322 页。

三、关于"信"

在译事三难中,"信"是第一难关。笔者认为"信"基本上意味着原著与译者的张力关系。在中国,东汉以后的佛典翻译是书面语翻译的开端。《翻译名义集自序》中说:"夫翻译者,谓翻梵天之语转成汉地之言。音虽似别,义则大同。"①之所以特别意识到声音,这与口述者和记录者分工的翻译方法有关;"义则大同"意味着翻译应该做到意义上的等价。② 而实现意义上的等价,需要采用何种方法?注重内容还是形式?意译抑或直译?这些问题也就成了佛经翻译的争论点。众所周知,不同族群的接触催生了口语层面的翻译,文字诞生以后,翻译活动进入了更高级的阶段。任何书面语的翻译都不是自然成立的,而是从无到有、逐渐发展的结果,需要为此做出各种准备。笔者认为,这些准备大致包括三个方面。1. 译者的准备;2. 读者的准备;3. 译出语言的准备。没有准备好,翻译就无法实现。翻译史的研究,就是要解明这一准备过程。就《天演论》而言,当 1895 年严复着手翻译时,意义的等价转译,尤其是包括形式在内的对原著的忠实再现,需要克服以下两个障碍:

第一,译者在知识上的准备,这包括外语知识和专业知识。
第二,译出语言忠实再现原著意义内容的可能性。

第一条是译者的基本素质。进行翻译,首先要具有能够理解原著的外语能力和专业知识。19 世纪 90 年代,懂英语的人并不少("随地都有"),但作为科学书籍的译者,合适的人却是凤毛麟角。如严复所说,与外国通商贸易以来,译员虽然在各地都有,但是无论翻译什么书都能达到"信""达"的译者很少。这里有三个原因:一是不深入探索,二是没有专业知识,三是很少有人知道翻译作品的好坏。(②)

赫胥黎的原著反映了 50 年来西方新建立的学术内容,也是他本人晚

---

① 《翻译名义集·自序》,见罗新璋编:《翻译论集》,商务印书馆 1984 年版,第 51 页。
② 但此处并没有区分内容义与形式义,即"形似"。

年的著作。(③)这也就是说,除了英语能力以外,还需要有与原著内容相适应的专业知识,因为最新的学说无法用旧的知识表述。同时,《天演论》的原著是作者学术的集大成,翻译要在对著者以往著述的综合理解上进行。

第二条是译出语言的时代局限性的问题。既然翻译是意义内容的等价转换,那么原典语言和译出语言在表达上就必须具有同等的可能性。但从翻译史的角度来看,这是一种经过不懈努力才能逐步实现的漫长过程。索绪尔之后的现代语言学认为,语言没有优劣之分,无论是文明社会的语言,还是未开化部落的语言,都可以表达想表达的任何内容。但同时,每一种语言都处于独自的生态环境中,语言使用者只关注自己的语言社会认为重要的事物,这表现在词语和表达方式等所有方面。要吸收(翻译)其他文明系统的知识,译出语言自身也需要做好准备。严复在翻译赫胥黎的论文时,要将英文的内容与形式忠实地译为中文还存在着以下两大障碍:

一、在词汇层面,尚未构建中英单词间的对应关系,也就是说许多译词还不存在。

二、在句子层面,中英语言结构迥异,例如汉语不能像英语那样引入较长的修饰成分。

关于译词,严复在《译例言》中说:"新理踵出,名目纷繁,索之中文,渺不可得,即有牵合,终嫌参差。"(⑪)译词无处可寻,即使勉强找到,二者之间也会有微妙的差异。在初期翻译中,译词的获得是基本条件。那么,译词从何而来?如果是现在,可以毫不迟疑地说,来自辞典。严复说:"字典者。群书之总汇。而亦治语言文字者之权舆也。"[①]但是严复着手翻译《天演论》时,尚无可资利用的辞典。严复回忆说:"尚忆三十年以往,不佞初学英文时,堂馆所颁独有广州一种,寥落数百千言,而义不备具。浸假而有《五车韵府》等书,

---

[①] 严复:《〈商务书馆华英音韵字典集成〉序》,见《商务书馆华英音韵字典集成》,商务印书馆1902年版。

则大抵教会所编辑,取便西人之学中国文字者耳。"①面对译词缺位的现实,严复只好根据自己对原文词语的理解,确定译名。(⑪)译词的选定有两种方法,一种是从既有的词语中寻找,一种是重新创制。从既有的词语中找寻确切的词作为译词,绝非易事。即使有意义相近的词,也会"终嫌参差",因为不同词汇体系的成员无法百分之百地吻合。如果还是找不到,就必须亲自创作。严复在《译例言》中回顾了寻找译词的艰辛:他最初将 prolegomena 译为"卮言",他的朋友夏曾佑认为,"卮言"已成滥恶之词,建议使用佛经中的"悬谈"。但这两个词都被吴汝纶否定了,吴汝纶说,"卮言既成滥词","悬谈"佛经味太重,都不适合新的学说,不如采用诸子旧例,给每一小节加上题目。对于吴的意见,夏曾佑说,如果每一小节都另加题目,就有各小节独立成文的危险,不似原著那样是围绕一个主旨而写的书。严复也认为"悬谈""悬疏"的"悬"是深奥的、抽象的意思,与原著不符,确实不应使用,于是按照原著的意思,径直译为"导言",并在吴汝纶所建议的小标题上另附编号,既保持了原著的整体性,又方便了读者阅读。(⑫)严复说由此可见选定译名之难,虽然也想回避外界对译词不通的讥讽,但实在是没有办法的事。(⑬)但需要注意的是,严复接着又说道:"他如物竞、天择、储能、效实诸名,皆由我始。一名之立,旬月踟蹰。我罪我知,是存明哲。"(⑬)宣称"物竞、天择、储能、效实"等都是自己创制的新词。新词创制是一个艰难的过程,严复一方面颇有成就感,另一方面对"杜撰新词"又有惶恐之念。之所以如此,是因为按照桐城派的文章理念,那些中国典籍中没有出处的词语被称为"阑入之字",严禁在诗文中使用。②

严复在《普通百科新大辞典》(1911)的序言中说:

---

① 严复:《〈商务书馆华英音韵字典集成〉序》。严复 1867 年 14 岁时考入福建船政学堂。学堂的法国教师日意格(Prosper Marie Giquel,1835—1886)曾编有术语集 *Mechanical and Nautical Terms in French, Chinese and English*,收录机械相关术语 1962 个。这本术语集后来被卢公明(Justus Doolittle,1824—1880)收入《英华萃林韵府》(1872)中。参见沈国威编著:《近代英华华英辞典解题》,关西大学出版部 2012 年版,第 170 页。《五车韵府》是马礼逊《字典》(1815—1823)第二部的书名。1865 年,上海墨海书馆曾修订重印,另外还有一种石印的简本流通。
② 参见沈国威:《一名之立 旬月踟蹰》,社会科学文献出版社 2019 年版,第八章。在翻译《原富》时,对于是否应该新制译词,严复也颇为困惑,于是向吴汝纶请教。参照前揭拙著。

> 今夫名词者，译事之权舆也，而亦为之归宿。言之必有物也，术之必有涂也，非是且靡所托始焉，故曰权舆。识之其必有兆也，指之其必有櫫也，否则随以亡焉，故曰归宿。①

"名词"即用于翻译的词语，现在称为"译词"。此处"术"通"述"，译词必须能表达、传递外域的概念，所以是翻译的前提；对于译者而言，译文是由译词构成的，没有译词也就没有翻译，故称之为"权舆"。同时，译词（即命名一个新概念）又必须有理据，能"望文生义"，为此必须抓住事物的表征，这样才能意义明白，一目了然，便于记忆。② 对于读者而言，不懂译词就读不懂译文，故译词是译文的落脚之处，是归宿。严复的这段话写于其翻译活动基本结束之后的 1911 年，可以看作严复对自身翻译实践及译词选择、创造的总结。

除了译词之外，中英句子结构上的差异也是翻译上的一大障碍。严复精通英语，所以"形似"的问题尤为突出地摆在他的面前。严复说，英语句子中的名词，常常由关系代词引入修饰成分，从后面加以说明或补充，就像汉语书中的夹注一样。因此，英语句子，短的由两三个词组成，长的则有几十上百个词。如果仿造英语句式翻译，恐怕是绝对不通的，但如果删除修饰部分，又势必造成意义上的缺失。（⑥）唯一的解决办法是：译者必须首先对原文加以整体理解和把握，融会贯通，这样译文自然就能毫无遗失地传达原著的意思。对于那些结构复杂、难以理解的句子，可以通过前后补充的方法把原文的意思表达出来。（⑦）根据语言类型学知识，在大多数 SVO（"主谓宾"）型语言中，修饰成分在被修饰成分的右侧（即后部），句子中任意的成分都可以通过关系代词一类的小词引入修饰成分加以修饰；由于关系代词的存在，只要记忆负担允许，句子可以无限长。但同样是 SVO 型语言的汉语，受到阿尔泰语言的强烈影响，失去了古代汉语那种从后部进行修饰的形式。因此，汉语中修饰、限定名词的定语修饰功能非常贫乏。笔者认为，连体修饰成分的加长、

---

① 《普通百科新大辞典序》，见《严复集》第 2 册，第 277 页。《普通百科新大辞典》由黄摩西主编，上海国学扶轮社 1911 年（宣统三年）刊行，是我国第一部百科辞典。
② 严复紧接着写道："吾读佛书，考其名义，其涵闳深博，既若此矣，况居今而言科学之事哉！"佛经的词语已经难解，何况现在的科学术语了。

复杂化,是汉语从近代发展到现代的最大变化。① 马礼逊的《英吉利文法之凡例》(1823)中没有关于关系代词的内容;而罗存德在他的两本语法书——Grammar of Chinese Language(1864)、Chinese-English Grammar(《英话文法小引》,1864)——中,将 relative pronouns 译为"伦替名字",列举了对译的例句,但并没有加以说明。②

严复在《英文汉诂》(1904)中将 relative pronouns 译为"复牒称代","牒"字作指称义。严复认为这种由关系代词引导的从句是中英语言形式上最大的差异,也是学习英语时绕不过去的难点,所以对此做了较之此前的英语教科书要详细得多的解释:

> Relative pronouns 复牒称代
>
> 此类之字,几为中文之所无,而中西句法大异由此。盖西文凡有定之云谓字 Finite Verbs,皆必有其主名 nominative case,又往往有句中之句,以注解所用之名物,于是前文已见之名,必申牒复举,而后句顺,每有句中之句,至三四层,如剥蕉然,而法典之文,如条约合同等,欲其所指不可游移,其如是之句法愈众,或聚百十字,而后为成句者,此西文所以为初学者之所难也。(《英文汉诂》篇六,称代部131页)③

中文与英文属于不同的语言类型,句子结构原本就有很多不同之处,加之《天演论》所使用的古典汉语句子短小,修饰成分不发达,这一点极不利于对概念的严格定义。④ 严复对概念的定义及其语言形式表现出了浓厚的兴

---

① 关于汉语欧化问题,有王力的《汉语史稿》、北京师范学院编著的《五四以来汉语书面语的变迁和发展》(商务印书馆1959版)等。但是都没有提出连体修饰从句的问题。
② Grammar of Chinese Language,1864,Part I,pp. 37 - 39;Part II,pp. 23 - 26;《英话文法小引》,1864,II,pp. 8 - 10。
③ 《英文汉诂》,见《严复全集》,福建教育出版社2014年版,第6卷,第131—133页。
④ 汉语翻译其他语文时也遇到了定语的问题,如黄遵宪的《日本国志·刑法志》。参见沈国威《近代中日词汇交流研究——汉字新词的创制、容受与共享》的"词汇交流编"第一章。现代汉语的定语修饰功能有了改善,如使用介词"对"将宾语提前,用代动词"进行""加以"等使宾语可接受较长的修饰成分等。

趣,但在《天演论》中,定义仍是一个悬而未决的问题。① 古汉语中有哪些句子形式可以用来翻译西方科学叙事的文章? 在1896年当时,严复主观选择的回旋余地并不大。

所谓"信",即对原著的忠实,与译者的态度也有很大关系。在翻译研究中,存在着重视起点语言(原著本位)还是重视目标语言(译书本位)的争论,也存在着异化(foreignization)和归化(domestication)等相反的价值取向。在文化交流、语言接触引起的翻译活动的初期阶段,译者的这种态度并不一定是可能的选项。严复叹息,其时仅仅"求其信已大难矣"(①)。他将其原因归于合格的翻译人才的不足。《天演论》刊行后不久,严复曾严厉批评章太炎与曾广铨合译的斯宾塞《进说》(*Progress: Its Law and Cause*,1857)不通。② 严复认为其原因是两位译者没有"天地人、动植、性理、形气、名数诸学"方面的知识,所以无法理解斯宾塞,再者"一述一受"的旧式翻译法也无法准确转译原著。③ 笔者还想指出,除了严复所说的原因以外,当时的汉语本身也存在着时代局限性的问题。

四、关于"达"

在"信达雅"中,"达"是一个很模糊的概念,常常被后人解释为"顺达""通顺",即符合汉语的表达习惯,能为汉语的读者所理解。而笔者更倾向于将其作"传达"来理解,即"达"是指译者站在原作者和读者之间,将原著的意义内容通过译文传达给读者。既然如此,译者的翻译工作就必须在考虑读者接受

---

① 严复说:"若夫翻译之文体,其在中国,则诚有异于古所云者矣,佛氏之书是已。然必先为之律令名义,而后可喻人。设今之译人,未为律令名义,然循西文之法而为之,读其书者乃悉解乎? 殆不可矣。"他在此指出了术语定义的重要性。《与梁启超书二》,见《严复集》第3册,第516页。

② 严复:《论译才之难》,1898年9月1日《国闻报》,见《严复集》第1册,第90—92页。"译才岂易言哉! 曩闻友人言,已译之书,如《谭天》、如《万国公法》、如《富国策》,皆纰谬层出,开卷即见。……近见《昌言报》第一册斯宾塞尔《进说》数段,再四读,不能通其意。因托友人取原书试译首段,以资互发。乃二译舛驰若不可以道里计,……《昌言报》一述一受,贸然为之,无怪其满纸唔哧也。"

③ 严复并没有特意提到曾广铨的英语水平。关于曾氏的情况,可参见彭春凌:《章太炎译斯宾塞文集研究、重译及校注》,上海人民出版社2021年版,第63页。

能力的基础上进行。严复说,原著的学说大多依据逻辑学、数学、物理学、化学以及其他自然科学的知识,如果没有这些知识,即使与著者是同一国家的人,即便语言相通,也未必能完全理解书中的内容,何况是翻译过来的文字了。(⑩)读懂科学的书籍需要具有科学的常识,但在1898年,无论是对社会精英还是对普通的读者,在这一点上都不可有过高期待。严复清醒地认识到这一现实,对于没有知识储备的读者,"译犹不译也",译了也不会有什么效果的。那么只好退而求其次,"则达尚焉"(①)。也就是说与其追求对原著的忠实,不如考虑读者的接受极限,把传达放在第一位。手稿卷首《译例》所展示的正是为此提出的方案。下面我们来具体分析一下。

《译例》的第❶条,严复声明,《天演论》的译文以易理解为主,语句上的增减、颠倒无非是为了切实传达原作者的意思,而译文也从未偏离原书的主旨。这一条与《译例言》的④大致相同。既然严格忠实于原著的翻译既非汉语所能做到,对读者也无实际意义,那么译文脱离原著也就不可避免了。这也正是严复所谓"不云笔译,题曰达旨"的原因。严复清醒地知道这当然不是翻译的"正法"。正如著名佛经译者鸠摩罗什所说,模仿我的人一定不会成功。严复也告诫后来的译者不要以《天演论》为口实,为自己拙劣的翻译开脱。严复说,对原著中内容深奥、难于理解的句子,采用颠倒顺序、增减词语的方法彰显文意,如此种种操作都是为了"达",即把原著的意义内容传达给读者。所以"达"就是对原著最大的忠诚。(⑦)

在第❷条中,严复声明赫胥黎的原著中引用了很多西方的神话、传说。在寓意相同的情况下,他用中国的典故、传说代替了西方的故事。因为对不谙西方的中国读者来说,传达的意义效果是一样的,这一切都是实现"达"的手段。对此,阅读了手稿本的吴汝纶建议说:"若自为一书,则可纵意驰聘;若以译赫氏之书为名,则篇中所引古书古事,皆宜以元书所称西方者为当,似不必改用中国人语。以中事中人,固非赫氏所及知,法宜如晋宋名流所译佛书,与中儒著述,显分体制,似为入式。此在大著虽为小节,又已见之例言,然究不若纯用元书之为尤美。"①吴汝纶引佛经翻译的例子,认为这种以中换西的做法并不可取。在佛经翻译中,异国情调反而被作为重要的因素而加以运

---

① 《吴汝纶致严复书二》,丁酉二月初七日(1897年3月9日),见《严复集》第5册,第1560页。

用。新教传教士,例如马礼逊、罗伯聃(Robert Thom,1807—1846)等人,在译著中也曾有意识地尝试引入中国的典故、传说,替换《圣经》里的故事。① 这样的方法虽然能给读者带来亲切感,缓解对未知事物的抵触情绪,但同时也造成了轻视翻译本质的危险。

严复在第❸条中表示,阅读西方的著作,需要了解其背景知识。原著中引用的内容多出自古希腊、古罗马的伟大学者,谈论西学的人应该对这些学者的生平、事迹有所了解,所以特别提供了相关的内容。在《译例言》中,严复更明确地指出:原书对古希腊以来的学派做了讨论,所提及的也都是当时最著名的学者,他们的学说构成了西方两千年来知识的基础,讲求西学的人不可不知,故在篇末对其生平事迹略作介绍,帮助读者加深理解。严复在《天演论》中加入了大量的按语,字数甚至超过了译文。其中很多内容对于第一次接触西方书籍的读者来说,是理解原著所不可或缺的信息。需要指出的是,以译注的形式提供译文周边信息在当今的翻译作品中也是常见的方法。

在第❹条中,严复说赫胥黎的学说中有中国古人早已阐发过的内容,作为参考列在篇末。这或是当时流行的西学中源说,但在《译例言》中,中源说有所减弱,严复只说,科学的探究和国家的治理一样,重要的是集思广益,广泛吸收有益的意见。原著的学说有与其他书籍相同、相异者适宜列入篇末,以供参考,这同时也披露了译者自己的见解。严复在手稿的按语中频繁引用中国典籍,试图通过中国古圣贤的言说诠释原著中西方的概念,以达到沟通东西方的目的。在严复看来,中国传统的学问有着与西方共同的原理,可以互相解释。严复说用中国传统思想所用的术语和概念来解释西方的术语和概念并不是附会。②

以上是严复在《译例》(1896.10.15)中的主张。其后,严复采纳了吴汝纶的建议(1897.3函),对译文做了修改,并致信吴汝纶说:"拙译《天演论》近已删改就绪,其参引已说多者,皆削归后案而张皇之,虽未能悉用晋唐名流翻译

---

① 内田庆市:《近代における东西言语文化接触の研究》,关西大学出版部2001年版,第145—164页。
② 严复:《与梁启超书二》,见《严复集》第3册,第516页。另,这种方法在严复研究中被称为"格义"。参见韩江洪:《严复话语系统与近代中国文化转型》,上海译文出版社2006年版,第163、165页。

义例,而似较前为优。"①手稿本中的"易曰""韩非曰""孟子曰"等 64 处在刊本中被删除了,译者评语也被移至文末以按语的形式出现。

严复在《译例》中所列 4 条,都是为了实现"达"而采取的翻译技巧。❸是现代翻译中也常见的方法,而❶❷❹更多地出现在早期的翻译中。② 随着读者相关知识的增加、翻译技巧的提高,尤其是语言本身的进步,这种腾挪之法逐渐被摈弃。《天演论》刊行时,《译例》的 4 项在《译例言》中增加为 7 项,表述得更加详细。而二者之间根本性的不同之处是增加了关于翻译规范的主张(⑧⑨)。关于这一问题,我们将在第五节中讨论。

五、关于"雅"

严复说"修辞立诚""辞达而已""言之无文,行之不远"此三项是"文章正轨",也就是文章规范(norms)。所谓文章规范,就是语言社会对文章价值判断的共同标准。关于文章规范,可以有两种态度,一种是万古不变的,一种是与时俱进的;而严复则试图在两千多年以前的秦汉文章中寻求规范。严复说,这三条同时也是"译事楷模",即"翻译规范"。如前所述,翻译规范是语言社会对翻译行为的心理预设,具有强烈的时代特征。"修辞立诚"就是语言表达必须诚实,这原是一种作者的写作心态,但如果用来规范译者,就是要求译者尽可能原封不动地把一种语言移译为另一种语言。而孔子的"辞达而已矣"是说,只要把想说的事

---

① 严复:《严复致吴汝纶函》,1897 年 11 月 9 日(旧历十月十五日),见《严复集》第 3 册,第 520 页。
② 在日本也可以见到类似的现象。例如日本渡部温在《通俗伊苏普物语·例言》(1873)中写道:"一、此次所译之伊索寓言,乃对妇幼实行德教之捷径,务使村童野妇易于理解,故译文以易懂为主旨,多有俗言俚语,读者勿以行文拙劣、译词陋鄙相责。二、翻译以不改原著面貌为尊,此自不待言。本书以通晓原意为宗旨,或有因前后语气转换、连贯之故,更换词语,或颠倒顺序者,希读者见谅。三、译文反复推敲,绝无脱落。四、原著中人名等有所改动,并不拘泥于原著字样,读者勿以偏概全可也。"(引者译)

情清楚地说出来就好,既不要增加什么,也不要减少什么。"言之无文,行之不远"的意思是言辞如果没有文采,就不能广泛传播。孔子的"达辞"和"行远"是一对相反的概念,前者是最低的标准,后者是期许的高目标。19世纪的来华西方传教士们喜欢引用孔子"达辞"这句话。比如罗存德,就把孔子的这句话印在自己的《英华字典》扉页上。作为外国人,他们对用汉语传达外语的意义并没有百分之百的把握,孔子语录就成了最好的遁词。另一方面,包括严复在内的早期的中国译者也必须直面同样的问题。[①] 但是,语言社会不可能永远满足于"达辞","行远"必然成为译者不得不追求的目标,因为这是语言社会对翻译乃至所有文章的要求。以士大夫为主的读者群体对来华传教士的著述基本上是不屑一顾的,其中有内容上的原因,也有文章规范认同的问题。

严复精通英语,对原著内容也有丰富的知识和准确的理解,故被称为"于中学西学,皆为我国第一流人物"[②]。但是,当他一旦决定将英语的文本转换成汉语的文本时,在译词和句式之后,他还要面临译文采用何种文章体裁这一语言形式的问题。[③] 同时也正是由于严复懂英文,就产生了句式上的"形似"问题。由"达辞"向"行远"的升华,有个别词语的问题,但更重要的是从文体上对文章进行的总体把握。赫胥黎的两篇文章,一为讲演稿,一为帮助读者理解讲演内容的导读性文章。讲演稿的内容被认为更具专业性,故需要一个导言,帮助一般读者更好地理解讲演的内容。即便是这样一个略显艰涩的讲演,其内容也是可以通过口头语言表达的。而反观汉语当时还不存在演说体。19世纪以后来华的传教士们在中国助手的帮助下用一种被称为"浅文理"的文体翻译《圣经》和其他宗教宣传品,这种文体具有口头宣讲的可能性,

---

[①] 1898年广东人莫若濂将自己编纂的英华词典命名为《达辞》。沈国威:《近代英华字典环流:从罗存德、井上哲次郎到商务印书馆》,见台湾联经出版有限公司《思想史》7专号:英华字典与思想史研究,2017年,第64—102页。
[②] 梁启超:《绍介新著·原富》,《新民丛报》第1号,1902年2月。
[③] 沈苏儒说:"在他拿起《天演论》来翻译的时候,除了'之乎者也'的古文以外,他还能有什么别的文字工具?"(《论信达雅》,见罗新璋编:《翻译论集》,第942页);而黄克武则指出:当1890至1900年代,严复从事翻译工作时,在文字上主要有四种选择:一是讲究文藻华丽与对仗工整的骈文;二是科举考试用的八股文;三是从曾国藩(1811—1872)开始,上承唐宋八大家的"桐城-湘乡派古文",或称桐城派古文;四是刘鹗(1857—1909)、李伯元(1867—1906)、吴趼人(1867—1910)等人在撰写小说时所用的白话文。参见黄克武:《自由的所以然》,上海书店出版社2000年版,第71页。

但是自马礼逊始,传教士汉译《圣经》近百年,"浅文理"并没有成为一种能为士大夫所接受的文章体裁,而对新国语产生重大影响的梁启超的新文体还正在酝酿之中。①

严复在《译例言》中指出:为了实现文章与翻译的规范,所以在"信""达"之外,还要追求雅驯。这不仅仅是希望自己的译著能够"行远",实际上原著的"精理微言,用汉以前字法、句法,则为达易;用近世利俗文字,则求达难"。使用"近世利俗文字"就会使译文与原著毫厘千里;汉以前的字法、句法,固然古奥、艰深,但是二者相权,为了译文的精确性,不得不如此,并非自己故意炫耀!《天演论》的翻译受到了词语艰深、文章低劣的批评,其实这一切都是为了将原著的意思明白无误地表达出来而已。(⑧⑨)1896年10月的《译例》中并没有类似的内容,是什么原因令严复写下了上面这段话?桐城派古文的领军人物吴汝纶是整个事情的关键。下面,我们以严复与吴汝纶的往来信函为线索,尝试着对其中的真相加以复原。

我们先对严吴之间的信札做一些必要的整理。《严复集》共收录严复与吴汝纶的往来信札11通,具体时间等如下:

No.	发信人	时间	附注
1	吴汝纶札一	1896.8.26	谈及《天演论》
2	吴汝纶札二	1897.3.9	谈及《天演论》
3	严复札一	1897.11.9(农历十月十五日)②	谈及《天演论》译文的修改
4	吴汝纶札三	1898.3.20	谈及《计学》一册
5	吴汝纶札四	1898.8.23	谈及《计学》四册
6	吴汝纶札五	1899.3.11	谈及《计学》四册
* 在此之前,吴汝纶为《天演论》撰写了"序言"			
7	吴汝纶札六	1899.4.3	讨论《计学》
8	吴汝纶札七	1899.10.31	与翻译无关
9	严复札二	1900.1.29(除夕前一日)	谈及《原富》的翻译
10	吴汝纶札八	1901.6.4	谈及《原富》的翻译
11	严复札三	1901.9—12月间	谈及《原富》与穆勒的《名学》

---

① 《时务报》于1896年秋创刊,为梁提供了新文体的试验场。
② 严复札的时间依《严复集》的考证。

吴汝纶的信札8通,严复的信札3通,但是各札之间没有来信与回信的衔接关系,即在文脉上是非连续的。如能从吴汝纶的遗物等中发现严复的来信,无疑会有助于我们了解严复翻译过程中的各种问题,但在信札佚失的今天,我们也只能从严复吴汝纶的信札中搜寻一些蛛丝马迹了。①

《严复集》所收吴汝纶致严复札最早的一通信札时间为丙申七月十八日(1896年8月26日),②这是对严复来信的回复。从信中"尊译《天演论》,计已脱稿"的词句中可知在此之前两人已有信札往还。两人结识的缘由及开始讨论翻译问题的具体时间尚不清楚,但严复此信至少是第二次谈及《天演论》。可以想象严复在此之前向吴汝纶介绍了《天演论》,而吴汝纶似乎并没有理解严复翻译尝试的意义,发了一些议论,严复再去信详加解释。通过严复的介绍,吴汝纶对《天演论》的内容、意义及翻译情况有了较详细的了解,对自己"以浅陋之识,妄有论献"向严复致歉。从信中还可以看出,吴汝纶原来主张西书翻译应当以"外国农桑之书"为主,这是因为"中国士人,未易遽与深语"。在了解了《天演论》之后,反省自己的这种主张是"迂谬之妄见也",吴汝纶对严复译介西方人文科学书籍的努力开始持赞赏的态度了。

吴汝纶札二的落款时间为丁酉二月初七日(1897年3月9日),③与前信间隔半年之久。在这半年中严复完成了《天演论》的翻译,并通过吕增祥送给吴汝纶,恳请删改。④ 吴在信中说:"吕临城(增祥)来,得惠书并大著《天演论》,虽刘先主之得荆州,不足为喻。比经手录副本,秘之枕中。盖自中土翻译西书以来,无此宏制。匪直天演之学,在中国为初凿鸿蒙,亦缘自来译手,无似此高文雄笔也。钦佩何极!"吴汝纶称赞《天演论》是西书汉译以来的第一件大事,这不但是因为《天演论》将西方的进化论首次介绍到中国来,更是由于严复"高文雄笔"的文章,可见评价之高。对于严复翻译的目的,吴在信中揣测说:"抑执事之译此书,盖伤吾土之不竞,惧炎黄数千年之种族,将遂无以自存,而惕惕焉欲进之以人治也。本执事忠愤所发,特借赫胥黎之书,用为

---

① 《严复集》第5册所收"严复日记"始于1908年,并无与吴汝纶交往的记录。最近出版的《严复书信集》(马勇、徐超编,福建教育出版社2022年版)也没有新的信息。
② 吴汝纶:《吴汝纶致严复书一》,见《严复集》第5册,第1559页。
③ 吴汝纶:《吴汝纶致严复书二》,见《严复集》第5册,第1560页。
④ 吴汝纶不懂英语,也没有相关的科学知识,严复所期待的是关于文章规范上的帮助。参见沈国威:《一名之立 旬月踟蹰》,第八章。

主文谲谏之资而已。"即严复本意是借赫胥黎之书,对面临亡国亡种危机的时局阐发自己的主张而已。既然如此,吴汝纶指出"必绳以舌人之法,固执事之所不乐居,亦大失述作之深旨",逐字逐句拘泥原著恐怕无法实现严复的目的。但如上文所述,吴同时又认为"若以译赫氏之书为名,则篇中所引古书古事,皆宜以元书所称西方者为当,似不必改用中国人语。……法宜如晋宋名流所译佛书,与中儒著述,显分体制,似为入式。……然究不若纯用元书之为尤美"。可知吴是以晋宋名流所译佛书作为翻译规范的。

严复致吴汝纶的信,现存时间最早的是 1897 年 11 月 9 日(十月十五日)。[①] 信中严复写到按照吴汝纶的建议修改了天演论的译文,从信中我们还可以知道吴氏答应为《天演论》作序。而直到此时,严复对自己的文章仍不放心,"恳先生再为斟酌"云云。

至此,吴严二人在往还信札中讨论的还只是翻译上的一些具体问题,并没有涉及译文的文体。关于文体问题的详细讨论是在吴汝纶的《天演论·序》(1898 年 3 月之前完成)中展开的。在序言中,吴首先指出了"文"与"道"的关系:"凡吾圣贤之教,上者,道胜而文至;其次,道稍卑矣,而文犹足以久;独文之不足,斯其道不能以徒存。"即中国古代圣贤的学说教诲,上等的,道理高尚,文章完美;次一等的,道理稍有逊色,但文章可以使其长久流传;唯独那些文章不好的,其学说也就无法流传下来。这种"文以载道"的传统思想在当时是占据统治地位的。吴接着写道:"晚周以来,诸子各自名家,其文多可喜,其大要有集录之书,有自著之言。"吴将文章分为两类:"集录"和"撰著"。所谓"集录"就是篇章各自独立,不相连贯,《诗经》《尚书》是这一类文章最早的作品;所谓"自著",就是文章都围绕一个主题展开("建立一干,枝叶扶疏"),《周易》《春秋》则是最早的例子。吴汝纶指出汉代多撰著,最有成就的是司马迁的《史记》和扬雄的《太玄》;前者模仿《春秋》,后者模仿《周易》,这两本书都是有一条主线,文章围绕主线展开。但是到了唐代中叶,韩愈推崇《诗经》《尚书》,社会的风尚变为喜好集录文体,宋代以后也是如此。所以唐宋多集录之文,集录的书多了,撰著的文体则不再多见,偶尔有一些,文采也不好,读者不喜欢。最近传入中国的西方书籍,都是围绕一个主题展开的,这与汉代的撰

---

① 严复:《与吴汝纶书一》,见《严复集》第 3 册,第 520 页。

著文体应该有相吻合的地方。吴汝纶似乎觉察到撰著文体更适合于"宏大叙事";撰著文体的这一特点同时也与学术,尤其是西方科学的体系性密切相关。吴氏指出撰著与集录在文章体裁上虽然不同,但归根结底还是要看文章的功力。现在有人说,西方的学问都是中国人所不知道的,要想开启民智,最好的办法就是译书。可惜的是现在"吾国之译言者,大抵弇陋不文,不足传载其义"。眼下的士大夫们所崇尚的既不是"集录",也不是"撰著",而是时文、公牍、说部,即八股文、官场公牍(例如樊增祥的判牍)和小说逸闻、笔记、杂著之类,除此三种以外几乎无以为文。西书中虽然有很多新知识,但是时文、公牍、说部这样的文体无法胜任翻译西书的重任,也难以引起有识之士的阅读兴趣。吴汝纶指出,汉晋佛教传入中国时,中土的学问还没有衰落,那些有才能的人笔录口译者的翻译;口述者笔录者互相切磋,所以译成的佛经自成一体。吴汝纶说:赫胥黎的学说和佛教有何种关系不得而知,但译成中文的赫胥黎要想比肩司马迁、扬雄是一件非常困难的事情,即使要和唐宋的文章并驾齐驱,也很不容易。严复正是目睹了传教士等译书的失败,认识到文体是一个亟待解决的受众层面的问题。他在《天演论》中采用了古雅的文体,即走了一条"雅驯"的路。严复通过他的译文不但传达了赫胥黎的学说,更重要的是介绍了生存竞争、优胜劣败的进化论思想,"使读焉者怵焉知变"!能触动读者的文章自然是好文章。吴汝纶在序言中对严复的译文赞赏有加:"与晚周诸子相上下。""文如几道,可与言译书矣。"从文章的角度来看,严复的《天演论》获得了巨大成功,如鲁迅所说,连"吴汝纶都也肯给他作序"。但是,吴汝纶在对严复的译文推崇备至的同时,又说"予又惑焉。凡为书必与其时之学者相入,而后其效明。今学者方以时文、公牍、说部为学,而严子乃欲进之以可久之词,与晚周诸子相上下之书,吾惧其舛驰而不相入也"。[①] 吴汝纶清醒地意识到了西方新学的内容、严复的译文形式、当时读者的阅读情趣这三者之间存在着严重的背离,这种背离势必影响新知识的普及。在使时代的读者屈就传统的文体,还是使文体适应于时代的读者这一问题上,吴汝纶说"盖

[①] 吴汝纶在给友人的信中还说:"《天演论》亦拟排日付印。几道欲某代为销售,近日阅报者尚不能多,又阅者未必深通中国古学,不过略猎书史,得《时务报》已拍案惊奇,如几道之《天演论》,则恐'大声不入俚耳'。"《答吕秋樵》(戊戌正月廿日),见《吴汝纶全集》三,黄山书社2002年版,第181页。

将有待也。待而得其人,则吾民之智瀹矣"。指望大家都写桐城文、读桐城文显然是不现实的,只能等待有人想出新办法来。

《天演论》的雅驯满足了当时受众的阅读情趣,但"建立一干,枝叶扶疏"的文体并没有完成。"与晚周诸子相上下"的文章是否真的适合西方科学的宏大叙事? 如上所述,严复在完成《天演论》翻译初稿前后(1896年10月),已经着手翻译亚当·斯密的《国富论》了。当他试图复制《天演论》的成功时,遭遇了严重的挫折。究其原因,一是,严复采用了完全不同的翻译规范。严复说:"是译与《天演论》不同,下笔之顷,虽于全节文理,不能不融会贯通为之,然于辞义之间,无所颠倒附益。"①二是,《国富论》是专业性很强的皇皇巨著,除了经济学的术语外,还大量使用了学术性文章特有的词语,原著语言上的特点势必影响译文的文体。深为《原富》无法再现《天演论》雅驯而苦恼的严复再三致信吴汝纶,请求帮助。吴汝纶在回信中写道:

> 惠书并新译斯密氏《计学》四册,一一读悉。斯密氏元书,理趣甚奥赜,思如芭蕉,智如涌泉,盖非一览所能得其深处。执事雄笔,真足状难显之情,又时时纠其违失,其言皆与时局痛下针砭,无空发之议,此真济世之奇构。执事虚怀谦抱,憨憨下问,不自满假。某识浅,于计学尤为梼昧,无以叩测渊懿,徒以期待至厚,不敢过自疏外,谨就愚心所识一孔之明,记之书眉,以供采择。其甘苦得失,则惟作者自喻,非他人所能从旁附益也。②

吴氏对严复新译出《计学》四册文章极尽褒奖,同时也说自己不懂"计学",只能在空白处提一些小的建议,这些所谓"一孔之明"如下一封信中所示,都"不过字句间眇小得失"而已。

在接下来的近7个月的时间里,严复继续完成《原富》新译四册,并恳请吴汝纶为之订删。吴汝纶回信再次谦让说:

> 斯密氏此书,洵能穷极事理,镌刻物态,得我公雄笔为之,追幽凿险,

---

① 《译斯氏〈计学〉例言》,见《严复集》第1册,第101页。
② 《吴汝纶致严复书四》,戊戌七月初七日(1898年8月23日),见《严复集》第5册,第1562页。

近代翻译史中的"信达雅"

抉摘奥赜,真足达难显之情,今世盖无能与我公上下追逐者也。谨力疾拜读一过,于此书深微,未敢云有少得,所妄加检校者,不过字句间眇小得失。又止一人之私见。徒以我公数数致书,属为勘校,不敢稍涉世俗,上负謣讹高谊。知无当于万一也。独恐不参谬见,反令公意不快尔。某近益老钝,手寒眼滞,朝记暮忘,竟谆谆若八九十。心则久成废井,无可自力。①

所能贡献的仅是"字句间眇小得失",一切都是情谊上的不得已而为之。然而吴汝纶笔锋一转突然写道:"因思《古文辞类纂》一书,二千年高文,略具于此,以为六经后之第一书,此后必应改习西学。中学浩如烟海之书,行当废去,独留此书,可令周孔遗文,绵延不绝。故决计纠资石印,更为校勘记二卷,稍益于未闻,俟缮写再呈请是正。"似颇为唐突,但是如果和前引吴汝纶为《天演论》所作的序一起看,不难了解吴汝纶的用心。

然而,严复误解了吴汝纶,在收到吴汝纶第五札后马上就写了回信为自己辩解(旧历二月七日。严复的信不存,现在我们只能根据吴的回信推测严复来信的内容)。为了消除严复的误会,吴汝纶于二月廿三日(1899年4月3日)致严复第六札。② 从吴氏的回信中看,严复似乎从吴氏推崇《古文辞类纂》感觉到他在暗示自己的译文没有达到他所期待的水平,即不够"雅驯"。在二月七日的回信中严复对此辩解道:"行文欲求尔雅,有不可阑入之字,改窜则失真,因仍则伤洁,此诚难事。"就是说,翻译西方的专业书不得不使用中国典籍中没有的新词,然而这些新词被视为杜撰,影响译文的雅驯,实难以两全。针对严复的误解,吴汝纶在二月廿三日的回信中解释道:"以校读尊著《计学》,往往妄贡疑议,诚知无当万一,乃来书反复齿及,若开之使继续妄言,诚谦挹不自满假之盛心,折节下问,以受尽言,然适形下走之盲陋不自量,益增惭恧。""某前书未能自达所见,语辄过当","本意谓中国书籍猥杂,多不足远行"。西学东传后,读书人无暇阅读中国的历史典籍,"世人乃欲编造俚文,以

---

① 《吴汝纶致严复书五》,己亥正月三十日(1899年3月11日),见《严复集》第5册,第1563页。
② 《吴汝纶致严复书六》,见《严复集》第5册,第1564页。本节以下吴氏的议论均引自本札。考虑到当时的通讯条件,两人的信函往还的大致情况是:吴汝纶正月三十日致信严复,严复收到即于二月七日回复,收到严复信后吴稍作斟酌,于二月廿三日去函解释。

便初学。此废弃中学之渐,某所私忧而大恐者"。对于严复在信中表示的困惑,吴汝纶一方面发表意见:"鄙意与其伤洁,毋宁失真。凡琐屑不足道之事,不记何伤。若名之为文,而俚俗鄙浅,荐绅所不道,此则昔之知言者无不悬为戒律。"但是,同时又说:"如今时鸦片馆等,此自难入文,削之似不为过。倘令为林文忠作传,则烧鸦片一事固当大书特书,但必叙明原委。"吴氏承认词语的选择应该根据内容来决定,对严复使用新词表示理解。吴指出:"欧洲文字,与吾国绝殊,译之似宜别创体制,如六朝人之译佛书,其体全是特创。今不但不宜袭用中文,并亦不宜袭用佛书。"吴谦逊地说自己"不通西文,不敢意定",推测"彼书固自有体制,或易其辞而仍用其体似亦可也。独中国诸书无可仿效耳"。吴汝纶指出,为吸收西方新知识,要积极创造新颖的文体。六朝时期翻译佛经时,中国的学问尚未衰退,有才华的人把口述的译文记录下来,使文章首尾连贯,故其文章自为一类。但是"今西书之流入吾国,适当吾文学靡敝之时"①,19世纪末在西学的侵蚀下中学已是一片衰微破败的景象;加之文体的"特建新类,非大手笔不易办也"。吴汝纶把新文体创建的希望寄托于严复,说:"窃谓以执事雄笔,必可自我作古。"严复也为了实现"达辞"与"行远"的和谐苦斗不已。然而仅靠严复的孤军奋战是无法挽回古文的颓势的,在时务文体和日本新词的夹击下,严译的命运亦不难预见。

六、翻译与小学:为何需要"汉以前的字法"?

前一节我们从文章规范和读者的可接受性的角度对"雅"进行了分析。但是,对严复来说,"雅"的作用远不止于此。严复在"译例言"中写道:"(雅驯)此不仅期以行远已耳。实则精理微言,用汉以前字法、句法,则为达易;用近世利俗文字,则求达难。往往抑义就词,毫厘千里。"(⑨)严复为何拘泥于"汉以前字法"? 他的真实意图在哪里?

如前节所述,雅驯是"行远"的必要条件。中国文章界认为,汉以前的文章是典范,汉以后则每况愈下。吴汝纶说:"及唐中叶,而韩退之氏出,源本《诗》《书》,一变而为集录之体,宋以来宗之。"②暗里指责韩愈树立了不好的榜

---

① 吴汝纶:《〈天演论〉序》,见《严复集》第5册,第1318页。
② 吴汝纶:《〈天演论〉序》,见《严复集》第5册,第1318页。

样,章太炎也不看好唐宋散文。① 严复说,"中国文之美者,莫若司马迁、韩愈",对司马迁和韩愈的文章都给予了极高的评价。但他敬仰的吴汝纶认为司马迁的"撰著"文体比韩愈的"辑录"更适于翻译西洋书,在吴汝纶的影响下,严复追求汉以前的"句法"也就不难理解了。而汉以前的"字法"指的是什么,为何需要推崇?笔者认为严复作此言的原因有二,一是人类祖语(也称"世界祖语")的问题,另一是汉语和英语在词汇数量上的差距。

首先来看人类祖语的问题。根据《圣经》中巴比伦之塔的传说,人类最初的语言彼此之间是可以相通的,后被神打乱成不同的语言。19世纪历史比较语言学的诞生强烈刺激了人们对人类祖语的想象,西方语言学界的部分学者对寻找人类祖语倾注了宗教式的热情。严复似乎也受到了影响。他在与梁启超争论译词时说:

> 大抵取译西学名义,最患其理想本为中国所无,或有之而为译者所未经见。若既已得之,则自有法想。在己能达,在人能喻,足矣,不能避不通之讥也。……盖翻艰大名义,常须沿流讨源,取西字最古太初之义而思之,又当广搜一切引伸之意,而后回观中文,考其相类,则往往有得,且一合而不易离。②

这段话集中反映了严复的译词观。严复认为西方有一些概念原本是中国所没有的,即使有也不为一般人所知,因此需要新造译词对应,或者在浩如烟海的中国典籍中找出可以成为译词的词语。有些译词无法做到中外意义等值,两者之间总会有一些差异,但即使概念义、周边义并不完全吻合,也无大碍,不要怕被人讥讽不通。因为在使用的过程中词义会得到调整。这样的词就是上面谈到的一般词汇。但是还有一些被严复称为"艰大名义"的重要词语,情况则不同。笔者将这样的词称之为"大词",对于大词的翻译,严复说要"沿流讨源",找出最古老的意义,越古老,不同语言之间相对应的可能性就越大。严复尝试着以"权利"为例证明自己的观点:

---

① 章太炎在《文章流别》中评价韩愈、柳宗元的文章"诘屈聱牙"。《章太炎全集 演讲集上》,上海人民出版社2015年版,第468页。
② 严复:《与梁启超书二》,见《严复集》第3册,第518—519页。此信写于1902年6月。

譬如此 Rights 字，西文亦有直义，故几何直线谓之 Right line，直角谓 Right Angle，可知中西申义正同。此以直而通职，彼以物象之正者，通民生之所应享，可谓天经地义，至正大中，岂若权利之近于力征经营，而本非其所固有者乎？且西文有 Born Right 及 God and my Right 诸名词，谓与生俱来应得之民直可，谓与生俱来应享之权利不可。何则，生人之初，固有直而无权无利故也，但其义湮晦日久，今吾兼欲表而用之，自然如久废之器，在在扞格。顾其理既实，则以术用之，使人意与之日习，固吾辈责也。至 Obligation 之为义务（仆旧译作民义与前民直相配），Duty 之为责任，吾无间然也。①

严复这段话大概有如下几层意思：

一、用"权利"去译 right，意义相差太大，极为勉强，影响概念的准确移译。因为对于"权利"，严复的理解（即汉语典籍上的意义）是：以权和力得到的利益，这样就与 right 所有的"与生俱来"的含义格格不入。

二、《汉书》中的"职"与 right 同义；但"职"可能与 duty 的译词"职责"发生混淆，严复暂时未加以采用。

三、严复后来发现《诗经》《管子》等典籍中的"直"也应该训作"职"。

四、在翻译大词时要特别关注初始义，然后追根寻源地找出派生义。

五、"直"的概念中西有相通之处。汉语的"直"通"职"（应有的作用），西方"right"寓意"物象之正者，通民生之所应享"。所以英语的 right line，right angle 汉语分别作"直线""直角"。

六、西方有 born right，God and my right 等说法，表示与生俱来的 right，这个意思可以用"民直"表示，但是"权利"则不行，因为"生人之初，固有直而无权无利故也"。

七、"直"的初始义湮没已久，需要重新使之显现出来。

八、obligation 译为"义务"，duty 译为"责任"，严复均表示认同。

严复在以前的译著中为了与"民直"保持词形上的相似性，曾经把 obligation 译为"民义"，现在放弃了。笔者揣测这可能是因为 obligation 不但

---

① 严复：《与梁启超书二》，见《严复集》第 3 册，第 518—519 页。此信写于 1902 年 6 月。

可以说"民",也可以说国家的缘故。"义务"是日本译词,但严复对此并没有特别的反应。

不久,严复在《群学肄言》(1903)的"译余赘语"中说:

  尝考六书文义,而知古人之说与西学合。何以言之？西学社会之界说曰:民聚而有所部勒(东学称组织)祈向者,曰社会。而字书曰:邑,人聚会之称也。从口,有区域也;从卩,有法度也。西学国之界说曰:有土地之区域,而其民任战守者曰国。而字书曰:国,古文或。从一,地也;从口,以戈守之。观此可知中西字义之冥合矣。①

严复认为西方某些概念的定义,如"社会:有组织的民众""国:由土地和人民构成"等,与汉字的造字理据暗合。严复在《英文汉诂》(1904)中还写道:

  英文古似德文,故 I 字古作 Ic,又作 Ich,西文称谓,当隆古时,与中国同,如 I 则中国之台也,拉丁文作 Ego,我也;thou 之与 you,与法文之 vous,tu 皆在中文汝若之间;而第三身之 he,it,they,与法之 il 等,尤与吾文之伊他同原。(案中西古语多同,西人如艾约瑟等所言多与鄙人合者,可知欧亚之民,古为同种,非傅会也。)②

严复在《政治讲义》(1906)中继续主张:

  则支那之语,求诸古音,其与西语同者,正复不少。如西云 mola,mill,吾则云磨。西云 ear,arare,吾则云犁。西云 father,mother,pa,ma,吾云父、母、爸、妈。西云 Khan,King,吾云君。西云 Zeus,Dieu,吾云帝。西云 terre,吾云地。甚至西云 judge,jus,吾云则,云准。西云 rex,ricas,吾云理,云律。诸如此类,触处而遇。果使语言可凭,安见东黄西白不出同源？③

---

① 《严复集》第 1 册,第 126 页。
② 严复:《英文汉诂》,商务印书馆 1933 年版,第 34 页。
③ 《政治讲义》,见《严复集》第 5 册,第 1246 页。

严复的解释已经非常牵强了。不同语言使用者可以有相同的概念,但不必也不可能有相同的命名理据。严复并不赞成"西学中源说",但是他似乎认为通过"发明"可以使隐微的中西之间的意义关系再次凸显出来。但现在语言类型学的知识告诉我们,这种偶然的相似性并不能说明什么实质性的问题。

下面我们来看看中英之间词汇数量的差距问题。

如上所述,严复认为,对于原著中的"精理微言",用汉以前的"字法"才能应对,"近世利俗文字"只能毫厘千里。(⑨)这种两年前的《译例》中尚不存在的主张,其形成与《原富》的翻译实践有着密切的关系。如严复自己所说:"是译(即《原富》——引者注)与《天演论》不同,下笔之顷,虽于全节文理,不能不融会贯通为之,然于辞义之间,无所颠倒附益。"①严格的翻译不仅在句式修辞上,而且在具体词语上也需加以严格对应。《原富》使用了大量的术语、抽象名词、人名地名以及西方的器物名称,汉语的既有词汇显然无法做到一一对译。在《天演论》的《译例言》中,严复曾说"物竞、天择、储能、效实"等术语都是他新造的,"一名之立,旬月踟蹰",创制过程极为艰辛。(⑬)言下既有对"滥造"新词的惶恐,另一方面还希望读者能理解他引新概念入华的初衷。但是这种成就感和不安相混杂的心境,在《原富》中转为无可奈何的叹息。如前所述,他1899年初写信给吴汝纶诉说不得不使用"阑入之字"的苦恼,自觉"文字则愈益芜蔓,殆有欲罢不能之意"。② 吴汝纶在回信中一面说"与其伤洁,毋宁失真。凡琐屑不足道之事,不记何伤",另一面又说,文章自有化粗俗为雅驯的方法,"如左氏之言马矢,庄生之言矢溺,公羊之言登来,太史之言夥颐,在当时固皆以俚语为文而不失为雅"。雅俗之别也是有时代性的,原来的粗鄙之词也可以变雅驯。同时,他还指出词语的使用必须与文章的内容相关联,如果为林则徐作传,就要对烧鸦片一事"大书特书,但必叙明原委,如史公之记平准,班氏之叙盐铁论耳。亦非一切割弃,至失事实也"。③ 在这种规避"阑入之字"的氛围中,严复强调"用汉以前字法"也就不足为奇了。在执笔《译例言》(1898年6月10日)前后,严复已经译完了原著146页,译文中使用了大量的古僻字。由于印刷上的限制,手写抄录一部分如下:

---

① 严复:《译事例言》,见亚当·斯密:《原富》,严复译,商务印书馆1981年版,第13页。
② 严复:《与吴汝纶书二》,见《严复集》第3册,第522页。此信写于1900年1月29日。
③ 《吴汝纶致严复书六》,己亥二月廿三日(1899年4月3日),见《严复集》第5册,第1564页。

但是，表中的晦涩字，主要纠结于奶酪、面包等的对译，对政经领域"精理微言"的表达并无实质性的贡献。在《译例言》中，严复说自己的译文"颇贻艰深文陋之讥"，还说自己的译词选择，"虽欲避生吞活剥之诮，有不可得者矣"。但这一切"实则刻意求显，不过如是"。所谓的"显"即可以理解为精确地凸显原著的精微之处。然而，严复在《天演论》中并没有使用所谓"汉以前的字"，《原富》中的晦涩字也多集中在前十章，①即截至《译例言》执笔前后的译文中。《原富》于1901年至1902年陆续由上海南洋公学译书院出版，共五篇，前两篇出版后，梁启超即在《新民丛报》上撰文大力推荐，但同时也对严复译文的文体提出了尖锐批评：

> 吾辈所犹有憾者，其文笔太务渊雅，刻意摹仿先秦文体。非多读古书之人，一翻殆难索解。夫文界之宜革命久矣，欧美日本诸国文体之变化，常与其文明程度成比例。况此等学理邃赜之书，非以流畅锐达之笔行之，安能使学僮受其益乎？著译之业，将以播文明思想于国民也，非为藏山不朽之名誉也。文人结习，吾不能为贤者讳矣。②

自以为"文字则愈益芜蔓，殆有欲罢不能"的译文竟被评者说成"太务渊雅""刻意摹仿先秦文体。非多读古书之人。一翻殆难索解"。严复真是应该

---

① 《原富》部甲，篇十，论业异而庸赢不同之故，第5—138页。亦参照沈国威：《新语往还——中日近代语言交涉史》，社会科学文献出版社2020年版，第167页以后。
② 梁启超：《绍介新著·原富》，见《新民丛报》第1号，1902年2月。

受宠若惊了。对于文体过于"渊雅"的指责,严复作了长篇回应。严复说:"窃以谓文辞者,载理想之羽翼,而以达情感之音声也。是故理之精者不能载以粗犷之词,而情之正者不可达以鄙倍之气。""理想"当时是 idea 的译词,现在一般译作"概念",词语是概念的外壳,严复称之为"羽翼",意在行远。严复认为粗犷的语言无法传达精致的概念,低俗的词语也不能表达端正的情感。中国文章写得最优美的是司马迁和韩愈,他们都主张文章要简洁,要能够表达作者真实的情感。你(梁启超)既然知道文体的变化与时代的文明成正比,中国的学术以战国和唐宋为全盛期。那么,文章也以这两个时代为最优。文章界如何会有革命?欧洲最近的文章与古代相比,取得进步的是理念,是学术,其情感的优劣并不能与古人相比。至于法律体系则几乎没有变化。翻译的文体,在中国确实与古代不同的是佛经。佛经必须先对概念进行定义,然后才能让人明白。假设今日的译者不去定义,而是贸然按照西文的文法翻译,读者能理解吗?不会理解的。如果为了方便市井中没有知识的人,使用粗俗的词语,这对于文章界,无异于凌迟,而不是革命。我所翻译的是学理深刻的书,并不指望学童受益。我译的书是给多读中国古书的人准备的,那些没有读过中国古书的人,读不懂我的书,责任不在译者。翻译西洋书是为了向国民传播文明思想,但内容有深浅,读者也不一样,不可混为一谈。严复做了非常情绪化的反驳。严复最后说:我并不期待赞誉,随随便便地翻译,语言庞杂、意义纤弱,译文如蜉蝣,朝夕不保,那是报馆的文章,是学者应该避免的。所以,美妙的声音不能同时为众人所接受,美丽的形状不能为世俗所认同,广博的词语也不能对庸夫产生影响。严复申辩说,并不是自己不想让所有的人都读懂,实在是不可能啊。[1]

在此之前,严复在致张元济的信中说:"昨晤汪、杨二君,皆极口赞许笔墨之佳,然于书中妙义实未领略,而皆有怪我示人以难之意。天乎冤哉!仆下笔时,求浅、求显、求明、求顺之不暇,何敢一毫好作高古之意耶?又可怪者,于拙作既病其难矣,与言同事诸人后日有作,当不外文从字顺,彼则又病其笔墨其不文。有求于世,则啼笑皆非。"[2]《原富》刊行后,严复又致信张元济:

---

[1] 严复:《与梁启超书二》,见《严复集》第3册,第516—517页。原载1902年《新民丛报》第7期,时间注为"壬寅三月"。
[2] 严复:《与张元济书六》,1901年11月30日,见《严复集》第3册,第535页。

"《丛报》于拙作《原富》颇有微词,然甚佩其语;……其谓仆于文字刻意求古,亦未尽当;文无难易,惟其是,此语所当共知也。"①但是力图古雅确是事实,严复告诉张元济:"因文字芜秽,每初脱稿时,常寄保阳,乞吴先生挚甫一为扬攉。"②可见是极为慎重的。也正因为如此,严复对译文艰涩、难解的批评异常敏感。

1905年夏,严复为青年做关于政治学的连续讲座,再次对汉语的粗犷表示无可奈何:

> 今者不佞与诸公谈说科学,而用本国文言,正似制钟表人,而用中国旧之刀锯锤凿,制者之苦,惟个中人方能了然。然只能对付用之,一面修整改良,一面敬谨使用,无他术也。诸公务察此意。③

即使在1919年之后,严复仍然在私信中抱怨白话无法表达"要妙精深之理想":

> 北京大学陈、胡诸教员主张文白合一,在京久已闻之,彼之为此,意谓西国然也。不知西国为此,乃以语言合之文字,而彼则反是,以文字合之语言。今夫文字语言之所以为优美者,以其名辞富有,著之手口,有以导达要妙精深之理想,状写奇异美丽之物态耳。……今试问欲为此者,将于文言求之乎?抑于白话求之乎?……就令以此(指白话,引者)教育,易于普及,而斡弃周鼎,宝此康瓠,正无如退化何耳。须知此事,全属天演,革命时代,学说万千,然而施之人间,优者自存,劣者自败。虽千陈独秀,万胡适、钱玄同,岂能劫持其柄,则亦如春鸟秋虫,听其自鸣自止可耳。④

与英语表达的缜密("精理微言")相比,汉语词汇是极端匮乏的,其实这并不是严复独有的经验,而是那个时代的译者乃至作者都能切身感受到的现

---

① 严复:《与张元济书十四》,1902年3月19日,见《严复集》第3册,第550—551页。
② 严复:《与张元济书八》,1900年3月2日,见《严复集》第3册,第537—538页。
③ 严复:《政治讲义》,见《严复集》第5册,第1247页。
④ 严复:《与熊纯如信八十三》,1919年7月24日,见《严复集》第3册,第699页。

实。把这个问题作为语言进化过程上的差异,不厌其烦地加以强调的是章太炎。章太炎与曾广铨合作译出斯宾塞的《论进步:其法则和原因》。斯宾塞是这样描述语言进化的。[①]

> 语言最低级的形式是感叹,在低级动物中,借助感叹,一个完整的观念通过一个单音模糊地传达出来。至于人类的语言是否曾经仅仅包含感叹语,并且词类是完全同质的,我们并无实据。但是,语言可以追溯到一种基本形式,即名词和动词是其仅有的要素,这是可以确定的。语言在基本要素之外词类逐渐增加——动词分化出主动与被动,名词分化出抽象与具象;出现语态、时态、人称、数(译者按:单数、复数)与格的区分;形成助动词、形容词、副词、代词、介词和冠词;凭借词语属、类、种的分化和多样性,文明种群表达精微的语义差别;这些是从同质性向异质性的变化。并且,可以顺带地说,由于具备在功能上更大程度的细分和完备性,英语语言是胜过其他所有语言的。
>
> 我们可以通过有类似意义的词语的分化,追溯语言发展的另外一个方面。语文学早就发现这样的事实,所有语言的词语都可以归入有共同祖先的若干家族。曾被不加区别地用于指涉广泛的、分类模糊的事物和活动的原始名称,不久就经过调整而能够表达类别的主要差异。这些名称发源于一个原始的词根,它们自己又变成其他名称进一步调整修改的起源。借助于不久兴起的系统模式,产生派生词和形成复合词,以表达更加微小的差别,最终一个部族的词语在音和义上变得如此异质多样。对于无专门知识的人来说,它们有共同的起源显得多么不可思议。同时,从其他语根也进化出其他的词群。至此,得以形成一种语言包括大约六万或者更多不同的词语,来指称许多不同的对象、特质与行为。

斯宾塞认为语言自低级向高级发展,文明社会的语言已经进化到这样一个程度:可以"表达精微的语义差别",具有"大约六万或者更多不同的词语,来指称许多不同的对象、特质与行为"。语言起源于感叹,经过模糊的单音阶

[①] 彭春凌:《章太炎译斯宾塞文集研究、重译及校注》,上海人民出版社2021年版,第198、202页。

段,逐渐分化成为复杂的体系。这种语言发生的假说,与章太炎深厚的小学知识相契合,激起了强烈的共鸣。对上述两段文字,章太炎与曾广铨合作翻译的《论进境之理》中表述为:

> 其后支流余裔,日以繁赜,记动静者,析动静为二;记名物者,分虚实为二。其气之缓急,时之先后,事之等级,物之盈歉,又各为标识,则又有以连语譬况者,有定其形势审其位次者,有助动静附动静代名物者。辞气既备,人始得以言道意。大抵语言文字之变愈繁,其教化亦愈文明,英国所以表西海者,其以此夫。
>
> 至於末世,有数字之义,祖祢一字,而莫能究其原者,非覃思小学,孰能道之。今英语大数,无虑六万余言,言各成义,不相凌杂。盖自书契之作,斯为最广矣。①

与原文相比,章太炎与曾广铨的译本多有减省变通。究其原因,一是口述笔录的翻译方法妨碍了对译的准确,二是词汇体系的不对称性,原文的很多概念在当时还无法等值地移入汉语。章太炎在翻译过程中深切地感受到了汉语词汇的贫乏,并将这种中英词汇之间的落差归结于进化阶段的不同。"大抵语言文字之变愈繁,其教化亦愈文明",文明程度越高,其语言文字也越丰富,这就是章太炎对斯宾塞语言进化说的理解。

斯宾塞的《论进步:其法则和原因》翻译结束后,章太炎针对语言问题写了一篇文章,即《訄书·订文》。② 这篇文章可以理解为章太炎以小学证实、诠释斯氏的语言进化论的心得。《订文》中,章氏先说语言文字随社会进步而发展,"自大上以至今日,解垢益甚,则文以益繁,亦势自然也"。"官事民志,日以孟晋,虽欲文之不孟晋,不可得也。"然而如不思进取,语言文字也会退化,

---

① 章太炎:《章太炎全集 译文集》,上海人民出版社2015年版,第9—10页。另,译文的连载从《昌言报》第1号,1898年开始。
② 以下引文均依据章太炎:《章太炎全集 〈訄书〉初刻本、〈訄书〉重订本、检论》,上海人民出版社2014年版,"初刻"第44—50页,"重订"第208—233页。另,根据朱维铮的考证,《訄书》初刻本完成于1900年1月底之前,重订本1904年夏历四月在日本东京出版。朱维铮校点:《章太炎全集 〈訄书〉初刻本、〈訄书〉重订本、检论》,上海人民出版社2014年版,第1页。

"官事民志,日以呰偷,虽欲文之不呰偷,不可得也"。接着章太炎介绍了斯宾塞的文字发生说:文字起源于绘画。但"人之姓氏,洲国山川之主名,主形者困穷,乃假同音之字以依托之,于是有谐声字,则西域字母根株于是矣。人之有语言也,固不能遍包众有,其形色志念之相近者,则引申缘傅以为称。俄而聆其言者,眩惑如占覆矣,乃不得不为之分其涂畛,而文字以之孳乳"。西方走上了"谐声字"的道路,这是正途,故"今英语最数,无虑六万言。斯氏道当时语。言各成义,不相陵越。自东西之有书契,莫繁是者,故足以表西海"。相反,汉字"数字之义,祖祢一名,久而莫踪迹之也"。为了应对概念的引申分化,汉字不断孳乳,以至于无法追根溯源。

对于汉语的现状,章太炎又继续写道:

> 自史籀之作书,凡九千名,非苟为之也,有其文者必有其谚言。秦篆杀之,《凡将》诸篇继作,及许氏时,亦九千名。衍乎许氏者,自《玉篇》以逮《集韵》,不损二万字,非苟为之也,有其文者必有其谚言。北宋之亡,而民日呰偷,其隶书无所增;增者起于俗儒鄙夫,犹无增也。是故唇吻所侍,千名而足;檄移所侍二千名而足;细旃之所承,金匮之所藏,著于文史者,三千名而足;清庙之所奏,同律之所被,著于赋颂者,四千名而足。其他则视以为腐木败革也已矣!若其所以治百官、察万民者,则蔬乎檄移之二千而止。以神州之广,庶事之博,而以佐治者廑是,其庸得不澶漫掍毂,使政令逡巡以日废也?①

章太炎有着丰富的小学知识,知道汉语汉字也经历了繁衍增加的时期。他说《说文解字》记录了九千字,至《玉篇》《集韵》已经增加到2万字以上。只是北宋以后,民众懒惰,日常使用字在二千字以内,渐渐落后于西洋了。然而,西学东渐,贸易交通,"今自与异域互市,械器日更,志念之新者日櫱,犹暖暖以二千名与夫六万言者相角,其觭便既相万,及缘傅以译,而其道大穷"。章太炎感叹"乌乎!此夫中国之所以日削也"。

在这里,章太炎提到了四种不同的文章体裁以及不同的文章体裁所需的

---

① 章太炎:《章太炎全集 〈訄书〉初刻本、〈訄书〉重刻本、检论》。

词语数量,即"唇吻所侍,千名而足;檄移所侍二千名而足;细旒之所承,金匮之所藏,箸于文史者,三千名而足;清庙之所奏,同律之所被,箸于赋颂者,四千名而足"。"唇吻"是日常口语,一千名而足;"檄移"是行政公文,需要二千名;"细旒、金匮"所指是历史典籍,"清庙"可理解为宗教祭祀,分别需要三千、四千名。"而足"意为需要,或至少需要。章太炎的"名"是个模糊的概念,既是字,也是(一字)词。虽然章太炎也意识到了二字成词的问题,但是没有加以深入探讨。从词汇量上看,日常口语一千名,这是自然习得,即无需特意学习,自然而然就能掌握的数量,也只能谈论日常生活中的话题。历史典籍和宗教祭祀所需的词汇数量巨大,需要专门的学习。而行政公文二千名而足,这显然是最低限度。章太炎说:"若其所以治百官、察万民者,则莸乎檄移之二千而止。以神州之广,庶事之博,而以佐治者廑是,其庸得不澶漫掍殽,使政令逡巡以日废也?"又指出,如果加上二字词"施于檄移,亦愈万字",但即便如此"于理财正辞,其忧不逮甚矣"。至于翻译西书,"犹暧暧以二千名与夫六万言者相角,其廑便既相万,及缘傅以译,而其道大穷"①。

那么如何增加词语密度,如何解消中英之间数以万计的词语落差?章太炎认为古代汉语也有着极好的区别性。如,

  刻玉曰琢,刻竹以为书曰篆。黑马之黑,与黑丝之黑,名实眩也,则别以骊、缁。青石之青,孚笋之青,名实眩也,则别以苍莨、琅玕。怨耦,匹也;合耦,匹也;其匹同,其匹之情异,则别以逑、仇。马之重迟,物之重厚,其重同,其重之情异,则别以笃、竺。本木曰柢,本厓氏曰氏。仰视苍也谓之天,发际曰颠。

章太炎把汉字字形的孳乳误认为有声语言的增加,说虽然繁冗,但一个字就可以代替一句话,使用起来方便。只是北宋以后,民众日益懒惰,汉语的词汇遂停止了进化,行政公文常用者仅2千名而已。如何改变这种停滞的局面?章太炎说:"孟晋之后王,必修述文字。其形色志念,故有其名,今不能举

---

① 胡以鲁接受了章太炎的主张,提出了"质文"(即简单的应用文体)的建议。见沈国威:《言文一致的词汇基础:以日语和汉语为说》,《亚洲与世界》第4辑,社会科学文献出版社2021年版,第13—34页。

者,循而摭之。故无其名,今匮于用者,则自我作之。"即,搜寻已经湮没、废弃之字,或造新字。那么如何利用废弃字,如何造新字? 章太炎在《论进境之理》中说:"而莫能究其原者,非覃思小学,孰能道之。"此后在《订文》的字里行间也不断地强调小学知识的重要性。1905年7月29—30日《申报》连载了一篇文章,名为"论译学当注重小学"。执笔者不明,作者宣称,小学的知识对于翻译来说是不可或缺的。译者的重要工作就是根据原著的意义,审定译名,而这必须把握字的本义("正义以定名,即字以审原,则译者之要也");故重视翻译的时代,就是重视小学的时代("注重译学之时代,即注重小学之时代")。所论与章太炎的主张一脉相承。①

进入1906年后,章太炎在讲演中多次提及小学知识对于翻译的重要性:

> 近来学者常说新事新物,逐渐增多,必须增造新字,才得应用。这自然是最要,但非略通小学,造出字来,必定不合六书规则。至于和合两字,造成一个名词,若非深通小学的人,总是不能妥当。又且文辞的本根,全在文字,唐代以前,文人都通小学,所以文章优美,能动感情。两宋以后,小学渐衰,一切名词术语,都是乱搅乱用,也没有丝毫可以动人之处。②

> 译书之事,非通小学者,亦不为功。所以者何? 通行文字,所用名词,数不逾万,其字则不过三千而已,外来新理岂能以此包括? 求之古书,未尝不有新异之名词,可相影合,然其所涵之义,究有不同。呼鼠寻璞,卒何所取? 若非深通小学,何能恣意熔化? 晋、唐之世,译佛典者,大抵皆通小学。今观玄应、慧琳二家所作《一切经音义》,慧苑所作《华严经音义》,征引小学诸书凡数十种,可见当时译经沙门,皆能识字。而文人之从事润色者,亦知遵修旧文而不穿凿。今则不然,略习制义程式,粗解苏、王论锋,投笔从戎,率尔译述。其文辞之诘诎,名义之不通,较诸周诰殷盘,益为难解。此新译诸书所以为人蔑视也。如上所说,则小学者非专为通经之学,而为一切学问之单位之学。

> 所谓小学,其义云何? 曰字之形体、音声、训诂而已。③

---

① 辨认工作得到了饶佳荣的帮助,他认为这篇文章可能出自刘师培之手。
② 章太炎:《在东京留学生欢迎会上之演讲》1906.7.15,见《章太炎全集 演讲集上》,第9页。
③ 章太炎:《论语言文字之学》1906.9,见《章太炎全集 演讲集上》,第9、14—15页。

总之，章太炎认为只有小学才能解消汉语词语匮乏的现状，其必然结论就是，汉语区别性的维持，除了使用古典词，别无他法。为此，他强烈反对将俗语引入文章。

> 白话、文言，古人不分。……今人思以白话易文言，陈义未尝不新，然白话究能离去文言否？此疑问也。白话亦多用成语，如"水落石出""与虎谋皮"之类，不得不作括弧，何尝尽是白话哉？且如"勇士""贤人"白话所无，如欲避免，须说："好汉""好人"。"好汉""好人"究与"勇士""贤人"有别。……试问提倡白话之人，愿意承当否耶？以此知白话意义不全，有时仍不得不用文言也。
>
> 要之，白话中藏古语甚多，如小学不通，白话如何能好？①

章太炎在《订文》重刻本中还说：

> 有农牧之言，有士大夫之言，此文言与鄙语不能不分之由。天下之士大夫少而农牧多，故农牧所言，言之粉地也。而世欲更文籍以从鄙语，冀人人可以理解，则文化易流，斯则左矣。今言道、义，其旨固殊也。农牧之言道，则曰道理；其言义，亦曰道理。今言仁人、善人，其旨亦有辨也。农牧之言仁人，则曰好人；其言善人，亦曰好人。更文籍而从之，当何以为别矣？夫里巷恒言，大体不具，以是教授，适使真意讹殽，安得理解也？昔释典言般若者，中国义曰智慧。以般若义广，而智慧不足以尽之，然又无词以摄代，为是不译其义，而箸其音。何者？超于物质之词，高文典册则愈完，递下而词递缺，缺则两义捝矣。故教者不以鄙语易文言，译者不以文言易学说，非好为诘诎也，苟取径便而殽真意，宁勿径便也。②

除了章太炎、严复以外，编纂《英华大辞典》(1908)的颜惠庆(1877—1950)也指出，

---

① 章太炎：《白话与文言之关系》1935年，见《章太炎全集 演讲集下》第561、564页。
② 《章太炎全集 〈訄书〉初刻本、〈訄书〉重刻本、检论》，第217—218页。

119

> 顾泰西语言与文字合,故其字多。中土语言与文字分,故其字少。语言无尽,文字有穷,而欲以只手之烈,匝月之功,举中西文字,沟而合诸一册数十百叶之中,谓皆精核而无舛谬,网罗而无挂漏。无论创者为难,恐因者终虞非易。①

著名传教士狄考文(C. W. Mateer,1836—1908)的夫人狄文爱德(A. H. Mateer,1850—1936)同样认为,文言(文理)的词汇远远多于口语(官话)。②

瞿秋白也在与鲁迅讨论翻译问题时指出,

> 中国的言语(文字)是那么穷乏,甚至于日常用品都是无名氏的。中国的言语简直没有完全脱离所谓"姿势语"的程度——普通的日常谈话几乎还离不开"手势戏"。自然,一切表现细腻的分别和复杂的关系的形容词、动词、前置词,几乎没有。③

但对于词汇不足的消解法,严复、章太炎却给出了与胡适、傅斯年等截然相反的方向。章太炎认为,"小学"是译者的基本素养,在此基础上选字,还应根据需要拟定新字,即使用两个字造一个词,如果不熟悉小学也造不好。严复虽然没有关于小学和新作字的发言,但他主张以汉以前的"字法"实现概念的区别性,在译文中使用了很多晦涩的或已经废弃的字。两人的共同点是,在上古汉语的一字词上寻求出路。可以说"汉以前的字法"就是基于小学知识的汉字使用。而王国维则说:"日本人多用双字,其不能通者,则更用四字以表之。中国则习用单字,精密不精密之分,全在于此。"王国维的"精密"即指描写上的区别性。胡适、傅斯年也明确指出二字词才是解决问题的唯一出路。傅斯年说:"汉语是一字一音,一音一义,但同音字很多,甚至多达上百

---

① 颜惠庆编《英华大辞典》(上海商务印书馆 1908 年版)的序文。
② "Wenli has a very much larger vocabulary than Kwanhua," *New Terms for New Ideas*, *A Study of the Chinese Newspaper*, 1913, p. 5.
③ 瞿秋白:《关于翻译的通信(并 JK 来信)》,见《鲁迅全集 4》,中国文联出版社 2013 年版,第 287 页。

个。同音字很多,口头表达时不容易理解。再加上一个字,听者就容易理解了。"而且,通过将一字词扩展为二字词,书面语的意思更加精密,口语的意思可以听解。因此(现代汉语)一字词一定要少,二字词一定要多。① 胡适也反驳章太炎关于文言(的一字词)精密的说法,指出:

> (章先生)这话也不是细心研究的结果。文言里有许多字的意思最含混,最纷歧。章先生所举的"道""义"等字,便是最普通的例。……白话对于文言应该分别的地方,都细细分别;对于文言不必分别的地方,便不分别了。……总之,文言有含混的地方,应该细细分别的,白话都细细分别出来,比文言细密得多。章先生所举的几个例,不但不能证明白话的"大体不具",反可以证明白话的变繁变简都是有理由的进化。②

但是当时口语中使用的二字词非常贫乏,在补充成为紧迫问题的情况下,人们开始意识到古典是一种资源。傅斯年指出:"今天的汉语口语,极为朴素。用于情境描写的词,文言在表现力上比口语更好。如'高明''博大''庄严'等,如用口语来表现,必然会冷淡。如此情境描写的文言词汇所蕴涵的美,性质的内敛等,是口语词汇所不具备的。用口语来表现,则大为逊色。不足的二字词,以文言来满足之,不应犹豫。"③胡适也说过,要实现"文学的语文",随时随地都应"采用文言中两字以上的词"。④ 周作人同样认为,语文改造的方法首先是采用古典语。他说,汉语口语缺少的恐怕不是名词,而是形容词、助动词、助词,如寂寞、朦胧、蕴藉、幼稚等都没有意义相当的俗语,应该

---

① 傅斯年:《文言合一草议》,《新青年》第4卷第2号,1918年2月15日。钱玄同也说:"汉文根本上尚有一无法救疗之痼疾,则单音是也。单音文字,同音者极多。"钱玄同:《中国今后之文字问题》。参见沈国威:《汉语近代二字词研究》,华东师范大学出版社2019年版,第1章。
② 胡适:《国语的进化》,《新青年》第7卷第3号,1920年2月2日。
③ 胡适给朱经农的信,《新青年》第5卷第2号,1918年8月15日。陈独秀也指出:"既然是取'文言一致'的方针,就要多多夹入稍稍通行的文雅字眼,才和纯然白话不同。俗话中常用的文话(像岂有此理、无愧于心、无可奈何、人生如梦、万事皆空等类),更是应当尽量采用。必定要'文求近于语,语求近于文',然后才做得到'文言一致'的地步。"《钱玄同给陈独秀的信》,《新青年》第3卷第6号,1917年8月1日。但陈氏意识到的似乎是四字成语。
④ 胡适:《国语的进化》,《新青年》第7卷第3号,1920年2月2日。

直接用文言词。① 同样取之于古,傅斯年、胡适、周作人的目标是古典中的二字词。

七、代结语:近代翻译规范确立之路

至此为止,我们讨论了严复"信达雅"的形成及相关的问题。严复1896年完成了赫胥黎论文的译文初稿,受各方面条件的限制,他采用了"翻案"的方法。严复本人也知道,此非正法,乃不得已而为之。初稿完成后,严复开始翻译亚当·斯密的《国富论》。如严复所说,"是译与《天演论》不同",是严格意义上的翻译。短短的数年之内,严复有意识地在翻译规范上做了重大转向。直接促成这种转向的应该是原著文体上的特征:一为数万字的论文,一为近百万字的皇皇巨著。其后,严复继续翻译了《群学肄言》《穆勒名学》《社会通诠》《群己权界论》《法意》等,原著均为十余万字起的学术书,译文也无一不是严格意义上的翻译。严复翻译规范的转变,在近代翻译史上是一个值得注意的事件,这标志着一个新的翻译时代的开启。在这一点上,日本西洋文学翻译的情况或可提供有益的启示。

江户时代的兰学是自然科学翻译的尝试,进入明治时代以后,与科学的翻译并举,文学的翻译也开始进入读者视野;《通俗伊苏普物语》(1873)、《花柳春话》(1879,原著 *Ernest Maltravers*,1837, by E. G. Bulwer-Lytton)等是为先声。《通俗伊苏普物语》的译者渡部温在"例言"中申明:"翻译以不改原著面貌为尊,此自不待言。惟本书以通晓原意为宗旨,或有因前后语气转换、连贯之故,更换词语,或颠倒顺序者,希读者见谅。……原著中人名等有所改动,并不拘泥于原著字样,读者勿以偏概全可也。"与严复的《译例》《译例言》有相仿佛之处。关于《花柳春话》,德田秋声指出译文与原著无法对应,错译、乱译比比皆是。译者织田纯一郎却说:"如粗识文字者,亦可以作为英国史风俗篇的启蒙读物来阅读,则译者无憾。"这一时期的译文自由奔放,毫不在意准确与否。1885 年《系思谈》(*Kenelm Chillingly*:*His Adventures and Opinions*, by E. G. Bulwer-Lytton)问世,开辟了文学翻译的新生面。《系思

---

① 周作人:《国语改造的意见》,《东方杂志》第19卷第17号,第7—15页。

谈》的译者对原著采取了非常忠实的态度，在语法允许的范围内最大限度地保存原著的面貌，为了再现原著精致的思想，甚至不惜打破日语语法的某些细小规则。"英贤 Carlyle，Thomas 之翻译德国文豪歌德，译文不增损一字，原著精彩不减"，成了日本译者的榜样。著名翻译家森田思轩说，织田译的《花柳春话》是欧美文学翻译之滥觞，其后，翻译文学勃然兴起，迎来高潮。但其文体大都为汉文直译，旧态依然，毫无新意。及至藤田氏译《系思谈》，情况才为之一变。其造句、措辞虽仍有艰涩、生硬之处，但译者直面原著，态度谨严精微，今日无数周密文体之译文，均以此为源头。森田思轩所谓的"周密文体"即西文翻译文体，与江户以来的韵律舒缓的传统文章相比，这一文体的目的是传递西洋文章的风格气氛，西文特有的关系代词等微妙的用法、惯用句等的字面义也都小心地加以移植，加以再现，更注重语言上的异国情调。当时输入日本的欧美文学，具有强烈的维多利亚心理分析倾向，日语还没有做好接受这种细致描写文体的准备。勉强为之，难免产生艰涩、不通的文章。尽管如此，为了接受来自西方文学作品的新理念、新技巧，译者以明确的意识，创造了一种译文新文体。①

《系思谈》引发了翻译规范的根本性的转变，滥译、乱译销声匿迹，周密文体进展为言文一致的口语体；插图、著者简介等也开始成为翻译的一部分。

反观中国，《天演论》无疑取得了巨大成功，但是，在接下来的《原富》翻译时严复却无以为继，他本人甚至感到"文字则愈益芜蔓，殆有欲罢不能之意"。② 作为再现原著精理微言的方法，"用汉以前字法"也无成效，至少在第十章以后严复就不再坚持了。

严复用"信达雅"的三字诀表达了他心目中所追求的理想的翻译。但作为翻译规范，"信达雅"的表述并不严密，给后人留下了过多的想象及充填的空间，以至于有一千个译者，就有一千个"信达雅"。问题是，何为严复的"信达雅"？何为他人的理解与臆想？例如笔者对"信达雅"的理解是：

● "信"，译文不但在内容而且在形式上忠实于原文。
● "达"，将原文的信息等量传输至读者。

---

① 德田秋声：《明治小说文章变迁史》，早稻田文学社 1914 年版；德田秋声：《日本文章史》，松阳堂 1925 年版。
② 严复：《与吴汝纶书二》，见《严复集》第 3 册，522 页。

● "雅",译文阅读带来的愉悦,同时能再现原著的精理微言。

这是否为今日译者理想之翻译的最大公约数不得而知,至少对120年前的严复而言,由于译词和句式上的原因,"信"无望实现,为了"达"则需要各种腾挪。尤其需要指出的是,科学类书籍本来无所谓"雅",① 然而严复的"雅"一方面是获得高端读者青睐的手段,另一方面是表达原著精理微言的不二法宝。但是,当"达辞"和"行远"无法兼得时,严复放弃了"喻诸人人"的启蒙职责。

翻译规范是社会性的准则,具有无形的压力,但并不是唯一的、绝对的;常有不同的,甚至是相对立的规范供译者自由选择。如佛经翻译的"文"与"质",现在翻译界的"意译""直译"等。但从翻译史的角度看,初期的译者在语言、读者等方面会受到更多的限制,可供选择的空间并不大。

任何言说都不能脱离历史语境,"信达雅"也是如此。严复首倡的"信达雅",牵涉到1898年当时译者、读者、汉语本身等多方面的问题,对"信达雅"的讨论也需要回到历史的原点,这样才不至于无的放矢。

附:严复"信达雅"说成立纪略

● 1894年底或1895年初,严复得到赫胥黎的论文集,并仔细阅读。

● 从1895年2月开始,严复撰写了《论世变之亟》《原强》《救亡决论》等时论,发表于报端。文章吸收了赫胥黎的论点。

● 从1895年夏天开始,严复暂时停止了其他写作活动,似开始准备《天演论》的翻译。

● 1896年10月,翻译手稿(第一稿)完成,题名为"赫胥黎治功天演论"。卷首附《译例》,日期署1896年10月15日,由四条组成,主要对"达"进行了论述。

● 1896年8月前,严复开始与吴汝纶通信,并托朋友将《天演论》手稿转呈吴氏,恳请润色文字。

● 1896年夏天开始,严复开始翻译《原富》,在同年10月30日前已译至原著第37页。

---

① 沈国威:《言文一致的词汇基础:以日语和汉语为说》,《亚洲与世界》第4辑,社会科学文献出版社2021年版,第13—34页。

- 1897 年 3 月,吴汝纶在私信中对《天演论》发表意见。
- 至 1897 年 11 月,严复采纳吴氏的建议,修改订正《天演论》。
- 1898 年 3 月 11 日前,严复接到《天演论》的"吴序",消化接受了吴氏关于文体的主张。
- 严复于 1898 年 6 月 10 日完成《译例言》,开宗明义"译事三难信达雅",较《译例》增加了关于"信、雅"的内容。至此"信达雅"说完成。
- 至《译例言》执笔的 1898 年 6 月 10 日之前,严复已将《原富》译至原著第 146 页左右(甲部,篇十),译文中大量使用古僻字,可视作"用汉以前字法"的实际尝试。但其后的译文中古僻字明显减少。
- 1898 年 6 月后,《天演论》公开刊行。

比较

将中国史纳入"东洋历史"

——那珂通世与近代日本中国史叙述的转向

黄东兰*

一、问题的提出：《支那通史》未完之谜

作为地理概念的"东洋"和"西洋"在近代海通之前就已出现于中国文献。元代的"东洋"指菲律宾、爪哇一带，"西洋"指印度南面的海域。其后"东洋"对应的区域向东北方向移动，"东洋"一词转为意指中国视角中的东方之海及海上的日本。此种以中国为"中"、日本为"东"的"东洋"概念传入日本后，影响了近代以前日本人的世界认知。江户中期以后，随着日本人西学知识的增加，"西洋"一词主要用来指称泰西诸国，而"东洋"一词也被赋予了新的含义，成为包括中国和中国文化影响所及地区的总称。明治维新后，此种对应于"西洋"（Occident）的新的"东洋"（Orient）概念很快传播、普及开来，并在清末传入中国。[①]

东洋史是日本近代史学的一个分支，其研究对象主要是中国及其周边区域的历史，而日本史并不包括在内。1948年，日本列岛还笼罩在"二战"失败

---

* 黄东兰，日本爱知县立大学教授。
① 关于近代中日两国语境中"东洋"概念的演变，参见黄东兰：《东洋史中的"东洋"概念——以中日两国东洋史教科书为素材》，《福建论坛·人文社会科学版》2018年第3期。

的阴影之中,唐代史研究者铃木俊对近代日本的学术轨迹做了如下回顾:"谈到我国的学术研究,很遗憾,几乎没有什么可以夸耀于世界的。唯一能与世界学界为伍的,便是有关以中国为中心的东亚各个方面的学术研究,即一般所谓狭义的支那学,广义的东亚学、东洋学。……以往我国在这方面的研究,尤其是东洋史研究,取得了令人瞩目的成就。"①宫崎市定认为:"东洋史是由明治时期日本人创立的学问,应该说,这是一门极具日本特色的学问,同时也是一门极具明治特色的学问。"②而他的老师桑原骘藏早年出版的中学教科书《中等东洋史》(1898)则是东洋史学的起点。然而,《中等东洋史》出版时桑原年仅二十九岁,就读于东京帝国大学的大学院。该书的出版离不开他的老师同时也是该书的校阅者那珂通世。如果东洋史学以桑原《中等东洋史》为里程碑的话,那么,本文的主人公那珂通世就是"东洋史之父"。

那珂通世(1851—1908)出身于盛冈藩(现岩手县)一个武士家庭,自幼天资聪颖、过目不忘,9岁时被藩校教授江幡通高(后改名为那珂通高)收为养子。在养父的精心培育下,那珂打下了扎实的儒学基础,16岁就在藩校担任"素读"课,教授汉文典籍的训点。1868年,在明治维新前夜爆发的戊辰战争中,通高参与了支持德川幕府的盛冈藩、会津藩等东北诸藩抵抗萨摩、长州诸军的军事行动,兵败后被俘,度过了近三年的囚禁生活。在这段时间里,沦为"贼军"子弟的通世饱尝了人间辛酸。1872年,养父获释后的第二年,那珂进入福泽谕吉创办的庆应义塾变则科(速成班)学习英文。两年后,那珂从庆应义塾毕业,经福泽推荐赴山口县巴城学舍任教,开始了他的教师生涯。此后,那珂先后担任过千叶师范学校校长、东京女子师范学校校长,并在东京师范学校、第一高等中学校(东京帝国大学预科"一高"的前身)、高等师范学校(筑波大学的前身)等校讲授"支那历史"。那珂任千叶师范学校校长兼千叶中学校校长时,后来成为日本东洋史领军人物的白鸟库吉在千叶中学校就读。自1896年起那珂还在东京帝国大学兼课,讲授"支那历史",与学生中的佼佼者桑原骘藏结下了深厚的师生之谊。1888年,那珂用汉文撰写的《支那通史》第一卷问世,其后陆续出版至第四卷南宋部分。该书虽然是一部未完的著作,

---

① 铃木俊:《最近数年間に於ける我が東洋学界》,《東洋学報》32卷第1号,1948年10月,第115页。
② 宫崎市定:《自跋》,见《宫崎市定全集》第2卷《东洋史》,岩波书店1996年版,第339页。

但仍被誉为日本支那史研究的金字塔。①

那珂不仅以《支那通史》成为当世公认的支那史大家,还是日本第一代东洋史家。那珂中年自学蒙古文,因翻译《蒙古秘史》(日文书名为《成吉思汗实录》,1907 年)而成为日本蒙古史研究的开山之祖。白鸟库吉将《成吉思汗实录》和《支那通史》并称为那珂的"举世之杰作"。② 在桑原眼中,那珂是一位"具有真正特立独行的气概"的学者,他从不拾人牙慧,著述必发前人之未发,其学术成就决不在夏德(Friedrich Hirth,1845—1927)和沙畹(Édouard Chavanues,1865—1918)之下。③ 那珂并没有像白鸟、桑原等弟子们那样在帝国大学接受近代史学训练,他的学术成就主要得益于自幼在藩校所受的儒学教育,以及清朝考据学的滋养。④

那珂与东洋史的关系可以追溯到 1894 年。是年,在高等师范学校校长嘉纳治五郎主持的一次教育改革会议上,那珂提议在中学设立"东洋历史"科目,与"西洋历史"一同构成"世界历史"。此举确立了战前中学历史教育中日本史、东洋史、西洋史的三分科体制。按照那珂的构想,东洋史以"支那历史"为中心,讲授东洋诸国治乱兴亡之大势,同时还关注"支那种""突厥种""女真种""蒙古种"等东洋诸"人种"的盛衰消长。⑤ 19 世纪末 20 世纪初,在中学东

---

① 青木富太郎:《東洋学の成立とその発展》,萤雪书房 1940 年版,第 147—148 页。《支那通史》在中国也久负盛名,该书于 1899 年由罗振玉在东文学社刊行后,成为东南各省许多新式学堂的中国史教科书。1902 年,柳怡徵增删《支那通史》,出版了《历代史略》(江楚书局)。柳著于 1908 年经清朝学部审定,成为中国史教科书。关于《支那通史》在中国的传播情况,参见杨鹏、罗福惠:《〈支那通史〉及其在中国的传播与影响》,《兰州学刊》2010 年第 8 期。
② 白鸟库吉:《文学博士 那珂通世君小伝》(1908 年),见《白鸟库吉全集》第 10 卷,岩波书店 1971 年版,65 页。
③ 桑原骘藏:《那珂先生を憶ふ》(1908 年),见《桑原骘藏全集》第 2 卷,岩波书店 1968 年版,第 566 页。
④ 那珂对顾炎武和钱大昕尤为倾心,常以顾炎武《日知录》、钱大昕《养新录》、陈沣《东塾读书记》和崔述《考信录》为教材。参见前引桑原骘藏:《那珂先生を憶ふ》(1908 年),见《桑原骘藏全集》第 2 卷,第 566—568 页。《考信录》是清人崔述的遗著,1903 年经那珂校点出版而为日本学界所知(日文书名为《崔东壁先生遗书》,目黑书店)。
⑤ 近代日语中的"人种"或"种族"兼有 race、nation 和 ethnic group 几重含义。根据安田浩的研究,日语中的"民族"一词在 1890 年前后开始出现(安田浩:《近代日本における「民族」観念の形成——国民・臣民・民族》,见安田浩:《近代天皇制国家の歴史的位置——普遍性と特殊性を読みとく視座》,大月书店 2011 年版,第 30 页)。据笔者所见,在 20 世纪最初三十年间出版的东洋史相关文献中,"人种"或"种族"的使用频率高于"民族"。直到 1940 年前后,"民族"才取代了"人种"/"种族",而"人种"则固定为 race 的译词。

洋史的基础上，日本出现了东洋史学这一全新的史学领域。在短短几十年间，白鸟库吉、藤田丰八、桑原骘藏、羽田亨等东洋史学者凭借深厚的汉学功底，将《史记》《汉书》等汉文史籍与突厥文、回鹘文、蒙文等非汉文史料相比照，在塞外史、东西交涉史等领域取得了令人瞩目的成就。①

关于那珂与东洋史之间的关系，以往的研究大多强调那珂提议创立中学东洋史之举确立了日本史、东洋史、西洋史三分科体制的基础，②也扭转了历史教育中的欧洲中心主义偏向。③ 有学者从批判东方主义的角度，揭示那珂、白鸟等东洋史家们将日本排除在"东洋史"之外，其目的在于凸显日本在亚洲的先进性，并将日本置于与欧洲对等的地位。④ 也有学者延续战后日本学界对战前东洋史学的批判⑤，认为在那珂的东洋史构想中已经包含了对外侵略的企图⑥。

笔者对那珂的兴趣出自阅读《支那通史》时的一个疑问。从该书的目录看，那珂当初计划从唐虞写到清代，但是到第四卷南宋部分便戛然而止了。那珂为什么没有续写元明清部分？对此，那珂生前的好友三宅米吉曾给出答案：那珂在写到元代部分时，"广搜东西方书籍并阅读其所依据的蒙文史籍，颇费时日。通史编纂为之中断，最终失去了续修通史的时机"⑦。此说一出便成为定论，一直延续至今。然而，那珂博闻强记，于中国史籍有着深厚的造诣。据桑原骘藏回忆，那珂能背诵整部《四库全书提要》，是日本唯一通读二

---

① 关于战前日本东洋史学的研究成果，参见前引青木富太郎：《東洋学の成立とその発展》。
② 战后实行新学制后，高中历史分为日本史和世界史，世界史由东洋史和西洋史合并而成，中等历史教育中东洋史科目不存在。然而，综合大学文学部史学专业仍然延续了战前日本史、东洋史、西洋史三分科体制。
③ 杉本直次郎：《本邦に於ける東洋史学の成立に就いて》，《歴史と地理》第21卷第4号，1928年，第435页。中山久四郎：《東洋史学発達の回顧と展望》，见历史教育研究会编：《明治以降の史学発達史》，四海书房1933年版，第385页。田中正美：《那珂通世》，见江上波夫编：《東洋学の系譜》，大修馆书店1992年版，第3页。窪寺紘一：《東洋学事始——那珂通世とその時代》，平凡社2009年版，第197页。
④ Stefan Tanaka, *Japan's Orient: Rendering Pasts into History*, University of California Press, 1993, p.12.
⑤ 关于战后日本学界对战前东洋史学的批判，可参阅五井直弘：《近代日本の東洋史学》，青木书店1976年版。姜镇庆、李德龙译：《中国古代史论稿》，北京大学出版社2001年版。
⑥ 奈须惠子：《那珂通世「東洋地理歴史講義」における「東洋歴史」構想》，《教職研究》（立教大学教職课程）第16号，2006年4月，第55页。
⑦ 三宅米吉：《文学博士那珂通世君伝》，见故那珂博士功绩纪念会编：《那珂通世遗书》，大日本图书1915年版，第27—28页。

千三百卷"九通"的学者。"以日本之广,绝没有第二个像先生那样能准确理解汉文的人。"①如果有心续完的话,当非难事。《支那通史》元明清部分阙如,除了因忙于钻研蒙文史籍而无暇续写之外,与那珂倡议设立中学东洋史课程是否有关?《支那通史》未完之谜还引出一系列值得深究的问题:那珂作为著名的支那史大家,为什么要提议设立东洋史?支那史与东洋史之间有何不同?中学东洋史问世后,中国历史便被纳入"东洋"这一新的地理空间之中,从"支那帝国"到"东洋"的空间转换给中国历史的叙述带来了什么变化?在日本史、东洋史、西洋史三分科体制下,日本的自我形象有何变化?以下,本文将从《支那通史》未完之谜入手,通过那珂通世的三个文本,即《支那通史》(1888—1890,以下简称《通史》),那珂在提议设立中学东洋史后不久在大日本教育会上所做的东洋地理历史系列讲演(1895—1896),以及那珂晚年出版的中学东洋史教科书《那珂东洋小史》(1903,以下简称《小史》),就以上问题进行考察。

二、新旧之间:《支那通史》的华夷世界

(一)《支那通史》的新与旧

在日本接受中国文化的漫长历史中,中国历史作为"圣人之国"的历史,被视为具有普遍意义的文明之史。在江户时代的武士教育中,中国史占有十分重要的地位。德川幕府的最高学府昌平坂学问所和各地藩校的教育内容可以概括为"经主史从"——"经"以儒家经典的讲读为主,"史"以《史记》《汉书》《资治通鉴》等中国史籍的讲读为辅。1868 年昌平坂学问所进行学科调整,设立了经科、汉土史料、本朝史料、刑政科四门课程,其中的"本朝史料"以《六国史》等为教材讲授日本历史。至此日本史才成为武士教育中的正式课

---

① 桑原骘藏:《那珂先生を憶ふ》(1908 年),见《桑原骘藏全集》第 2 卷,第 561 页。"九通"是《通典》《续通典》《清通典》《通志》《续通志》《清通志》《文献通考》《续文献通考》和《清文献通考》的总称。

程。① 西洋史教育直到1866年幕府培养西学人才的开成所进行学科调整，开设"历史学"课程，才正式起步。②

明治维新后，日本政府大力推行"文明开化"政策，西学成为显学，大有压过国学和汉学之势。"汉学"由江户时代的儒学演变而来，虽然其内容仍以四书五经、《史记》、《汉书》等中国古典为主，但已失去了昔日儒学的地位。中国史也从"汉史"改为"支那史"，其对象限定在中国这一特定区域。1872年（明治五年）颁布学制、实行近代教育后，历史成为小学科目之一。文部省于同年刊行了小学历史教科书《史略》，内容分为"皇国"（日本史）、"支那"（中国史）和"西洋"三个部分。由此，日本史、支那史和万国史（universal history）成为历史教育的三个分支。1881年后，为强化日本史教育，文部省在小学课程中保留日本史，将支那史和西洋史改为中学课程。因此，本文涉及的支那史和后来的东洋史，都是中学历史课程。1886年学制改革后，中学历史教育分为日本史和外国史两个部分，后者由万国史和支那史构成。③ 值得注意的是，支那史和日本史都是国别史，而英、法、德等欧洲众多国家的历史则包含在万国史之中。中国史在近代日本的历史教育中占有如此特殊的地位，与江户时代藩校教育的传统，以及中国文化对日本的长期影响有莫大关系。④ 直到东洋史问世，支那史才失去了作为国别史的地位。

《支那通史》是那珂按照欧美教科书体例编写的一部新式教材，其目的是取代当时一部分中学仍在使用的《十八史略》《元明史略》等旧式教材。⑤ 那珂在《通史》的总论部分写道，撰写该书的目的在于"叙历代治乱分合之概略，庶几初学之徒，或得由以察我邻邦开化之大势矣"⑥。"开化"一词来

---

① 大久保利谦：《近世に於ける歴史教育》，见《大久保利谦历史著作集》第7卷，《日本近代史学の成立》，1988年，第395—396页。
② 学科调整后的开成所一共开设12门课程：兰学、英学、佛兰西学、独逸学、物产学、西洋画学、数学、化学、西洋地理学、穷理学、兵学和历史学。土屋忠雄：《幕末教育の変化》，见岩波讲座《现代教育学》第5卷，岩波书店1962年版，第9页。
③ 《寻常中学校ノ学科及其程度》，《官报》891号，明治十九年六月二十二日。
④ 例如，大槻文彦在《万国史略》的引言写道："万国之中，以汉土之部尤为详尽。乃因其国与日本交通最久，疆界相近，气类亦同，且其事为人所熟知。"参见师范学校编：《万国史略》，文部省刊行，1874年。
⑤ 三宅米吉：《文学博士那珂通世君伝》，见《那珂通世遗书》，第25页。
⑥ 那珂通世：《支那通史》卷一，中央堂1888年版，第7页。

自"文明开化",文明史又称"开化史"。明治前期,基佐《欧洲文明史》、巴克尔《英国文明史》等欧洲文明史著作被介绍到日本后备受推崇。一时间,"谈史则曰勃克尔,论社会则曰斯边撒(斯宾塞),寸舐残羹冷炙,洋洋有得色"[1]。文明史依据社会进化学说,将人类历史描述为从野蛮、半开化到文明的"进步"过程。文明史还传达了一种历史观念,即欧洲的历史经验体现了人类历史演进的法则,具有普遍意义。田口卯吉《日本开化小史》(1877—1882)这部日本最早的文明史著作,便是一部从蒙昧到文明的日本文明史。田口强调,以往的历史只记述政治和战争,而文明史则是"社会之史",关注社会之变迁。《日本开化小史》获得巨大成功后,田口又撰写了《支那开化小史》(1883—1888)。[2] 此后,以西方文明史体例撰写的"支那史"著作逐渐成为日本中国史书写的主流。那珂的《支那通史》、市村瓒次郎和泷川龟太郎合著的《支那史》(1888—1892)、青山正夫的《支那文明史略》(1889),井上陈政《支那历史》(1889)、北村三郎《支那帝国史》(1890)等都属于这一类别。

值得注意的是,《通史》并不是一部完全脱离了旧史的"开化之史",而是一部亦新亦旧的著作。《通史》之"新"首先在于它采用西方史书上古、中古、近世等历史分期以及章节体例,条目分明、内容简练,弥补了中国传统史籍卷帙浩繁,不适于用作初学教材之不足。表1是《支那通史》的历史分期和主要章节的标题。

表1 那珂通世《支那通史》的结构

分期	章节
总论	地理概略、人种之别、朝家屡易
上世史	唐虞、三代、诸侯本末、春秋、战国(上下)、先秦诸子、世态及文事、先秦诸子
中世史上	秦、楚汉、前汉(上中下)、后汉(上下)、三国、制度略
中世史中	西晋、东晋、南北朝、隋、唐(上下)、外国事略(突厥、回鹘、三韩)、学艺宗教、制度之沿革
中世史下	五代、宋(上中下)、学艺、制度
近世史	元、明、清(阙如)

---

[1] 田口卯吉:《支那开化小史》,末广重恭《跋文》(1883年),秀英舍1888年合刊本。
[2] 关于田口两部"开化史"的历史叙述,参见黄东兰:《一部缺失"开化"的"开化史"——田口卯吉〈支那开化小史〉与近代日本文明史学的困境》,《南京大学学报》2015年第6期。

如表1所示,那珂将中国历史分为上世史(远古到周代)、中世史(秦到宋)和近世史(元明清)三个时期,那珂分别称之为"古三代"(夏商周)、"后三代"(汉唐宋)和"近世三代"(元明清)。各个时期的内容分为政治和社会文化两个部分,前者记述中国历史上的王朝更替、战争,以及中原王朝与周边族群、政权的关系。其中王朝更替部分主要依据中国正史的帝王本纪和《资治通鉴》等编年体史籍,与周边族群、政权相关的记述主要依据正史的四夷传。关于典章文物、社会文化的记述则主要取材于《史记》八书、《汉书》食货志,以及《通典》等典制体史书。

由于《通史》的知识主要来源于中国史籍,其中一些内容直接引自原书,①儒家的正统史观和"崩""薨""弑""篡""征""叛"等春秋笔法在书中留下了浓重的痕迹。清朝学部在1908年审查柳诒徵以《通史》为底本编写的中国史教科书《历代史略》时,称《通史》"系据《御批历代通鉴辑览》等书而成。其撷採之法有二,曰以纲类并目,曰省目入纲。依此二法,又略用历朝纪事本末之体,以事实典制为首尾,不以年月为经纬"②。由此亦可窥见《通史》与中国传统史学之间深厚的因缘。

对明治时期日本的知识人来说,文明史既是日本"文明开化"的指针,也是重新认识中国这一曾经在文化上给日本带来巨大影响的邻国时的参照。那珂对中国历史的把握包含了进步与停滞两个面向。在《通史》总论部分中,那珂将中国历史分为先秦和秦汉以后两个时期,夏商周三代之文化"已擅美于东洋,足以观古代开化之一例";秦汉以后则"文化凝滞,不复运动,徒反复朝家之废兴而已。其间战乱攘夺,不可胜纪"。③ 这一认识与福泽谕吉和田口卯吉所论颇为相似。福泽在1869年出版的地理普及读物《世界国尽》中称,中国在上古三代时重仁义五常,而后在暴君污吏的统治下停滞不前,终因不

---

① 如《通史》卷二中有如下一段文字:"追尊考庄襄王为太上皇。制曰:太古有号无谥,死而以行为谥,则是子议父,臣议君也,甚无谓。自今以来,除谥法。朕为始皇帝,后世以计数,二世三世,至于万世,传之无穷。"(《支那通史》卷二,第1页)这段话几乎原封不动地引自《史记·秦始皇本纪》:"朕闻太古有号毋谥,中古有号,死而以行为谥。如此,则子议父,臣议君也,甚无谓,朕弗取焉。自今已来,除谥法。朕为始皇帝,后世以计数,二世三世至于万世,传之无穷。"参见《史记》第一册《秦始皇本纪》,中华书局1982年版,第236页。
② 《审定书目》,《学部官报》第57期,光绪三十四年五月二十一日,第470页。
③ 《支那通史》卷一,第6页。

思文明开化而受到鸦片战争失败的"天罚"。① 田口以秦始皇统一中国为界，将中国历史分为"封建离乱"和"专制政治"两个时期，认为"支那国人民之历史仅此数事之反复而已"。② 福泽和田口的中国历史停滞论可以追溯到18世纪以后欧洲的启蒙思想，在此毋庸赘述。

西方舶来的进步与停滞二分史观与儒家一治一乱的循环史观相互糅杂，使《通史》上世、中世、近世历史分期的寓意显得模糊不清。在中国上古文明的起源问题上，那珂从西方文明史的立场出发，对中国史籍记载的伏羲画八卦，炎帝教民耕稼，黄帝作舟车、制衣冠等内容做了如下评论："当草昧之世，华夏之民，亦不过为一种夷族，岂有所谓群圣者哉。其称制作者，盖非出于一人一世之造意，积数世之经验，而后成，特足以征民智渐开之度而已。"③那珂认为，文明非由圣人所创，而是人类社会长期演变的产物，古人所谓"圣人"不过是后世想象的产物。然而，《通史》中关于社会文化方面的记述偏重儒学、文史、田亩官制等制度文物，较少涉及农工商和社会风俗。因此，《通史》描述的中国历史不同于田口卯吉在《日本开化小史》中所展示的由野蛮到文明的"进步"过程。梁启超在流亡日本期间撰写的《东籍月旦》一文中，将《通史》归于"旧史"之列，称"此书与市村氏之著，体裁略同，而完善尚不逮之。盖前书颇近新体，此书仍旧体也"。④ "市村氏之著"即市村和泷川合著的《支那史》。与《通史》相比，该书以大量篇幅记述了中国历史上农业、工艺、商业之"进步"。梁任公作为中国新史学首倡者，或许从《通史》的字里行间看出了该书与"旧史"的神似之处。

（二）《支那通史》中的"华"与"夷"

按照文明史的体例，那珂在《支那通史》的总论部分对"支那帝国"的地理位置、疆域、山川河流、"人种"（民族/族群）做了概略的描述。"支那帝国"被分为"支那本土"和"蕃部"两个部分，前者指清代以汉人为主的十八省，后者

---

① 福泽谕吉：《世界国尽》，见庆应义塾编：《福泽谕吉全集》第2卷，岩波书店1958年版，第593—595页。
② 田口卯吉：《支那开化小史》，第380页。
③ 《支那通史》卷一，第8页。
④ 梁启超：《东籍月旦》，见《饮冰室合集》文集四，中华书局1989年版（2011年重印），第100页。

指塞外蒙古、新疆、青海和西藏。清朝发祥之地"满洲"则"虽在塞外,为清朝直辖之地"。①

"支那本土"是明治初期出现的一个新的地理概念,译自16世纪以后西文中的China proper,②在明治时期的地理教科书中广为使用。《通史》虽然使用了当时流行的"支那本土"概念,然而在空间表述上却继承了中国正史的"中原-四夷"格局。如上世史部分在记述唐虞、三代、春秋、战国的政治兴衰之后,在《战国》篇的末尾有《四夷远斥》一章,记述"戎狄"、"蛮夷"、匈奴、月氏等周边族群的习俗。中世史部分在《前汉》篇(中)的末尾有《汉威震绝域》一章,在《后汉》篇(上)中有《汉威复震西北》(附罗马通汉)一章。又,在记述两晋、南北朝、隋唐政事之后,另辟《外国事略》一篇,记述与突厥、回鹘、朝鲜半岛和日本相关的内容。

与上述空间布局相对应,《通史》按照"支那帝国"境内不同人群的"开化"程度,构筑了一个以汉文化为本位的华夷等级秩序。那珂将"支那帝国"内的不同人群分为六类,即支那种(汉人)、韩种(朝鲜人)、东胡种(满人与西伯利亚土著人群)、鞑靼种(蒙古人与回疆人群)、图伯特种(藏人)和苗、"瑶"、"獠"等"江南诸蛮种"。其中汉人"开化"程度最高,朝鲜人次之,苗人等南方族群"皆性极顽陋,在众夷中为最劣"。③ 最后,那珂给支那史做了如下定义:"支那史者,汉人之史也。汉人为之主,而鞑靼东胡参之,递为盛衰,以成东亚细亚之沿革。"④

源自西方的近代人种知识以可视性的差异来区分地球上的不同人群,寓有文明或野蛮之意涵。明治时期流行的布鲁门巴哈(Johann F. Blumenbach, 1752—1840)的白黄棕红黑"人分五种说"⑤,与中国传统的华夷观念类似都是非均质的等级概念。然而,二者之间又有着明显的不同。近代西方的人种学说强调不同人群之间在体质特征上的外在差异,而华夷观念则强调内在的文

---

① 《支那通史》卷一,第3页。
② 关于明治时期"支那本部"概念的由来与演变,参见陈波:《日本明治时代的中国本部概念》,《学术月刊》2016年第7期。
③ 《支那通史》卷一,第4—6页。
④ 《支那通史》卷一,第5页。
⑤ 孙江:《重审中国的"近代"——在思想与社会之间》,社会科学文献出版社2018年版,第153—201页。

化差异。在那珂的"人种"叙述中,儒家区分华夷的"文"与"礼"留下了挥之不去的影子。以《通史》关于匈奴的叙述为例,那珂写道:"匈奴,狄之一种,盖与殷周之獯鬻玁狁同类,今鞑靼诸种之先也。诸胡皆无城郭常处,以畜牧射猎为业,贵壮贱老,不知礼义,父死妻其后母,兄弟死亦取(娶)其妻,故汉人贱斥,至以为犬猪之类。"①这段文字的主要信息来自《史记·匈奴列传》中的如下记述:"苟利所在,不知礼义。自君王以下,咸食畜肉,衣其皮革,被旃裘。壮者食肥美,老者食其馀。贵壮健,贱老弱。父死,妻其后母;兄弟死,皆取其妻妻之。其俗有名不讳,而无姓字。"②太史公对匈奴生活风俗的描述所依据的不是形体、肤色等外在标准,而是中原农耕人群的道德规范。《通史》关于匈奴的叙述与太史公如出一辙,此类基于中国正史华夷观念的记述在《通史》中可谓俯拾皆是。

受正史汉文化本位叙事的影响,《通史》站在中原农耕民族的道德立场,对匈奴、鲜卑等北方族群的杀戮和劫掠行为多有抨击。第三卷《晋室失政》一章中写道:"汉魏以来,羌胡鲜卑降者,多处塞内诸郡,屡因忿恨,杀害吏民。侍御史郭钦上疏,谓宜及平吴之威,渐徙内郡,杂胡于边地。峻四夷出入之防,明先王荒服之制。帝不听,卒为中国患。"③第四卷《金宋之灭》一章描述蒙古军队征服中原时写道:"蒙古分兵破两河山东诸郡,所过无不残灭,人民屠戮,不知其几百万。金帛子女兽畜,皆席卷而去。"④反之,那珂称扬宋朝自开国起即"以忠厚建国,重以仁宗恭俭爱民,自余诸帝,亦莫有嗜杀人者。至后妃之贤,尤汉唐诸朝之所不及也。是以国势虽衰,民讴歌赵氏不忍舍,忠臣义士殉国难者甚众。及蒙古代金,则兴废之数已定,尤能以至弱抗至强,支持宗社者,四十余年,不似辽金忽焉而亡。此乃赖祖宗仁厚之余泽也"⑤。由此可见,《通史》在继承中国正史以汉文化为本位的华夷叙事模式的同时,也继承了儒家重文轻武的政治伦理和人文精神,二者构成了《通史》历史叙述的底色。

与大量出现于中国正史的"汉化"叙事一样,《通史》也讲述了诸多以"夷狄"同化于中原文明为主题的宏大故事。那珂写道:"胡人已取汉土,则舍弃

---

① 《支那通史》卷一,第38页。
② 《史记》第九册《匈奴列传》,中华书局1982年版,第2879页。
③ 《支那通史》卷三,第1页。
④ 《支那通史》卷四,第44—45页。
⑤ 《支那通史》卷三,第47页。

旧习,辄从汉俗,失其为异种之实。盖支那建国甚久,成俗极固,其开化之度,亦非四夷之可及。故胡人或能以其武胜汉,而以其文,则必自服于汉。虽胡君在上,其国则依然汉唐之中国也。"①那珂站在中原农耕文化的立场,浓墨重彩地描述了入主中原的北方族群吸收中原文明的"汉化",对其军事优势只是轻描淡写地一笔带过。例如,北魏孝文帝494年以南伐为名迁都洛阳,革除鲜卑旧俗,大力推行汉化政策,是中国多民族国家形成过程中的重大事件。对此,《通史》专辟一节,做了详细记述。那珂写道:

> 后魏起夷狄,专以刑杀为政。……及孝文亲政,专尚文治,不任威刑,于是刑戮稍减。……帝恭俭好学,精勤政事,日夕不倦。均民田,制户籍,作明堂,辟雍灵台,修郊庙之礼。定乐章,正祀典,养老于明堂,亲耕籍田。凡先王礼制,儒书所述者,无不举行,世称其有太平之风。帝恶国俗之陋,欲迁都以变旧风。恐群臣不从,乃诏大举伐齐。……禁胡服,禁胡语,改国姓为元氏。诸功臣旧族自代来者,姓多重复,皆改之。为诸弟娶中州名族,而使以前妻为妾媵。其所亲任,多中州儒生,宗室勋旧不悦。太子恂私着胡服,欲奔还平城。帝废为庶人,寻赐死。代人恋旧土,有谋反者,讨平之。盖帝优于文学,深慕华风,欲兴文治以比隆三代,故不欲僻处恒北也。然南迁之后,武事渐弛,俗趋纷华,国势之衰,实始于此矣。②

《通史》关于孝文帝迁都洛阳、禁胡服、禁胡语、改国姓等推行汉化政策的记述,以及对孝文帝宽仁爱民、崇尚文治的评价,主要来自《魏书》《资治通鉴》《御批历代通鉴辑览》等中国史籍。然而,关于迁都的原因和影响,《通史》的记述与中国史籍之间则有着明显的不同。《魏书》《资治通鉴》《御批历代通鉴辑览》都没有提及孝文帝迁都洛阳是出于对中原文化的仰慕,也没有记述迁都洛阳导致北魏国势衰退。《魏书》中有如下一段对孝文帝的评价:"每言:凡为人君,患于不均,不能推诚御物,苟能均诚,胡越之人亦可亲如兄弟。常从容谓史官曰:直书时事,无讳国恶。人君威福自己,史复不书,将何所惧?"③在

---

① 《支那通史》卷一,第6页。
② 《支那通史》卷三,第22—23页。
③ 《魏书》第一册《高祖纪》,中华书局1974年版,第186页。

这里,史官凸显了孝文帝胸怀坦荡、超越华夷的明君形象。《资治通鉴》和《御批历代通鉴辑览》都抄录了这一段文字,①胡三省还在原文之后加上"自此以上,史言魏孝文德美"②的评语。可见,中国史籍在评价孝文帝时,并没有着墨于其族群归属,而是凸显了孝文帝符合儒家道德标准的明君形象。与此不同,那珂笔下的孝文帝出身"北狄",因"深慕华风"而"夷变于夏","扬华抑夷"的历史意识充溢于行间。

总之,那珂将西方近代人种知识与中国传统的华夷观念相结合,描绘了一个由中原汉人和周边族群构成的华夷世界。《通史》虽然采用了当时流行的文明史体例,但是,其历史意识实则继承了儒家重文轻武、崇尚仁义的人文精神。

(三)《支那通史》的日本叙述

在《支那通史》这部近代日本人撰写的"他者"的历史中,日本被赋予了怎样的形象?《通史》"中世史"《外国事略》篇中《倭汉之通交》一章记述了倭奴国王、邪马台国女王卑弥呼等向中国朝贡称臣,以及大和王朝与隋唐帝国交往的历史:

> 我邦之通于支那,不详其始。彼史曰:倭凡百余国,自汉武帝灭朝鲜,使译通者三十许国。又曰:汉光武末年,倭奴国奉贡朝贺,光武赐以印绶。又曰:安帝初年,倭国王帅升等献生口。此皆我土豪之私交也。三国时有女王卑弥呼者,遣使经魏带方郡,诣洛阳朝献。卑弥呼者,盖我西边女酋也,魏明帝遣使封为亲魏倭王,假金印紫绶,赐赉甚厚。自是屡朝贡。……南史曰:晋安帝时,倭王赞遣使朝贡。赞者谓仁德帝也,而仁

---

① 《资治通鉴》原文如下:"常曰:'人主患不能处心公平,推诚于物。能是二者,则胡、越之人皆可使如兄弟矣。'常谓史官曰:'时事不可以不直书。人君威福在己,无能制之者;若史策复不书其恶,将何所畏忌邪!'"(司马光编、胡三省音注:《资治通鉴》卷142《齐纪》8,上海古籍出版社1987年版,第945页。)《御批历代通鉴辑览》原文:"高祖亲任贤能,精勤庶务。常曰:'人主患不能处心公平,推诚于物。能是二者,则胡越之人皆可使如兄弟矣。'……尝谓史官曰:'时事不可不直书。人君威福在己,无能制之者。若史复不书其恶,将何所畏忌邪!'"参见《御批历代通鉴辑览》(武英殿珍藏本)卷40,吉林人民出版社1997年版,第25页。
② 司马光编、胡三省音注:《资治通鉴》卷142《齐纪》8,第945页。

德纪亦载吴国朝贡。盖仁德之世,非唯我通于晋,晋使亦至也。宋齐诸史,叙倭王贡献之事,赞之后有珍、济、兴、武四王,皆受南朝官爵。……此四王者,反正、允恭、安康、雄略四帝也。然反正以下三朝,使聘往来,国史无所见,唯雄略纪则曰"遣使求吴工女,使者与吴使及诸工女共还",而宋书不记此事。因按宋书所记,贡献除授等事,恐非朝廷所预知。盖任那镇将欲假大国宠命,以镇抚诸韩,故托名国使,朝贡于宋也。……推古帝时,圣德太子摄政,欲兴隆佛法,乃修好于隋。十五年(隋炀帝大业三年),遣小野妹子遗炀帝书曰:"日出处天子致书,日没处天子无恙。"炀帝览不悦,以为书辞无礼。明年,遣其臣裴世清等从妹子来观国风,遗书曰"皇帝问倭王"云云。太子恶其黜天子之号。然既有求于彼,不得不答,亲草答书曰"东天皇敬白西皇帝"云云。①

以上内容主要依据《后汉书》《三国志》《隋书》等中国正史东夷列传的记载,同时也参照了大和王朝的第一部正史《日本书纪》的相关记载。关于《日本书纪》中没有记载的倭奴国王、邪马台国女王卑弥呼之"朝献",那珂认为是"土豪""西边女酋"与中国的"私交"。关于中国史书中记载的倭国国王武(即雄略天皇)向中国遣使朝贡一事,那珂推断雄略朝的"朝献"乃是朝鲜半岛南部的任那国假托日本使者所为。关于小野妹子出使隋朝一事,《日本书纪》虽有记载,但书中对小野妹子呈递的国书因不合礼仪而招致炀帝"不悦"一事则避而不谈。与此不同,《通史》根据《隋书·倭国传》的记载,记述了著名的"国书事件"。不过那珂对原文略加"润色",将《隋书》"帝览之不悦,谓鸿胪卿曰:蛮夷书有无礼者,勿复以闻"②一句,改成了"炀帝览不悦,以为书辞无礼",删去了原文中的"蛮夷"二字。值得注意的是,在中日两国正史关于同一事件的记载发生出入时,《通史》主要依据的不是《日本书纪》,而是中国正史。

《通史》以六节的篇幅详细记述了唐代中日两国的政治、文化交往。那珂告诉读者,"唐帝欲使我执臣礼,而我不肯从也。……凡外国与唐交者,唐皆以藩属待之,其书不用表奏之式,则不肯受。我朝不欲以书辞相争,故使臣每

---

① 《支那通史》卷三,第 70 页。
② 《隋书》第六册《东夷》,中华书局 1973 年版,第 1827 页。

不赘国书。唐帝时赠书,则斥天皇曰倭王,国史皆省而不录,以其辞甚慢也"①,强调大和王朝在与大国唐的交往中拒绝上表称臣,保持了外交自主。然而,那珂也不讳言倭国因"朝廷爱唐之文物"而多次向唐朝派遣使臣。关于遣唐使派遣对日本的影响,那珂写道:"是时学生学僧自唐还者渐众,儒佛之学,盛行于世,竟至举朝典国法,模仿彼邦。……是时支那隆盛,古今无比。吐蕃、新罗、渤海诸国皆被其风化,我邦亦学艺益进,旧俗日变,而钦仰支那,殆如上国矣。"②

由上可见,《通史》在记述古代中日两国的政治关系时,一方面依据中国史籍记述的倭奴国王、邪马台国女王卑弥呼等向中国遣使朝贡的史实,以及小野妹子出使隋朝时发生的"国书事件";另一方面也强调大和王朝在与中国的交往中不用表奏、不执臣礼,保持了外交上的自主立场。值得注意的是,在《通史》关于中日两国文化关系的叙述中,日本与中国周边的吐蕃、新罗、渤海等其他国家一样,被置于以中国为中心的华夷世界的边缘位置。《通史》第一卷出版时,明治维新已经过去了二十个年头,正当"文明开化"达到顶峰的鹿鸣馆时期。那珂称日本仰慕中国文化,对唐朝"殆如上国",如此"扬彼抑己",不但与当时崇尚西方的时代氛围相左,更与《日本书纪》等大和王朝的正史、明治政府的官方叙述大相径庭。

《通史》中"扬彼抑己"的历史叙述与其说继承了江户时代日本大多数儒者在华夷问题上的立场,即以中国为文明世界中心的"礼·文中华主义",③毋宁说体现了明治前期实证史学的基本立场。明治维新后,政府成立修史局,着手编纂正史。与《大日本史》一样,正史采用编年史体,以汉文撰写。负责正史编纂的重野安绎在1889年就任史学会会长时,曾发表题为《治史者应持至公至平之心》的演讲,称"就证加按,据事直书"是史家应该奉行的"史学之

---

① 《支那通史》卷三,第70—71页。
② 《支那通史》卷三,第71页。
③ 在江户时代,虽然在满人入主中原,即日本所谓"华夷变态"后出现了以日本为中心的华夷秩序观念,但是,以天、理、礼、文等儒家理念为宇宙天地之准则的"礼·文中华主义"几乎贯穿了从藤原惺窝(1561—1619)到佐藤一斋(1772—1859)的整个江户儒学史。参见桂岛宣弘:《「華夷」思想の解体と国学の「自己」像の生成》,见《思想史の十九世紀——「他者」としての徳川日本》,ぺりかん社1999年版,第167—172页。

本义"。① 本着尊重史实、去粗取精的精神，重野等人在考证基础上对史料进行了严格的甄别，由此也开启了明治实证史学的传统。② 在正史的编纂过程中，重野曾撰文否定《太平记》中儿岛高德的真实性，被时人嘲讽为"抹杀博士"；重野的同僚久米邦武发表《神道乃祭天之古俗》一文，提出"神即人也"的观点，认为神道不是宗教，而是上古之人为消灾招福而祭天的古俗。③ 二人的研究都因违背明治政府的官方历史叙述而受到国学家和神道家等的抨击。

在明治实证史学方兴未艾之际，那珂自1878年起连续发表数篇论文，就《古事记》和《日本书纪》关于上古天皇的纪年等问题进行了考证。那珂延续江户时代学者提出的疑义，比照中朝两国史籍，认为日本古代史书所记年代多有虚妄而不足信，④履仲天皇以下五位天皇的在位年代应该根据中国史籍重新计算。神武纪年乃是根据中国古代的辛酉革命之说推算而来，比实际年代提前了六百年。⑤ 这一结论挑战了《日本书纪》的权威，因而受到东京帝国大学教授、汉学家内藤耻叟，东京帝国大学讲师、国学家小中村义象等人的非难。对此，那珂撰文进行了回击。⑥ 在日本近代史学史上，那珂的考证与久米邦武关于日本上古神道的研究有异曲同工之妙，被后世誉为"明治时期实证史学的巅峰"⑦。

不应忽略的是，在那珂的实证史学的背后有着文明史学对文明起源问题的关怀。那珂在《日本上古年代考》(1888)一文中写道："如果无法确定纪年，那么即使能详细了解历史上的事迹，也难以确定其年代之远近。尤其在比较各国历史，考察人类发展之进程时，如果没有坚实可信的纪年，那么考察结果

---

① 重野安绎：《史学ニ従事スル者ハ其心至公至平ナラザルベカラズ》(1889年11月1日)，《史学会杂志》第一号，1889年12月15日，第3页。
② 关于明治时期日本实证史学的形成及其衰落，参见永原庆二《20世紀日本の歴史学》(吉川弘文館2003年版)、松沢祐作编《近代日本のヒストリオグラフィー》(山川出版社2015年版)。
③ 久米邦武：《神道は祭天の古俗》(1891年)，《史学会杂志》第2编第23—25号，1891年10—12月。
④ 例如，在《日本书纪》和《古事记》中，神武天皇的享年分别为127岁和137岁，应神天皇则分别为111岁和130岁。
⑤ 那珂通世：《上世年纪考》(1897年)，《史学杂志》第8编第12号，第72页。
⑥ 关于那珂与批评者之间的争论，参见田中聪《「上古」の確定——紀年論争をめぐって》(《江戸の思想》第八卷，1998年)。
⑦ 岩井忠熊：《天皇制と歴史学》，かもがわ出版社1990年版，第219页。

之精确程度将大为降低。""只有去疑存信,尽可能确定真实之年代,才能将国初民种之风俗与他国之同时代相比较,加以研究。"①那珂认为,今人不应该盲信古史,也不应该像前人那样匍匐于正史的权威之下。研究日本上古纪年时,那珂有一个基本想法,即任何一个国家在使用历法之前,不可能有精确的纪年。日本人知晓历法在时间上晚于中国人,比照中日韩三国史籍的相关记载,那珂认为《日本书纪》所记第二十一代天皇雄略天皇之前的年代不可信,其中第十七代天皇履仲天皇以下五位天皇的年代"应该根据汉史加以考定"。②《通史》中"扬彼抑己"的历史叙述所体现的正是这种追求"据事直书"的实证精神。"据事直书"必须建立在可靠的史料基础之上,对中国史籍的信赖,使那珂在叙述古代中日关系时不为民族主义所囿,甚至不惜挑战明治时期的主流历史叙述。

三、东洋史的创出

那珂在1898年为桑原《中等东洋史》撰写的序言中,曾经批评"唯有高加索人才对人类历史做过贡献"这一来自西方的观点,③认为"世界之开化本非欧洲人独有,皇国、支那、印度等东洋诸国无疑对人类社会之发达、风化之波及贡献尤著"④。通过这段文字,人们不难感知那珂以东洋史对抗西洋史的历史意识。后世史家也大多强调甲午战争时期日本国际地位的上升,使那珂产生了东洋与西洋、日本与欧洲之间的对等意识。如后文所述,甲午战争也的确对那珂东洋史的历史叙述产生了很大影响。然而,为什么身为支那史大家

---

① 那珂通世:《日本上古年代考》(1888年),《文》第1卷8号、第9号,1888年9月,见辻善之助编:《日本纪年论纂》,东海书房1947年版,第58页。
② 那珂纪通世:《日本上古年代考》(1888年),《文》第1卷8号、第9号,1888年9月,见辻善之助编:《日本纪年论纂》,第67—71页。
③ 1880年代风行日本的一本由美国人须顿撰写的《万国史》教科书代表了这一观点。作者认为,有史以来地球上出现过许多人口众多的国度,然而"唯有高加索人是真正拥有历史的民族,因此,可以说是这一人种的头脑创造了文明"。中国、墨西哥、秘鲁等其他人种虽然也创造了文明,因而摆脱了野蛮境地,"然而其文明停滞不前,对世界的进步没有产生显著影响"。William Swinton, *Outlines of the World's History: Ancient, Mediaeval, and Modern: With Special Relation to the History of Civilization and the Progress of Mankind*, New York; Chicago: Ivison, Blakeman, Taylor, 1874, p.2.
④ 那珂通世:《中等东洋史叙》,见桑原骘藏:《中等东洋史》,大日本图书1898年版。

的那珂却提议在中学设立东洋史课程?这个问题必须放在当时日本国内政治和学术环境的变化之中考察方能厘清。设立中学东洋史课程并非那珂突发奇想之举,而是当时的文部大臣井上毅(1844—1895)推行的教育改革的重要一环。

1890年前后,日本的近代化经历了从"文明开化"向天皇制国家主义时代的重大转折。明治初年,政府推行全面西化政策,在政治、产业、教育、思想、学术等方面全方位仿效欧美。在思想学术领域,英国的经验主义传统、古典经济学派、法国的启蒙思想产生了巨大影响。在启蒙思想的鼓舞下,板垣退助等自由民权运动的领袖发动了声势浩大的国会开设请愿运动。对此,明治政府内部的保守势力与民间主张保持国粹的力量相结合,形成了一股遏制自由民权运动、反对全盘西化的潮流。1881年发生"明治十四年政变"后,大隈重信等人离开政坛,英法派在朝中失去了影响,代之而起的是以普鲁士国家学说为主流的德国派。经伊藤博文等人赴欧考察,明治政府选择以君权至上的普鲁士宪法为立宪的张本,由井上毅等人起草宪法。1889年,《大日本帝国宪法》正式颁布,次年召开第一届帝国议会,并以明治天皇的名义发布了教育敕语。上述一系列举措标志着日本近代化的方向发生了重大转变,即从"文明开化"时代进入了天皇制国家主义时代。

1893年,井上毅亲自出任文部大臣,将精力投入贯彻教育敕语以统一国民思想、塑造帝国臣民之中。井上认为教育的本义在于"养成国民之特性","知为人之大道,辨国民之本分"。[①] 为此,井上毅上任后立即着手对"文明开化"政策下的自由主义教育进行改革。在井上的推动下,文部省于1894年3月1日发布《寻常中学校之学科及其程度》,提出了关于中学教育的整顿方针,如加强国语、历史、地理和数学等基本科目的教学。[②] 秉承文部省的改革方针,高等师范学校校长嘉纳治五郎于同年春天主持召开了寻常中学历史课

[①] 井上毅传记编纂委员会编:《井上毅传 史料篇第二》,国学院大学图书馆1968年版,第604页。野口伐名:《文部大臣井上毅における明治国民教育观》,风间书房2001年版,第80页。
[②] 国立教育研究所编:《日本近代教育百年史》第1卷,《教育政策》1,教育研究振兴会1974年版,第209—210页。当时日本的中学分为寻常中学校(相当于初等中学)和高等中学校两类,前者由各府县管辖,学制五年,主要培养农工商实业人才;后者由文部省直接管辖,学制两年,主要培养大学预备人才。樱井役:《中学教育史稿》,临川书店1975年版,第221—223页。

程改革会议。① 正是在这次会议上,那珂提出了设立中学东洋史课程的建议,并提交了东洋史教学大纲。那珂曾历任师范学校和中学校长,在中学长期担任"支那历史"课程,并撰有汉文著作《支那通史》,在行政、教育和著述方面都积累了足够的资历和声望。尤其值得一提的是他与文部大臣井上毅的一段佳遇。井上就任文部大臣后,曾于1893年秋亲赴第一高等中学视察,该校兼任讲师那珂讲授的支那史课给他留下了深刻印象。回到官邸后,井上特地致信那珂:"曾于高等中学旁听老兄之支那史讲义,佩服之至,与我素日之论完全一致,不甚欣喜。"②随信还附上了一篇题为《读支那史》的短文。半年之后(1894年4月),得到文部大臣赏识的那珂即被任命为第一高等中学教授兼高等师范学校教授,③在中学历史教育改革中发挥了重要角色。

如前所述,1886年学制改革后,中学历史教育分为日本史和外国史(万国史与支那史)两个部分,二者之间并无轻重高下之分。教育敕语发布后,阐明"国体之精华",培养"忠君之臣民"成为教育的最高目标,④天皇家族"万世一系"的历史自然成为历史教育的重中之重。1894年历史教育改革会议上通过的《寻常中学校历史科要旨》明确规定,历史教育"以国史为主,兼授世界史"。"国史"以"皇室之尊严与国体之优美的由来"为宗旨,讲述日本历史上各个时期的政治、制度、宗教和学术等内容,培养学生"忠君爱国之思想"和"国民之公德";世界史则以"讲授关乎世界大势变迁之事迹为主,阐明主要国家之兴亡盛衰及社会发展之要领"。⑤ 这里有两点值得注意:其一,作为"国史"的日本史和世界史之间的高下之分,是理解明治东洋史时不应忽视的要素之一。其二,东洋史取代支那史而成为中学历史科目,意味着中国史的"降格"。自此之后,中国史不再与日本史平起平坐,而是被纳入"东洋诸国历史"的框架

---

① 关于此次会议召开的时间,以往的研究众说不一。本文采用茨木智志1894年3—4月间之说。见茨木智志:《一八九四年の「尋常中學校歷史科ノ要旨」に対する再検討——その歷史教育史的意義と提唱された「世界史」教育を中心に》,《综合历史教育》第37号,2001年,第37页。
② 三宅米吉:《文学博士那珂通世君伝》,见《那珂通世遗书》,第30页。
③ 《文学博士那珂通世君年譜》,见《那珂通世遗书》,第57页。
④ 教育敕语开头一段如下:"我皇祖皇宗肇国宏远,树德深厚。我臣民克忠克孝,亿兆一心,世济厥美。此我国体之精华,而教育渊源亦实存乎此。"
⑤ 《尋常中學校歷史科ノ要旨》,《大日本教育会杂志》第157号(1894年11月1日),第51页。

之中。

那么,东洋史与支那史之间有何不同？按照那珂的构想,东洋史讲授"以支那为中心的东洋诸国治乱兴亡之大势,与西洋历史相对,构成世界历史之一半"。以往的支那史"仅以支那历代的兴亡为主要内容,不涉及人种之盛衰消长"。与此不同,东洋史"应涉及支那种、突厥种、女真种、蒙古种等人种盛衰消长之历史"。① 可见,东洋史虽然仍以中国史为主要对象,但是与作为一国之史的支那史不同,东洋史是包括汉、匈奴、鲜卑、契丹、蒙古等在内的"东洋"诸民族/族群势力消长的历史。不同于《通史》以华夷等级区分汉人与周边人群,在那珂的东洋史构想中,汉、匈奴、鲜卑、契丹、蒙古等民族/族群之间从一开始就没有高下之分。"去中心化"正是东洋史与支那史的不同之处。从那珂的东洋教学大纲看,东洋史的内容分为以下三个部分:(1)《秦汉魏晋南北朝之政史》《隋唐之政史》等涉及中国历史上王朝更替的内容;(2)《支那与匈奴、鲜卑、西域诸国之关系》《宋辽金与高丽之关系》等涉及中原王朝与周边政权或民族/族群的关系;(3)儒学、文学、史学、宗教等与文化相关的内容。② 其中第二类"关系史"可谓东洋史的最大特色。

那珂的建议很快得到高等师范学校的认可,四年后,他被任命为文部省调查委员,起草了《东洋史细目》。1902年,文部省在那珂《东洋史细目》的基础上公布了《中学校教授要目》,即中学历史教学大纲,由此确立了日本史、西洋史、东洋史的三分科体制。日本虽然在地理上属于"东洋",但是,由于中学历史教育中已有日本史课程,而新设立的东洋史以原先的支那史为基础,所以日本史并不包括在东洋史之中。

作为支那史的大家,那珂何以亲手葬送支那史,将中国史"降格"为东洋史的一部分？在明治宪法和教育敕语体制下,政府加强了对思想、信仰和学术领域的控制。教育敕语发布后,文部省命令全国中小学举行敕语奉读仪式。1890年10月,第一高等中学教师内村鉴三(1861—1930)出于基督教信仰,在奉读仪式上没有行最高敬礼,受到来自该校师生等多方面的攻

---

① 《尋常中学校歴史科ノ要旨》,《大日本教育会雑誌》第157号(1894年11月1日),第52页。
② 《尋常中学校歴史科ノ要旨》,《大日本教育会雑誌》第157号(1894年11月1日),第52—53页。

击,最终被开除教职。1891年,东京帝国大学教授久米邦武在《史学会杂志》上发表《神道是祭天之古俗》一文,提出"从世界万国的发展过程来看,祭天之事起源于人类襁褓时代之世一种单纯的思想",上古之人敬畏主宰自然之"天",在头脑之中想象出神祇并加以崇拜,"任何国家的神祇追究起来都是天或天神"。① 久米的研究虽然并没有怀疑或否定上古"神人不分""祭政一致"的历史,但从人类文明起源的普遍主义立场研究明治政府奉为国教的神道,既不符合官方的历史叙述,也被认为有损于"国体之精华"。因为按照明治政府的官方历史叙述,天皇家族起源于远古之日神,日本因天皇家族"万世一系"的皇统而拥有"万邦无比"的国体。次年,久米的论文被田口卯吉主办的《史海》杂志转载后,受到了社会的普遍关注,神道界和国学界对久米和田口发起了猛烈抨击。久米因言获罪,被迫离开了帝国大学。

久米事件在近代日本学术史上如同一个风向标,②自此以后,日本古代史领域的实证研究成为禁区,文明史研究也迅速退潮。"万世一系"意味着时间的静止,皇国史观下的日本史必然是一部没有进步,停滞、倒退的历史,因而必然与信奉人类社会由蒙昧到文明之"进步"过程的文明史观格格不入。正因为如此,井上毅对"文明开化"时期流行的文明史十分反感。他在就任文部大臣后曾经怒斥以文明史体编写的日本史教科书"称帝室之先祖为印度人,或与朝鲜人同种。荒唐至极"。井上认为此乃"关乎国体之大事",誓言要将这类教科书"一扫而光"。③ 在此氛围下,田口卯吉改变了立场,公开批评他早年曾大力推崇的巴克尔、斯宾塞等人的学说,否定人类社会有"普遍之理",转而主张"史学非科学"。④

随着文明史的退潮,那珂敏锐地意识到继续在中学讲授"邻邦开化之史"已

---

① 久米邦武:《神道は祭天の古俗》,《史学会杂志》第2编第23号。
② 关于久米事件的过程及影响,参见鹿岛政直、今井修:《日本近代思想史のなかの久米事件》,见大久保利谦编:《久米邦武の研究》,《久米邦武历史著作集》别卷,吉川弘文馆1991年版。
③ 井上毅传记编纂委员会编:《井上毅传 史料篇第二》,第605页。
④ 参见黄东兰:《一部缺失"开化"的"开化史"——田口卯吉〈支那开化小史〉与近代日本文明史学的困境》,《南京大学学报》2015年第6期。

经不合时宜了。他转而响应文部省的号召,积极参与教育敕语"焕发"运动,①同时也做出了与田口相同的选择——告别文明史。那珂放弃了《支那通史》的续写,并发出了改支那史为东洋史的第一声。

四、华夷世界的解体:《东洋地理历史讲义》

1895年1月,中日甲午战争已经接近尾声。日军在前年冬季占领辽东半岛后,移师向山东半岛进发。13日,那珂在大日本教育会开始了题为《东洋地理历史》的系列讲座。一周后,日军从荣成湾登上了山东半岛。4月17日,李鸿章和伊藤博文在下关签署了《马关条约》,战争落下了帷幕。那珂每月一次的讲座一直持续到次年一月,讲座的速记稿刊载于《大日本教育会杂志》,成为后人了解那珂本人的东洋史认识及其背后现实关怀的珍贵史料。②

何为东洋?何为东洋史?那珂告诉听众,"东洋"是一个模糊不清的名词,它译自"Orient"一词,与"西洋"(Occident)相对应。西洋泛指欧洲、美国和非洲,东洋则泛指亚洲。东洋史是"亚洲大陆主要部分的历史"③,但是由于西亚地区在历史上与欧洲关系密切,因此西亚史应该归入西洋史。波斯与东西洋皆有关联,甚至印度史的一部分也不属于东洋史。这表明,与作为国别史的支那史不同,"东洋史"从诞生之时起,其地理范围就具有很大的不确定性。日本虽然在地理上属于"东洋",但是,如前所述,为了避免与既有的日本

---

① 1891年,那珂与秋山四郎合著《教育敕语衍义》一书,其中征引古今中外名臣贤士的事迹,深入浅出地逐条解释《教育敕语》的内容。书中提到齐桓公在管仲的辅佐下富国强兵、尊王攘夷,管仲与鲍叔的"朋友之信"。该书还详细介绍了朱熹的生平,以"诚意正心"为朱熹一生之写照,称赞朱熹的《四书集注》《近思录》等著作"于儒学有极大之功勋"。那珂通世、秋山四郎:《教育敕语衍义》,共益商社书店1891年版,第4、164—167页。四年后,那珂又与新庄义之出版了《修身教育敕语讲义》一书。那珂在该书序言中写道,教师的首要任务是教育学生自幼怀抱远大理想,"(日本)将成为举世无敌之强国"。参见那珂通世、新庄义之:《修身教育敕语讲义》,大日本师范学会1895年版。
② 东洋地理历史系列讲座共分十讲,内容分别如下:第一讲为总论,第二讲为亚洲地理,第三、第四讲为朝鲜,第五至七讲为中国,第八、第九讲为印度,第十讲为北亚。以往关于那珂《东洋地理历史讲义》的研究,参见奈须惠子:《那珂通世「東洋地理歴史講義」における「東洋歴史」構想》,《教职研究》第16号,2006年4月。
③ 《东洋地理历史讲义》第一回(1895年1月13日),《大日本教育会杂志》第162号,第28页。

史重复,东洋史一开始就不包括日本史。日本"既是东洋、又非东洋"的特殊位置,给东洋史的地理范围更增添了几分不确定性。第二次世界大战末期,随着日本帝国军事力量的膨胀,东洋史的地理范围受到了质疑和批判。在"大东亚共荣圈"建设的喧嚣声中,东洋史最终被"大东亚史"所取代。①

《东洋地理历史》系列讲演第一次向世人展现了那珂本人关于"东洋历史"的较为全面的叙述。那珂以15世纪末16世纪初西方殖民势力进入亚洲为界,将东洋史分为前后两个时期,分别以"人种消长"和"西力东渐"为主线。"人种消长"主要叙述北方族群南下而形成的"南北对抗"的历史,中国史被纳入"东洋历史"之中。那珂打破《通史》的华夷等级空间,讲述了一个强者为王的全新故事。"华"与"夷"被置于平行状态,甚至"夷"高于"华"。在去等级化的历史叙述下,汉代历史被浓缩为汉王朝与匈奴政权之间的博弈史。强大的汉王朝战胜匈奴后,其统治范围扩展到朝鲜半岛北部和西域,由此开启了中国与中亚、印度之间的交通。被击败的匈奴分成南北两部,北匈奴迁往中亚,南匈奴的后人刘渊率部进入山西后建立了后汉政权。此后,鲜卑、匈奴、柔然等北方族群先后进入中原,"众多夷狄进入支那内地,轮番称帝"②,呈现了一幅逐鹿中原的历史图景。关于唐代历史的叙述则聚焦于唐王朝与突厥、回鹘、吐蕃之间的角逐。讲到唐太宗李世民出征高丽失败时,那珂评论道:"支那的史书对太宗评价很高,但是与海城严冬之战中我国的将军相比,差得太远了。"③关于元明清三代的叙述详于北方族群建立的元、清两代,而"有明一

---

① 1942年,东京和京都的一些东洋史研究者受文部省之命编写"大东亚史"。他们在一次座谈会上批评既有的东洋史是"与以欧美为中心的西洋史相对应的东洋史,而非亚洲人的东洋史"。他们认为,大东亚史的地理范围不应局限于亚洲,应该扩大到大东亚共荣圈所包括的地区(铃木俊:《東洋史と大東亜史》,《地政学》第1卷第10号,1942年10月,第41、44页)。在同一时期文部省出版的国定中学历史教科书《中等历史》中,昔日的东洋史改成了"皇国以外的大东亚之历史"(《中等历史》一,文部省刊,1944年,第6页)。
② 《东洋地理历史讲义》第六回(1895年5月12日),《大日本教育会杂志》第168号,1895年8月1日,第40页。
③ 《东洋地理历史讲义》第六回(1895年5月12日),《大日本教育会杂志》第168号,1895年8月1日,第43页。海城是奉天府的军事要冲,甲午战争中,中日两国军队曾经在此展开激烈的争夺战,日军第一军于1894年12月13日战略了海城。アジア歴史資料センター《明治27年12月 栃木城海城及缸瓦寨付近に於ける第1軍戰闘詳報》(レファレンスコード:C06062047600)。

代,全部省略"①。那珂不厌其烦地讲述蒙古大军灭金、西夏和南宋的武功,称扬拔都率军西征平定俄罗斯、匈牙利等地,"所向披靡";盛赞康熙帝的文治武功堪称中国历史上"古今第一帝王";对平定准格尔,开拓疆土的乾隆帝也大加赞赏。②

值得注意的是,在南北对抗的叙事框架下,汉、匈奴、鲜卑、突厥、蒙古之间没有高下之分,你方唱罢我登场,决定鹿死谁手的不是"文德",而是"武力"。这一点与《通史》对蒙古军队南下屠戮劫掠行为的谴责、对宋朝宽仁爱民政策的褒扬形成了鲜明对照。在强者为王的宏大叙事中,《通史》的华夷世界悄然解体,群雄争霸的"东洋世界"赫然出现。

同样,在那珂"西力东渐"叙事的背后,实则也是强者为王的逻辑。那珂回顾英法俄等欧洲列强在亚洲进行殖民扩张的历史,认为英国的统治给印度历史带来了"进步"之光,对于那些抱有远大理想,立志"征服和统治像印度这样古老而广袤国度"的人而言,印度的历史为他们提供了最好的榜样。在讲述英俄争夺阿富汗的战争时,那珂提醒人们:"想要侵略别国的人,都应该对此有所了解。"③在第十讲《北亚的沿革》中,那珂回顾了俄国在西伯利亚开疆拓土的历史。当提到哥萨克骑兵以屯田之名强占土地时,那珂称赞哈巴洛夫等哥萨克将领是"出色的冒险家""大胆无敌的勇士",但同时又说:"从道德眼光看,他们的行为与盗贼无异。"国家利益和伦理道德角力的结果是前者占据上风。在谈到康熙朝曾经归入清朝版图的黑龙江一带被俄国占领时,那珂依据近代西方国际法中的无主地先占原则,认为"英国也好、法国也好、日本也好,谁先拿到手就归谁",并为日本失去在西伯利亚获得领土的机会而痛惜不已。④

沿着这一思路,那珂对历史上中日两国的关系也进行了全新的诠释。他

---

① 《东洋地理历史讲义》第七回(1895 年 7 月 14 日),《大日本教育会杂志》第 171 号,1895 年 11 月 1 日,第 26 页。
② 《东洋地理历史讲义》第七回(1895 年 7 月 14 日),《大日本教育会杂志》第 171 号,1895 年 11 月 1 日,第 27—28 页。
③ 《东洋地理历史讲义》第九回(1895 年 12 月 8 日),《大日本教育会杂志》第 175 号,第 52—53、61 页。
④ 《东洋地理历史讲义》第十回(1896 年 1 月 12 日),《大日本教育会杂志》第 182 号,1896 年 10 月 1 日、第 40 页、45 页。

告诉听众:"日本从中古时代起采用支那的制度,对唐朝的模仿太过分了。但当时日本文化落后,支那则处在古今第一隆盛时期,于是就像史书上所说的那样事事模仿支那。如果支那是现在这个样子的话,根本就没有任何可以模仿之处。"①接着,那珂又说:

> 支那就是这样一个没有自知之明的国家,吃了亏才知道自己有多虚弱。不仅现在的清朝如此,宋朝灭亡之时、明朝灭亡之时皆是如此。……十万八旗兵打败了明朝一百二十万军队,也就是说,只用十万人就平定了一个大帝国。但八旗兵现在又如何呢?在支那所有的弱兵当中,八旗兵是最弱的。②

> 日本会不会有统治支那的那一天?这也许只是一个梦想。但如果有一天需要统治大国时,应该如何去做?英国人对印度的统治,还有俄罗斯人对西伯利亚、中亚的统治。它们都是前辈,都是后来者的模范。我认为在这方面有必要研究俄罗斯人和英国人侵略东洋的历史。③

从上面两段引文可见,此时在那珂的心目中,中国已经不再是日本曾经"事事模仿"的那个文明之邦,曾经以少胜多、击败明朝军队的八旗军现在也已经变得不堪一击。面对听众,那珂毫不掩饰地表达了内心的愿望,希望日本有朝一日统治中国,有如英国统治印度、俄国占领西伯利亚。日本政治思想史学者松本三之介曾将近代日本人的精神世界归纳为三种"明治精神",即国家精神、进取精神和武士精神。松本认为,在三者之中,国家精神尤为强烈。④ 松本所说的"国家精神"是一种国家利益至上的民族主义,其来源是近代天皇制意识形态。在教育敕语中,"重国宪、遵国法,一旦缓急,则义勇奉公,以扶翼天壤无穷之皇运"被列为臣民的义务。通过"万世一系"的"国体"教育,人们自觉地将自己与国家一体化,将国家的命运置于个人命运之上。日本在举国欢庆甲午战争胜利之际,那珂与许多同时代人一样,憧憬着日本

---

① 《东洋地理历史讲义》第六回,《大日本教育会杂志》第 168 号,第 44 页。
② 《东洋地理历史讲义》第七回,《大日本教育会杂志》第 171 号,第 29—30 页。
③ 《东洋地理历史讲义》第九回,《大日本教育会杂志》第 175 号,第 69—70 页。
④ 松本三之介:《明治精神の構造》,岩波书店 2012 年版,第 14—26 页。

以英俄等列强为榜样,有朝一日能统治中国,"雄飞"亚洲大陆。在这里,"武"与"力"取代了《通史》中的"文"与"德","文明"世界国际法外衣下的强权政治取代了《通史》中的儒家人文精神。《东洋地理历史》系列讲座背后"强者为王"的历史意识,取代了文明史背后"进步/停滞"的历史意识。此后,关注民族/族群间的势力消长成为东洋史历史叙述的基调。本文开头提到的桑原骘藏《中等东洋史》正因为体现了那珂的东洋史构想,被视为草创时期东洋史的代表著作。①

五、《那珂东洋小史》的历史世界

(一)《那珂东洋小史》中的"南北对抗"与"西力东渐"

1903年,在桑原《中等东洋史》出版五年之后,②那珂的第一本东洋史教科书《那珂东洋小史》终于问世了。该书虽然按照文部省1902年颁布的教学大纲《东洋史要目》编写而成,但由于该书篇幅过大,并不适于用作中学教材。那珂将该书的内容删减近半后,于同年12月出版了《那珂东洋略史》。该书出版后顺利通过了文部省的教科书检定,而《小史》则用作第一高等学校的教科书。③ 书名冠以作者的姓氏,这在当时的教科书中十分罕见,毕竟,那珂的知名度能为教科书扩大销路。桑原认为,《小史》不同于充斥坊间的"不负责任的东洋史教科书",是一部"独放异彩"的好书。④ 另一位东洋史学者高桑驹

---

① 《中等东洋史》最大的特色在其历史分期。桑原将东洋史分为上古(汉族膨胀时代、太古—秦并六国)、中古(汉族优势时代,秦—唐末)、近古(蒙古族最盛时代,契丹、北宋—明末)、近世(欧人东渐时代,清初—甲午战争)四个时期。上古至近古的历史以"南北对抗"为主线展开叙述,近世历史则以"西力东渐"为主线展开叙述。除了以唐宋之间为中古和近古的区隔之外,其历史叙述基本体现了前述那珂的东洋地理历史系列讲座的东洋史构想,即将中国历史纳入诸民族/族群"争天下"的"东洋"空间之中。关于桑原骘藏《中等东洋史》的内容和历史叙述的特点,参见黄东兰:《吾国无史乎?——从支那史、东洋史到中国史》,见孙江、刘建辉编:《亚洲概念史研究》第1卷,生活·读书·新知三联书店2013年版。
② 在桑原《中等东洋史》(1898年)出版之前,坊间已有数种冠以"东洋史"之名的教科书问世。如儿岛献吉郎《东洋史纲》(1895年)、宫本正贯《东洋历史》(1895年)、藤田丰八《中等教科东洋史》(1896年)、市村赞次郎《东洋史要》(1897年),其影响皆不如桑原的《中等东洋史》。
③ 那珂通世:《那珂东洋小史》,大日本图书1903年版,自序。
④ 桑原骘藏:《那珂先生を憶ふ》,见《桑原骘藏全集》第2卷,第565页。

吉也称赞此书"出自名家之手,是必读之书"。① 然而,平心而论,桑原和高桑对《小史》的评论不乏溢美之词。与这一时期出版的其他东洋史教科书一样,《小史》也按照文部省的教学大纲编写,除了篇幅较大以外,《小史》在体例和内容上与其他东洋史教科书并无太大差异。

表 2 《那珂东洋小史》的结构

分期	章节
上古	太古的支那—战国。太古的支那;唐虞三代;春秋之世;周代的制度文物;孔子;战国;周末的学术;太古的印度
中古	秦—宋。秦之一统、楚汉之争;前汉;后汉政治、匈奴西域之叛服;三国;晋、五胡十六国;东方诸国的古史;大月氏、佛教的东流;南北朝、隋;唐;南方诸国;西北诸国;汉唐的儒学文艺;佛教、道教、其他宗教、南海贸易;五代;宋;辽金的兴废、高丽的盛衰;金宋的交涉;宋代的儒学文艺宗教;宋代西域诸国
近古	元—明。元太祖的勃兴与西征;元太宗宪宗的南征,拔都、旭烈兀的西征;元世祖的一统及东侵;元代的治乱、诸汗国的兴衰;明初;帖木尔驸马的兼并;明中期;安南的叛服、沿海的寇盗;明末;元明的儒学文艺;莫卧儿帝国的兴亡;葡萄牙西班牙的东略、天主教的东流
近世	清—日清之役(甲午战争)。清之开国;清圣祖高宗之业绩;清代的学术;兰英诸国在东洋的竞争;英属印度;清英交涉;长发贼之乱、英法之北清侵伐;俄人的东略、清俄关系、英俄冲突;安南暹罗、清法之交涉;日清韩之关系、日清战役;英俄法德美诸国在东洋;东亚在当今世界之形势

表 2 是《那珂东洋小史》的历史分期和章节标题,如其所示,《小史》分上古、中古、近古和近世四个时期。上古、中古以及近古部分以中国历代王朝更替为经,以"南北对抗"为纬,叙述中原王朝与周边政权的势力消长。其中最具特色的是与那珂 1894 年东洋史构想相近的"关系史"部分,内容涉及东方的朝鲜、渤海,北方的匈奴、鲜卑,西北的突厥、铁勒,西方的吐蕃、波斯、大食,以及南方的印度。近世部分除清朝史外,主要叙述了"西力东渐",即英、法、俄等西方列强在亚洲的殖民扩张。

按照文部省 1902 年公布的《东洋历史》教学大纲的规定,这一时期出版的东洋史教科书都以《上代之支那》或《太古之支那》开篇,②对"东洋"和"东洋史"的概念和地理范围并不做界定。然而,透过《小史》开篇《太古之支那》章

---

① 高桑驹吉:《中等东洋历史详解》,三省堂 1908 年版,第 528 页。
② 《中学校教授要目》,文部省训令第三号,《官报》5575 号,明治 35 年(1902 年)2 月 6 日。

中下面一段文字,可以窥见东洋史空间表述之一斑。

> 亚细亚之中央为帕米尔高原,其南端以西为兴都库什山脉,以东为昆仑山脉。在昆仑山脉以南,喜马拉雅山脉自西向东延伸,为印度与支那帝国之交界。昆仑山脉之东有巴颜喀拉山脉,数条河流发源于其北麓,汇集而成黄河,向东流入渤海。自其南麓发端之诸河汇成金沙江,继而汇成大江流入东海。黄河与大江两条大河流经之大平原即支那之本土。①

在这里,那珂以昆仑山脉、喜马拉雅山脉、渤海等地理名词勾勒出"支那帝国"的地理范围。同为"支那帝国",《小史》和《通史》在空间表述上有着明显的不同。如前所述,《通史》中的"支那帝国"分为"支那本土"和"蕃部"两个部分,前者指汉人居住的十八省,后者指塞外蒙古、新疆、青海和西藏等边疆区域。前者为"华",后者为"夷",二者构成了"支那帝国"的版图。与此不同,《小史》仅以黄河、长江流域来表述"支那本土"的地理空间,对"支那帝国"边疆区域的空间范围和地理特征未加说明。其结果是蒙古、新疆、西藏等边疆区域和与其毗连的中亚、北亚、南亚区域之间的界限模糊不清。这一空间表述预示了日后东洋史学中南与北、中原与塞外、汉与非汉的二元格局。从草创之日起,东洋史就将中国史等同于汉人居住区域的历史,而将蒙古、新疆、西藏等边疆地区的历史纳入塞外史、满蒙史、西域史等范畴之中。东洋史的二元格局给总体把握中国这一多民族国家的历史带来了困难,此是后话。

与《通史》一样,《小史》也以大量篇幅叙述中国历史上的王朝兴衰,行文中多处保留了篡、弑、崩、卒、征、叛等传统史学的义例与书法。如表2中的"东方诸国""南方诸国""西北诸国"等章节标题所示,《小史》与《通史》一样,继承了中国正史以中原地区为中心的空间表述。在历史叙述上,二者最大的不同在于《通史》聚焦于中原王朝的治乱兴废和作为汉文化表征的制度文物,而《小史》除了叙述中国历代王朝更替的历史外,还在"南北对抗"的叙事框架中记述汉、匈奴、鲜卑、突厥、蒙古、满等族群"争天下"的历史。虽然《小史》关

---

① 《那珂东洋小史》,第1—2页。

于历史上王朝更替的记述与《通史》有诸多相同之处,在涉及北魏、元、清等王朝时仍然使用"北狄"等表述,但是《通史》中"卒为中国患""匈奴冒姓刘氏""夷狄乱华之祸""戎狄窃据北带""胡人之行暗合儒道"等华夷叙事在《小史》中不复出现。在《通史》中,"华"与"夷"有着固定的角色,前者是文明的象征,后者则是不知礼仪、叛服无常的蛮夷。在《小史》中,匈奴、鲜卑、蒙古出身的英雄以正面形象出现,他们与汉武帝、唐太宗等一样,也被描述为历史的主角。

以匈奴为例,在那珂笔下,匈奴在先秦时代就已构成了对中原地区的巨大威胁。秦始皇派蒙恬率大军击退匈奴后,为防御匈奴的进攻而增筑了长城。秦末以降,匈奴的势力日益增大,冒顿单于东灭东胡,西逐月氏,开疆拓土。汉高祖刘邦曾率军亲征匈奴,反受困于白登。汉朝被迫与匈奴和亲并输送货资,但仍不时遭受匈奴的"入侵"。汉武帝为雪历代之耻,派卫青、霍去病等"征伐"匈奴,将匈奴势力逐往大漠以北。① 值得注意的是,那珂在叙述中原王朝与北方游牧政权的关系时,虽然沿用了中国正史的"入侵""征伐"等春秋笔法,但《小史》中的匈奴已经不再是"不知礼义"的蛮夷,而是中原王朝的敌国。匈奴后裔中不乏刘渊、刘聪父子等佼佼者,他们"皆有文武之才,汉人归服者甚众"②。

其次,在近世史的蒙元部分,那珂以大量篇幅记述成吉思汗及其子孙们勇猛善战的武功,称扬拔都西征为"不逊于亚历山大东征的壮举";描写旭烈兀出征西亚时"毁百余山寨,诛杀丑类",推翻阿拔斯朝,威震地中海之滨;记述忽必烈大军征服大理,"定群蛮,伐安南"。"太宗、宪宗之时,蒙古的领地扩展到西亚、东欧;世祖之时,亚洲东南诸岛屿亦为其威风所靡。"③至于为蒙古兵所灭的宋朝,那珂写道:"宋本崇尚文治之国,在武功上乏善可陈。"④《小史》中不再出现抨击蒙古兵沿途杀戮、掠夺的文字,也看不到对宋朝历代皇帝施行仁政的赞美之辞。

对北方族群进入中原后的"汉化",即变革"旧俗",那珂明确持否定态度。《小史》一改《通史》对北魏孝文帝汉化政策的肯定立场,批评孝文帝的汉化政策

---

① 《那珂东洋小史》,第40、48页。
② 《那珂东洋小史》,第67页。
③ 《那珂东洋小史》,第184页、188—189、195页。
④ 《那珂东洋小史》,第146页。

导致武备渐弛、奢侈柔懦之风蔓延,"拓跋氏之衰微,实始于此时。足为心醉于他国之美风、骤然改变旧俗者之戒"①。同样,关于突厥颉利可汗,那珂写道:"羡慕支那的奢侈之风而改易旧俗,加之连年征战,征发甚急,以至内外皆怨,铁勒诸部相继背反,最终为太宗所灭。"②可以看到,那珂从华夷视角下的"汉化"肯定转向了"去中心化"视角下的"汉化"否定。按照那珂的潜在逻辑,接受中原文明将导致鲜卑、突厥等北方人群因沉湎于安逸奢华而失去战斗力,北族唯有保持"旧俗"才能免于灭亡。而保持"旧俗"意味着北方族群必须永为"夷狄"。可见,从东洋史的草创时期起,北方族群便是作为"武力"和征服者的形象出现的。东洋史并没有将它们从传统的华夷等级秩序中"解救"出来。

在《小史》"重文轻武"的主旋律下,《通史》高度评价的"礼"与"文"受到了质疑和否定。在那珂笔下,南北朝的历史"篡弑废立之频,古今无双,令读史者萌生不快之感"③。在记述学佛好儒、博学能文的梁文帝为侯景所困,其子简文帝为侯景所杀,孝元帝被西魏大军所困时,那珂感叹道:"读书再多,如不善用,于国何益?"④对于汉人建立的明朝,《小史》中多有负面描述。那珂认为明太祖朱元璋"天性残忍多疑";明成祖朱棣派郑和七下西洋,"如此大任委于宦官,实为明朝之耻辱"⑤;郑和船队所到之处"诸国畏其威,且贪图通商之利"。与东洋地理历史系列讲演一样,《小史》历史叙述的背后也是"强者为王"的逻辑,而不是历史意识,也不是儒家的仁义道德。

按照文部省公布的教学大纲,这一时期出版的中学日本史、东洋史、西洋史教科书中都有叙述文化的章节。如表2所示,以"儒学文艺"为主的中国文化贯穿《小史》各个时期,如"周末的学术""汉唐的儒学文艺""宋代的儒学文艺宗教""元明的儒学文艺""清代的学术"等。此处的"文艺"包括文学和史学。那珂列举了贾谊、司马迁、班固、陶渊明、李白、杜甫、韩愈、苏轼等人的成就,称赞杜甫和韩愈的诗文"不仅为唐代之一流,也是支那之一流"⑥。《小史》关于儒学的记述尤为详细,专辟《孔子》一章,介绍孔子的生平与事迹。那珂

---

① 《那珂东洋小史》,第87页。
② 《那珂东洋小史》,第115页。
③ 《那珂东洋小史》,第84—85页。
④ 《那珂东洋小史》,第87—88页。
⑤ 《那珂东洋小史》,第214页。
⑥ 《那珂东洋小史》,第132页。

称扬孔子"以诗书礼乐教育弟子,并教导他们修身治国应当以仁恕为本"。"历代帝王皆尊孔子为先师,(孔子)最终成为东洋道德之典范。"① 耐人寻味的是,《小史》对儒学的正面评价仅限于孔子和宋代性理之学,对汉唐和清代的训诂之学则多有批评。②

《小史》将孔子尊为包括日本在内的整个"东洋"的道德典范,固然与儒学对日本的长期影响,尤其是朱子学在江户时期的"官学"地位有关,然而,更为重要的是,儒家伦理在明治国家的缔造过程中发挥着独特的意识形态功效。1879年,为了遏制西方自由主义思想的传播、对抗自由民权运动,明治政府以明治天皇的名义发布《教学大旨》,强调教育之本在明仁义忠孝、君臣父子之大义,为养成学生诚实之品行,应该尊崇孔子所创立的仁义忠孝之学。③ 其后,为塑造帝国"忠良之臣民",教育敕语将遵奉儒家"孝于父母、友于兄弟、夫妇相和、朋友相信"的伦理道德列为臣民的义务。然而,教育敕语的核心在于强调臣民对天皇的忠诚与奉献,与儒家以"仁"为核心的伦理学说相去甚远。孔子与儒家的性理之学在《小史》中独放异彩,无疑顺应了明治政府的教育方针。如前所述,《小史》中略去了《通史》中与儒家"重文轻武"的德治主义传统有关的内容,这表明那珂所谓"东洋道德"乃是以天皇制意识形态为前提的抽象道德,与儒家的仁义道德和民本思想已相去甚远,也脱离了儒学产生的社会背景,以及与儒家政治伦理相关的制度文物。因此,《通史》中关于中国历史上"邻邦开化"的大量记述不再出现在《小史》之中,也就顺理成章了。

与上述"南北对抗"叙事相对应,《小史》的近世部分讲述了"西力东渐"的宏大故事。这一叙事之下有两个主题,一个是武力征服,另一个是"文明开化"。在那珂的笔下,罗伯特·克莱武(Robert Clive,1725—1774)等英国

---

① 《那珂东洋小史》,第19—20页。《通史》根据《史记·孔子世家》记载,记述孔子的学术、思想、教育上的成就后评论道:"历代帝王,奉孔子为先师,求其后,尊以爵秩,以祠圣庙,至今不绝。"(《支那通史》卷一,第48页)
② 那珂批评汉代学者埋头于五经、九经的训诂注疏,认为郑玄注经多为独断,后人畏于郑玄之名,将其学说奉为古传之真意,而唐代学者则只知背诵孔颖达的五经正义(《那珂东洋小史》,第124—126页)。那珂斥责出仕永乐朝的儒臣为"背叛建文帝的无耻之徒",认为明人皆是《四书五经大全》的奴隶(同书,第248—249页)。那珂认为清代的训诂之学"穿凿形态"、是没有实用价值的"好古之癖",唯有崔述的《考信录》"破汉儒之迷信、宋儒之妄说,彰古史之事实与圣贤之真意"(同书,第285—287页)。
③ 《教学大旨》(1789年),见神田修编:《史料 日本の教育》,学阳书房1978年版,第3页。

殖民者对印度、孟加拉的军事征服使"英人之勇名响彻全印度",从法国人手中夺取殖民地之举使"英人在印度东南诸部所向披靡"。① 关于英法等国以武力迫使清朝割地赔款、开埠通商,俄国在西伯利亚、中亚开疆拓土,法国在越南和柬埔寨进行殖民统治等等,《小史》都从强者的角度加以叙述。那珂写道:英国征服印度次大陆最后的堡垒旁遮普的锡克教徒后,英国殖民当局在当地建学校、铺铁路、设电信、开沟渠,促进当地商业发展,加速了印度的"开化"。1857 年,旁遮普发生印度雇佣兵反抗英国东印度公司压迫的起义,原因在于淫虐无道的封建诸侯抗拒统一、当地土人反对英国实施的"善政"。②《小史》称扬推行改革的暹罗国王朱拉隆功(1868—1910 年在位)为"贤明之王",③如后文所述,《小史》对清朝在甲午战败后向日本派遣留学生之举也给予了高度评价。这些都为"文明国"日本的登场埋下了伏笔。

(二)《那珂东洋小史》的日本叙述

与上述"南北对抗"的东洋史叙事相呼应,《小史》中的日本也不再被置于以中国为中心的华夷世界的边缘位置。那珂在叙述古代中日关系时,删除了《通史》中关于卑弥呼、倭国国王向中国"朝献"的记述,与明治政府的官方叙事保持了一致。《通史》中关于遣唐使的大量记述在《小史》只剩下短短一句"日本虽然没有向唐称臣,但因钦慕唐朝的文化,陆续派遣了遣唐使、留学生和留学僧"④,悄然抹去了《通史》中华夷叙事的残影。关于室町幕府第三代将军足利义满与明朝通好、开展勘合贸易一事,那珂写道"自南北朝一统以后,征夷大将军足利义满贪图通商之利,自称日本国王,向明成祖称臣,接受明朝颁发的勘合印信,向明朝贡,并屡次捕杀海盗"⑤,毫不掩饰对足利义满向明朝称臣的"贪利之举"的反感。

然而,意味深长的是,《小史》在删去《通史》中有关卑弥呼、倭国国王向中国遣使朝贡等内容的同时,却以大量篇幅记述了古代日本与朝鲜半岛的关

---

① 《那珂东洋小史》,第 291—292 页。
② 《那珂东洋小史》,第 296 页。
③ 《那珂东洋小史》,第 321 页。
④ 《那珂东洋小史》,第 96 页。
⑤ 《那珂东洋小史》,第 233—234 页。

系,并根据《日本书纪》等日本正史的内容,构建了一个以日本为中心的华夷世界。那珂写道:"神功皇后征服新罗后,(百济)近肖古王遣使朝贡,向我国寻求保护,代代为我之属国。朝廷迅即派遣将领平定加罗等国,统称任那,设立宰府进行统治。我国的威令行于南韩。"那珂还提到近肖古王之子向应神天皇献《论语》和《千字文》,"由此奠定文学之基础",以及百济受到高句丽长寿王的攻击而濒临亡国时,因得到雄略天皇的救援和庇护,百济贵族末多"出生于我邦,由皇军护送回国,得以复国"①。关于渤海国与日本的关系,那珂写道,渤海国自国王武艺遣使与日本通好后,"代代向我邦朝贡,始终保持恭顺,不同于新罗之反复无常"②。

值得注意的是,那珂在记述《论语》和《千字文》经由百济传入日本这一史实时,将大陆文化在日本的传播纳入了日本与百济的华夷关系之中。那珂在记述渤海国与日本关系时,强调渤海国向日本代代朝贡的"恭顺"态度,却隐去了渤海国向唐朝朝贡、吸收唐朝制度的史实。总之,那珂通过神功皇后征伐朝鲜、新罗、百济、渤海国向日本朝贡等事例,构筑了一个以日本为中心的华夷世界。那珂向读者暗示:甲午战争后日本对朝鲜半岛的军事统治,乃是古代日本与朝鲜半岛之间支配与从属关系的自然延伸。③ 无独有偶,上述变化也出现在那珂关于上古年代的研究之中。根据田中聪的研究,与那珂1878年发表的第一篇论文《上古年代考》不同,他在1897年发表的《上世年纪考》一文中,不但将传说中神功皇后的"三韩征伐"视为史实,还称扬神功皇后的"征韩"之举"促进了韩民之幸福"。④ 这一变化与那珂的支那史、东洋史教科书历史叙述的变化相映成趣。

在《小史》中,明治维新后的日本被赋予了两个不同的形象:一个是使朝鲜脱离藩属地位的拯救者,一个是"东洋"诸国文明开化的指导者。首先,《小史》对近代以前朝鲜、中国、日本三国的关系做了如下记述:"朝鲜自仁祖(朝

---

① 《那珂东洋小史》,第75—78、107页。
② 《那珂东洋小史》,第112页。
③ 《日本书纪》中有关神功皇后征服三韩,以及倭国统治任那的记述在战后受到了广泛质疑,日韩两国的古代史研究者对此基本持否定态度。如井上秀雄《古朝鲜・辰国・任那・三国》(朝鲜史研究会、旗田巍编:《朝鲜史入门》,太平出版社1970年版)、佐伯有清《古代の東アジアと日本》(教育社历史新书:《日本史1》,1977年)。
④ 田中聪:《「上古」の確定——紀年論争をめぐって》,《江戸の思想》第八号,第74页。

鲜王朝第 16 代国王李㷩——引者注)以来,代代接受清朝的册封,每岁遣使朝贡。每逢我国新将军就任之时前来通聘。"①那珂强调,日本通过 1876 年的《日朝修好条规》和 1895 年的中日《马关条约》,明确了朝鲜作为独立国家的地位。甲午战争中,日本击败清朝后,朝鲜最终摆脱了对清朝的从属地位。②其次,那珂告诉读者,日本在甲午战争中首次向世界各国展示了自己的实力,并在之后的八国联军中"出力最多"。1902 年日本与英国缔结同盟,使俄国有所忌惮而被迫答应从中国东北地区撤兵。那珂还强调,成功"入欧"的日本曾经在甲午开战前向清朝提议两国共促朝鲜的改革,清廷则在义和团事件后才大力推行变法,招聘日本教习,向日本派遣留学生。③

概言之,《通史》以中国为中心的华夷叙事经过两次转换后,成为以日本为中心的新的华夷叙事。一次是古代史叙述中以日本为"华",以朝鲜、渤海国等为"夷"的表述;一次是近世史叙述中关于日本成功"入欧",引领邻国近代化改革的表述。二者勾勒出那珂文明观的两个面向,一个是以西方和日本为代表的"文明"世界,一个是有待于日本拯救和启蒙的"东洋"世界。可以说,虽然日本史并不包含在东洋史之内,但是日本却在东洋史的历史叙述中占据了重要的位置。

六、结语

本文通过那珂通世的《支那通史》《东洋地理历史讲义》和《那珂东洋小史》三个文本,分析了支那史与东洋史在历史叙述上的差异及其背后历史意识的变化。概言之,支那史是以中原农耕民族为主体的"汉人之史",其特点是以当时流行的文明史体例记述中国历代王朝兴废和制度文物之变迁。东洋史否定作为文明史和国别史的支那史框架,将中国历史置于更大的"东洋"空间之中,以中国历代王朝更替为经,以"南北对抗"和"西力东渐"为纬,记述了不同势力、不同族群间的政治、军事关系。那珂不仅推动了从支那史到东洋史的制度演变,也奠定了东洋史的叙事范式。那珂东洋史叙事范式的特点

---

① 《那珂东洋小史》,第 322 页。
② 《那珂东洋小史》,第 322—329 页。
③ 《那珂东洋小史》,第 326—327、338—339 页。

可以概括为以下两点:第一,"去中心化"叙事,即通过将叙述对象的地理范围由"支那帝国"扩大到边界模糊的"东洋",将中国历史置于包括中国及其周边的东北亚、北亚、中亚、印度在内的广袤的"东洋"空间之中。从当今史学界备受关注的全球史视角看,东洋史跨越民族国家疆界的"四裔取向",开启了其后大东亚史、亚洲史、东亚史,乃至近年来在日本学界备受关注的东部欧亚史的先河①。第二,"重武轻文"叙事。那珂笔下的"东洋"是诸多民族/族群的竞争之场,南方的汉人与北方的匈奴、鲜卑、蒙古等游牧人群间的势力消长构成了东洋史的主旋律。在南北对抗的叙事框架下,匈奴、鲜卑、蒙古等昔日的"夷狄"被赋予了开疆拓土、能征善战的勇武形象。在东洋史中,强者为王的历史意识取代了《通史》的文明史叙事背后儒家的德治主义和人文关怀。

其后,那珂开创的东洋史叙事框架为许多东洋史研究者所继承。以内藤湖南为例,今人往往将"唐宋变革论"视为内藤中国史分期的标志,其实"唐宋变革论"来自内藤的东洋史分期。内藤将东洋史视为"支那文化发展之历史",即中国文化由内向外延伸,周边的"野蛮种族"在中国文化的影响下觉醒、"反作用于内部"的过程。② 宫崎市定将东洋史描述为中原"文明社会"与北方"朴素民族"间势力消长的历史,汉末以后前者因"文明化"之奢靡而衰弱,又在北方族群的刺激下获得新生;后者则因沉湎于中原的奢靡生活而失去战斗力,最终了走向衰亡。③ 内藤和宫崎都将南方汉人的"文"与匈奴、鲜卑、蒙古等北方游牧人群的"武"相对置,与那珂的"南北对抗"如出一辙。

虽然日本在地理上属于"东洋",但为了避免教学内容上的重复,日本史

---

① 关于日本学界近年有关"东部欧亚"的研究动态,参见黄东兰:《作为隐喻的空间——日本史学研究中的"东洋""东亚"与"东部欧亚"概念》,《学术月刊》2019年第2期。
② 根据内藤的分期,东汉中期之前为东洋史的"上世",中国文化向四周扩展;五胡十六国到五代为"中世",周边的"野蛮种族"在中国文化的影响下觉醒并反作用于内部;宋代以后为"近世",贵族政治为君主独裁政治所取代。内藤湖南:《支那上古史》(1944年),见《内藤湖南全集》第10卷,筑摩书房1969年版,绪言,第9页。
③ 宫崎对"文明社会"与"朴素民族"的特点做了如下概括:文明人长于思考,情绪缠绵,具有女性气质,重视个人;朴素人长于行动,朴素纯真,直接明了,具有男性气质,重视集体。参见宫崎市定:《東洋における素朴主義の民族と文明主義の社会》(1940年),前引《宫崎市定全集》第2卷,第9页、第33页。

并不包括在东洋史的范围之内。然而,正如那珂的文本所示,东洋史从一开始就为日本预留了空间。那珂在否定支那史的华夷等级化叙事的同时,构建了以日本为中心的华夷等级化叙事。他一方面重复《日本书纪》中神功皇后征伐三韩、新罗、渤海等遣使朝贡的记述,为甲午战争后日本对朝鲜的军事统治寻找历史根据;另一方面将日本描绘成"东洋"文明开化的先导者,以及使朝鲜摆脱藩属地位、获得独立的解救者。甲午战争刚刚结束,那珂就憧憬日本有朝一日像英国统治印度、俄国统治西伯利亚那样统治中国。他者形象与自我形象相互交织,凸显了东洋史的政治性。在强者为王的逻辑下,日本隐然成了东洋史的主角。①

至此,《支那通史》未完之谜可以解开了:《通史》到南宋部分便戛然而止,与其说是因为那珂忙于钻研蒙古史,毋宁说随着明治宪法——教育敕语体制下文明史的退潮,那珂敏锐地意识到续写《支那通史》已经不合时宜了。于是,在文部大臣井上毅主持的教育改革中,那珂倡议设立东洋史,将讲述"邻邦开化之大势"的支那史纳入了既符合明治政府的官方历史叙述,亦能为日本帝国的对外扩张提供有益知识的"东洋历史"之中。

---

① 无独有偶,内藤和宫崎也在各自的东洋史文本中为日本预留了位置。内藤认为"支那民族"的发展在汉代达到了顶峰,其后逐渐走向衰落。鲜卑、契丹、蒙古等北族的入侵给濒死的汉人注入了新鲜血液,使其返老还童。与历史上的外族一样,日本也负有延缓"支那民族"生命的重大使命(内藤湖南:《新支那论》(1924年),见《内藤湖南全集》第5卷,第513页)。宫崎认为,不同于蒙古人、满洲人等其他"朴素民族",明治以后的日本人积极学习西方近代科学,担负着"东洋"之大任。宫崎市定:《東洋における素朴主義の民族と文明主義の社会》,见《宫崎市定全集》第2卷,第128—129页。

历史学中的"世纪"

森田直子 著*

王瀚浩 译**

一、序言

"在年代分期的混乱局面中,我认为最近出现的一种潮流由于不够合理而特别具有侵略性。这就是我们有意识地按世纪来划分时间段。"20 世纪法国史学的代表,历史学家马克·布洛赫(Marc Bloch,1886—1944)如是说。①在布洛赫说出这番话的 60 多年之后,"戴着算数面具的形象",也就是"世纪

---

* 森田直子,日本立正大学文学部副教授。
** 王瀚浩,南京大学政府管理学院博士生。
① "马克·布洛赫在历史学同行中非常有名,如果不知道布洛赫是谁便还没有上道。……但对于非专业人士来说,可能不是那么了解。……布洛赫是 20 世纪法国史学界具有代表性的历史学家,可以说他为有别于近代史学的现代史学的诞生做出了巨大贡献,是一位在世界范围内具有影响力的历史学家。"参见二宫宏之:《マルク・ブロックを読む》,岩波书店2005 年版,第 1 页。本文引用的部分,选自马克·布洛赫:《歴史のための弁明——歴史家の仕事》,松村刚译,岩波书店 2004 年版,第 159 页。原作出版于 1949 年,由赞井铁男翻译成日文(岩波书店 1956 年版),在 1993 年对原作进行了修订,松村译本是在第二版的基础上出版的。关于原作的比较和解说,参见松村刚译《歴史のための弁明》后记、二宫宏之《マルク・ブロックを読む》第 172—195 页。译注:本段翻译参考了黄艳红译本《历史学家的技艺》(中国人民大学出版社 2011 年版),下同。

依然"在我们的书中随处可见"。不仅如此,自20世纪中叶以来,"世纪"不仅频繁出现在历史类书籍的书页上,而且还潜入了跨学科的研究和讨论之中。例如,在法国出现了"17世纪协会"①和"国际18世纪学会"②等,特别是后者,如其名称所示在世界各地都有分支机构,已经成为一个许多学者都参与其中的具有影响力的学会。③ 在美国,有"19世纪学会"④和"跨学科19世纪研究会"⑤等;在日本的京都大学,有"20世纪学研究室"⑥,在2006、2007年,孕育出刊载本文的《19世纪学研究》杂志的"19世纪学学会"和"19世纪学研究室"成立了。甚至在大众传媒中,"世纪"这个词也有些泛滥。⑦

为了给围绕上述"世纪"概念的讨论提供一个契机,本文首先以德语为中心,对"世纪"一词是何时成立并开始被使用的进行概念史的检讨,⑧然后以"漫长的19世纪"的概念为例,对历史学中"世纪"的使用情况进行批判性的考察。⑨

二、作为概念的"世纪"

根据《牛津英语词典》(OED),英语的"世纪"century源自拉丁文centuria。⑩ centuria的原意是"100个、100人的团体"。OED首先给出的解

---

① Société d'études du 17ème siècle. 详见 http://www.17e-siecle.org/。
② Société Internationale d'Études du XVIIIème Siècle. 详见 http://www.isecs.org/。
③ "日本18世纪学会"在东京大学大学院人文社会系研究科的美学艺术学研究室设置了事务局,详见 http://wwwsoc.nii.ac.jp/jsecs/index.html。
④ Nineteenth Century Studies Association. 详见 http://www.english.uwosh.edu/roth/ncsa/。
⑤ Interdisciplinary Nineteenth-Century Studies. 详见 http://www.nd.edu/~incshp/。
⑥ Twentieth Century Studies. 详见 http://www.bun.kyoto-u.ac.jp/20century/。
⑦ "世纪的"或"本世纪最……的"的表述是一个修饰词,用来强调一个罕见的现象,是我们这个信息爆炸的社会中媒体最喜欢使用的修辞。这种说法并非日本人独有的,例如在德语中,2002年夏天对布拉格和德累斯顿等观光资源造成严重破坏的易北河的泛滥,便被称为"世纪洪水"(Jahrhundert hochwasser)。2003年欧洲范围内的极端高温被称为"世纪夏天"(Jahrhundert sommer),在当时引起了媒体的关注。
⑧ 这里所说的概念史最终理应指向的目标,参见 Brunner, o. / W. Conze / R. Koselleck(Hg.), *Geschichtliche Grundbegriffe*, 8 Bde., Stuttgart 1972 – 1997。
⑨ 本文是根据2007年8月26日用德语在日内瓦的Fondation Hardt所做的口头报告,用日语进行大幅改写而成的。当时的任务是介绍新潟大学的核心研究团队"19世纪学研究所"。
⑩ *Oxford English Dictionary*, second edition, vol. II, 1989, p.1041.

释是,century 是"古代罗马军队的一个单位,构成步兵中队 maniple 的一半,最初可能由 100 人组成"。第二种解释也是古代罗马的用法。第三种中有"一组 100 个;板球等游戏中的 100 分;(19 世纪以后的俚语中)100 美元或 100 英镑"的说明。第四种的开头给出了"100 年间,原本称作 century of years"。在这个意义上最早的实例出现在 1626 年。接下来的第五种解释是"标准的年代分期,特别是从假定的基督诞生日开始计算,连续 100 年间;从该日到公元 100 年的 100 年间是基督历的第一个世纪,从 1801 年到 1900 年(包括此年)是 19 世纪"。这里给出的最初的例子是在 1638 年出现的。①

德语中的"世纪",现在一般使用的是 Jahrhundert。格林兄弟的《德语词典》(1854—1960)②是一部与 OED 齐名的里程碑式的词源学词典,它表明 Jahrhundert 与它的英语对应词不同,不是从 centuria,而是从 saeculum 翻译过来的。③ 语言学家肖特利乌斯(Justus Schottel,1612—1676)在他的《关于普通德语的详尽论述》(1663)中首次将 saeculum 翻译为德语 Jahrhundert,从 17 世纪末开始,这个字面意思为 100 年的词开始流行。④ 但在 18 世纪上半叶出版的第一部严格意义上的德语百科全书《科学与艺术综合大词典》(Zedler 编,1731—1754)中,搜索 Jahrhundert 却可发现其写的是参照 Seculum。⑤ Seculum 或 Säkulum 都是 saeculum 的德语化形式,格林的《德语词典》也将 Säkulum 解释为 100 年。⑥ 然而,格林对 Säkulum 的解释与 Jahrhundert 相比更为简单,在现代德语中,Säkulum 也很少出现。

古拉丁语的 saeculum 一词,是用来表示某一段时间的概念,具体被用于:人活着的时间,即一生或一代人;君主的统治期间;可以用生活在那里的人们和占统治地位的习惯概括的时代,或现世、世俗等。它也被用来描述一个由

---

① *Oxford English Dictionary*, second edition, vol. II, 1989, p.1042.
② Grimm, J. / W. Grimm, *Deutsches Wörterbuch*, 32 Bde., Leipzig 1854 – 1960. 该辞典已经电子化,公开于网络。
③ Grimm / Grimm, *Deutsches Wörterbuch*, Bd. 10, Leipzig 1877, Sp.2243.
④ Schottel, Justus G., *Ausführliche Arbeit Von der Teutschen HauptSprache*, Braunschweig 1663, S. 411. 该书也能够在网上浏览。
⑤ Zedler, J. H., *Grosses vollständiges Universallexicon aller Wissenschaften und Künste*, 64 Bde., Leipzig / Halle 1731 - 1754, hier Bd. 14, S. 170. 该辞典也已经电子化,并公开于网络。
⑥ Grimm / Grimm, *Deutsches Wörterbuch*, Bd. 14, Leipzig 1893, Sp.1678.

此发展出来的、不确定的长时段,一个连续多年的长时段。① 在与 saeculum 同义的中世纪的拉丁语 saeculais 中,其一方面受基督教的影响,指每 100 年、持续 100 年的时间、100 年一次等,另一方面也被赋予、强化了世俗的、异教的意味。②

如法国中世纪历史学家雅克·勒高夫(Jacques Le Goff,1924—2014)所言,"拉丁语 saeculum 意为世纪,在古罗马被用来表示各种时间段,并经常与人类的世代这一观念联系在一起。在基督教会之下,这个词旧有的含义被保留了下来。但与之相对,又被加入了与来世相对,地上的生、人的生这一新的含义。但在 16 世纪,在一些历史学家和学者之间,产生了以 100 年为单位将时间进行划分的想法。虽然这一单位所表示的时间相当长,100 这一表记很简单,表示世纪的单词 siècle 又保留了其拉丁语的威望,但它还是花了很长的时间才被固定下来。这个词和术语第一次被真正使用是在 18 世纪"③。

在以上的简单描述中,值得注意的是如今被毫不犹豫地替换使用的英语单词"世纪"与德、法语的"世纪"实际有着不同的语源。英语中的"世纪"一词,是与 100 这一数量的总和相接续的时间上的划分概念。而与之相对,德、法语中的"世纪"则是将 100 年这一单位嵌入表示各种长度的时期的概念之中。无论如何,在任一语言中似乎都是在 16 世纪之后才终于诞生出这一固有的词汇,将 100 年作为一种时间性的集合。特别是我们必须考虑作为其诞生背景的历法的情况。即使一年 365 天的计算方式自古便是一种共识,但在纪年法中第一年是什么时候的问题是在 6 世纪左右以所谓西历的形式被提出的,最终在 10 世纪左右方才被确定。④ 而且应该考虑到的是,围绕引入格里高利历法(1582 年)的行动,使得西历年号更加普遍化,传播了一种将时间

---

① 参见 Georges, K. E., *Lateinisch-Deutsch. Ausführliches Wörterbuch*, 2 Bde., Hannover 1913-1918, hier Bd. 2, S. 2447;国原吉之助:《古典ラテン語辞典》,大学书林 2005 年版,第 665 页。
② Georges, *Lateinisch-Deutsch*, Bd. 2, S. 2447. 其形容词 säkular 在现代德语中经常被使用。
③ J. 勒高夫:《历法》(Einaudi《百科全书》第 2 卷),这里的引用出自 J. 勒高夫、池上俊一监修:《暦の歴史》,创元社 2001 年版,第 144—145 页。
④ 例如,可参见 D. E. Duncan:《暦をつくった人々:人類は正確な一年をどう決めてきたか》,松浦俊辅译,河出书房新社 1998 年版,第 5 章。

进行划分、以此理解的思考方式,推动了"世纪"概念的确立。①

根据约翰·克里斯托弗·阿德隆(Johann Christoph Adelung,1732—1806)的《德语词典》(1774—1786 年初版,1793—1801 年第二版),Jahrhundert 的意思是"100 年间;特别是在年号上的 100 年间;本世纪 Jahrhundert,我们所生活的 1700 年(含)到 1800 年间"②。阿德隆还推测,Jahr(年)和 Hundert(百)的组合可能来自基督教习惯将 1510 年称为 510 年(去掉千)的做法。此外,阿德隆还暗示 Saeculum 可能是该词的语源,并未将 Säkulum 等列为词条。

为了从这些零散的事实中得出结论,通过细心的观察,我们至少可以看到如下的趋势。即在德语中,在 17 世纪后半叶,意为 100 年的时间的 saeculum 被翻译成了 Jahrhundert,其与西历纪年法相结合,意为第几世纪,经过 18 世纪被固定下来成了一个德语词汇。而到了 19 世纪,Jahrhundert 的概念广泛渗透到社会之中。有几个因素促成了这一点,在此我想讨论的是其与被视为诞生于 19 世纪德国的现代历史学之间的关系。

威廉·冯·洪堡(Wilhelm von Humboldt,1767—1835)和利奥波德·冯·兰克(Leopold von Ranke,1795—1886)两位在德国史学的建立中有着举足轻重的作用。前者在普鲁士王国的首都柏林创办了第一所大学,但后来大学正式以他的名字命名则不仅仅是为了纪念洪堡作为教育改革者的成就。洪堡本人不仅是一位语言学家和语言哲学家,也可以说是一位为所有人文学科的发展奠定了基础的文人。③ 他所留下的历史研究及与历史学相关的著作

---

① 关于欧洲引入格里高利历的过程,详见 Duncan:《暦をつくった人々:人類は正確な一年をどう決めてきたか》第 13、14 章。
② 引用的是第二版。Adelung, J. C., *Grammatisch-kritisches Wörterbuch der hochdeutschen Mundart mit beständiger Vergleichung der übrigen Mundarten, besonders aber der Oberdeutschen*, 4 Bde., Leipzig 1793-1801, hier Bd. 2, Leipzig 1796, Sp.1421. 第二版、阿德隆死后出版的 1808 年版及 1811 年版都已经电子化并于网络公开了。1808 年版、1811 年版中关于 Jahrhundert 的解释,除了将"1700 年至 1800 年"替换成"1800 年至 1900 年"以外,与第二版相同。
③ 关于洪堡,目前可参见龟山健吉:《フンボルト:文人·政治家·言语学者》,中公新书 1978 年版。

包括《希腊城邦衰亡史》(1807—1808)①、《对世界历史的思考》(1814)②和对兰克有很大影响的《论历史学家的任务》(1821)③等。洪堡从1796年至翌年，发表了一篇题为《18世纪》的论文。④ 用洪堡自己的话说，在这篇文章中他不是以描写"生活在那个世纪的人们（die Menschen des Jahrhunderts）"这一"历史（学）的工作（das Werk der Geschichte）"，而是以描绘出"那个世纪的人类性（die Menschheit in demselben）"这一"关于历史的哲学性思考的工作（'das Werk' des philospophischen Raisonnements über dieselbe）"为问题。⑤ 具体来说，便是讨论描绘出特定时代特征的意义、难点及其方法。在这一过程中，洪堡解释了以18世纪而非任何其他世纪为对象的必然性，即18世纪是一个从旧时代过渡到全新时代的转折点，是前两个时代，即希腊和罗马的古代，与"从4世纪到16世纪中期（vom 4ten Jahrhundert n. Chr. bis in die Mitte des 16ten hin）"⑥的中世纪的必然结果。它属于前两个时代的影响都清晰可见的第三时代，并处于一个能够对第三时代进行远眺的位置。⑦ 我们从中可以看到"古典古代＝第一时代""中世纪＝第二时代"，以及作为统合的"第三时代"这一历史时代的划分。与其说这与黑格尔的历史哲学思想有关，不如将之视为诞生于文艺复兴时期的时代三分法——古代-中世纪-近代的产物。⑧ 应该注意到，18世纪末处于接续古代和中世纪之后的第三时代最后的位置，被其同时代的洪堡认为是下一个新时代的转折点。⑨

在洪堡创立的柏林大学，兰克从1825年开始兼职授课，从1834年开始担

---

① Humboldt, W. v., Geschichte des Verfalls und Unterganges der Griechischen Freistaaten, in: Leitzmann, A. (Hg) , *Wilhelm von Humboldts Werke*, Bd. 3, Berlin 1904 (Nachdruck Berlin 1968), S. 171-218.
② Humboldt, W. v., Betrachtungen über die Weltgeschichte, in: Leitzmann, A. (Hg.), *Wilhelm von Humboldts Werke*, Bd. 3, S. 350-359.
③ Humboldt, W. v., Über die Aufgabe des Geschichtschreibers, in: Leitzmann, A. (Hg.), *Wilhelm von Humboldts Werke*, Bd. 4, Berlin 1905 (Nachdruck Berlin 1968), S. 35-56.
④ Humboldt, W. v., Das achtzehnte Jahrhundert, in: Leitzmann, A. (Hg.), *Wilhelm von Humboldts Werke*, Bd. 2, Berlin 1904 (Nachdruck Berlin 1968), S. 1-112.
⑤ Humboldt, Das achtzehnte Jahrhundert, S. 4.
⑥ Humboldt, Das achtzehnte Jahrhundert, S. 24.
⑦ Humboldt, Das achtzehnte Jahrhundert, S. 20-28.
⑧ 参见大岛康正：《时代区分的成立根据》，筑摩书房1949年版、理想社1967年版。特别是第二章。
⑨ 例如，散见如下论述："我们的时代，似乎要把我们从将要离开的时代，带去一个崭新的、全然不同的时代。"(Humboldt, Das achtzehnte Jahrhundert, S. 20.)

任正教授,被称为"历史学宗师"。① 根据林健太郎的说法,兰克的历史观在他开始做历史学家的时候就已经形成了,后来并没有什么本质上的改变。若要在其浩瀚的历史叙述中找一个具体的事实进行说明,那么在他 1854 年给巴伐利亚国王马克西米利安二世(Maximilian II. Joseph,1811—1864)所做的演讲《论近世史的各个时期》的导言中,我们便可以看到他对历史的理论性基本问题的直接看法。②值得注意的是,兰克在他的《论近世史的各个时期》③中积极使用"世纪"这一时代划分,这对感知未完成的兰克《世界史》的全貌也具有重要意义。除去导言外,其 8 节的标题如下④:

1. 罗马帝国的基础:基督纪元后最初四个世纪的概述
2. 罗马帝国因日耳曼人和阿拉伯人的入侵而发生的变化
3. 加洛林时代和德意志的地位
4. 教权时代:11 世纪至 13 世纪
5. 第五时期:14 世纪和 15 世纪
6. 宗教改革和宗教战争的时代:从 15 世纪末到 17 世纪中期
7. 列强诞生和发展的时代:17 世纪和 18 世纪
8. 革命的时代

事实上,兰克代表作的标题也是附上了使用"世纪"的时代限定的,如《法国史:以 16、17 世纪为中心》(1852—1861)、《英国史:以 16、17 世纪为中心》(1859—1868),或《19 世纪的塞尔维亚和土耳其》(1879)。⑤即使使用"世纪"

---

① 林健太郎:《ランケの人と学問》,见林健太郎责任编集:《世界の名著:ランケ》,中央公论社 1974 年版,第 5—41 页。
② 林健太郎:《ランケの人と学問》,第 23 页。
③ Ranke, L. v., *Über die Epochen der neueren Geschichte*, München / Leipzig 1921⁸,日译本为《世界史概观》,铃木成高、相原信作译,岩波文库 1941 年版。
④ Ranke, *Über die Epochen der neueren Geschichte*, Inhaltsverzeichnis. 由森田参考铃木、相原译本翻译。
⑤ 关于兰克的作品,以此为基础:Dotterweich, V., Ranke, Leopold von, in: Bautz, F. W. (Hg.), *Biographisch-bibliographisches Kirchenlexikon*, Bd. 7, Herzberg 1994, Sp. 1324 - 1355. 虽然是与教会史相关的作者事典,但对查阅历史及音乐等领域的人物及其著作很有帮助。也能在线阅览。

只是兰克的个人偏好,①但只要考虑到他在柏林大学担任历史学教授近 40 年的持续影响,把他视为将"世纪"概念固定在历史学中的重要人物也不会有太大的问题。②

顺便一言,兰克还是《历史-政治杂志》(1832—1836)的主笔和编辑,19 世纪总体上是一个期刊的时代。特别是在英国,18 世纪形成了领先于欧洲其他国家的文艺方面的公共圈,在 19 世纪期刊呈现一片繁荣之景象。1877 年,出版了一份名为《19 世纪》(*The Nineteenth Century*)的月刊,取得了巨大成功。③ 这本杂志主要刊登的是围绕"帝国时代"的时事问题所进行的评论,"19 世纪"从现在的感觉上来说基本就等于"现代"或"当代"的含义。

19 世纪末,随着"世纪末(fin de siècle)"现象的出现,④"世纪(siècle)"的概念进一步融入欧洲社会。⑤ 在德语中,"世纪之交(Jahrhundert wende)"的说法借助大众传媒流行开来。⑥ 在整个 19 世纪,"世纪"概念在历史学和新闻记者的追捧下逐渐在社会中扎下根来,到 19 世纪末完全获得了市民权。

在此笔者还想简单讨论日本的情况。日本自身是否存在特有的将 100 年作为一个单位进行理解的概念或许有重新审视的空间,但与西历纪元相关的"世纪"概念无疑是一个舶来品。根据小学馆《日本国语大辞典》(1972—1976 年初版,2000—2002 年第二版)中的"世纪"词条,其"是英语 century 的翻译,当初存在'百年''世期'等各种词语……最终在明治十五年(1882)左右

---

① 即便"兰克摒弃了黑格尔的泛理论和泛神论,力图在个体实在本身看到活生生的精神,他对一般被视为历史叙事不言自明的前提的时代三分法,以及其他类似的图式般划分时代的方法保持沉默也就并不令人惊讶了"(大岛康正:《時代区分の成立根拠》,理想社 1967 年版,第 118、119 页),这也不是积极使用"世纪"的理由。
② Vgl. Faber, K.-G., Epoche und Epochengrenzen in der Geschichtsschreibung, in: *Zeitschrift für Kunstgeschichte*, 44-2(1981), S. 105-113, hier S. 109.
③ *The Nineteenth Century*. Sir James Knowles (1831—1908)编纂。1900 年以后,标题改为 The Nineteenth Century and After。
④ 在此,我目前想把 19 世纪末欧洲文学和艺术的新趋势、知识范式的转变,以及大众传媒的出现包括在"世纪末"现象中进行理解。作为概述可参见福井宪彦:《世紀末とベル・エポックの文化》,山川出版社 1999 年版。
⑤ 在英语圈也有 turn-of-the-century,与法语中 fin de siècle 的用法颇为类似。
⑥ 已经有许多有关德语中"世纪末"的研究,其概要可参见 Frevert, U., Jahrhundertwenden und ihre Versuchungen, in: Dies. (Hg.), *Das Neue Jahrhundert. Europäische Zeitdiagnosen und Zukunftsentwürfe um 1900*, Göttingen 2000, S. 7-14.

起,被用于报纸和杂志的标题、书名、辞典的译词等"①。如同一词条所指出的,日本第一部日英辞典《和英语林集成》(1867 年)的第三版(1886 年)将 century 翻译为"セイキ"。②尽管对于"世纪"这一汉字固定下来的过程似乎还有进一步研究的空间,但至少在 1880 年代,其便已经在日语的词汇中被确定下来了。翻阅《读卖新闻》就会发现,1888 年初,日本人在美国(旧金山)出版了一份名为《第十九世纪》的报纸。③ 这份报纸被认为"妨碍治安",翌年政府法令便禁止该报纸发售,并采取措施将之查封了。④ 有意思的是,上述英国月刊 The Nineteenth Century 也以《第十九世纪》的译名出现在 1900 年的《读卖新闻》上。⑤

在日本,19 世纪即将结束,20 世纪即将开始的事实同样也极大地促进了"世纪"概念的传播。20 世纪将于 1900 年还是 1901 年开始的问题在《时事新闻》《读卖新闻》上都分别成为了重要话题。⑥ 报纸上还刊登了"十九世纪送别大演说会"等活动的通告和报道⑦、在庆应大学举行的"十九世纪·二十世纪的送迎会"的报道⑧;《每日新闻》从 1900 年 1 月 1 日起以"二十世纪:既往的缅怀、将来的希望"为题,连载了 9 篇系列文章⑨;《时事新报》在 1901 年 1 月 1 日以"日本加入文明列强行列的世纪"为题发表文章⑩;《报知新闻》从 1 月 2 日起连续两天发表了《二十世纪的预言》一文⑪。

自"世纪"一词首次出现在日本的词汇中以来,可以说在不到 20 年的时间里,这一概念已经完全渗透到报纸传媒之中了。不用说,"世纪"对媒体的

---

① 《日本国语大辞典》第七卷,小学馆 2001 年第二版,第 1153 页。
② 《和英语林集成》各版都已在线公开。到第三版为止,century 都只有"ヒャクネン"(百年)这一翻译,在第三版中被翻译为"ヒャクネン、セイキ"(百年、世纪)。此外原本是用罗马字而非片假名表述的。
③ 《读卖新闻》1888 年 2 月 28 日朝刊,第 2 面。
④ 《读卖新闻》1889 年 12 月 21 日朝刊,第 1 面,1889 年 12 月 29 日朝刊。
⑤ 《读卖新闻》1900 年 8 月 13 日朝刊,第 2 面。《读卖新闻》从 1900 年 7 月 25 日至 9 月 23 日,介绍了有关中国"义和团之乱"的国际舆论,选取了英美德法俄报纸杂志上的报道,英国的《第十九世纪》也是其中之一。
⑥ 《时事新报》1899 年 2 月 16 日;《读卖新闻》1899 年 12 月 31 日朝刊,第 2 面。
⑦ 《读卖新闻》1900 年 12 月 13 日朝刊,第 3 面,12 月 17 日朝刊,第 2 面。
⑧ 《时事新报》1901 年 1 月 2 日。
⑨ 《每日新闻》1900 年 1 月 1 日—1 月 9 日。
⑩ 《时事日报》1901 年 1 月 1 日。
⑪ 《报知新闻》1901 年 1 月 2 日—1 月 3 日。

渗透与它对整个社会的渗透联系在一起。明治政府在1872年底引入了格里高利历法,作为"'时'的文明开化",但当时西历纪元的年号完全没有被官方正式提及。① 《读卖新闻》在1902年11月底以"年数一览"的形式,解释了西历纪年和明治纪年的换算方法。② 或许可以说原本以西历纪年为前提的"世纪"概念,其在日本的传播是先于西历年号的。这一19世纪末输入的"世纪"概念在20世纪牢牢扎根于日语之中,正如"序言"中所提及的那样。

三、作为问题的"世纪"

在本文开头所引用的段落之后,马克·布洛赫继续说道:"我们不再根据主人公的名字来称呼各个时代了。从一个永久固定的起始点开始,以整百的数字按顺序计算年代。"③"总之,我们仿佛是根据武断选取的严格的钟摆节奏来安排历史事实,但它们实际上根本不存在这种规律性。这是一种危险的做法。我们当然认为这很糟糕,这样做只能带来更多的混乱。显然,我们应该寻找更好的办法。"④不言而喻,其问题在于尽管不存在下述法则,即历史以100年为单位发生变化,甚至是其在西历年号末尾为01的那年开始,但历史学家却频繁地使用"世纪"这一词汇和概念。在下文中,我将总结历史学中的"世纪"概念在怎样的文脉中可能成为问题,特别是对作为时代划分的"世纪"进行一个略微深入的考察。

布洛赫将上述有关"世纪"的论述置于历史分析中的术语问题之中。但是通过阅读此书,我们可以清楚地看到这不仅仅是一个表面上的术语问题。此书题为《为历史学辩护》,是这位因在第二次世界大战期间的抵抗活动而被枪决的历史学家的遗嘱,同时也是为了回答孩子们的问题"爸爸,告诉我,历史到底有什么用"⑤,而对"历史学家的工作"进行说明的产物。⑥ 布洛赫基于历史学是"关于时间中的人的学问"这一前提,认为"历史中的时间是个具体

---

① 参见冈田芳朗:《明治改暦:"時"の文明開化》,大修馆书店1994年版。
② 《读卖新闻》1902年11月25日朝刊,第2面。
③ 马克·布洛赫:《歴史のための弁明——歴史家の仕事》,第159页。
④ 马克·布洛赫:《歴史のための弁明——歴史家の仕事》,第160页。
⑤ 马克·布洛赫:《歴史のための弁明——歴史家の仕事》,第ix页。
⑥ 关于布洛赫的人物形象,可参见二宫宏之:《マルク・ブロックを読む》第1讲。

鲜活且不可逆转的事实,它就是孕育历史现象的原生质,是理解这些现象的场域。……真正的时间本质上是连续的。但它也处于永恒的变动中。这两种特质之间的对立关系催生了历史研究中的重大问题"①。

由此可知,"世纪"的概念首先可以在历史时间的背景下被问题化。布洛赫与他的同事,历史学家吕西安·费弗尔(Lucien Febvre,1878—1956)共同创办了《经济与社会史年鉴》(Annales d'histoire économique et sociale,1929—),由此产生的"年鉴学派"对时间的考察是这方面的绝佳之例。其中费尔南·布罗代尔(Fernand Braudel,1902—1985)接替布洛赫和费弗尔发展了"年鉴学派",提出历史上的时间可以分为三个层次:(1)以1天或1年为单位的"短时段",具有处理政治事件方面的意义;(2)10年到50年的"中时段",具有处理价格曲线、人口趋势、工资趋势等变动局面的意义;(3)"长时段"(即圣人的时间),其最小单位是经济体系或亲缘结构所持续的100年。② 布罗代尔这一发表于1958年的论文及其"长时段"的概念,与支撑它的具体研究《菲利普二世时期的地中海和地中海地区》(1949)③一同给历史学所直面的时间问题造成了很大的冲击。④ 当然,这一围绕历史中的时间所进行的考察虽然并未将"世纪"概念作为中心主题或进行批判,⑤但它确实有助于历史学家将"世纪"概念意识化。

历史学中的"世纪"概念可能变成问题的第二种背景,来自与第一种背景不同的层面。⑥ 比如,同样受到布罗代尔强烈影响的美国历史社会学家伊曼

---

① 马克·布洛赫:《歴史のための弁明——歴史家の仕事》,第8页。
② 费尔南·布罗代尔:《長期持続—歴史と社会科学—》,见井上幸治译:《フェルナン·ブローデル(1902—1985)》,新评论1989年版,第15—68页。作为简单的说明,可参见竹冈敬温:《"アナール"学派と"新しい歴史"》,见竹冈敬温、川北稔编:《社会史への途》,有斐阁选书1995年版,第1章,特别是21—29页。
③ 费尔南·布罗代尔:《地中海(1—5)》,浜名优美译,藤原书店1991—1995年版。
④ 在"概念史"的成立中起到重要作用的德国历史学家莱因哈特·科塞雷克(Reinhart Koselleck,1923—2006)也持续探究了历史学方法论与时间的关系。Koselleck, R., *Vergangene Zukunft. Zur Semantik geschichtlicher Zeiten*, Frankfurt a. M. 1979; Ders., *Zeitschichten. Studien zur Historik*, Frankfurt a. M. 2000.
⑤ 如布罗代尔在他自己"长时段"的论文中频繁使用"世纪"一词,他的意图不是质疑"世纪"的概念,并提出一个替代物。
⑥ 这方面的背景可以说是后现代主义。针对后现代主义者对历史学提出的各种批评,旨在从实际参与历史研究的人的角度为历史学进行辩护的著作有:理查德·J·埃文斯(Richard J. Evans):《歴史学の擁護:ポストモダニズムとの対話》,今关恒夫、林以知郎监译,晃洋书房1999年版。处理历史的时间及历史中因果关系的第5章与本文关系密切。

纽尔·沃勒斯坦(Immanuel Wallerstein,1930—2019)将16世纪以来的全球历史作为一个"世界体系"进行理解和分析。在这项开创性的工作之后,①他提倡对包括历史学在内的"19世纪的社会科学"所带有的"狭隘且束缚我们的思考框架进行脱思考(unthink)"。② 就本文的主题而言,可以说正是将历史学家如下的感觉和思维框架本身视为问题,即本能地接受相比于"教皇庇护九世时期","19世纪第三个25年"这一说法一般来说更为"客观""科学",所以"更好"。沃勒斯坦认为"19世纪社会科学"的范式缺乏"时空"(Time Space)的概念,并提出了他自己的时空概念。然而,这是由布罗代尔"长时段"衍生而来的,他承认"我对我们有关时间和空间的理解力和信仰的基础之一提出异议,提议走上一条非常困难和非常令人不安的道路。存在于那条道路终点的并不是单纯之物,而是十分复杂的东西",止步在了"我们必须为寻找更为恰当的范畴而奋斗"这一结论之上。③

从以上的简要概述可以看出,可以联系历史时间的问题,作为现代历史学前提的分析和认知框架对"世纪"概念进行批判性的考察。然而,这些问题因其本质性而变得十分抽象,并非对"世纪"概念做出正面挑战,更没有为发现另一个更合理的概念来取代它做出具体的努力。与之相对,在历史学中的"时代划分"这一背景下,历史学家不得不直接与"世纪"概念对峙。在此,笔者希望以历史学中时代划分的必要性为前提,④围绕将"世纪"作为问题的第三个背景,以近年来特别是被欧洲史所接受的"漫长的19世纪"这一术语为

---

① 伊曼纽尔·沃勒斯坦:《近代世界システム:農業資本主義と"ヨーロッパ世界経済"の成立(Ⅰ,Ⅱ)》,川北稔译,岩波书店1981年版;伊曼纽尔·沃勒斯坦:《近代世界システム1600—1750—重商主義と"ヨーロッパ世界経済"の凝集》,川北稔译,名古屋大学出版会1993年版。
② 沃勒斯坦:《脱=社会科学:一九世紀パラダイムの限界》,本多健吉、高桥章监译,藤原书店1993年版。
③ 沃勒斯坦:《脱=社会科学:一九世紀パラダイムの限界》,第213页。
④ 现在,再次介绍布洛赫所言:"时间的洪流不可中辍。但我们的分析应有断代。因为,如果我们不通过界标来分段的话,我们的思想甚至无法把握持续的运动。"(马克·布洛赫:《歴史のための弁明——歴史家の仕事》,第155页)。此外,木村靖二:《"長い19世紀"と"短い20世紀"》,见木村靖二、近藤和彦:《近現代ヨーロッパ史》,放送大学教育振兴会2006年版,其中第1章对作为时代划分的"世纪"进行了简单的讨论,非常有参考价值。

切入点进行讨论。①

首先,最早关注到"漫长的 19 世纪"的是艾瑞克·霍布斯鲍姆(Eric Hobsbawm,1917—2012),他是 20 世纪下半叶英国最具代表性的博学的历史学家。霍布斯鲍姆写了三部曲:《革命年代:1789—1848 年的欧洲》(1962)②、《资本年代:1848—1875 年》(1975)③和《帝国年代:1875—1914 年》(1987)④。他在其中提出了一种历史观,将从 1789 年法国大革命到 1914 年第一次世界大战爆发的时段概括为"漫长的 19 世纪"。⑤ 其后,随着《极端年代:短暂的 20 世纪 1914—1991 年》(1994)⑥的出版,"漫长的 19 世纪"作为"短暂的 20 世纪"的对位概念成为焦点,并逐渐被使用。

法国大革命和随后拿破仑的统治,对欧洲特别是对西欧国家的影响,即便是同时代的人都能清楚地感受到,⑦因此从今天的角度来看,这是一个里程碑,特别是在人权思想方面。于法国大革命前夕发生的工业革命所带来的生产方式、社会生活和经济体系的变化,也对随后的时代产生了深刻的影响。以这场"双元革命"为契机诞生的价值观和体系,许多都被作为现代民族国家全面战争的第一次世界大战极大改变了。正如英国的"大战"(The Great

---

① 例如 Blackbourn, D., *The Long Nineteenth Century. A History of Germany*, 1780 - 1918, London 1998。在《漫长的 19 世纪:德国史 1780—1918》的序言中,身为德国历史学家的作者英国人大卫·布莱克本(David Blackbourn,1949—)断言:"欧洲历史学家广泛使用这个术语('漫长的 19 世纪')来描述 18 世纪末的'双元革命'(1789 年的法国革命和英国的工业革命)和第一次世界大战之间的时期。"(第 xiii 页)此外,也有这样的观点:"欧洲的历史学家认为 19 世纪是一个'漫长的世纪',始于 18 世纪末,止于 20 世纪初。"Frevert, U. / H.-G. Haupt(Hg.), Der Mensch des 19. Jahrhunderts, Frankfurt a. M. / New York 1999, S. 9.
② 艾瑞克·霍布斯鲍姆:《市民革命と産業革命——二重革命の時代》,安川悦子、水田洋译,岩波书店 1986 年版。
③ 艾瑞克·霍布斯鲍姆:《資本の時代 1848—1875(1)》,柳父圀近、長野聰、荒关めぐみ译,みすず书房 1981 年版;《資本の時代 1848—1875(2)》,松尾太郎、山崎清译,みすず书房 1982 年版。
④ 艾瑞克·霍布斯鲍姆:《帝国の時代 1875—1914(1)》,野口建彦、野口照子译,みすず书房 1993 年版;《帝国の時代 1875—1914(2)》,野口建彦、長尾史郎、野口照子译,みすず书房 1998 年版。
⑤ 直接的论述见艾瑞克·霍布斯鲍姆:《帝国の時代 1875—1914(1)》,野口建彦、野口照子译,第 12 页。
⑥ 艾瑞克·霍布斯鲍姆:《20 世紀の歴史 極端な時代(上・下)》,河合秀和译,三省堂 1996 年版。
⑦ 参见文本所举的洪堡的例子。

War)一词专指第一次世界大战,它对许多欧洲国家和社会的影响也被视为一个转折点,不仅仅影响了同时代的人。① 显然,法国大革命(1789)和第一次世界大战(1914—1918)所象征的事件在欧洲历史上十分醒目。② 由此产生了"漫长的19世纪"一词,它将原本标志着19世纪的1801年和1900年分别向前和向后延伸了数十年,并将两点联系起来。

当然,仅仅因为1789年和1914—1918年正好将19世纪囊括其间,"漫长的19世纪"便被历史学家广泛接受的说法是过于短视了。设定起点和终点的时代划分要在历史学中具有意义,便必须呈现出该时期的特点。在这方面,德国史对"漫长的19世纪"这一概念的运用可谓特别积极,③对此,笔者决定基于20世纪下半叶德国历史学界领军人物于尔根·科卡(Jürgen Kocka,1941—)的整理进行讨论。

首先,当19世纪末进入视野之时,德国历史学家回顾了过去的一个世纪,并试图把它作为一个单一的历史时期来把握。他们强调了其中的各种进程,如民族国家的形成、从绝对主义政权向君主立宪制的过渡、政治变革(国民更广泛地参与政治)、无产阶级和妇女的解放、资本主义经济的渗透,以及从农业社会向工业社会的过渡。其中,阶级斗争和国家在社会经济变革中的核心作用特别受到关注。这些变化的过程和结果,一般是从国家-民族的角度来看待的,此外,也基于积极和乐观的基调,将之理解为对成就感和进一步

---

① 许多同时代的历史学家都认为第一次世界大战是一个时代的结束。其中最著名的或许是意大利人贝奈戴托·克罗齐(Benedetto Croce)(贝奈戴托·克罗齐:《19世纪ヨーロッパ史》,坂井直芳译,创文社1982年增订版)和德国人弗朗茨·施纳贝尔(Franz Schnabel, *Deutsche Geschichte im neunzehnten Jahrhundert*, 4 Bde., Freiburg 1929 - 37)。
② 也有一些重要的反驳意见。例如,尖锐分析德国和美国近现代政治史的德国历史学家保罗·诺尔特(Paul Nolte,1963—)就强调,从社会史的角度来看,1900年前后数十年的世纪之交对欧美来说(比第一次世界大战)更具划时代的意义,参见 Nolte, P., 1900: Das Ende des 19. und der Beginn des 20. Jahrhunderts in sozialgeschichtlicher Perspektive, in: *Geschichte in Wissenschaft und Unterricht*, 47 (1996), S. 281 - 300。此外,在英帝国史的框架内研究东亚的德国历史学家于尔根·奥斯特哈默(Jürgen Osterhammer,1952—)通过将亚洲和非洲地区也纳入视野的"全球史"的观点,指出用1789年和1914—1918年划分时代并不具备说服力。Osterhammel, J., In Search of a Nineteenth Century, in: *German Historical Institute Bulletin*, No. 32 (2003), pp. 9 - 28, esp. pp. 12 - 16.
③ 例如 Kocka, J., *Das lange 19. Jahrhundert: Arbeit, Nation und bürgerliche Gesellschaft*, Stuttgart 2001。这本名为《漫长的19世纪》的图书,是具有传统的《格伯哈德特:德国历史手册》最新版(第10版)中的一本(涉及19世纪的5卷中概述的1卷)。

变化的期待。同时,19世纪被命名为"哲学的世纪""近代以来最富有的世纪""批评的世纪""历史的世纪""社会的世纪""发明的世纪""欧洲的世纪""欧洲和平的世纪"等。①

19世纪的这种形象随着第一次世界大战的爆发而改变。大战一方面将看待过去时代的角度从单一国家扩大到了整个欧洲。此外,德国的战争及战败被视为至此所构筑的东西在本质上的崩溃和丧失,由此回顾性地确认了19世纪是一个市民的、自由主义且和平的时代这一世纪末的历史观。但另一方面,历史学家们逐渐意识到19世纪的负面因素,这些因素见证了战争的失败并为之做出了准备。②

在纳粹主义和第二次世界大战之后,德国历史学家对19世纪的看法发生了决定性的改变。一方面,政治史和民族国家的历史出现了相对化的趋势,其以民族国家的崛起和成功法则的确立为中心。这得益于西德从60年代起发展起来的新的社会经济史——以及稍后的文化史,它将19世纪视为工业化的时代、工业资本主义的时代,总的来说,全新展现为一个连接当代的现代化时代。当然,这种现代化没有基于进步思想被解释为通向胜利的过程。在德国史上其被表述为一条特殊的道路(Sonderweg),它导致了法西斯主义的暴力统治。另一方面,德国19世纪各个阶段的现代化进程也显示了欧洲性的特点。③ 此后,认为德国在19世纪所走的道路是独一无二的观点在理论上受到了来自德国内外的批评,④个别研究的进展也促使人们对此进行了部分修正。此外,例如从农业社会向工业社会,人们不再把19世纪看作一个向某种特定方向过渡和变化的过程,而是强调它的多层次性,以及在某些情况下包含矛盾的多样性。随之而来的是不再试图用简单的语句来把握整个19世纪了。⑤

在这一背景下,20世纪末越来越近,历史学家们再次开始回顾这个即将过

---

① Kocka, Das lange 19. *Jahrhundert*, S. 25 - 28.
② Kocka, Das lange 19. *Jahrhundert*, S. 29f.
③ Kocka, Das lange 19. *Jahrhundert*, S. 30 - 34.
④ 所谓特殊道路之争,在日本也有介绍,例如松本彰:《"ドイツの特殊な道"論争と比較史の方法》,《历史学研究》1985年,总第543期;末川清:《"ドイツ特有の道"論について》,《立命馆史学》1998年第19期;末川清:《"ドイツ特有の道"論再考》,《政策科学》2004年,第11卷第3号。
⑤ Kocka, Das lange 19. *Jahrhundert*, S. 35 - 38.

去的世纪,并开始寻找这个时代的特征。不足为奇的是,在面对他们所处的世纪时,历史学家们都倾向于将之前的世纪作为一个时代来重新审视。无论如何,在20世纪末,"漫长的19世纪"作为"短暂的20世纪"的对位概念,被视为一种合适的表达方式,用来将19世纪理解为一个具有某些特征的单一时代。①

一般认为,构成德国"漫长的19世纪"特点的因素可以用4个"纵断面"来说明:(1)工业化;(2)人口的急速增长和移动;(3)民族国家;(4)市民阶层。虽然每个纵断面绝不能单独归结到19世纪,但综合考虑的话,它们可以明确划分"此前"和"此后"。例如,(4)的市民阶层,虽然我们或许可以把"18世纪"定义为"市民"的世纪,但18世纪的市民阶层还很脆弱。尽管"市民社会"这一概念可以在启蒙运动的话语中发现,但实际尚未实现。再者,我们怎么能把20世纪德国的独裁统治称为"市民的"?不过,在科尔看来,若是只把19世纪定义为"市民的时代",也会过分低估贵族的特权、国家的权力、农民在数量上的压倒性优势以及工人阶级的存在。②此外,也有批评认为具有这些特征的德国的"漫长的19世纪"并没有偏离其他欧洲国家的历史,不能将两者分开考察。③最后,有人谨慎建议,"漫长的19世纪"是否可以简单改写为"古典的现代"。④

这种对"漫长的19世纪"的看法并非没有反对意见。此外,尽管历史学家一致认为"漫长的19世纪"始于"双元革命",终于"第一次世界大战",但他们在为其确定具体年份方面存在分歧。⑤然而,需要注意的是"世纪"在年表和时代划分上当然都是不可或缺的概念。如果不使用"世纪"的概念,几乎不可能进行一般的历史研究,除非是所处理的主题非常有限的研究。历史学家

---

① 虽然直到21世纪初才出版,但Bauer的《"漫长的"19世纪:一个时代的轮廓》是为学生和感兴趣的普通读者而非专业历史学家写的,正如其副标题所言,是对作为一个时代的"漫长的19世纪"的概述。Bauer, F. J., *Das ›lange‹ 19. Jahrhundert. Profil einer Epoche*, Stuttgart 2004。
② Kocka, *Das lange 19. Jahrhundert*, S. 138ff.
③ Kocka, *Das lange 19. Jahrhundert*, S. 140-149.
④ Kocka, *Das lange 19. Jahrhundert*, S. 149-154.
⑤ Blackbourn所举的是1780年与1918年,参见Blackbourn, D., *The Long Nineteenth Century. A History of Germany, 1780-1918*, London 1998。Frevert和Haupt所举的是1789年与1914年,参见Frevert, U. / H.-G. Haupt (Hg.), *Der Mensch des 19. Jahrhunderts*, Frankfurt a. M. / New York 1999, S. 9。Bauer所举的是1789年与1917年(美国加入第一次世界大战及俄国革命),参见Bauer, F. J., *Das ›lange‹ 19. Jahrhundert. Profil einer Epoche*, Stuttgart 2004。

也意识到,"世纪"这一算术上的划分并不符合历史的实际进程。有鉴于此,事实上他们会根据具体情况尝试使用"时代"和"时期"这样的术语。启蒙时代在年表上是18世纪的事情,但严格来说并不是指从1701年到1800年这段时间,而是指以启蒙为最重要特征的大约100年的时期。这可以看作用"时代"取代"世纪"一词的成功案例。关于年表上的19世纪,历史学家也努力探寻着某些特征,使替换一种说法成为可能。正如我们在德国史中看到的那样,虽然有各种提案,但没有一个能够确立主导地位。① 在这种情况下,为了消除用1801年和1900年这样的年号进行划分的不合理性,"漫长的19世纪"这一表述难道不是为"世纪"概念带来了新的启示吗?

四、结语

最后,笔者想简要地总结一下上面所说的内容,并提出一些展望。在第一部分中,笔者梳理了一条大的脉络,即尽管时间上略有先后,"世纪"这一今天为人熟悉的概念在英语、法语和德语中是在16世纪以后才出现的。直到17世纪以后,这一概念才作为民族性的现代语言逐渐普及开来。19世纪决定了"世纪"概念如今被频繁使用的局面,特别是在以严格的史料批评为基础所形成的实证主义史学成立之际,学者们积极地将"世纪"用于时代划分,在迅速发展的新闻业中,"世纪"一词也被轻易接受。笔者以德国为例,说明了有助于"世纪"概念普及的事项。在第二部分中,笔者试图阐明这一可以说是19世纪的"世纪"概念并未在历史研究中被不加批判地滥用。作为思考"世纪"之时的语境,为了方便起见,笔者将它们分为三类:(1)历史中的时间(观念)的问题;(2)历史学(几乎是无意识地)作为前提的分析和认识框架的问题;(3)历史的时代划分的问题。当然这其中有大量的重合。但无论如何,它们提供了一个有意识地思考"世纪"的机会,而且历史学家们也或多或少对其做出了回应。在欧洲近现代史的研究中,"漫长的19世纪"这一表述越来越普遍,可以看作欧美历史学家对"世纪"概念进行批判性对抗的结果之一。

赞成"短暂的20世纪"的对位概念"漫长的19世纪"的历史学家强调,它

---

① 奥斯特哈默认为"颇为奇妙的是,19世纪是无名的世纪"(Osterhammel, In Search of a Nineteenth Century, p.10)。

至少适合于理解大多数欧美国家和地区的近现代史。相反,持不同意见的历史学家强调,直接受到界定"漫长的 19 世纪"的法国大革命或第一次世界大战影响的地区数量有限。换句话说,他们认为从全球的视角来看,其他的事件对于更多国家和地区而言,才是具有里程碑意义的。也就是说,辩论双方的历史学家都十分重视时代划分的普遍性,并试图使"世纪"成为一个普遍适用的概念。如果是这样的话,来自欧美以外的国家和地区的历史学家,便也有了参与这场辩论的空间。全球化并不意味着必须从西方开始。在后现代主义和后殖民主义的影响下,历史学自身的欧洲根源得以"相对化"。在历史学领域,日本的历史学家难道不可以对"世纪"概念本身以及它的使用方式、有效性提出疑问吗?我们应该寻求这些问题的具体答案,这是我们在未来面临的挑战之一。

故乡无此好河山：
日本僧北方心泉诗中的杭州体验

顾长江[*]

19世纪中叶以后，在"王政复古""祭政一致"等思想的影响下，日本明治新政府认为自中古以来长期存在的"神佛习合"状态已与当时的"国体"不符。为实现奉神道为国教的目标，明治政府颁布了一系列促使"神佛分离"的法令，这在客观上引发了日本社会废佛毁释的风潮。数年之间，在日本全国范围内的寺院、佛像、经卷等遭到空前破坏，大量僧侣被迫还俗，佛教一时式微。

在如此背景之下，日本佛教界人士不得不思考佛教未来的出路问题。明治四年（1871），净土真宗大谷派西本愿寺僧侣岛地默雷（1838—1911）等随明治政府派遣的岩仓使节团出访欧美；明治六年（1873），东本愿寺僧侣小栗栖香顶（1831—1905）则来到中国，开始寻求与中国佛教的接触，并在返回日本后向教宗提出在中国传教的建议，此举成为改变近代中日佛教关系史的关键事件。[①]

---

[*] 顾长江，南京大学历史学院博士、苏州科技大学外国语学院讲师。
[①] 参见陈继东、陈力卫等的相关研究。如陈继东：《日本僧的上海体验：以1873年小栗栖香顶日记为中心》，见章清编：《近代中国的旅行写作》，《新史学》第十一卷，中华书局2019年版，第63—85页；陈力卫：《小栗栖香顶的北京体验及其描述的北京话》，见章清编：《近代中国的旅行写作》，《新史学》第十一卷，中华书局2019年版，第86—109页。

明治九年(1876),在小栗栖香顶等人的主持下,净土真宗大谷派东本愿寺上海别院顺利开设,拉开了近代日本佛教在中国扩张的帷幕。次年(1877),同属东本愿寺的僧侣北方心泉(1850—1905)亦来到上海,从事传教事务。他前后在华多年,与江南地区的中国知识分子建立了良好的关系。其中不乏名人,最著名的当属晚清大儒俞樾(1821—1907),心泉与之多有书信往来,并与岸田吟香①一同协助其编撰日本汉诗集《东瀛诗选》。作为明治时期较早到访中国的少数日本人之一,北方心泉至今声名不显,其生平事迹较少见诸研究,②就关注度而言完全无法与小栗栖香顶相提并论。

心泉在上海期间数次出游江浙,其中尤以辛巳年(1881)、壬午年(1882)两赴杭州览胜西湖为最盛,其间赋诗颇多,并有五首被选录于《东瀛诗选》之中,被同侪奉为日本自古"游西湖作诗为卷,得诸名士称扬者之嚆矢"③。心泉的相关诗文显然是考察其与晚清时期中国文化人的交往情况,一窥明治早期日本人对华认识、对华心态的重要资料。

一、北方心泉生平

北方心泉是加贺国金泽(今石川县金泽市)人,金泽常福寺第十四代住持。初名祐必,后名蒙,号心泉,又号云逝、小雨、月庄、文字禅室、听松阁、酒肉和尚等。嘉永三年(1850)四月,心泉出生于一个僧侣家庭,其父致风是常福寺第十二代住持。幕府末年至明治维新前后,处于青少年时期的心泉先就学于京都,后又入石川舜台④的慎宪塾与松本白华⑤的遥及社,学习佛教知

---

① 岸田吟香(1833—1905),冈山县人。曾任记者,在中国活动多年,并参与组织兴亚会、同文会,与中国文人多有往来。
② 日本学者川边雄大对东本愿寺在华传教及《东瀛诗选》的编纂情况进行研究时,对北方心泉有所涉及,如《明治期における東本願寺の清国布教について——松本白華・北方心泉を中心に》,《文化交涉による変容の諸相》,2010年,第153—222页;《〈東瀛詩選〉編纂に関する一考察——明治漢詩壇と日中関係との関わりを中心に》,《日本漢文学研究》第8卷,2013年,第41—68页等。
③ 见金泽常福寺藏村上珍休《西湖游稿跋》,亦见于村上珍休:《函峰文钞》,吉川弘文馆1908年版。
④ 石川舜台(1842—1931),金泽人,真宗大谷派僧侣。曾赴欧考察,后来华传教。
⑤ 松本白华(1833—1926),石川县人,真宗大谷派僧侣。曾与石川舜台一起赴欧考察,后与北方心泉一起来到上海传教。擅汉诗。

识、汉学与汉诗。在维新后"文明开化"的气氛中亦曾学习英语。明治六年(1873)起,心泉游学东京,尤其在曾任幕府将军侍讲的儒学家成岛柳北(1837—1884)的指导下在汉诗方面多有进益。[1] 良好的出身与教育背景使心泉深谙汉学,且能书善画,具备较高的人文素养。

明治初年,日本政府为打破"神佛习合"——神道教与佛教一体化的固有状况,以实现祭政合一,将神道教置于国教地位,先后于1868年、1870年两次颁布相关法令。日本各地旋即产生了废佛毁释运动,并产生了较大影响。在现实的冲击下,小栗栖香顶等佛教界人士纷纷走出国门寻求出路,北方心泉也在明治十年(1877)步其后尘。在心泉本人的强烈意愿下,经教宗派遣来到中国,在东本愿寺上海别院从事传教事务长达六年。在这段时期,心泉遍游江南山水之间,以诗文会友、自娱,颇得其乐,在此过程中对书法的兴趣渐浓。[2] 明治十六年(1883)心泉患肺病,无奈回国。在长崎休养后于次年回归故里,在其好友、汉学家三宅真轩[3]的建议下正式开始书法创作,作品在第三届"内国劝业博览会"上展示,并由此奠定了心泉书家的地位。日本学界早年对心泉的关注亦多集中于其书法艺术方面。[4]

明治三十一年(1898),心泉再度来华,担任东本愿寺设立于南京的学校——金陵东文学堂校长,其间亦为东亚同文书院的设立事宜而多方奔走,后因义和团事件回国。此后心泉多遭变故,明治三十五年(1902),因参与东本愿寺改革运动,心泉在本山的内部纷争中被剥夺僧籍,[5]两年后又因病致使半身不遂,于明治三十八年(1905)七月病殁。

---

[1] 本冈三郎:《北方心泉・人と芸術》,二玄社1982年版,第13页。
[2] 金泽市史编纂审议委员会:《金泽市史(现代篇)》下,金泽市,1969年,第976—977页。
[3] 三宅真轩(1850—1934),金泽人,儒学家,系日本大哲学家西田几多郎中学时代的恩师。参见井上克人:《西田哲学における宋学の倫理観》,《伦理学研究》,2003年总第33期。
[4] 如,松井如流:《北方心泉の书》,《书品》,1962年总第129期;西川宁:《心泉上人の书学》,《书品》,1964年总第148期;表立云:《北方心泉书と人》,《墨美》,1964年总第144期;法水光雄:《北方心泉「书法定义」》,《金沢大学语学・文学研究》,1985年总第14期;法水光雄:《北方心泉「书法定义」をめぐって》,《福井大学教育学部纪要第1部》,1991年总第40期;川边雄大:《北方心泉の北派书风受容について》,《书论》,2012年第38期等。
[5] 金泽市史编纂审议委员会:《金泽市史(现代篇)》下,金泽市,1969年,第590页。

二、现存资料

东本愿寺上海别院在华开展传教事务之初,构建人际关系网络自然是当务之急。上海别院一时成为中日两国文人接触与交流的场所,北方心泉也因此与江南地区的文人雅士多有过从。辛巳年(1881)夏五月及壬午年(1882)间,心泉两赴杭州游览西湖,期间赋诗多首,集为《西湖两游稿》,原稿现藏于日本金泽常福寺,是研究心泉的第一手材料。

该稿硬质封面,上书"心泉西湖游稿",落款为"蒲华题",并有阴文印章"作英"字样。此处题字的蒲华(1832—1911)字作英,浙江嘉兴人,系晚清著名书画家,与吴昌硕等人齐名。1881年春,蒲华曾赴日本,名动一时。扉页则书有"心泉上人游西湖两稿",落款为"胡铁梅书",并盖有阴文印鉴"胡璋印信"。此处题字的胡铁梅(1848—1899)亦是当时知名文人,与心泉有深交。胡氏名璋,字铁梅,安徽桐城人,久居上海,工书画,曾于1896年在上海创办《苏报》。此后一页为胡铁梅水墨山水画一幅,题字"心泉上人雅属",落款"胡铁梅作图",盖有阳文篆书"铁梅"印章。其后则为铁梅行书手笔,内容为心泉两游西湖所赋诗句,间有篆刻印章,如"心泉""埋爪孤山""心源如泉""僧蒙""听松阁"等,皆为心泉自用之印。再则是叶新依[1]、胡琪[2]、村上珍休[3]等人的题跋。由胡琪落款中的"癸未春"可见,此稿应完成于1883年春,即心泉回国前夕。

---

[1] 叶新依,名庆颐。生卒年不详,光绪年间曾赴日游历。部分事迹见沈国威:《近代中日语汇交流史》,笠间书院1994年版,第92—108页;王宝平:《清季赴日民间文人叶庆颐考》,《浙江外国语学院学报》,2013年第1期。题跋诗:"笠屐飘然得自由,远公踪迹等闲鸥。几篇摩诘诗中画,两度西泠湖上游。佳句吟成先供佛,好山看罢便移舟。通仙墓畔遗鸿爪,千古风传韵事留。"落款为:"壬午小春读心泉上人游稿因率题一律录献法政,中华发弟新依叶梦颐草。"

[2] 胡琪(?—1915),字二梅,安徽桐城人,工书画。胡铁梅弟。

[3] 村上珍休(1843—?),号函峰、季庆。卒年待考。汉学家,曾任东京第一所近代化小学的首任校长。明治二十五年(1892)八月任第四高等中学校教授(见大藏省印刷局1892年8月4日《官报》第二千七百三十一号),明治四十年(1907)九月离任(见大藏省印刷局1907年9月23日《官报》第七千二百七十二号)。

故乡无此好河山：日本僧北方心泉诗中的杭州体验

图1 《西湖两游稿》封面，"心泉西湖游稿，蒲华题"，印"作英"

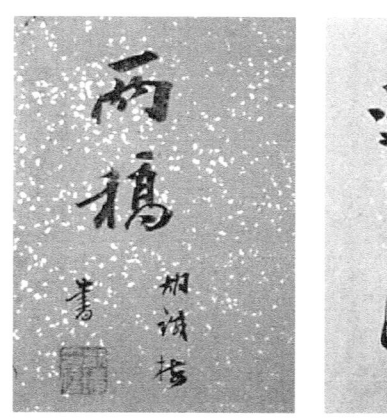

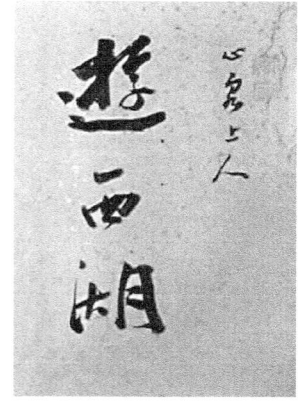

图2 《西湖两游稿》扉页，胡铁梅书"心泉上人游西湖两稿"，印"胡璋印信"

图3 《西湖两游稿》附胡铁梅画，"心泉上人雅属，胡铁梅作图"

187

此外,有楷书《西湖两游稿》抄本一份,字迹清晰,内容相同,共五十一首。用纸为"听松阁主人用笺",首页有"僧蒙和尚伏乞曲园先生痛正"字样,正文页皆有阳文篆书"心泉"印章,可见此稿当为心泉为请俞樾过目而誊写的版本。正文标题为"西湖两游稿",落款初为"加州心泉僧蒙著","加州"后被修改为"金泽"。

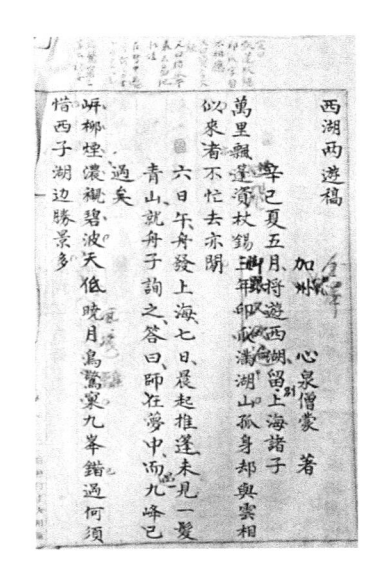

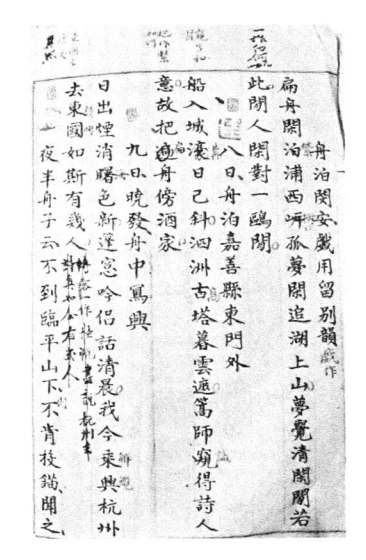

图 4　心泉《西湖两游稿》楷书抄本及印章"埋爪孤山""心泉"

此稿每页都有朱笔批注圈点,除修正个别汉字书写错误(如将"飘篷"改为"飘蓬")外,更多是对诗题或诗句本身用字的推敲、点评或修改。如,诗题《舟泊闵安戏用留别韵》被更改为《舟泊闵安用留别韵戏作》,《登南湖烟雨楼》则改为《南湖登烟雨楼》;诗句"我今乘兴杭州去,东国如斯有几人"改为"我今解缆杭州去,诗兴如斯有几人","今日石门人不锁"改为"今日石门谁复锁";又如"故把扁舟傍酒家"一句,批语作"把作系何如"等。卷首批语有"宣曰"字样,篇末亦有批文一段,曰:

予好漫游，十年前将游支那，以故不果。一夜梦入吴越，醒后有作。今读尊稿，西湖之胜详细说尽，使人如游其地。叹赏之余，录旧作以还之：

廿年浪迹遍西东，五十谁怜气尚雄。
梦远夜帆飞海外，醒来百感集心中。
映灯鬓色看添雪，落枕潮声又带风。
万里兹游天未许，江城空作钓鱼翁。

落款名为"辱爱 黄云道人山田宣"。山田宣即山田长宣（1827—1905），号新川，工汉诗，曾任教于加贺藩校，维新后赴东京结汉诗社。除此以外，此稿还有蓝黑色墨批改痕迹，相比山田长宣的红色批注，改动之处稍少。需要指出的是，蓝黑色批注对红色批注本身亦有改动或点评。此外，上述山田长宣在篇末的诗句也被加以圈点，并留有"老手"评语，显然，就时间先后顺序而言，蓝黑色批注形成于红色批注之后无疑，但是否为俞樾所题尚待考证。

此外，金泽常福寺还藏有北方心泉《杭游纪行抄略》，手书共24页，由《杭人风俗》《云林寺》《三天竺》《法相寺》《灵芝寺》《外教之景况》《弥陀经新大碑》等七篇组成，为心泉的杭州游记。

三、西湖诗中的杭州

一般认为，西湖相关的记述进入日本始于9世纪白居易《白氏文集》的流布，而西湖作为景观进一步为日本人所知则是13世纪以后的事。其中一方面有苏轼、林和靖等人诗作的影响，另一方面也得益于五山禅僧集团的推崇。进入江户时代，日本对中国传统文化的向往尤甚。西湖的理想形象得到进一步的建构，最终在19世纪成为广为人知的、具有代表性的文化符号。[①] 恰好生活在此一时期，且深谙中国文化的心泉对于西湖的观感颇值关注。

心泉在辛巳年（1881）夏五月到访杭州，在西湖一游。据诗稿可知，此次行程达二十余日，大致如下：六日中午，乘船自上海出发，八日泊舟嘉善东门

---

① 参见杨舒淇、进士五十八：《日本における中国杭州西湖の風景イメージの定着化についての考察》，《日本造園学会志》，1999年第5期。

过夜,十日上午巳时抵达杭州。此后数日历游云林寺(即灵隐寺)、冷泉亭、龙泓洞、上下天竺、韬光庵、法相寺,登孤山,泛舟湖上。二十八日访林和靖墓后,结束行程。在杭期间,心泉与当地文人置酒欢聚,"结交杭人数十百人"[①],还曾专程拜访俞樾。不巧其时俞正在苏州,因而未能如愿。

次年(1882),心泉与胡铁梅、熊佩玉同行,经石门、嘉兴再赴杭州,复至西湖,游云林寺罗汉堂、岳坟、三生石,登吴山,观文昌阁,并顺利拜会俞樾,赠之以手书楹联等物。俞樾作诗答曰"一联壮我楹间色,万里寻君海外踪",对心泉热情款待。心泉《壬午再游稿》中亦有"不坠斯文赖此公,执修设醴道尤隆。谁知岛瘦推敲句,也入昌黎赏识中"(《寄曲园太史》)一诗,用贾岛、韩愈的典故,自居弟子辈。此后二人多有往来,有书札现存。

图 5　俞樾赠北方心泉手书

---

① 北方心泉:《杭游纪行抄略》,金泽常福寺藏。原文为日语,以下同。

北方心泉此两次赴杭,相关诗作合计 51 首,其中辛巳年之游有诗 32 首,壬午年再游则为 19 首。① 下文切入心泉游杭诗作文本,考察其对西湖乃至杭州的书写。

在辛巳年离沪赴杭途中,心泉就已流露出对此行极高的预期。在明治早期,到访杭州的日本人尚不多见,其时已寓居上海数年的心泉对此应当是了然于胸的。因而他不无得意地在诗中写道"我今乘兴杭州去,东国如斯有几人"(《九日晓发舟中写兴》)②,兴奋之情溢于言表,也就不足为奇了。沿途之上,江南水乡的佳景自然亦为心泉所乐见,但相比之下西湖之胜无疑更令其牵挂不已:

岸柳烟浓衬碧波,天低晓月鸟惊窠。
九峰错过何须惜,西子湖边盛景多。
(《六日午舟发上海,七日晨起推篷未见一发青山,就舟子询之,答曰师在梦中,而九峰已过矣》)

至九日"夜半,舟子云不到临平山下不肯投锚,闻之喜而不寐",心泉急于一览湖山的迫切感更在诗中显露无遗:

目极临平何处是,茫茫烟月雨氤氲。
山如美女凌秋水,雾鬓云鬟晓未分。
几度吟哦起睡鸥,扁舟一叶下杭州。
诗人心与篙师合,不到临平不系舟。

如愿抵达杭州后,自诩"敢认名山作故人"的心泉"即走马入涌金门,览西湖之胜"。细观其在杭后续诗作所涉的杭州体验,大致不外乎以下三类:第一类是赞叹眼前的西湖盛景,并不时与自身通过阅读建构起来的西湖形象进行

---

① 可能由于有胡铁梅等一路同行,"舟中分韵"已得其人的因素,壬午年诗有 9 首作于往返途中。另有 1 首赠俞曲园,2 首赠别,2 首"入杭"表明重游的愿望,实写西湖景致的有 5 首,少于前年。
② 此处从北方心泉原诗,以下同。

比照，诗句以吟咏西湖及周边景胜为旨归，不涉及过多深意；第二类是在览胜的同时兼及典故、意象，间或意有所指地怀古、述怀；第三类则可归至与当地文人雅士席间的应酬或赠别之范畴，表现出对当地人文的认同。

（一）西湖览胜

心泉在诗中对景胜本身的描摹刻画细致，赞许有加。如游龙泓洞时所作：

> 一泓积水色澄清，古洞有龙人尽惊。
> 游客相逢休对语，语声常作怒涛声。（《龙泓洞》）

诗中提及"古洞有龙"，一方面因为洞名"龙泓"，另一方面可能也是对宋之问灵隐寺诗中名句"龙宫锁寂寥"的蹈袭。心泉此诗的后两句亦不无嘉许之意，但终究未出写景的范畴。再如：

> 借个渔舟水上浮，流波活活碧如油。
> 雨余莼菜肥如指，应有鲈鱼上钓钩。[①]（《湖中见莼菜》）

> 一舸系在翠微湾，独上宜楼意自闲。
> 无限风光无限趣，暮云吞吐是何山。（《登两宜楼即事》）

泛舟游湖，见波澜不惊，水清如镜，更有莼菜肥美，鲈鱼上钩，美景与美味兼具。系舟登楼，清闲自在，远眺群山，风光尽收眼底。心泉游览时怡然自得、轻松惬意的心态在此处跃然纸上。与上述三首稍有不同的是《下天竺》一诗：

> 支筇下竺立多时，仰见峰峦四面歌。
> 劫后依然林壑美，风光不改旧时姿。（《下天竺》）

[①] 此处从北方心泉原诗。山田长宣批注《西湖两游稿》时改为："借个渔舟水上浮，微波不动碧如油。雨余莼菜青丝滑，应有鲈鱼上钓钩。"

下天竺寺又称法镜寺,在先于心泉此访前二十年的咸丰年间即已毁于兵燹。此时呈现于心泉面前的景致,不可能完全恢复为理想状态。心泉此前于己卯年(1879)来杭所见之"大寺巨观,皆为长发贼①所毁,已不复昔日之所闻。……乱后有赖前布政使蒋益沣之力,……装饰湖山,渐次恢复,观者亦有旧志所载之二三分矣"②一文亦可印证。也许正因如此,才使得心泉倚杖站立良久,仰望峰峦。此处称太平天国兵祸为"劫",结合其亲身经历的日本废佛运动,当是他立场和心境的自然流露。最终,心泉将关注的视角由人文景观转向自然风光,对林壑之美仍持肯定态度。同时,"不改旧时姿"中所谓的"旧时",自然亦非两年前初到杭州之时,而理当是文本之中的"旧时",也即心泉在来游之前就已通过文献阅读建立起的对杭州风物的想象。

(二) 思古抒怀

赏景之余,心泉在西湖发思古之幽情,在写景时用典、带有怀古之意的诗作则更多。首先是以下两首:

> 君王梦里白衣人,伟业从兹辟莽榛。
> 孰使香烟千古盛,大清天子屡南巡。(《上天竺》)

> 当年御笔墨犹馨,一卷金刚呵护灵。
> 我识仁皇临寺意,翠华六过为看经。
> (《诣云栖,展读董香光金刚经》)

此处《上天竺》一诗中"君王梦里白衣人,伟业从兹辟莽榛"句所指,是吴越王钱俶"梦白衣人求治其居,王感寐,乃即其地创佛庐,号天竺看经院"③一事,载于南宋《咸淳临安志》。"白衣人"即后来上天竺寺所奉之观音菩萨,或称白衣

---

① 将太平天国称为"长发贼""长毛贼"的现象,在近代日本人的著述中屡见不鲜,并非北方心泉所独创。1862年到访上海的高杉晋作、日比野辉宽等人的笔记中已经如此。此现象在大正时期的日本人来华记中亦不少见。
② 北方心泉:《杭游纪行抄略》,金泽常福寺藏。
③ 《咸淳临安志》卷八〇,成文出版社1970年版,第785页。

观音。心泉生于僧侣之家,早在1868年十九岁时即继其父、兄,担任金泽常福寺住持,作此诗时已过而立。身在佛门多年,佛教相关的典故对其而言,无异于信手拈来,这一点并不足为奇。而此处两诗中提及的"大清天子""仁皇",显然应当指康熙、乾隆二帝,他们南巡时确实都曾来到杭州,且皆为云栖寺题写过匾额,但要说他们专为此来,则显然不合史实和常理。心泉两诗提及清朝皇帝南巡,且强调皇帝与杭州的寺庙过从甚密,暗示佛教地位尊崇,应当与其来华弘教的身份不无关系。事实上,胡铁梅就曾在心泉的影响下有入教并归籍日本的打算,只是由于教派内部原因未能如愿为僧而已。[①] 虽如此,胡氏终是埋骨东瀛,相关情况此处不再赘述。

更引人关注的是心泉在游云林寺(即灵隐寺)时所作的二首:

为访云林古梵宫,扁舟一棹荡轻风。
来时晴好归时雨,人在坡公妙句中。

斜阳照在最高峰,一击声摇雨后钟。
幻出西湖朝夕态,近山却淡远山浓。(《游云林寺归途遇雨》)

正如张继的《枫桥夜泊》使苏州寒山寺在日本广为人知一样,苏轼的西湖诗《饮湖上初晴后雨》在日本也传颂极广,在日本人西湖想象的构建中所发挥的作用至关重要,以至于近代日本人的西湖游记,鲜有不提及苏轼此诗意境者。心泉幼习汉籍,又"曾读《西湖志》,知其山水之美、寺观之壮甲于天下"[②],此日出游恰逢"初晴后雨",且湖光山色浓淡相宜,宛如置身东坡诗中妙境。他就此言及自己"人在坡公妙句中",自然是直抒胸臆、水到渠成之举。其余涉及"浓淡""晴好雨奇"意象的诗作,一并录之于下:

游心未艾促归期,烟雨溟濛两不宜。
天放新晴人意好,湖山赏足雨中奇。
(《阴雨不得出游,赋此默祷山灵,翌日果霁》)

---

① 本冈三郎:《北方心泉・人と芸術》,二玄社1982年版,第93页。
② 北方心泉:《杭游纪行抄略》,金泽常福寺藏。

越后超先随骥足,吟鞭已过翠微间。

江干诘取如之字,浓淡难分彼此山。(《同人驱马钱塘江上》)

此外,心泉寻求自身与历史人物对话、显示出对历史人物向往之情的诗作也有数首,如:

小憩林泉归去迟,不求闻达养吾痴。

前身敢是韬光子,恰好金莲放玉池。(《观韬光庵金莲》)

据明代张岱《西湖梦寻》记载,韬光庵在灵隐寺右之半山,为韬光禅师所建。白居易为其友,为之题堂号。内有金莲池,壁间有苏轼等题名。又传骆宾王亡命为僧,藏匿寺中,曾点拨宋之问名句"楼观沧海日,门对浙江潮"。心泉《杭游纪行抄略》中对上述诸多典故皆有提及,反映出他对该处景观的历史背景的熟稔。关于韬光禅师引水种植金莲,馨香袭人云云的文字则更为详尽,其对西湖相关典籍涉猎之广可想而知。心泉此时亲临其地,欣羡林泉之乐,称"不求闻达",将自身融入古意之中,更将自己前世比作韬光禅师本人,自然也是其文化认同的体现。

同样,《孤山》一诗的重点亦不在实景,而全在对先贤"逋仙",即林和靖超凡脱俗的隐士生活的向往之中:

不见当年瞰碧台,朱栏金壁总成灰。

孤山未许凡人隐,早被逋仙独占来。(《孤山》)

诗中的"瞰碧台""朱栏金壁"所指,应当是乾隆帝南巡驻跸杭州时西湖行宫中的建筑,行宫建于乾隆十五年(1750)年,在孤山南麓。"瞰碧台"应为"瞰碧楼",为西湖行宫"八景"之一。[1] 心泉到访之时,行宫已毁于太平天国战火。此处心泉似稍有对时过境迁的唏嘘之意,但立意的重点显然仍在对理想意象的追寻与欣赏之中,为此甚至不惜将昔日行宫之主、自己诗中的"仁皇"归入"凡人"一类。需要指出的是,心泉对于林和靖的认同与景仰此后还体

---

[1] 徐卉风:《西湖行宫及其八景》,《紫禁城》,2014年第S1期。

现在他的现实行动中,在"将别西湖"之际,他"剪去十爪,埋林处士墓畔",并作诗曰:

> 一支健杖纵跻扳,游遍山光水色间。
> 我骨愿埋林墓畔,先将指爪葬孤山。
> (《念八日将别西湖,剪去十爪埋林处士墓畔》)

心泉这首吐露心迹的述怀之作大受俞樾的推崇。俞樾认为,由心泉此举"可想见其为人矣",旋将此诗编入《东瀛诗选》中。

(三) 与杭州文士的过从

接下来,不妨移步心泉与当地文人的席间应酬及赠别之作,考察其杭州体验。心泉辛巳年(1881)在杭期间,"留宿二十八日",结交"数十百人",交际不可谓不广。具体活动主要不外乎饮酒、游湖、赋诗,与中国文人间传统的交游内容并无二致,这从他的诗中也可窥一斑。

> 半日交情胜数旬,载将诗酒逐香尘。
> 我生却到西泠晚,幸结吟坛第一人。
> (《朱嗣甫招饮,席上嗣甫出诗见示,即得步原韵以赠之》)

心泉辛巳年赴杭时,距他率日本留学生来上海别院已三年有余。从诗稿中以《心泉上人辛巳夏五月将游西湖留别海上诸子》为题的第一首来看,心泉在出发前似与上海当地众文人有过聚会,唯是否有人同行则无从得知。退一步说,即使如其"孤身却与云相似,来者不忙去亦闲"所言,是一人前往,应当也有两地文人预先安排。因此,心泉在抵达杭州后,即受到热情款待,并与之一见如故,席间唱和往还,气氛融洽,颇有相见恨晚之感。

> 不将中外问亲疏,携手游遨兴有余。
> 才向楼头沽美酒,又从湖上去观鱼。
> (《同语溪、敬斋、柳室、少峰小饮孤山楼外楼,寻胜到花港观鱼》)

此一首亦然,小酌之后一众携手寻胜西湖,兴味盎然,自不必提。唯此处"不将中外①问亲疏"一说颇为耐人寻味。一方面,心泉与杭州众文士觥筹交错,诗前酒后无不体现出在文化层面上的亲切与认同感,似乎早已超越了国家的藩篱。但另一方面,心泉内心中的日本意识也是论者无法否认的。更有甚者,同样精通汉学、对汉诗文建构的理想中国无比向往,以致曾"一夜梦入吴越,醒后有作"的山田长宣,在赞赏心泉诗作"西湖之胜详细说尽,使人如游其地"之余,甚至对此处的"外"字亦极为敏感,并建议心泉慎为斟酌。如此,心泉"我今乘兴杭州去,东国如斯有几人"一句被其提议去除"东国",修改为"我今解缆杭州去,诗兴如斯有几人"也就不难理解了。不甘自居于"外"或"东国",将日本与中国同列,明治时期日本汉学家的日本认同显然愈发清晰,对中国的认识也更趋理性。比诸江户时期部分一味崇拜中国、不惜以蛮夷自居的儒学者,不啻有天渊之别。

除了饮酒作诗之外,作为在杭交流的一个具体环节,心泉诗中还记录了在当地文人王启孙家书房参观的情况,颇有趣味:

轮转捷如风雨至,磨成墨汁两三升。
书家利器传千古,可惜张颠睹未曾。
(《启孙王君家藏磨墨器,甚便》)

所谓"磨墨器",一说即为文房四宝中的砚台,但似与诗中"轮转如风雨""张颠睹未曾"的描述不符,疑别有他物。但无论如何,能书善画的心泉对于该"利器"的赞叹之情是显而易见的。

最后,心泉在两次结束交游离开杭州前,都曾赋诗作别:

旧雨新盟何日寻,论文日日掉湖心。
扁舟能载几多恨,细雨斜风出武林。(《留别杭州诸子》)

空门不厌客身孤,锡杖云游本我徒。
别恨多般君识否,别君兼又别西湖。(《别无适法弟》)

---

① 原稿作"中外",山田长宣批注"中外字不稳",后改为"中日"。

饯别诗歌壁上留,河梁落日懒行舟。

名湖良友俱难割,似我当年去国愁。(《留别杭州诸子》)

一如诗中所言,心泉的杭州之行以景自娱、以文会友,临别之际不舍之情溢于言表。一方面,西湖风光无限,心泉对此极为赞赏。如前文所述,心泉此番来杭途中,在夜间经过松江九峰,睡梦之中未能得见,当时曾以"西子湖边胜景多"为由而聊以自慰。归途之中再过其地,心泉的心境果然大不相同,"心泉今日西湖返,不有名山意不关",他直言九峰"不足游赏",已颇有"五岳归来不看山"之感,可为佐证。

进而,不独西湖之胜,心泉对杭州的"别恨多般"自然也包括他对当地文士的惜别之情。心泉对杭州人物评价极高,认为杭州行中"最受优待者法相寺醒机、圣因寺雪舟、朱嗣甫、吴子嘉、戴用柏、王启孙、徐起庵、王兰生、赵哲士、张少峰、杨敬斋、王语溪诸人也"①,"不将中日问亲疏"一诗题中提及的"语溪、敬斋、柳室、少峰"多在此列。"或延于家中饮,或泛画舫于湖上宴,所受之厚遇,渡航以来未曾有也。足见人情之淳厚、风俗之洵美。"②

总而论之,对北方心泉而言,西湖风光令其倾倒,杭州文士热情相邀令其感激,自是事实不假。另一方面,日本国内经历废佛运动导致寺庙僧众多受冲击,好景不再,以至其发出"此地真堪留锡处,故乡无此好河山"(《偶成》)的浩叹,于情于理,应当都不是虚言。

更为值得注意的是,心泉对杭州观感之佳还远不止如此,对于当地一般民众、风土人情,他也曾基于自身体验多给予盛赞,直言杭州远非令其感慨"孔孟之道于今何所在焉"的"外商辐辏之地"上海、宁波可比:

于店头购物,到渡口呼舟之际,皆未见因我乃外邦之人辄妄加价钱者。此亦可见廉直之一斑也。比之上海、宁波等之人情浅薄、风俗狡猾之状,不啻云泥之差。③

---

① 北方心泉:《杭游纪行抄略》,金泽常福寺藏。
② 北方心泉:《杭游纪行抄略》,金泽常福寺藏。
③ 北方心泉:《杭游纪行抄略》,金泽常福寺藏。

四、结语

先于北方心泉来华的本愿寺僧小栗栖香顶对上海与北京的观感颇为不佳,其所见晚清中国的"不洁""固陋"形象与1862年搭乘"千岁丸"来华的高杉晋作、纳富介次郎等一行的记载可谓一脉相承。相比之下,心泉虽对上海、宁波等地亦有微词,但对杭州却情有独钟。由汉诗文建构而来的西湖理想形象令其心驰神往,以至"有志一游,兹十年矣"①。

心泉的西湖诗中多次使用的"闲"字,反映出其为杭州之行(尤以辛巳年为甚)所作的定位,借用其述怀诗中的说法即"名利无关",目的尽在山水之间,诗作也直观地展现出他对湖光山色的认可。在此意义上而言,现实中杭州自然风光之美显然与其意识中的标准颇为相合。同时,无论是东坡诗中晴好雨奇、浓淡两宜的意境,还是林和靖、韬光等先贤的遗踪,对于历史与人文记忆的追寻与确认也贯穿于心泉西湖之行的始终。相比之下,对于西湖因太平天国战乱"大寺巨观皆为长发贼所毁,已不复昔日之所闻""(灵隐寺)因逢贼乱,境内之胜皆化灰土"等现实状况的记述,仅止于《杭游纪行抄略》一文中。且观其文章亦不难发现,心泉一度"怅然良久"的感慨情绪随即转为对当地官民"装饰湖山,渐次恢复"行动的赞赏与感激,可以说,心泉潜意识中的西湖理想形象并未因其遭受劫火的现状而受损。在西湖诗中,心泉倾向于直接回避战争遗痕,唯一提及"劫后"处亦坚称"不改旧时姿",强调劫后余"生",几无惆怅情绪。同时,心泉两次与杭州文人雅士交游,其乐融融之状、依依惜别之情,也都在诗中得以充分体现。如此,心泉的西湖诗在对现实有所取舍的基础上,重构出一幅几近无可挑剔的"现实"杭州形象,这与当时日本知识阶层基于历史文本建构的中国想象高度吻合。正因如此,心泉诗中的西湖才令与其知识结构相近的山田长宣"如游其地"、村上珍休"恍惚若有遇",引起他们神游"记忆之场"之后的强烈共鸣。

当然,一如前文所述,在日本经历废佛运动、佛教前途未卜的时代背景下,"故乡无此好河山""我骨愿埋林墓畔"等句反映出心泉对以杭州为代表的

---

① 北方心泉:《杭游纪行抄略》,金泽常福寺藏。

中国自然与人文的亲近与认同感并非放之四海而皆准,至少上海、宁波在其心目中的形象就不甚高大。这一方面意味着心泉并未一味沉浸于理想、虚幻的中国想象之中而不能自拔,以致疏于观察现实状况,另一方面也透露出其似乎更愿意将传统的江南——杭州,抑或西湖等所表征的文化符号视为中国的"本真"。总体上,北方心泉衡量其视野中现实中国的尺度似乎依然未脱离传统意义上"孔孟之道"的范畴,以此论之,又与"喜爱孔夫子教"的小栗栖香顶颇有共通之处。

域外

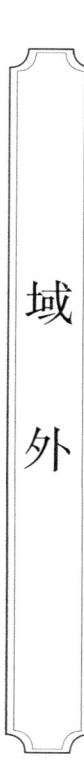

法兰西民族记忆中的农夫士兵沙文与沙文主义*

热拉尔·德·皮默热 著

吕 莹 译**

"沙文"(chauvin)这个词,命运不可不谓跌宕起伏。作为一个通俗的新词,"沙文主义"(chauvinisme)在法语中一直是活跃词汇,并且被收录进了西方的主要语言当中。我们还能够在列宁和那些盎格鲁-撒克逊的女权主义者笔下找到这个词,他们用"沙文猪"(Male Chauvinist Pig, M. C. P.)这个已经风靡全球的口号来谴责那些极端或荒谬的、应当受到严厉谴责的态度。[①] 如

---

* 本文节译自法国学者皮埃尔·诺拉(Pierre Nora)编纂的《记忆之场》(*Les Lieux de Mémoire*, 1984)第二卷《民族》(II. LA NATION)中的《士兵沙文》(Le soldat Chauvin)一文。作者热拉尔·德·皮默热(Gérard de Puymège)曾任《国际关系》(*Relations internationales*)杂志编委会成员、联合国教科文组织地中海项目协调员、日内瓦欧洲文化中心秘书长,其代表作《沙文:农夫士兵》(*Chauvin, le soldat-laboureur*, 1993)获得1994年的法兰西学院历史奖银奖。

** 吕莹,陆军工程大学基础部讲师,主要研究方向:法语教学、外军研究。

① 似乎是热尔梅娜·格里尔(Germaine Greer)在1970年创造了"大男子主义者"(Male Chauvinist)这个词:"大男子主义者秉持一种大男子主义的态度,照他的说法,任何一个撕裂的性器官处流血的女人都应当是个(疯狂的)荡妇。"*The Female Eunuch*, Londres, Paladin, 1971, p.85;法译本为 Laure Casteau, *La Femme eunuque*, Paris, Robert Laffont, 1971。表达这个含义的这个词的用法还可参见: Edgar Berman, *The Compleat Chauvinist. A Survival Guide for the Bedeviled Male*, New York, Macmillan, 1982, 以及 Marcella Markham, Dominic Poelsma, *A Chauvinist is... An Irreverent Book of Cartoons for Oppressors and Oppressed Alike*, Watford, Herts., Exley Publications Ltd., 1979。

果我们在百科全书或者字典里去查询"沙文主义"(chauvinisme)和"沙文"(chauvin)这两个词的来源,就会发现,这些表示夸张好战的爱国主义和狂热的民族主义的词汇是由一位出生于罗什福尔(Rochefort)的法国大革命和法兰西第一帝国军队的士兵尼古拉·沙文(Nicolas Chauvin)的名字衍生出来的。他是一位拿破仑时代英勇的近卫军老兵,因其对拿破仑的狂热和歇斯底里的爱国情怀而引人注目,之后,他将会被不同的剧作家和漫画家塑造成滑稽可笑的角色。

对于政治思想史学家、心态史学家或国际关系史学家而言,沙文是一位相当生动有趣的人物,但遗憾的是并没有任何一部对其进行深入研究的作品或论文。研究法兰西共和国和第一帝国军队的主要著作都对他略去不提。"沙文"这样一个出现时间可循并且如此大获成功的新词,必然要回溯到一个特殊的历史现象中去看。因此,将名字赋予了这个词的士兵沙文的生平就显得至关重要。

一、踪迹　寻找　鉴定

尼古拉·沙文似乎在他自己的时代就已经被遗忘了。探险家和滑稽剧作家雅克·阿拉戈(Jacques Arago)在1845年的《会话词典》(*Dictionnaire de la conversation*)附录中编纂了"沙文主义"(Chauvinisme)这个词条——这是它首次出现在词典中,以一种极其出乎意料的方式向读者揭示了这位拿破仑时代近卫军老兵的身份:"我们刚刚完成这项简短的研究,就收到了来自战争档案的准确情报。尼古拉·沙文出生于罗什福尔。这位士兵18岁入伍,参加过各式各样的战役。身前负伤17处、手指被截去三根、肩膀骨折、额头严重受损,佩荣誉军刀、红绶带,领200法郎的抚恤金——这就是那位长眠在祖国的阳光之下、坟墓上有木十字架守护的近卫军老兵⋯⋯沙文主义(chauvinisme)这个词不可能拥有一个更加高贵的主人了。"[1]

皮埃尔·拉鲁斯(Pierre Larousse)引用了阿拉戈的定义,在1867年补全

---

[1] Jacques Arago, "Chauvinisme", *Dictionnaire de la conversation et de la lecture*, W. Duckett 先生主编,补编,字母 C. Paris, 1845, p. 455。

了这样一幅肖像:"这位近卫军老兵的感情天真而又浮夸,在军营中始终因此而受瞩目。沙文的名声从军队里一直传到老百姓中间,很快,'沙文主义'这个词就用来指代对拿破仑的狂热崇拜,并且通常用来指代各类夸张的举动,尤其是政治方面的举动。"①德比杜尔(Debidour)后又在论文中重复了拉鲁斯的定义,他这篇论文不再探讨 chauvin 这个形容词,而是在《大百科全书》(Grande Encyclopédie)中贡献了"尼古拉·沙文"这个词条。直到 1879 年,在《法兰西学院词典》(Dictionnaire de l'Académie)的第 7 版中,我们才能看到这个词的出现:"沙文主义(Chauvinisme),单数名词,非常通俗的词汇,用于表达一种对法国军队的荣耀陷入癫狂的狂热感情。"

儒勒·克拉勒蒂(Jules Claretie)在 1913 年 1 月 3 日发表于《时报》(Le Temps)上的一篇文章中,不具名地引用了阿拉戈的定义,给沙文带来了新的更为具体的生平事迹:"退役的沙文回到罗什福尔,在法国海军军区司令部港口担任门卫。拿破仑一世在从艾克斯岛乘船去往圣赫勒拿岛之前,曾在此短暂停留,沙文不愿离开他的长官睡过的卧室门。皇帝的离开和白旗②的归来让他陷入了一种极其狂热的状态之中。他将一面陈旧的三色旗带回了家,用它做了一套床单;他比以往更像近卫军老兵,沙文低声说着'我心将死',他守住了自己的诺言。"

最后,美国历史学家戈登·莱特(Gordon Wright)提到了沙文在复辟王朝时期促成 1815 年修订宪法的动乱中的作用:"在经过了像尼古拉·沙文这样拿破仑时代的老兵动乱之后,这场战斗染上了沙文主义色彩(同样也为法语增添了一个新词)。"③沙文的名声正是建立在这个引人注目的、具有代表性的事件之上。遗憾的是,关于这场动乱的本质,戈登·莱特并未向我们作出任何准确的说明,我们始终也缺少这一事件的详细资料。的确,对于试图理解这个词的来源,试图理解那个叫作"沙文主义"的东西,还有沙文主义的原

---

① Pierre Larousse, "Chauvinisme", *Grand dictionnaire universel du XIXe siècle* (1866—1879), Genève, Slatkine Reprints, 1982, 34 vol., vol. III (1867), p.1111.
② 波旁王朝复辟时用白色旗取代了原来的三色旗。——译者注
③ Gordon Wright, *France in Modern Times, 1760 to the Present*, Chicago, Rand MacNally and C°, Londres, John Murray, 1962, p.242.

始含义究竟如何的人来说，问题的关键正在于此。因此，在档案中重新寻找尼古拉·沙文的踪迹就十分必要了。然而，在投身这场冒险的过程中，研究者惊奇地发现，他陷入了一片"无人之地"，既无历史，也无记忆，一切似乎都注定要让他迷失方向。

"沙文"这个姓氏是法国最普通的姓氏之一，往往出现在西部地区，在罗什福尔和滨海夏朗德省（la Charente-Maritime）尤其具有代表性。"尼古拉"这个名字则常见于北部地区，在罗什福尔和滨海夏朗德省却极为罕见。我们在滨海夏朗德省的档案中并未找到唯一一位在这一时期出生于罗什福尔地区的尼古拉·沙文，在这些不同的沙文之中，似乎没有任何一位与阿拉戈笔下的典型人物相吻合。

不过，在战争档案中，恰好有一份尼古拉·沙文的卷宗。这份卷宗包含两封美国人打听关于这位光荣的士兵情报的信件和国防部对这些问题的回信：一份拉鲁斯的论文复印件。阿拉戈获取到的情报的踪迹已经消失了吗？在这些个人卷宗中，大约有12位沙文，但并没有尼古拉。唯一一份与众不同的卷宗是一位叫作亨利-纪尧姆（Henri-Guillaume）的，他于1744年6月9日生于法莱斯（Falaise），1761年入伍，第四年升为上尉，在巴黎人民动乱中因阻止人民暴动而引人注目。之后，拿破仑重新赏赐了他一把军刀。年迈多病的他请求皇帝让他进入荣军院，但并未成功。根据警局档案中的一份卷宗记载，他自杀了，并将他的军刀留给了皇帝，但是，并没有报纸杂志或者什么人对他的命运感兴趣。

在1814年法国荣誉军团勋章获得者中，有10位沙文，但在这之中一位尼古拉也没有。只有一位引起了我们的注意：夏尔·弗朗索瓦·雷吉（Charles François Régis），出生于克吕阿（阿尔代什省）。他的宣誓表格因别致生动而被展示在荣誉军团勋章博物馆中："沙文先生，从帝国近卫军中退伍的掷弹兵，荣誉军团勋章获得者，声称自己不会写字，因此，他画了一个十字代替签名。"

无论是出于何种原因，都只能放弃从档案资料中确认这位尼古拉·沙文的身份了。因此，剩下的就只有版画和戏剧了，或许这些作品中会保留一些关于这位英雄的记忆。

上述词典中提到了两部滑稽剧和沙莱（Charlet）的版画。最常被提及的

法兰西民族记忆中的农夫士兵沙文与沙文主义

滑稽剧《农夫士兵》(*Le Soldat-laboureur*)是 1821 年由弗朗西斯(Francis)、布拉齐耶(Brazier)和迪梅尔桑(Dumersan)创作的轰动一时的剧作。剧中并未包含任何姓氏为沙文的人物,也没有嘲笑其中名叫弗朗克尔(Francoeur)[①]的农夫士兵,反而大肆赞扬了他。第二部剧是科尼亚尔兄弟(les frères Cogniard)的《三色帽徽》(*La Cocarde tricolore*)[②],这是 1831 年唯一一出为攻占阿尔及尔[③]所创作的戏剧——这一事件被七月革命盖过了风头。这部风靡一时的剧作将一位沙文搬上了舞台——他叫让(Jean),而不是尼古拉。这位沙文是个农民,出生于法莱斯,并非拿破仑时代的近卫军老兵,而是一位复辟王朝的新兵。在一系列英勇浪漫的曲折经历之后,这位沙文俘虏了阿尔及尔的总督。而在俘虏之前,他狠狠地教训了这位总督,嘴上喊着"我是法国人,我是沙文,我打贝都因人[④]……",并强占了他的妻妾,通过侮辱他来为迪瓦尔(Duval)领事报仇。作为奖赏,沙文被提拔为下士,这令他骄傲无比。士兵沙文因为三色帽徽的老兵的故事而仰慕法兰西的军事荣耀,强调自己的农民出身。

沙莱笔下的沙文肖像又是什么样的呢?沙莱的版画汇编很规整,[⑤]但经查阅却没有一幅以沙文的名字命名。此外,他也画了几百幅虚构的近卫军老兵和新兵,但却很少画肖像。不过,在 1833 年出版的《给小孩子和大孩子用的哲学识字课本》(*Alphabet philosophique à l'usage des petits et des grands enfants*)中,我们在字母 R 和 S("Regrets"和"Souvenirs"[⑥])部分发现了一位

---

① 此处弗朗克尔(Francoeur)的名字在法语中是由 France(法国)和 coeur(心)两个词组合而成的,或有"法兰西之心"的含义。——译者注
② 三色帽徽是法兰西共和国的标志之一,由法国国旗的红、白、蓝三色组成。在三色帽徽中,蓝色在中心位置,往外一圈是白色,最外面是红色。——译者注
③ 1830 年,法国以外交冲突为由,派兵入侵当时隶属于奥斯曼土耳其帝国的阿尔及利亚海岸地区,当地总督胡塞因·迪伊被流放,法国随即逐步展开了对阿尔及利亚的统治。——译者注
④ 贝都因人(Bédouin),也称贝督因人,是以氏族部落为基本单位在沙漠旷野过游牧生活的阿拉伯人,主要分布在西亚和北非广阔的沙漠和荒原地带,属欧罗巴人种地中海类型。"贝都因"为阿拉伯语译音,意为荒原上的游牧民、逐水草而居的人,是阿拉伯民族的一部分。——译者注
⑤ Colonel de La Combe, *Charlet, sa vie, ses lettres*, 书后附有对沙莱石版画作品的细致描述, Paris, Paulin et Le Chevalier, 1861, 2 vol.
⑥ "Regrets"意为"遗憾","Souvenirs"意为"回忆"。——译者注

"沙文,第61兵团士兵"。这是一位复辟王朝的新兵,并非拿破仑时代的近卫军老兵。我们注意到,他没有表现出丝毫的爱国主义,他伤感地看着士兵们从他的茅屋前经过,但这并不是因为他想要飞奔去前线,而是因为从军"曾是我的好时光……我只需要想执勤、巡逻、观察、站岗和训练就可以了……我当时自由又幸福"。马蒂内(Martinet)和其他作家也曾涉及这个人物,树立了这位新兵战胜最初的犹疑后,在面对恐惧时展现出的一系列英雄品质。最后,《我不太信任这位同乡》(*Je m'ai pas assez méfié de la payse*)将沙文搬上了舞台,这位沙文患有轻微的性病,在部队医院接受治疗(1824)。之后的版画提到了献给士兵沙文的歌曲,但没有任何一部笔名词典提到过歌曲作者,他的真实身份始终不被大众知晓。在一些最初是为纷飞落叶而写作的歌曲中(有一些一直流传至今)①,沙文与《三色帽徽》中的那位农民士兵有着一样的性格特征。他们的语气都是类似的:以一种粗俗下流的口吻歌颂酒、性和战争。②

从一开始,这位主人公的年龄就模糊不清。新兵沙文的身上综合了农村与军队的特质,然后顺理成章地变成了老兵。随着时间的流逝,这种越来越频繁的身份转变将会成为在现代或之后的那些大兵闹剧③中辨认出沙文的特殊特征之一。在1840年的一出滑稽剧中,这种身份转变的意思则变得完全相反。在这出名为《黄蜂》(*Les Guêpes*)的滑稽剧中,第一次出现了"沙文主义"(chauvinisme)这个新词。阿方斯·卡尔(Alphonse Karr)以黄蜂蜇出的伤口来谴责社会的滑稽可笑。沙文面对《黄蜂》的蜇针,以近卫军老兵的形象,遭受了许多嘲笑:"老顽固!……沙文主义已经过时了。"④人

---

① *Œuvres poétiques de Chauvin*, trois romances militaires, Paris, Gaultier-Laguionie, 1825. *Guirlande poétique et militaire de Chauvin*,第二版经过了修订和切实的增补,Paris, Firmin-Didot, 1833。
② "Suite des amours de Chauvin", *Guirlande poétique et militaire de Chauvin*, op. cit., p.21.
③ 此处的"大兵闹剧"法语原词为 comique troupier,指的是20世纪初以士兵为题材的滑稽放荡的故事。——译者注
④ Jean-François Bayard, Philippe Dumanoir, *Les Guêpes*, op. cit., sc. IX, pp.11.

们唱着歌来嘲笑他,这显然是以滑稽的方式加以歪曲的氛围。①

老兵油子的形象很快重新占据了上风:"……你们瞧不起沙文……可等到危险来临的时候……就会有30万只像我一样胆小的兔子,这就是我对你们的祝福。"②接着响起了炮声。这本是迎接拿破仑皇帝骨灰的炮声,③可是每个人却都以为是敌人的进攻声。这在欢声笑语的人群中间投下了恐慌的气氛,而沙文却在此时化身为活泼的新兵,高喊道:"始终如一! 沙文一直都在……在法国,沙文不会死!""要是必须进攻的话,沙文会在这里,在这里保护你们!"

沙文是太平无事的祖国永恒不变的盾牌,也因此赢得了所有人的支持和尊敬。多亏了沙文,重陷战争的法国在面对外敌时又变得团结一致。在第二帝国的歌曲中,沙文以老兵的形象出现。纳多(Nadaud)仰慕他,而阿弗内尔(Avenel)则毫不掩饰对他的敌意。纳多笔下的沙文是个酗酒、挨老婆打的近卫军老兵,他回归了土地,在小酒馆的露台上喝着酒,用史诗故事重现了自己从乡村走向祖国的青春时光。④ 年轻的农民听众围坐在他身旁,沉醉在爱国情绪之中。

保罗·阿弗内尔是"石匠"⑤的坚定反对者,他在沙文这个老糊涂身上看到了耻辱制度的同谋。人民饥肠辘辘,沙文却大言不惭地拿遥远的战争来糊弄他们,而这些战争的输赢与他并无关联。第二帝国无法找到更好的公众关系代理人了。他确实愚蠢,被骗的同时也爱骗人,而且毫无疑问,他就是那个

---

① 同上。这段唱词让我们想起弗朗西斯(玛丽·弗朗索瓦·达拉尔的笔名)、尼古拉·布拉齐耶(Nicolas Brazier)、泰奥菲勒·马里翁·迪梅尔桑(Théophile Marion Dumersan)的滑稽剧《博斯的收割者或农夫士兵》(*Les Moissonneurs de la Beauce ou le Soldat-laboureur*),这是一出混杂着唱段的滑稽剧,1821年9月1日在综艺剧院(le théâtre des Variétés)首次被搬上舞台。Paris, Tresse, Delloye, 1840, sc. XIV, p.7:

> 我认得这个当兵的,
> 我在战场上见过他。

② Jean-François Bayard, Philippe Dumanoir, *Les Guêpes*, op. cit., sc. IX, pp. 11 et 12.
③ 1840年,在拿破仑去世19年后,他的遗体被迎回法国。1840年12月10日,灵车载着拿破仑的骨灰,穿越巴黎的大街小巷,来到塞纳河畔的巴黎荣军院。彼时钟鼓震天、礼炮齐鸣。此处原文中提到的炮声和"骨灰归来"(le retour des Cendres)指的应是此事。——译者注
④ Gustave Nadaud, « Chauvin », *Chansons de Gustave Nadaud*,第八版增补了39首新歌,Paris, Henri Plon, 1870, pp. 82 à 84。
⑤ 拿破仑三世被政敌戏称为"石匠"(Badinguet)。——译者注

理想的法国人——对军队与祖国抱有最无私的爱。这就是"圣沙文"(Saint Chauvin),天赐的可笑楷模。沙文认为,第二帝国是法国人真正的天堂。① 不过,作为制度的代言人,他同时也是制度的第一个受害者。"唉!在法国,沙文主义是所有美德的代名词。"②

让我们见证沙文的老去。他的死将由阿方斯·都德(Alphonse Daudet)搬上舞台。这一次他又战胜了自己的滑稽可笑,赢得了尊重。这里呈现的不再是一位老兵或新兵,而是一位中年男子。都德并没有明确赋予他农民的特质,而是反复强调他颤动舌尖发 r③ 这个细节,这个习惯让人联想到根深蒂固的乡音。

对真实沙文的追寻成为正当合理的愿望:尽管嘲笑吧!无论如何,沙文都是存在的——曾经存在过……是那个时代的无名英雄!大约在1820年,沙文以复辟时期农民新兵的形象出现,直到1840年都鲜有例外。之后则越来越频繁地以拿破仑时代近卫军老兵的形象出现(1840年的《黄蜂》,1845年阿拉戈的作品,1860年纳多的作品……)。沙文有时会变老,这并非参照某位真实的老兵形象,而是在他正当合理的行为演变过程中逐渐发生的。作为国家民族主义时代的理想法国人形象,沙文没有年龄,因为"在法国,沙文不会死",又或者说,他可以同时处在任何年龄段。

显然,当沙文出现在歌曲、石版画和戏剧中时,他并不是以背负历史记忆的老英雄形象出现的,而是一位注定要有典型冒险经历的"初出茅庐"的年轻人。因此,对他的传记研究就变得徒劳了。甚至连知道他是否真的存在过这个问题都不再有意义。沙文这个姓氏几乎就和马丁(Martin)、杜邦(Dupont)这些姓氏一样常见。这或许是偶然的选择。假如沙文在其姓氏之外确有其人,那也只可能是一位在三色旗下入伍的年轻农民,在这些作者之中有一位认识他,并对他的天真和愚蠢印象深刻。但是,他的个人生活并不能引起我们的兴趣。相反,那些激发我们兴趣的、深藏在法兰西集体记忆之中的、似乎在过去被压抑了的,才正是他所讲述和代表的东西。

---

① Paul Avenel, *Nouvelles Chansons politiques*, Paris, Armand Le Chevalier, 1878, pp. 26 et 25.
② Id., "Chauvin", in *La Chanson française du XVe au XXe siècle*, 带音乐附录(作者不详), Paris, La Renaissance du livre, 1912, pp. 278—279。
③ 法语中的 r 这个音是小舌音,发音时颤动小舌而非舌尖。——译者注

二、法国士兵,出生于卑微的农夫之家……

沙文是作为农民献身祖国与战争的启蒙。他代表着一个古老的传说,这个传说从古老的圣经文化,特别是古罗马文化中形成,后在启蒙运动的进程中被重新发现并更新,这就是农夫士兵(Soldat-laboureur)的传说。沙文是这个传说的终极版本,也是在他叛逆的"高卢人性格"中最现代、最受大众喜爱,同时也最"法兰西"的一个版本。

至此,尽管他无处不在,却始终被研究者们忽略。这位农夫士兵(大写的 S 和小写的 l[①])是"现代性"所造就的第一位平民身份的集体大英雄。从这个意义上来说,他有点儿像是无产阶级的鼻祖,同时,他也是法西斯和纳粹极权制下政治士兵的鼻祖。在法国,"人民大众"这个概念在工人阶级群体中固定下来之前,是围绕农民产生和发展起来的。

沙文在中世纪时被彻底遗忘,直到旧制度日薄西山之时才姗姗来迟,在那些"哲学家"笔下,作为维尔日勒式的反命题而重新出现,剑指宫廷、城市和君主专制的腐败。他最终在大革命的战争中赢得了荣耀,他的壮年形象化身为拿破仑时代的近卫军老兵——甚至化身为拿破仑皇帝本人的形象。拉斯加斯伯爵(Las Cases)[②]和安托马契(Antommarchi)医生[③],还有后来的版画家们都刻画了拿破仑在圣赫勒拿岛流放时手执铲子和犁的形象[④]。最终,几经戏剧和文学改编之后,这位士兵农夫最终以"出生于卑微农夫之家的法国士兵"沙文的特征固定下来。同样,在 1840 年的《黄蜂》中,沙文也确定下了自己的特征。

作为一个勤劳、多产、爱国的小地主,他既不是旧制度下田园牧歌式的牧羊人,也不是中世纪的农奴或农业工人。他传统,却也进步,坚定地支持现代

---

① 此处"农夫士兵"对应的法语单词为 Soldat-laboureur,"士兵"(Soldat)一词的首字母 S 大写,"农夫"(laboureur)一词的首字母 l 小写。——译者注
② 滑铁卢战败后,拉斯加斯伯爵和拿破仑一同被流放到圣赫勒拿岛上,并写下了《圣赫勒拿岛回忆录》。——译者注
③ 安托马契是拿破仑的医生,在拿破仑死后担任其验尸官。——译者注
④ 例如,可参见弗雷(Frey)的《圣赫勒拿岛的园丁》(*Le jardinier de Sainte-Hélène*), 1829, Bibliothèque nationale, Estampes, Ef 217, Collection de Vinck, n° 9785, 还有安娜-马利·罗塞(Anne-Marie Rosset)的有趣评论, *Inventaire de la collection de Vinck, vol. V*, « La Restauration et les Cent-Jours », p.272。

化,完全脱离了凯尔特或日耳曼民歌中那些传奇民族英雄的中世纪乡愁背景。从这个方面来说,他又是独特的。也正是在这种进步主义和传统拉丁文化相混合的背景之下,他才是一位纯粹的法国人。无论这位农夫士兵是否化身为沙文的形象,他都是一位平民英雄。

从19世纪20年代开始,正统派就在其政治宣传中对这位农夫士兵加以利用。于是,从极左的雅各宾派到极端君主主义者,还有左派的专制波拿巴主义者和那些空想社会主义者,都围绕他而产生了一种惊人的共识。他的人物形象达成了统一,并成功体现了法国根深蒂固的农村与尚武的本质——除了像波德莱尔这样处在社会边缘、被社会抛弃的破坏分子之外,再也没有人会对此提出疑问。

在复辟王朝和七月王朝时期,农夫士兵这个主题在版画、歌曲和戏剧方面蓬勃发展,并获得各种阐释,且不局限于文学或艺术领域。最典型的就是农民促进会(les comices agricoles)。这些组织自1820年起创立,之后逐渐蔓延到整片国土。正如它们的名字所昭示的那样,这些受古罗马文化影响的"促进会"有着公民、爱国和民族的特征。福楼拜在小说《包法利夫人》中为这些聚会留下了永久的纪念,它们既具有实际的教化功能,又像是道德课和狂欢课。比若(Bugeaud)就是这些聚会的主要推广者之一。人们赞颂的,是尚武的和农业的法国,是他们培养的经验丰富的士兵和农夫。至于那些名人的讲话,则属于最纯粹的沙文主义的尚武宣传。比如议会议长、自由党议员迪潘(Dupin)1835年6月7日在塞纳瓦兹(Seine-et-Oise)的农民促进会上的讲话。他模仿了卢梭感化农村大众的话术:"耕地耕得最好的人就是最能守护这片土地的人。好的农夫同时也是最好的士兵……从青少年时代起就睡在地上看守羊群的人是不会害怕站夜岗的。他在击退敌人时会想到他的村庄和他耕种过的土地。然后,等到服役期满,他又重新回去用汗水浇灌这片他曾为之流血的土地。向农夫士兵致敬!"①

政治舞台上的另一个极端,是米什莱针对保守的大资产阶级发声的有力回应。这位国民历史学家和图斯内尔(Toussenel)一起谴责世界性的、犹太人的和盎格鲁-撒克逊人的"金融垄断势力",在1846年发表的《人民》中歌颂"拥有2 500万人民的农业的、尚武的伟大法兰西",赞扬"这个庞大而又深刻的军团,它

---

① André Marie Jean-Jacques Dupin, 1835年6月7日在格里尼翁(Grignon)发表的在塞纳瓦兹农民促进会上的讲话,由迪潘先生转载于 *Des comices agricoles et en général des institutions d'agriculture*, Paris, Videcoq fils aîné, 1849, p.101。

由农民-地主士兵组成,这是罗马帝国以来任何一个国家都从未有过的坚强基石",为之构成了"人民"。当米什莱谈及阿尔及利亚的士兵回归农场、谈及沙文的回归时,他提出了这个土地的问题,并和迪潘使用了同样的措辞:"你们想评价我们的农民吗?看看退役归来的他们吧!……刚刚从非洲回来……你们看到他们毫无怨言,也完全不粗暴,而是试图用最体面的手段来完成这项铸就法兰西力量的神圣事业:我想说的就是人与土地的结合。"①

从以上占主导地位的讲话来看,在农业殖民地计划中的大多数人身上能隐约找到这位农夫士兵的影子,就没什么好奇怪的了。这些人中不仅有老兵,也有孤儿、无产者、轻罪犯人,他们构成了当时社会思想的主要方面。在那些空想社会主义者,如卡贝(Cabet)、孔西德朗(Considerant)、昂方坦(Enfantin),或是图斯内尔这样的傅立叶主义者身上,同样可以找到这位农夫士兵的影子。

无论是幻想还是实践,这些殖民地总体而言都是以军事模式组织起来的。对阿尔及利亚的殖民或许是遭受苦难和破坏的群体的出路所在,为这些农业殖民地计划打开了全新的视野,这些涵盖了从最保守到最革命的计划都是在试图实现同一个理想。比若对农夫士兵共同体村庄的探索就是这场运动的组成部分,其中,军事-农业殖民的尝试获得了傅立叶主义者和孔西德朗的赞同。比若元帅本意也是想让自己成为这个传说的鲜活化身。"我只是一个农夫士兵",1832 年 4 月 21 日,他在议会上大声说道。成为伊斯利公爵之后,他选择了剑和犁作为武器,将"剑与犁"(*Ense et aratro*)作为自己的座右铭。

所有这些计划和这些军事-农业殖民地都有一个公开的目的:消除贫困和犯罪,构建起社会和平——那些最进步的人士从中看到了令人联想到乌托邦的完美和谐的图景。

同样,正是在法国这个尤为突出的农业特征的基础之上,构建起了博爱殖民计划中最著名的路易·拿破仑·波拿巴的计划。这位未来的皇帝一边提醒大家,农业对于拿破仑而言是"灵魂,帝国的基石"②,一边使无产阶级扎根土地的组织结构得到了发展。多亏了军事化组织的农业殖民地制度,这个编制有序的英勇国家已经准备好迎接昭示着现代化的群众战争,而且将会以

---

① Jules Michelet, *Le peuple* (1846), Paris, Flammarion/Champs, 1974, pp.118, 89, 132, 90.
② Louis Napoléon Bonaparte, *Des idées napoléoniennes* (1839), *Œuvres*, publiées par M. Charles Edmond Temblaire, Paris, Librairie napoléonienne, 1848, vol. I, p.240.

一个统一阵线来反抗他与图斯内尔和米什莱所共同谴责的"金钱的垄断"①。

1848年,这位农夫士兵受到了极左派的优待。歇尔省(Cher)的社会党议员费利克斯·皮亚(Félix Pyat)在一段给农民的祝酒词中称赞"耕地的人"为"真正的土地之子",他们将"对祖国和自由的信仰"刻在身上,将"对国王的仇恨"与"对国家的爱"结合在了一起。这段祝酒词被反复编辑,然后发表在了欧仁·苏(Eugène Sue)的卢瓦雷省(Loiret)竞选小报《农村共和党人》(*Le Républicain des campagnes*)上。皮亚歌颂了农民这个词,从它的定义出发,衍生出一连串的话,一直说到"贝当主义",他一遍又一遍地重复着:"这是个无与伦比的爱国名词,农民意味着国家的人、国家的耕种者和国家的保卫者。"与此同时,1848和1849年任科多尔省(Côte-d'Or)工人议员、《乡村小报》(*La Feuille du village*)的创始人皮埃尔·茹瓦尼奥(Pierre Joigneaux)向他的"农村兄弟们"宣告一个"属于农民的、民主的、社会的共和国"②即将到来,这一说法1870年在甘必大(Gambetta)③的讲话中将会再次出现。

许多1848年的主要共和党人都在12月2日之后被流放,直到1870年才重新出现,而幸免于难的皮埃尔·杜邦则发表了一部《让·盖特雷年鉴》(*Almanach de Jean Guestré*),通篇歌颂农夫士兵。其中"法兰西的农民"在贝当派的讲话中以"好丈夫、好父亲"的形象出现,"风评严苛、品行纯粹简单、像牛一样任劳任怨"。他是法兰西第一人,土生土长,"作为土地之子,他缴纳赋税、保卫祖国,还养活了所有人"。

在这篇与古罗马美德的古老标志联结在一起的革命性讲话中,农业元素充斥其中。保守主义立即作出了回击,不仅给这位农民定了罪,还将他调职留用到复辟王朝。在高呼共和国万岁、皇帝万岁和国王万岁之后,这位农夫士兵在德瓦勒神父的笔下成为了基督教的士兵。德瓦勒是成功的通俗小说作者,他在作品中为沙文留下了一席之地。他重新选取了所有可以在1848年社会党人身上找到的有关农夫士兵的主题,并在其中增加了宗教主题。在

---

① Id., *Extinction du paupérisme* (1844), *Œuvres, op. cit.*, vol. II, p.266.

② Pierre Joigneaux, « À mes frères des campagnes », *Le Républicain des campagnes*, par Eugène Sue, Félix Pyat, Pierre Joigneaux, Victor Schelcher, Pierre Dupont, nouvelle édition, Paris, Librairie de la Propagande démocratique et sociale, 1851, p.68.

③ 莱昂·甘必大(Léon Gambetta,1838—1882),法国共和派政治家。——译者注

《士兵农民》(*Le Paysan-soldat*, 1853)中,这位主人公经历了沙文早期所经历的种种:第一声枪响时惊慌失措,第二声枪响时展现英雄气概,下士军衔……在重新找到"我毕生的抱负"之前,"以农夫的身份平静地生活着"①。

依然是在第二帝国时期,这位农夫士兵在诗歌中占据了重要地位。茹费里(Jules Ferry)的前任农业部长、以其名字命名的贸易保护税之父朱尔·梅利纳(Jules Méline)②,在1885年仿照骑士勋章创立了农业成就勋章(ordre du Mérite agricole)。他于一战前夕发表了《回归土地》(*Retour à la Terre*)。梅利纳是卢梭和米什莱的门徒,他跟德瓦勒和奥特朗(Joseph Autran)一样,表达了对法国的城市、贸易和工业腐败的某种反感。面对社会和种族身心退化的情况,拯救之道寓于回归土地之中。梅利纳写道,必须立即组建"一支小农场主的军队,这对法国而言将会是一支取之不尽的后备部队,也是维持社会和政治平衡的一个无与伦比的保障"③。

这个由农夫士兵组成的理想的法国不久之后就在战壕中简要展示了它所能创造的奇迹,梅利纳从中看到,他所提出的制度的优越性得到了论证。为了建立起他梦想中乡村的、自给自足的、强大的、爱国的、尚武的法国,他比以往更加卖力地推广回归土地。这成了一项真正的社会改革目标,也就是《靠土地拯救》(*Le Salut par la Terre*),这是他在1919年发表的作品的标题。他在书中明确提出了通过"动员""农民士兵"来组建一支"农业军队",这是由"农业法国兵"组成的"神圣方阵",这些"兵团"将会投身一场"新的战役",这场战役必将引导他们走向"胜利"。④

这同样也是在1920年11月11日的无名烈士葬礼上占据主导地位的思想。这场葬礼与共和国的50周年诞辰,以及甘必大的心脏移入先贤祠的仪式一同举行。在庆祝仪式的前一周,共和派历史学家加布里埃尔·阿诺托

---

① Mathieu Charrue, *Le Paysan-soldat*, épisode de la Révolution et du Consulat, A. 德瓦勒作品,Besançon, Cornu, 1855, p.382。

② 朱尔·梅利纳在当时被誉为法国农民的捍卫者,最具标志性的是1892年由他提议实行的农产品贸易保护措施"梅利纳关税"(Tarif Méline)。——译者注

③ Jules Méline, *Le Retour à la Terre et la surproduction industrielle* (1905), Paris, Hachette, 3e éd., 1905, p.218.

④ Id., *Le Salut par la Terre et le programme économique de l'avenir*, Paris, Hachette, 1919, pp.77, 218, 190, 81, 83 et 226.

(Gabriel Hanotaux)在《名流》(L'Illustration)上发表了一篇题名为《1870—1920》的文章,赞扬了神圣联盟,并恭贺了共和国的50周年诞辰。法国之所以在1870年普法战争中战败,又在1918年一战中取得胜利,阿诺托写道,这是因为它终于"不仅是作为军队,而且是作为国家"在战斗。而联盟之所以收获颇丰,是因为"共和国依托的是国家最坚实的阶层",正如共和国的建立者梯也尔(Thiers)和甘必大所预见的那样,"这个庞大的民主共和国正是农民的共和国"。

经过梅利纳和他的追随者们的描绘,劳作、家庭、祖国、军纪与长官崇拜,以及这位农夫士兵沙文主义的狂热直接开启了走向贝当主义的道路。贝当元帅其实是想借着国家面临新灾难的机会,试图实现梅利纳的计划,即通过"国民革命",建立起真正的法国,即农夫士兵的法国。他对此的最佳表达被保存在他1935年11月17日发表的讲话文稿中,贝当此后所有歌颂土地的宣言都可在这篇讲话中找到原句,甚至还有完整段落的复述。他坚实可靠,并且"他低调可靠地履行了自己作为农民的义务,并以同样的态度履行了自己的军事义务"。不断参与行动,"无论发生什么,他都应对,他都坚持"。法国,就是他。正是这位农夫士兵"以他英勇的耐心铸就了法国,正是他保证了经济和道德的平衡",他是"所有道德力量的源泉",因为"他是直接从祖国的土地中汲取这些的"。[1] 正是从这些公设出发,贝当才可以在1940年高呼道:"土地不会说谎。它始终是你们的依靠。它就是祖国本身。"[2]

贝当是一位以他的农民出身为荣的老兵,这次轮到他这位"农民元帅"来化身为农夫士兵了。由于他过往不甚光彩的历史,他将会是最后一位农夫士兵的化身。这个原型神话在耻辱中崩塌,然后被民族意识驱逐出去。这位农夫士兵被遗忘、不为人所知,仿佛被掩藏起来了一般。他从记忆、收藏和博物馆中被驱逐,就如同曾被挂在乡间茅屋深处的元帅肖像一样,消失了。

---

[1] 菲利普·贝当元帅,1935年11月17日在卡普莱-瑞纳克的死难农民纪念碑落成仪式上的讲话,全文转载于 José Germain, *Notre chef Pétain*, Paris, La technique du livre, 1942, pp. 181-182。

[2] 作者同上,1940年6月25日的讲话,收录于 *La Doctrine du Maréchal classée par thèmes*, Paris, 1943, p. 94。

三、沙文的遗嘱

　　这位农夫士兵完美化身为沙文这个"原型神话",在对他进行描述的时候,我们采用了所知道的含义最为强烈的那个概念来对丹尼·德胡奇蒙(Denis de Rougemont)、米歇尔·伊利亚德(Mircea Eliade)和列维-斯特劳斯(Lévi-Strauss)的著名定义作出总结——这是一个作者不详的带有说教意味的故事,代表了日常生活中各种领头羊的形象。

　　沙文这些重复的和可以互相转换的冒险经历,无论是老兵的故事还是新兵的经历,都通过本身有些滑稽的行为,得以避开日常生活的变迁,与他起源的那个伟大的时代联结在一起。对于共和党人和波拿巴主义者而言,这个伟大的时代比它临近的时代更加令人振奋:这是1789年与过去耻辱历史的革命性决裂,有法国大革命和第一帝国战争的荣耀光环加身。在亨利四世统治时期,也曾有过这样一个相似的角色,他是自命不凡的绥靖者和调解者,经由叙利(Sully)之手成为农业法国的保卫者,在王朝复辟时期被大肆宣传,与拿破仑的优势形象分庭抗礼。无论是左派还是右派,这位农夫士兵的神话形象都打破了政治划分,承载了救世主的形象。

　　作为农夫士兵化身的沙文远不是一个滑稽可笑的角色,他被归入了米克洛斯·莫尔纳(Miklós Molnár)[①]在《行为的文化原型》(*Les modèles culturels de comportement*)中构建的那个类别之中。无论是艺术还是文学的产物,与反映现实相比,这个行为的文化原型更像是权力或政党,说得再含蓄些,这个原型更像是公众自身希望它呈现的理想状态。[②] 沙文的情况正是如此——相比英雄或狂热的爱国者,他表现得更像是那个绝对顺从的人。他完美地适应了军队的等级制度(幸福与自由对他而言就是服从命令),即使在大规模战争中被要求牺牲时也是如此。

[①] 米克洛斯·莫尔纳(1918—2003),匈牙利历史学家,日内瓦大学和洛桑大学名誉教授,在法国发表过多部国际关系、社会历史和中欧国家方向的作品。——译者注
[②] Miklós Molnár, « Le modèle culturel stalinien », *Cahiers Vilfredo Pareto*, Genève, Droz, vol. XIX, 1981, pp. 101 à 113.

正如夏多布里昂和沙莱告诉我们的那样,①沙文完美地诠释了"炮灰"一词,这一形象出现于第一帝国时期。他解甲归田,出色地适应了资本主义社会视作信条的生产力的要求。他朴实无华的才干虽只得到了虚名与下士或中士军衔的奖赏,但他对此很满意,甚至感到骄傲。他代表着各种平民的原型,甚至是最愚笨的人。

沙文主义话语的深层的、终极的功能究竟是什么？通过一些与几幅名画主题相同的版画、诗歌和歌曲——其中就有霍勒斯·韦尔内(Horace Vernet)②的一幅画作——农夫士兵的故事让人察觉到了一个难以言喻的秘密,它似乎是根据神话讽喻和隐晦的方法,在不经意间显示并表达出来的。这个秘密就是祖国土地的神圣特征,土地的腐殖质是由英雄的尸体形成的,这些尸体则是用犁挖掘出来的。这个场景从《农事诗》③的诗句中获得灵感,被唱成歌、画成画、刻成版画或做成雕塑,在新的背景下,成了祖国土地肉欲

---

① "将应征入伍者称作原料或是炮灰,是对人类生命的蔑视,也是对法兰西的蔑视",夏多布里昂是这样描写拿破仑的军队的,他同时也提到"这些可怜人在成年之前居无定所……被当作炮灰,安排在最危险的地方,以消耗敌人的火力"。"De Bonaparte et des Bourbons"(1814年3月30日),*Mélanges politiques et littéraires*, Paris, Firmin-Didot, 1857, pp. 179 et 186. 1838年,极端军国主义者和波拿巴主义者沙莱在他的著作《瓦朗坦下士的政治和军事平民生活》(*Vie civile politique et militaire du caporal Valentin*)未完成的序言中是这样描写他的主人公的:"这类人叫作战场上的牛肉片,因为他们很好地维持了火力。"转引自德拉孔布上校,*Charlet, sa vie ses lettres*, op. cit., p.119.
② 1818年,皮埃尔·罗克·维涅龙(Pierre Roch Vigneron)画了一幅《农夫士兵》(*Soldat-laboureur*);1820年,霍勒斯·韦尔内也就这个主题进行了创作,这幅画如今已被淡忘。根据批评家保罗·曼茨(Paul Mantz)的说法,这幅画"比任何一幅大作都要成功",《艺术家》(*L'Artiste*),1857年11月22日,第179页("霍勒斯·韦尔内"词条)。许多石版画、木版画和利口酒标签的灵感都是来源于这幅作品。
③ Virgile, *Géorgiques*, I, "Le labourage". 18世纪最著名的古典诗人德利尔(Delille)神父作出了如下的翻译,这段译文被无数次作为农夫士兵的石版画传说而引用:

> 一天,这位农夫在犁沟之中
> 这些长眠着那么多部队残骸的犁沟之中,
> 他碰撞到他们古老的遗骸——以犁碰撞
> 他发现脚下有锋芒——被铁锈侵蚀的锋芒;
> 他听到英雄们头盔的回响,
> 凝望着他们的尸骨——眼神痛苦地凝望。

Abbé Jacques Delille, *Les Géorgiques de Virgile* (1769), *Œuvres complètes*, Paris, Firmin-Didot, 1865, p.520.

的、神圣不可侵犯的、不可违背的、"禁忌的"、本质的、最原始和最强大的形象。这些既原始又强大的形象大约在 1820 年出现,它们参考了古代的资料,或因其威望而让一段近代的故事在记忆中永垂不朽:滑铁卢和法国战争的创伤事件①。在记忆中,这段故事通过这些形象与神话结构结合在了一起。我们在其中看到了一种民俗基础的形成,不再是地方性的,而是全国性的。它保留了一种粗野的、部落性的、"零度"的特征,这是巴雷斯和莫拉斯(Maurras)精心准备的更加严密的讲话的原始素材,它之后会变得更合理化,并转变成一种民族主义的意识形态。

最后,在宣布了它的起源和深层的本质之后,这个神话的功能还在于确保团体的凝聚力。它构建了社会的基础,并以其规定和习俗来维持社会的团结。农夫士兵沙文承载着一个国家和解的梦想——跨越阶级和党派对立,赞颂土地、赞颂军事价值、仇视外国。

沙文既是祖国的本质记忆,同时也是表现正在形成中的国家典型形象的行为和态度原型,他代表着一个远远超出其人物本身的神话。他承载着文化和道德的倒退,还有潜在的种族主义和性别歧视这样排外的暴力,在没有任何玩笑可以抹去的贝当派时期黯然失色。他看着自己从法兰西的集体民族记忆中退出淡化,而他曾是这个集体记忆既可笑又光荣的产物。这样的态度、这样的反应或是政治口号明显是荒谬的,莫名倒回到禁欲的境地,却让我们时不时地在不知不觉间听到这位农夫士兵的高声附和,这模糊的声音有时也是法兰西的声音。

参考文献:

Arago, Jacques, *Dictionnaire de la conversation et de la lecture*, sous la direction de M. W. Ducket, Paris, 1845.

Avenel, Paul, «Chauvin», in *La Chanson française du XVe au XXe siècle*, Paris, La Renaissance du livre, 1912.

Avenel, Paul, *Nouvelles Chansons politiques*, Paris, Armand Le Chevalier, 1878.

Bayard, Jean-François, et Dumanoir, Philippe, *Les Guêpes*, *Guirlande poétique et*

---

① 若想看到关于"创伤事件"这一概念及其对精神状态影响的深入分析,可参阅索尔·弗里德兰德(Saul Friedländer)的作品,*Reflet du nazisme*, Le Seuil, 1982.

militaire de Chauvin, 2e éd. corrigée et véritablement augmentée, Paris, Firmin-Didot, 1833.

Berman, Edgar, The Compleat Chauvinist. A Survival Guide for the Bedeviled Male, New York, Macmillan, 1982.

Bonaparte, Louis Napoléon, Des idées napoléoniennes (1839), Œuvres, publiées par M. Charles Edmond Temblaire, Paris, Librairie napoléonienne, 1848, vol. I.

Bonaparte, Louis Napoléon, Extinction du paupérisme (1844), Œuvres, op. cit., vol. II.

Charlet, Vie civile politique et militaire du caporal Valentin, 1838. Cité par le colonel de la Combe, Charlet, sa vie ses lettres, Paris, Paulin et Le Chevalier, 1861.

Charrue, Mathieu, Le Paysan-soldat, épisode de la Révolution et du Consulat, publié par A. Devoille, Besançon, Cornu, 1855.

Colonel de La Combe, Charlet, sa vie, ses lettres, Paris, Paulin et Le Chevalier, 1861.

Dupin, André Marie Jean-Jacques, Discours au Comice agricole de Seine-et-Oise, tenu à Grignon le 7 juin 1835, reproduit dans Des comices agricoles et en général des institutions d'agriculture, Paris, Videcoq fils aîné, 1849.

Dupont, Pierre, Jean Guêtré, Almanach des paysans, des meuniers et des boulangers, pour 1854, Paris, J. Bry aîné, 1855.

Francis, et Brazier, Nicolas, et Dumersan, Théophile Marion, Les Moissonneurs de la Beauce ou le Soldat-laboureur, Paris, Tresse, Delloye, 1840.

Frey, Le jardinier de Sainte-Hélène, 1829, Bibliothèque nationale, Estampes, Ef 217, Collection de Vinck, n° 9785.

Friedländer, Saul, Reflet du nazisme, Le Seuil, 1982.

Greer, Germaine, The Female Eunuch, Londres, Paladin, 1971; trad. Franç. Laure Casteau, La Femme eunuque, Paris, Robert Laffont, 1971.

Guirlande poétique et militaire de Chauvin, 2e éd. corrigée et véritablement augmentée, Paris, Firmin-Didot, 1833.

Joigneaux, Pierre, « À mes frères des campagnes », Le Républicain des campagnes, par Eugène Sue, Félix Pyat, Pierre Joigneaux, Victor Schelcher, Pierre Dupont, nouvelle édition, Paris, Librairie de la Propagande démocratique et sociale, 1851.

Larousse, Pierre, Grand dictionnaire universel du XIXe siècle (1866 – 1879), Genève, Slatkine Reprints, 1982.

Maréchal Philippe Pétain, Discours d'inauguration du monument aux Morts paysans de Capoulet-Juniac, du 17 novembre 1935, intégralement reproduit dans José Germain, Notre chef Pétain, Paris, La technique du livre, 1942.

Maréchal Philippe Pétain, Discours du 25 juin 1940, in *La Doctrine du Maréchal classée par thèmes*, Paris, 1943.

Markham, Marcella, et Poelsma, Dominic, *A Chauvinist is... An Irreverent Book of Cartoons for Oppressors and Oppressed Alike*, Watford, Herts., Exley Publications Ltd., 1979.

Méline, Jules, *Le Retour à la Terre et la surproduction industrielle*, Paris, Hachette, 3e éd., 1905.

Méline, Jules, *Le Salut par la Terre et le programme économique de l'avenir*, Paris, Hachette, 1919.

Michelet, Jules, *Le peuple* (1846), Paris, Flammarion/Champs, 1974.

Miklós Molnár, « Le modèle culturel stalinien », *Cahiers Vilfredo Pareto*, Genève, Droz, vol. XIX, 1981.

Nadaud, Gustave, « Chauvin », *Chansons de Gustave Nadaud*, Paris, Henri Plon, 1870.

Œuvres poétiques de Chauvin, trois romances militaires, Paris, Gaultier-Laguionie, 1825.

Passy, Louis, *Mélanges politiques et littéraires*, Paris, Firmin-Didot, 1857.

Rosset, Anne-Marie, *Inventaire de la collection de Vinck*, vol. V, « La Restauration et les Cent-Jours ».

Virgile, *Géorgiques, I*, « Le labourage ». traduit par Abbé Jacques Delille, *Les Géorgiques de Virgile* (1769), *Œuvres complètes*, Paris, Firmin-Didot, 1865.

Wright, Gordon, *France in Modern Times*, 1760 to the Present, Chicago, Rand MacNally and C°, Londres, John Murray, 1962.

中世纪的"大学"概念*

雅克·韦尔热　著

刘小瑜　译**

大学是中世纪最伟大的创造之一,它成长于一种同城市发展密切相关的行会类型制度中,致力于我们现在所说的高等教育,而发展至今的大学也就保留了中世纪起源时的一些重要特征。

即便是在西方基督教世界,我们也无法使用"大学"这一个词来概括所有中世纪教育和学校的方方面面。众所周知,同大学并存的还有其他教育组织。然而,尽管大学出现较晚(最早的大学可追溯到13世纪,其他的在14和15世纪纷纷出现),大学却是迄今为止这些机构中最复杂、最完善的教育体制,也更好地表达了中世纪在教育领域的价值观念和文明期许。这在一定程度上解释并证明了为什么大学历来能够获得历史学家的青睐,相较其他类型

---

* 本文选自雅克·勒高夫(Jacques Le Goff)和让-克劳德·施米特(Jean-Claude Schmitt)主编的《西方中世纪辞典》的"université"词条(Jacques Le Goff et Jean-Claude Schmitt ed., *Dictionnaire raisonné de l'occident médiéval*, Paris: Fayard, 1999, pp.1166 - 1182)。作者雅克·韦尔热(Jacques Verger)是法国著名的中世纪史专家,巴黎第四大学中世纪史荣誉教授,2012年入选法兰西铭文与美文学院。他长期致力于对中世纪大学的研究,已经译成中文的著作有:《中世纪大学》,王晓辉译,上海人民出版社2007年版;《大学的历史:从12世纪到21世纪》,成家桢译,华东师范大学出版社2021年版。——译者注

** 刘小瑜,南京大学教育研究院博士研究生,主要研究方向:西方教育史、高等教育学。

的学校，大学也的确保留了更多的档案和文献。

一、在大学以前[①]

1200年左右出现的大学尽管是一项没有先例的制度创新，但也继承了一部分古典传统。在6世纪上半叶，古老的非教会学校就从高卢、西班牙和意大利消失了，慢慢地取而代之的是一种完全不同的教会学校体系——通常出现在大教堂和修道院附近，由主教和院长创立和管制。值得注意的是，此时的体系仍然脆弱和不完整，只教授少量学生且只提供一些初级教学。需要强调的是，一方面，教会在此时建立起了对教育的半垄断机制。当各种类型的世俗学校消失时，省或国家级的大公会议会宣布由主教和教区来负责建立一所学校，从527年的托利多会议（Conciles de Tolède）到1179年拉特兰（Conciles du Latran）会议，这种安排都一再被强调。[②] 在修道院，受爱尔兰和盎格鲁-撒克逊社会的影响，7世纪起开始给修道院配备一所甚至两所学校（面向内部的僧侣和面向外部的世俗听众们）。另一方面，教会在逐渐掌控教育的同时，也就发展出一套它所定义的教学方法与课程安排等。这是业已在教会理论家传统中就已孕育的——诸如奥古斯丁的"基督文本学"（De doctrina christiana），它解释了古代知识的要素如何经过精心提炼，从而服务于基督教目的，即理解启示录和阐明信仰真理。理想情况下，基督教学校的教学应该从古典教育中的"博雅教育"（art libéraux）出发，尤其是所谓的"文科三艺"（trivium，语法、修辞、辩论），以完成给神学文本（sacra pagina）注释的任务。相反，古典教育中"工程"（mécaniques）和"营利"（lucratives）的学科被禁止，作为传统对手工业以及基督教对金钱和物质双重歧视的受害者，它们被从学校中驱逐，留给了那些世俗罪人和无知者（illitteratus，指的是那些不懂拉丁文，没有习得文法的人）。

[①] 原文共有十一小节，出于理解和排版的需要，译文对原文的章节安排进行了一定的归纳和调整。——译者注
[②] 此处分别指第二次托利多会议和第三次拉特兰会议，这两者都是罗马天主教会所召开的大公会议，审议基督教世界的重大政治宗教事务，或者就重大教义争端进行讨论和裁决。——译者注

几个世纪以来,西方教会学校的数量和质量随着中世纪早期文明中的几次复兴(加洛林复兴、奥托复兴)而上下波动,但实质性的变化出现在1100年左右,亦即我们通常所称的12世纪的文艺复兴,它首先是一场"教学革命"(révolution scolaire)。在一种全球性的有利环境中,① 学校体系已经发生了深刻的变化,尽管没有完全消失,但传统的修道院学校逐渐没落,而大教堂学校则成倍增加。此外,还有一些是在城中由新型修道会开设的,② 更有甚者,一些独立的并且不完全受制于教会的神职人员开始设立"私人"学校,收费接待前来就读的学生。因此,学校体系不仅得到了进一步的改造和加强,而且其角色与作用机制也发生了彻底性的变化。

他们的听众不再只由当地的年轻神职人员或僧侣组成,还吸引了一些贵族子弟加入。自此之后,所有那些怀抱事业心或单纯求知欲的而希望学习的人,都会毫不犹豫地踏上前往学校的旅程,哪怕是去很远的地方,只要他们得知那里正在以最高水平教授某一门新学科,或者是有著名教师授课。很多名师也会辗转在不同的学校里教书,所以,传统教区的框架开始被不断突破,新的教育地图围绕着几个著名的中心而展开,到12世纪中期,巴黎和博洛尼亚已经是其中相对稳定且有名望的地方。

教学的内容也迅速革新。旧式的博雅教育和神学文本研究虽然在理论上仍然存在,但都发生了实质性的改变。比基于经典文本的语法革新更重要的是对辩证法的系统和深入研究,它通过亚里士多德的逻辑学改变了教学的形式和主题。最早是在巴黎,诸如阿贝拉尔(Pierre Abélard,1079—1142)或吉尔伯特(Gilbert de la Porrée,1085—1154)等人推行了这种教学,带来的双重效果是一方面将适当的哲学问题引入教学,另一方面通过"警句"(sentence)和"考问"(question)形成了解释文本和阐释教义的普遍性方法。阿贝拉尔最先在研究神学文本时用辩证法取代了神修评注,以实现理性分析与信仰美德的结合,并将其命名为"神学"(théologie)。继他之后,12世纪巴黎的教师们纷纷效仿此法,这就促成了那些以往容易被忽视的学科,如法律

---

① 包括经济繁荣、城市发展、贸易和流通的日新月异、教会改革、世俗权力的重组以及地中海世界的重新开放。
② 比如巴黎的圣维克多修道院学校(Abbaye Saint-Victor),普罗旺斯和朗格多克的圣鲁夫修道院学校(Abbaye de Saint Ruf)。

和医学,被纳入学术知识的领域。此时,意大利才真正迎来了复兴,在博洛尼亚主要是法律,在萨勒姆则是医学。从重新发现或翻译的罗马法或希腊-阿拉伯的医学文本中,教师们能够使用辩证法资源来进行教学,在1120至1130年间,他们的广泛声誉吸引了许多来自阿尔卑斯山外的学生们。由于这些教师大部分是在俗教士,所以他们指导的学校往往能够摆脱教会的控制。从12世纪中叶开始,一些在意大利受训的律师和医生们也开始断断续续地流动到法国或英国进行教学。

12世纪时,学校数量的扩展与教学深化及多样性是对社会发展的有效回应。巴黎的很多老师从事教育,以求在教士阶层谋得更好的发展,博洛尼亚的很多法学家们已经是君主和城市的咨询顾问,尤其是在地中海地区。这种发展也对应着一种文化层面的繁荣。得益于辩证法的复兴以及希腊和阿拉伯古典文献的翻译,教学内容得到了实质性的拓展和更新。除了社会因素,对科学的无私热情有助于吸引学生进入新兴学校,同时也使老师群体意识到作为"老师"(magistri)和"学者"(scolares),他们构成了一个具有特定使命的群体,即便大多数人仍然是神职人员。换句话说,基于学校机构的某种自治意愿出现,公共权力此时也并非就怀有敌意。1155年,神圣罗马帝国皇帝弗里德里希·巴巴罗萨为法学类学生,尤其是为博洛利亚的法学类学生提供庇护。1179年,"特许状"(licence)制度(主教或其代表授予教学许可)创立并推广,教廷希望在鼓励新学校建立的同时,保留教会在其中的控制力。而实际上,法律和医学领域的在俗教师最初都试图摆脱这种控制。

无论如何,学校的蓬勃发展本身也会造成新的问题,出现了一些诸如住宿、餐饮、纪律等方面的现实困难,一些区域中心在经历了短暂的繁盛后,很快变得无法应对。即便在主要的中心城市,比如巴黎,学校的增加与多样化发展也造成了诸多混乱。不加辨别地滥发特许状,各人自行其是地教学或研究,甚至会将文科和神学、民法和教会法混淆在一起。敌对教师之间的竞争有时也会演变成为公开性的冲突,教学的水准甚至是正统性都受到了影响,更是一度触及了学科等级制,即动摇传统神学的首要地位。从公共权力和现有教师自身的角度来看,急需一定修复工作,但传统的体系框架却又不允许如此。

二、大学的诞生

(一) 巴黎

概括来讲,这就是大学诞生的背景。在巴黎,13世纪的最初十年出现了"巴黎教师与学者法团"(Universitas magistrorum et scolariutn Parisiensium),尽管是自发性组织,但很快得到了教皇的承认。1215年,教皇特使颁发了围绕其地位和特权的说明。1231年,教皇格里高利九世在教宗诏书(bulle Parens scientiarum)中进一步确认和扩大了这种待遇。出于谨慎,法国国王起初对大学采取自由放任的政策,但也只承认其拥有教会司法权。巴黎当地的主教和大臣尽管颇为抵制,但除了能够正式颁发特许状之外,他们还是失去了对学校的大部分权威。大学所获得的特权使得其在相对遥远且善意的教皇的监护下,享有很大的内部自主权。1260年左右,巴黎大学便已经形成了其标志性的制度特色,并且一直延续到了旧制度的末期。

它最初是一系列学校的联合,每个教师保留对其学生的处置权。不过,这些学校也根据专业(discipline)重新划分为不同的系科(faculté),如预备文科、高级医科、教会法学和神学等。[①] 系科的作用是负责统一组织教学,确保教学的正统性得到尊重。文学院是人数最多的系科,其中的学生也相对更年轻,并且还拥有一个特殊组织:教师们根据他们的地方原籍被分配到不同的"nation",即"同乡会"(如法兰西、皮卡迪、诺曼底、英格兰等)。因此,确切地说,大学是重新以系科和同乡会来划分的,负责监督教师和学生群体的一般性纪律,也会保障其免受外部力量(如国王、主教、教皇等)的干扰,同时在谈判中确保和扩大那些已经享有的自由和特权(如司法和财税豁免、征收租金等),以保障其自主性和法人地位。1250年左右,在文学院的同乡会当中出现了作为大学首脑的校长(le recteur)。由于每三个月就要改选,这一有名望的职位显然只赋予在任者以很有限的权力。另外,在13世纪的上半叶,也有一定数量的托钵修

[①] 对于法学科而言,民法由于其太过亵渎,自1219年起就被巴黎的学校所禁止。

会或修道院组织的研究学校加入了巴黎大学,[①]以使它们当中的优秀成员获得神学的大学教育和学位。这一类修会生源只是部分接受大学的管理,所以他们的加入遭到了一些世俗教师的抵制,在1250至1256年间甚至酿成了一场公开性的危机。然而在教廷的压力之下,这项举措最终仍然得以实施。

最后,值得一提的是,差不多在同一时间,巴黎出现了第一批学院(collège),比如1257年的索邦学院。它起初是由虔诚的发起者为贫困学生所建立的校舍组织,后来在内部教学体制和大学图书馆等作用下,这些学院逐渐成了拥有自身特色和智识生活方式的自治团体。

(二) 博洛尼亚

同样作为中世纪的著名大学,博洛尼亚大学与巴黎大学的组成结构则完全不同,其主要学科是法学(民法和教会法),也有一部分的文科院校(主要教授语法和修辞),还有在13世纪加入的医学,其自主权直到13世纪末才被法学专家认可,并获得相对独立的地位。神学系科长期被修会组织所垄断,一直到1364年神学院才建立。此外,确切地讲,博洛尼亚大学也不是像巴黎大学那样由学校联合,而是由学生群体构成的社团组织。最早的学生群体也称"同乡会"(nation),出现于12世纪末。博洛尼亚城市公社试图遏制这类自治组织的发展,但结果没有奏效。在教皇的大力支持下,各种学生同乡会最终在13世纪联合在一起,组成了两个法团组织(universitas)——阿尔卑斯山内的意大利人组织和阿尔卑斯山外的外来人组织,法团每年都会选出各自的校长。博洛尼亚大学保留的章程最早可以追溯到1252年,差不多同一时期,城市公社也最终承认了学校的自主权以及司法、财税特权。为了换取支持,教皇在1219年批准其主教代理在博洛尼亚授予教师特许状,借此也将权势扩大到一部分世俗领域的机构。教师们并不是大学的组成部分,他们只是单纯同大学订立合约,不过,他们也很快组织建立了自己的专业学院。

(三) 13世纪的其他大学

尽管没有巴黎或博洛尼亚那样的声望和国际影响力,其他地区的一些大

[①] 如1217年的多明我会、1219年的方济各会,还包括1245年的西多修道会和1260年的克吕尼修道会。

学也同样历史悠久。牛津大学的文学和神学学校在13世纪初就成立为一所大学,1209年的剑桥则是吸收了牛津分化出来的一部分学生和教师。在法国,1220年教皇特使将蒙彼利埃的医学校升格为大学;1229年阿尔比十字军运动结束后,①根据《巴黎条约》在图卢兹建立的一批学校很快被改造成一所大学(1234年)。不过这种威权性的"殖民"学校起步艰难,差不多要花半个世纪的时间才能逐步适应,最初也只是进行一些法律方面的教学。在伊比利亚半岛上有过数次不成功的尝试,最终只有1218年王室设立的萨拉曼卡(Salamanque)大学在1255年获得了教皇的承认。在意大利,如果排除博洛尼亚学生和教师团体的一些分支,13世纪还出现了帕多瓦大学(1222年),它是博洛尼亚的复刻版本,还有1224年皇帝腓特烈二世(Frédéric II)在那不勒斯所建立的学校——如果我们可以称之为大学的话。尽管它们独立于教会,但严格的王室监督使其并没有多少自主空间。

到13世纪中期,西方已经有十几所活跃的大学,时人自然意识到了这一制度上的创新。教会法学家因此还创造了"通识教育"(studium generale)这一特殊术语。那么在何种意义上,这种原创性的新型组织不同于过往呢?

(四) 新特征

大学制度的创新性首先在于其自主性,或者如前文所述,是教师和学生群体所享有的"自由和特权"②。大学群体在原则上同其他任何城市组织都不同,它的成员地位更类似于神职人员。然而,大学又同其他团体一样,可以通过制定章程来建立内部纪律和组织规则。项目、课程、考试、不同年级的学位授予(初级文凭、学士、硕士和博士)等都由学院的教师会议来自主决定。大学也保证其内部成员的互助,以抵御来自外部力量的干涉。最后,大学自主决定招生和教师招聘。这种实质性的自治权保证了内部管理的民主性和学

---

① 阿尔比十字军运动(La croisade des albigeois)是1209—1229年由天主教会发起的,旨在针对法国南部阿尔比城(Albi)的纯洁派(Catharisme)和部分伐尔得斯派(Valdéisme)的战争。12世纪隆博斯大公会议宣布阿尔比为异端之后,基督教世界便很快兴起了由教皇、各地主教和宗教裁判所领导的讨伐活动,法国王室在战争的后期开始介入,各方在1229年4月12日签署了《巴黎条约》,图卢兹伯爵和富瓦公爵接受天主教,允许宗教裁判所前往朗格多克地区处理纯洁派教徒。——译者注
② 严格来讲,博洛尼亚的自由和特权面向的只是学生。

术研究的自由性。

中世纪大学的另一个主要特征是"普世使命"(vocation universaliste)。这种"普世主义"也是大学所传授的知识的特征之一，来源于古典科学（阿拉伯文化的融入）和基督教神启思想，即知识是普遍同一的。普遍的学术权威（普林西尼、亚里士多德、伽利略、罗马法、《圣经》等）用拉丁语传授给那些来自不同民族和地区的外国人，基督教世界的大学形成了某种统一性，并且至少在理论上这种统一性确保了统一的学位体系和学生自由选择大学的规则。

作为这种"普世主义"使命的原因——当然也就构成了它的结果，大学将自己同"普世权力"——罗马教廷关联在一起。教皇确认其特权，主教授予的"普遍有效"的特许状上写着教皇的名字，也是教皇庇护教师和学生不受地方、世俗以及教会权力"滥用"的干扰。反过来，大学在教义阐释和正统辩论中维护教皇的合法性，并且接受教皇旗下托钵修会组织这样的忠实代理人的加入。

当然，这种对中世纪大学的描述只不过是泛泛之谈，也很理论化。实际上，大学体制要远为复杂和多样，并且随着 13 至 15 世纪新大学的发展而逐步增加。在地中海世界的大学通常是博洛尼亚式的，即"学生大学"(universités d'étudiants)——他们将教师排除在大学共同体之外。欧洲北部则效仿巴黎的"教师大学"(universités de maîtres)。两种类型之间形成了强烈的对比，前者更加世俗化，主攻法学和医学；后者主攻哲学和神学。大学之间的规模体量也存在明显差距，巨型学校动辄学生成千、全球招募，在基督教世界教义阐释中扮演着重要角色，并且获得了同世俗权力相比肩的自主权。相较而言，小型学校往往只有几百名学生，其影响也局限于民族和地方，且其目的也不是知识创新，而是培养拥有一定文化程度的毕业生。所以，它们也更容易受到来自地方权力的压力和支配，对这些大学而言，"普世主义"的使命往往也只停留在理论层面上。

三、13 至 15 世纪的变迁

（一）1250 年以后

1250 年以后大量出现的是第二种类型的小规模大学。

一直到 1378 年（大分裂的开始）①，大学数量的增长都是平缓的。在 1306 和 1307 年，奥尔良和昂热的法律学校才正式获得了它们自 13 世纪起便已经进行的通识教育的认可；而在地中海地区，大量新型大学出现，这些大学不再由受教皇支持的教师和学生创设，而是君主和城市出于培训行政部门所需法律研究中心的目的设立的。意大利有很多成功的案例，诸如 1308 年的佩鲁贾、1343 年的比萨、1357 年的锡耶纳、1361 年的帕维亚，还有 1303 年法国的阿维尼翁。在伊比利亚半岛则包括 1290 年的里斯本、1300 年的列伊达、1346 年的巴利亚多利德、1350 年的佩皮尼昂。由于脱离现实需要或财政方面的原因，一些大学很快失败了（如特雷维兹和格勒诺布尔）；另一些则停滞不前，例如 1303 年的罗马，1332 年的卡奥尔，1349 年的佛罗伦萨，1354 年的韦斯卡，还有 1365 年的奥朗日。此时，欧洲北部相对处于这股浪潮之外。除了一种普遍性的"仿古"（archaïsme）运动，这股大学潮流也刺激了地方性与公共性治理的发展。长期将子弟送往巴黎和博洛尼亚入学的贵族们开始迟疑，与此同时，资产阶级商人也逐渐对教会和拉丁文化生疑并趋于冷漠。尽管起步不易，直到 1347 年，接受了法国文化的查理四世皇帝（Charles IV）还是提议建立布拉格大学，更困难的还有后来的克拉科夫大学（1364 年）和维也纳大学（1365 年）。波兰和奥地利的君主想在本国复制这种模式，但一直到 1378 年，上述三所大学才开始真正起步。

（二）1378 年的分化

然而，一切都随着 1378 年的大分裂而改变了。在基督教世界分化出彼此对立的教皇，这严重打击了传统的基督教"普世主义"。其中以巴黎大学尤为严重，它从基督教北方世界的中心沦落成为卡佩王朝的附庸。随着分裂的加速，世俗地方（民族国家、王国、城市国家等）的全面崛起和官僚体制的发展给大学带来了新的发展基础：大家都希望有自己的大学。理论上，模仿巴黎或博洛尼亚的模式需要获得教皇的承认。但事实上，新型机构往往会因地制

---

① 大分裂（du Grand Schisme）指 1378 至 1417 年间的西方天主教会大分裂。由于同时出现了数位教皇，教会的合法性受到冲击，罗马和阿维尼翁分别出现了两个教廷和派别势力。最终在 1418 年的康斯坦茨大公会议上，天主教会选出了各方一致认可的马丁努斯五世（Martinus V），结束了大分裂。——译者注

宜,更多直接受制于地方性权力,以此换取财力方面的支持(这也同此前大学的积贫状态形成了对比)。如果在成立之初没有夭折的话,这些大学大都立足于在当地招募学生,并且保持中等规模的水平。这在已有众多大学的英格兰和意大利还不是太明显,15世纪末西班牙涌现了一大批大学,[1]而在法国出现的大学则一般与试图实现自治的公国有关,但它们在王国统一之后也幸存下来。[2] 不过,一方面,15世纪的新发展是在神圣罗马帝国的领域内大学成倍增加并获得了成功,[3]另一方面,大学在边远地区的出现也标志着它们开始真正融入了现代欧洲。[4]

(三)衰落?

这种新型大学的基础特点和发展趋势也出现在那些古老大学当中,不管是否愿意,那些旧式大学也必须向主流的新型大学看齐:招募行为更多立足于本地生源,寄宿制社团的增多使得专业更加细分,对大学的自由和特权更加严格限定,以及更便利于行政权力控制的组织和制度改革,等等。

这种被动整合将以往自治和"普世主义"基础上的大学纳入政治权力的秩序中,往往也会让人以为中世纪末期的大学出现了"衰落"。首先,这种世俗权力和大学的结合使得大学得以在政治权力当中发挥作用:14世纪时,巴黎大学就成为法国国王和教皇咨询会议的一员,而布拉格大学则是同一时期捷克胡斯叛乱(la révolte hussite)的大本营。[5] 不过,相较于15世纪大学自治权的迅速丧失而言(但不一定是教师个人特权),这种政治中边缘小角色的获

---

[1] 虽然在意大利地区,1391年的费拉拉、1404年的都灵和1444年的卡塔尼亚也出现了新大学,但主要的新大学还是兴起于巴塞罗那、萨拉戈萨、帕尔马、锡古恩萨、阿尔卡拉、瓦伦西亚等西班牙城市。
[2] 如1409年的艾克斯、1422年的多尔、1431年的普瓦提埃、1432年的卡昂、1441年的波尔多、1452年的瓦朗斯、1460年的南特、1464年的布尔格。
[3] 1379年的埃尔富特、1385年的海德堡、1388年的科隆、1409年的莱比锡、1419年的罗斯托克、1425年的卢万、1454年的特里尔、1456年的格赖夫斯瓦尔德、1457年的弗赖堡、1459年的巴塞尔和英戈尔施塔特、1476年的美因茨和图宾根、1498年的奥德河上的法兰克福。
[4] 苏格兰的圣安德鲁斯、格拉斯哥和阿伯丁,瑞典的哥本哈根和乌普萨拉;匈牙利的布达和波佐尼没有在土耳其入侵中幸存下来。
[5] 胡斯叛乱起因于波西米亚的宗教改革家扬·胡斯(Jan Hus)被天主教会判为异端并处以火刑,这导致了地方贵族和民众的起兵反抗,战事发生于波西米亚地区,尤其以布拉格为中心地带。

得实在是微不足道。

四、中世纪大学的使命

（一）社会功能

那么，在事实上增长的大学数量面前，我们可以说大学衰落了吗？从1250年的十几所，到1378年的28所，最后到1500年的63所，我们很难衡量这些大学的具体数目，但其发展是毋庸置疑的。古老的大学即便到其极限，也只能吸收既定数量的学生（巴黎大学大约4000名，波隆那约2000名，牛津约1700名），但是新型大学的设立促成了新的发展：在1500年的德意志，大约每年有3000名新生登记入册。这一数字清楚地表明，至少在13到15世纪，大学并没有停止履行符合时人意愿的"社会需求"（demande sociale）——一部分是自身的，另一部分来自于当地政府。这种社会需求其实是对可以管理社会、教会、国家的受教育精英的渴望，他们需要有扎实的学术文化与知识技能。尽管有一些批评，但这些大学的毕业生——书记员、医生、传教士以及法官，在中世纪社会和国家中始终扮演着重要角色，尤其是在事务管理繁多的城市和国家中。他们有时候也直接行使权力（特别是在教会中，以阿维尼翁时期最典型），或者非常贴近权力中枢（在御前会议或高等法院）。尽管不同地区的差别巨大，但在中世纪后期，大多数教会和行政组织中的大学毕业生比例一直在上升。

这也表明，大学的另一项社会功能是个人晋升的重要通道。诚然，学习和书本价格不菲，除非是教会和社团组织的一员，否则一个人要从事和获得良好教育颇费周折。不过，一些大学毕业生的个人晋升还是非常显著的，虽然在中世纪后期一些地中海地区的法律和世俗大学里出现了某种"社会固化"（fermeture sociale）倾向，但医学界和法学界团体的形成还是保留了知识的通道。即便如此，一些贫家子弟依然会在中途辍学（我们无法确定其具体数量和比例），没有学位便离开了大学，但是大学所形成的社会流动依然延续，尽管有出身的基础在，个人学识依然成为决定社会地位和角色的决定性因素。

当然，不管个人素质是否完善，学习并不是一项严肃的事业，大学教育在抽象意义上也不是社会的最终目标。然而，中世纪的大学无疑也是现代文凭社会择优录取的历史源头。在中世纪社会，至少有成千上万的人可以通过他们所从事的学业来积极改善自己的命运（哪怕是部分地），这就足以证明为何权力体制——无论是世俗还是宗教的，都从一开始就对大学予以关注。

因此，我们无法单纯用社会性或政治性的成功与否来判定中世纪大学的价值，值得我们重视的反而是对其文化角色的分析。

（二）文化角色

大学很大程度上是在 12 世纪的文化变迁中产生的，尽管存在一些抑制创新的因素，比如将新知识限制在僵硬的框架内，或者对教学正统进行很繁复的控制。但是无法否认的是，中世纪的大学在教育和学术文化领域做出了巨大的贡献，对此我们简单勾勒一下大概情况。

长期以来，人文主义者和启蒙哲学家在批评中往往忽视了中世纪大学在教学方法上的逐步完善。中世纪大学对权威文本的仔细讲解促成了更加精细的阐释，而学术争议则为理性思考和论辩基础上的学术自由打开了空间。在大学教学的内容方面，巴黎和牛津的学者将形式逻辑推演趋于完美，这被今天的哲学家们重新挖掘。在 13 世纪，大阿尔伯特（Albert le Grand）和托马斯·阿奎那等神学家一道致力于调和信仰与理性，将启示录和重新发展的世界统一起来。在 14 和 15 世纪，奥卡姆和他的"唯名论"（nominalistes）继承者们挑战了这种调和主义，但也带来了困扰现代意识的诸多问题（自由、圣宠、救赎等），使得科学思想摆脱了神学的枷锁。数学和自然科学往往被中世纪大学所忽视，然而也是在这些大学里，比如在 14 世纪中期的牛津和巴黎、15 世纪的帕多瓦和萨拉曼卡，一些现代科学的雏形（天文学、力学等）在特定时刻发展起来。尽管有盖伦（Claude Galien，129—201）、阿维森纳（Avicenne，980—1037）等人的影响，但大学对医学的引入才真正促成了一场革命，它将过去纯粹依赖经验的知识阶段带入到一门普遍认可的、依托理性原则与智识的新型学科。在中世纪法学家们的阐释基础上，法律一方面实现了对司法体系的抽象和概括，另一方面也借此对普通法、习惯法和判例等予以降格，继而将罗马精神引入了西方的现代文明，而现代政治学和规范私法的概念就是在此基础上建立并发展起来的。

这不仅关乎那些伟大学者和教育中心。在一系列的变迁之后,新兴的地方大学和普通教师,甚至是非大学的学校和未受系统训练的法律或文书从业者,都在这些理论范式中受到了影响,并且将其传播扩散到更加广泛的社会实践中。

当然,我们可以列出很多大学教育的不足、缺陷和弱点,权威方法往往忽视了日常性的观察、经验和实证研究,空洞的文化和社会偏见使得地方文学和诗歌、历史和艺术、经济和工程工艺等处于边缘——在大学之外,这些领域在中世纪晚期逐渐发展为公开性的文化生活。同样,在大学之外,现代人文主义在14世纪诞生了,先是在意大利,然后在法国。它所带来的创新既包括文献学的(回归经典,恢复希腊和修辞术的研究),也包括哲学的(强调实践道德和宗教热情),这在一些意大利大学的系科被逐渐接受,但在其他大学却始终被拒斥。在学科教育方面,传统大学也在中世纪末出现了类似的功能性障碍,诸如课程和考试的混乱、教授的缺席等等,学科本身被封闭在陈旧的教学和方法悖论之中。当然,这也并不意味着我们可以忽视中世纪大学对欧洲文化的巨大贡献。

(三) 大学人的形象

中世纪的大学人——教师和学生往往也会同"知识从业者"(travailleur intellectuel)的形象彼此混淆。有人认为,他们的出现标志着现代意义上"知识分子"(intellectuel)的诞生。中世纪的大学的确赋予这些人以某种身份,他们往往基于一定的物质条件和实际工作,拥有某种准专业性的社会身份,且因其同文化知识和教学之间的关联,发展出了一套特有的生活品味和共同体意识,因而形成了同旧式社会结构不同的特殊群体。然而,大学人同"教士"(clercs)却又有着暧昧不清的关联。他们之中,很多人依靠教会薪金而不是从事知识性工作的酬劳而生活,思想自由往往也受到教会和政治的正统意识的限制。尽管我们无须夸大这些限制或教条主义的影响(甚至那些最引人注目的限制,比如1277年巴黎对亚里士多德主义的打击),但还是潜在着一些障碍:行会偏见、旧式家族和宗派的裙带关系、服务于教会和王国的精英式倾向等等,这些都使得知识分子变成为了某种社会目的而操纵知识的"文人集团"(intellectuel organique)。

很多人逐步屈从于这些限制,但任何限制都无法使得中世纪大学遗忘其最初使命:

> 驱散无知之幕,消除谬误的黑暗,在美德之光中构建行动与著述,歌颂上帝之名和天主信仰……为共同体和个人谋利益,为全人类谋福祉。——1388 年 5 月 21 日科隆大学的成立宣言

参考文献:

ASTON, Trévor H. (dir.), *The History of the University of Oxford*; t. I, Jeremy I. Catto (dir.), *The Early Oxford Schools*, Oxford, 1984; t. II, Jeremy I. Catto et Ralph Evans (dir.), *Late Medieval Oxford*, Oxford, 1992.

BELLOMO, Manlio, *Saggio sull'università nell'età del diritto comune*, Catane, 1979.

BRIZZI, Gian Paolo, et PINI, Antonio Ivan (dir.), *Studenti e università degli studi dal XII al XIX secolo* (Studi e memorie per la storia delf università di Bologna, n. s., 7), Bologne, 1988.

BRIZZI, Gian Paolo, et VERGER, Jacques (dir.), *Le università dell'Europa*; t. I, *La nascità delle università*, 1990; t. IV, *Gli uomini e i luoghi, secoli XII—XVIII*, 1993; t. V, *Le scuole e i maestri. Il Medioevo*, Cinisello Balsamo, 1994.

BROOKE, Christopher (dir.), *A History of the University of Cambridge*; t. I, Damian R. Leader, *The University to* 1546, Cambridge, 1988.

CLASSEN, Peter, *Studium und Gesellschaft im Mittelalter*, Stuttgart, 1983.

COBBAN, Alan B., *The Medieval Universities: their Development and Organization*, Londres, 1975.

COBBAN, Alan B., *The Medieval English Universities: Oxford and Cambridge to c. 1500*, Berkeley et Los Angeles, 1988. 1

COURTENAY, William J., *Schools and Scholars in Fourteenth Century England*, Princeton, 1987.

FERRUOLO, Stephen C., *The Origins of the University: The Schools of Paris and their Critics, 1100–1215*, Stanford, 1985.

FRIED, Johannes (dir.), *Schulen und Studium im sozialen Wandel des hohen und späten Mittelalters*, Sigmaringen, 1986.

HAMESSE, Jacqueline (dir.), *Manuels, programmes de cours et techniques d'enseignement dans les universités médiévales*, Louvain-la-Neuve, 1994; *History of Universities*, 1 vol. annuel publié à Oxford depuis 1982.

HOENEN, Maarten J. F. M., SCHNEIDER, J. H. Joseph, et WIELAND, Georg (dir.), *Philosophy and Learning: Universities in the Middle Ages*, Leyde, 1995.

LEFF, Gordon, *Paris and Oxford Universities in the Thirteenth and Fourteenth Centuries: An Institutional and Intellectual History*, New York, Londres et Sydney, 1968.

LE GOFF, Jacques, *Les Intellectuels au Moyen Âge*, [1957], Paris, 1985.

MAIERU, Alfonso, *University Training in Medieval Europe*, Leyde, 1994.

RASHDALL, Hastings, *The Universities of Europe in the Middle Ages*, nouv. éd. par Frederick Maurice Powicke et Alfred Brotherston Emden, 3 vol., [1936], Oxford, 1987.

ROUX, Simone, *La Rive gauche des escholiers (XV siècle)*, Paris, 1992.

RÜEGG, Walter (dir.), *A History of the University in Europe*; t. I, Hilde De Ridder-Symoens (dir.), *Universities in the Middle Ages*, Cambridge, 1992.

VERGER, Jacques, *Les Universités au Moyen Âge*, [1973], Paris, 1999.

VERGER, Jacques. (dir.), *Histoire des universités en France*, Toulouse, 1986.

VERGER, Jacques., *Les Universités françaises au Moyen Âge*, Leyde, 1995.

WEIJERS, Olga, *Terminologie des universités au XIIIr siècle*, Rome, 1987.

革新与复古：
皮科"尊严"概念的两张面孔

冯 飞[*]

如今,将文艺复兴的精神内核归结为"人的发现",早已进入教科书,成了西方文明史的一种规范化表述。这一论点源出布克哈特(Jacob Burckhardt)。在《意大利文艺复兴时期的文化》一书中,布克哈特对"人的发现"的思想性诠释,是以皮科(Giovanni Pico della Mirandola,1463—1494)的《论人的尊严的演说》(*Oratio de hominis dignitate*,1486)作为定论的。为了便于后续讨论,我们不妨转引一段布克哈特从皮科的演说中摘取的文字。这段文字以造物主的口吻为"人的尊严"作辩护：

> 我把你放在世界的中间,为的是使你很方便地注视和看到那里的一切。我把你造成为一个既不是天上的也不是地下的、既不是与草木同腐的也不是永远不朽的生物,为的是使你能够自由地发展你自己和战胜你自己。你可以堕落为野兽,也可以再生如神明。野兽终生带着它自母体承受的东西,较高的鬼神是从一开始或在开始后不久才成为他们那永久的状态的。只有你能够靠着你自己的自由意志来生长和发展。你身上

---

[*] 冯飞,南京大学政府管理学院博士研究生。

带有一个宇宙生命的萌芽。①

按照布克哈特的解读,皮科的演说尽管在神学框架中展开,但它之所以成为"那个时代最高贵的遗产之一",并不是因为把人看作上帝的一般受造物,而是在于假借上帝的神圣名义给这个受造物赋予了特殊的"主体性"。"上帝不把人限制在固定的地方,不规定劳动的形式,不用铁的必然的法则加以束缚,而给他以意志和行动的自由。"②顺着布克哈特的思路,卡西尔(Ernst Cassirer)指出,人类的"自由之光"这一文艺复兴时代的伟大主题,在皮科那里得到了精辟阐发。③当今的西方主流学者,也多从人的主体性视角评论皮科的演说,其代表性观点认为,这篇演说之为"文艺复兴时期的最著名文献""文艺复兴时代的宣言",根本原因在于它"主要声明了人的尊严",是"作为人性之卓越的重要论述"。④ 大体而言,这是一种自由取向的现代性诠释。

但是,"尊严"(dignitas)概念并非文艺复兴时期人文主义者的发明。早在古罗马,这个概念就经常见于公共演说和政治论辩中,堪称主流话语中的一个热词和大词。只不过,古罗马语境中的"尊严",联系着一种等级秩序,"意指较高的社会地位,以及该地位给盘踞它的人带来的荣誉和尊敬"⑤。洛夫乔伊(Arthur Lovejoy)指出,西方古典哲学秉持一种目的论宇宙观,按照这种宇宙观,万物依据其与最完美的理想范型的距离,形成一个高低有别的级差序

---

① 雅各布·布克哈特:《意大利文艺复兴时期的文化》,何新译,马香雪校,商务印书馆1986年版,第351—352页。参见皮科:《论人的尊严》,顾超一、樊虹谷译,吴功青校,北京大学出版社2010年版,第25页。
② 雅各布·布克哈特:《意大利文艺复兴时期的文化》,第351页。
③ Ernst Cassirer, "Giovanni Pico Della Mirandola: A Study in the History of Renaissance Ideas (Part II)", *Journal of the History of Ideas*, Vol. 3, No. 3 (1942), pp. 319 - 346.
④ G. R. Elton, *Renaissance and Reformation: 1300 - 1648*. New York: Macmillan, 1968, pp.51 - 52; F. Roy Willis, *Western Civilization: An Urban Perspective*. Lexington: D.C. Heath, 1977, pp. 518 - 519; John McKay, Bennett Hill and John Buckler, *A History of Western Society*. Boston: Houghton Mifflin, 1983, p. 427; Jackson J. Spielvogel, *Western Civilization: A Brief History, Vol. 1 : To 1715*. Belmont: Wadsworth, 1999, pp. 266 - 268; Philip Cannistaro and John Reich, *The Western Perspective: A History of Civilization in the West*. TX: Harcourt Brace, 1999, pp. 405 - 429; Perry Rogers, *Aspects of Western Civilization*, Upper Saddle River: Prentice Hall, 2000, pp. 383 - 384.
⑤ 迈克尔·罗森:《尊严:历史和意义》,石可译,法律出版社2015年版,第10页。

列,谓之"存在之链"①。似可断言,不论在政治领域致敬公共事业中的卓越者,还是在道德领域礼赞人格修养的高拔,古罗马人所说的"尊严",都是在一种"差序格局"中被定义的,即,一个人越是优秀,越是接近完美,其"尊严的等级"(gradus dignitatis)也就越高。② 如果采纳流行说法,把文艺复兴看成一出穿着古人服装上演的现代大戏,那么,皮科的"尊严"概念是否也有一个古典源头,又在多大程度上进行了现代性再造?

据考证,皮科的演说原本并没有如今这般醒目的标题,"人的尊严"(hominis dignitate)这一为现代思想家高度推崇的标题,乃是后来出版商所加,时间大概在15世纪末。③ 值得注意的是,通读皮科的演说,压根就找不到hominis dignitate(人的尊严)这样的表述,而且,dignitas(尊严)一词也仅仅出现了两次:一次指对天使的奖赏,一次指哲学的较高价值。④ 所以,有学者认为,皮科"尊严"概念的现代性意义被严重高估了。⑤ 还有学者指出,中世纪的基督教神学虽然翻转了古罗马文化的世俗取向,但在差序格局中定义"尊严"的方式却得到了保留,只是存在之链的最高端换成了上帝而已。而在皮科那里,"人的形象"非但没有挣脱宗教框架,反倒实质性地依赖于神学而不是世

---

① 阿瑟·O. 洛夫乔伊:《存在巨链——对一个观念的历史研究》,张传有、高秉红译,邓晓芒、张传有校,商务印书馆2015年版,第30页。
② Cicero, *De Officiis*. in *On Duty*. trans. Walter Miller, Cambridge, MA: Harvard University Press, 1913, III, p. 87.
③ Ernst Cassirer, Paul Oskar Kristeller and John Herman Randall Jr. (ed.), *The Renaissance Philosophy of Man: Petrarca, Valla, Ficino, Pico, Pomponazzi, Vives*. Chicago: University of Chicago, 1948, p. 218.
④ Brian Copenhaver, "Dignity, Vile Bodies and Nakedness: Giovanni Pico and Giannozzo Manetti", in Remy Debes (ed.), *Dignity: A History*. New York: Oxford University Press, 2017, pp. 134 – 135.
⑤ 桑代克(Lynn Thorndike)说:"我们不得不感叹,皮科·德拉·米兰多拉在思想史上的重要性往往被严重地夸大了。与邓·司各脱(Duns Scotus)、巴托鲁斯(Bartolus)、阿巴诺的彼得(Peter of Abano),或洛伦佐·瓦拉(Lorenzo Valla)相比,他算得了什么?"参见 Lynn Thorndike, *A History of Experimental Science. Fourteenth and Fifteenth Centuries*. Vol. 4, New York: Columbia University Press, 1934, p. 485. 耶茨(Frances Yates)说:"皮科·德拉·米兰多拉在人性历史(history of humanity)上的深远意义不能被过高地评价。"参见 Frances A. Yates, *Giordano Bruno and the Hermetic Tradition*. Chicago: University of Chicago Press, 1964, p. 116。

俗哲学。① 在这个意义上,如果撇开教父神学家的影响而大谈皮科的"人论"(doctrine of human beings),就抓不住问题的要点。②

这样,围绕皮科的演说,西方知识界就先后给出了两种截然相反的评价。赞誉者认为,皮科的"尊严"概念基于人的自由,突出了人通过自己的抉择和行动而成长的自主性,是现代尊严理论与实践的先导;批评者认为,皮科的演说并没有从古典范式中脱胎出来,甚至还在神学框架内打转,远没有在现代意义上形成关于"人的尊严"的理论自觉。相反的评价由此呈现出一种矛盾紧张。因此,在借鉴先行研究的基础上,本文尝试运用概念史方法,对皮科"尊严"概念的二重性进行考察和分析,并尽可能给出富有说服力的解释。

一、颂扬人性卓越的不同路径:皮科之前的人文主义者

在《论人的悲惨境况》(*De miseria condicionis humanae*,1195)中,英诺森三世(Innocent III)不厌其烦地宣称,人类终其一生都是一场灾难。"哦,粗鄙的人之处境,这是毫无价值的状态!"从一出生,人就是赤裸的、虚弱的、沾满肮脏的血液。"人是从性欲败坏的血液中孕育而来的……活着,他滋生虱子和寄生虫。死后,他会产生蠕虫和苍蝇。终其一生,呕吐和粪便是他的产物;至其死后,则必然腐烂、导致恶臭。"③英诺森还宣称,肉体(corpus)是人类内在高贵灵魂的藩篱。在躯体回归尘土前,它不断地吞噬着人的精神,"恐惧和颤抖就在人的周围,劳累和痛苦又伴随他左右"。对于获救的人来说,肉身死亡之时,灵魂便会得到彻底解放;但对于那些被诅咒的人而言,身体的悲惨正是地狱中烈火焚烧的预演。英诺森之所以对人的境况作出令人作呕的刻画,

---

① Charles Edward Trinkaus, *In Our Image and Likeness: Humanity and Divinity in Italian Humanist Thought*. Vol. 2, Chicago: University of Chicago, 1970, p.521.
② 亨利·德·吕巴克(Henri de Lubac)主张皮科的"人论"来源于教父神学家,他至少列举了14位可能的早期教父,例如亚历山大里亚的克莱门(Clement of Alexandria)、奥利金(Origen)、尼撒的格里高利(Gregory of Nyssa)、埃及的马卡留(Macarius the Egyptian)等。参见 Henri de Lubac, *Pic de la Mirandole: Études et discussions*. Paris: Aubier-Montaigne, 1974, p.184。
③ Lothario dei Segni (Pope Innocent III), *On the Misery of the Human Condition* (*De miseria condicionis humanae*). Donald Howard (ed.), Margaret Mary Dietz (trans). Indianapolis and New York: Bobbs-Merrill, 1969. p.205.

目的是要敦促人们摒弃尘世的幸福,选择基督式的禁欲主义般的生活。

为了驳斥人类生存的悲观主义论调,中世纪晚期和近代早期的人文主义者致力于挖掘"尊严"(dignitas)概念的思想价值。他们的一个代表性看法是,人类是宇宙中最高级的生物,因而只有人类才配享尊严。借助"尊严"概念的这一用法,人文主义者力图表明,人类拥有掌控自己命运的能力,应该选择"积极的生活"(vita activa)。进一步说,文艺复兴时期人文主义者对人的尊严所做的辩护,又可分为两种主要形式,即世俗化和理性化。

早期人文主义者的着力点是重新解释某些神学命题,或将其转换为世俗内容。在众多赞美人性的论著中,借助神学命题显然处于优势地位。彼特拉克(Francesco Petrarca)反问:"忽视或否认我们作为人的本性以及我们的出生能有什么好处,这是要到哪里去?"[①]彼特拉克称赞世俗世界,并认为人类同样是美丽的。人的苦难只是一种或然的现实,而不是一种必然的命运,通过辛勤的劳作,赤裸的肉身也可以而变得非常优秀。彼特拉克并不否认人的境况的局限性,但他毫不犹豫地宣扬世俗生活的幸福和快乐,这种幸福源自人是"上帝的样式"(similitudo Dei),其外在标志是人的灵魂、智力、记忆、雄辩术以及许多的发明和艺术品。同样,在《论人的卓越与杰出》(*De excellentia et praestantia hominis*,1447—1448)中,法齐奥(Bartolomeo Facio)将人性的卓越转移到技艺和文化成就上。尽管法齐奥的目的是论证灵魂不朽,但他还是描述了人类可以拥有的多重幸福。借助神圣恩典,法齐奥敏锐地捕捉到人性的卓越的种种迹象,例如,每个人都有守护自己的天使,他可以将邪恶者打入地狱,也能擢升贤良迈进天堂。[②] 在法齐奥看来,上帝恩典(偏爱)人类正是人性的卓越之明证。

曼内蒂(Giannozzo Manetti)是世俗化立论的集大成者。在《论人的尊严与卓越》(*De dignitate et excellentia hominis*,1450—1451)这部巨著中,曼内蒂系统地反驳了人类苦难的观点,讴歌了世俗人性的卓越。首先,曼内蒂认

[①] 转引自 Antonio Pele, *El Discurso de la Dignitas Hominis en el Humanismo del Renacimiento*. Madrid: Dykinson, 2012, p.30。

[②] 转引自 Otto Brunner, Werner Conze, Reinhart Koselleck (Hrsg.). *Geschichtliche Grundbegriffe: Historisches Lexikon zur politisch-sozialen Sprache in Deutschland*. Bd. 7. Klett-Cotta, Stuttgart 2004, S. 656。

为，人应该追求"享乐"（voluptas），这是神圣恩典所默许的。"最好的和令人愉悦的东西"都是上帝恩赐的，人们应该始终"生活在这个充满欢乐和美好的世界"。快乐是每一个人日常生活的期望，外部感官能带给他极大的愉悦，内部感官也"使人享受无比的快乐"。曼内蒂甚至认为，肉体享乐是"卓越"（excellentia）的，并且性爱是最好的。① 其次，曼内蒂展示了身体的伟大。针对英诺森三世关于人污秽不堪的论调，曼内蒂回应说，人的赤裸"是由于恩典和荣耀，如果他一出生时就有皮毛覆盖，就会同野兽一样丑陋，人的高贵性也会被隐藏起来"②。大自然绝不会用廉价的、不合时宜的面纱来"掩盖人的身体这个最辉煌的产物"。针对身心二元论，曼内蒂认为，古代哲学家将身体定义为人性低劣与脆弱的那部分，这为神学家关于人性悲观的立场奠定了思想基础。③ 最后，曼内蒂赞扬人类富有创造性的才能。人类的生存和繁衍，离不开一定的发展空间，但自然万物所提供的仅仅是原材料，只有加以创造性地转化才能为人所用。在着重描写了佛罗伦萨的建筑、绘画以及艺术品之后，曼内蒂感叹这些文化产品被崇高的人类精神所渗透。曼内蒂不仅强调人类对自然界的统治，还将这种主宰解释为一项积极的义务，即人类享有支配和管理尘世间一切事物的责任。这显然是曼内蒂拒斥消极神学世界观，转向积极生活的证据。

然而，将神学命题转换为世俗的内容存在明显的缺陷，一部分原因是世俗动机难以获得完全的自足性，另一部分原因则是神学家可以攻击人文主义者的亵神立场。要想彻底摆脱神学框架的束缚，证明人性的卓越，就必须寻求理论化的建构。伴随着新柏拉图主义和赫尔墨斯传统（hermetischen tradition）的复兴，古典"异教哲学"为人文主义者注入了另一种纯粹的、理论化的动力。这是一种特殊形式的形而上学和宇宙论。

与前述人文主义者不同，斐奇诺（Marsilio Ficino）拒斥享乐主义的立场。在调和新柏拉图主义与神学宇宙论之后，斐奇诺指出，作为最高存在者，上帝

---

① Brian Copenhaver, "Dignity, Vile Bodies, and Nakedness: Giovanni Pico and Giannozzo Manetti", p.164.
② Ibid, p.165.
③ Antonio Pele, *El Discurso de la Dignitas Hominis en el Humanismo del Renacimiento*, p.32.

是超越任何存在物之上的"太一"(unum)。从最高存在者流溢(emanation)出一个"存在次序"(hierarchy of being),往下是天使的心灵,而后是人类的灵魂,直至最低级的形式以及无形式的质料,其中每一存在物均按照其自身的完满性占据固定的位置。[1] 斐奇诺并不认同静态的、被动的神学宇宙论图式,他希望通过某一中介物(intermediary being)将万物串通起来。虽然新柏拉图主义者将灵魂安置在宇宙论图式的中项,但琐屑的日常生活和经验很容易让它陷入封闭,丧失活力。如何把灵魂从外在事物的束缚中释放出来?在《柏拉图神学》(*Thelogia Platonica*, 1482)中,斐奇诺主张"宇宙的纽带"(vinculum mundi)是理性的灵魂。[2] 依此来看,灵魂充满活力的关键在于沉思(contemplation)的内在上升过程。在这一过程中,灵魂永远朝向真理和最高的存在者逐步提升,直至认识和洞察自己的本源("太一")。[3] 借助理性的沉思,灵魂将实体世界、先验的理念世界以及作为存在之本源的"太一"贯通起来。换句话说,灵魂就是宇宙万物最活跃的中心地带。人性的卓越恰恰在于理性的灵魂,因为它具有思考、意志和认知能力。[4] 人类是所有存在物(beings)的中介,一端连接着低级的存在物,另一端热切地想要提升到其本原的位置。在这种意义上,人类被誉为"小宇宙"(microcosmos)。"人是一个伟大的奇迹,是一个值得崇拜和荣耀的存在者。由于被放置在中间位置,人类的一切行为都被允许:天堂本身并非不可触及,因为理智可以丈量它,就像环绕在它周围一样。"[5]

皮科既不赞同用世俗快乐或文明成就来论证人性卓越的方式,也不满足于人是"小宇宙"的观点。而把人看作所有受造物的中介,亦不为皮科所接

---

[1] 查尔斯·B.施密特、昆廷·斯金纳主编:《剑桥文艺复兴哲学史》,徐卫祥译,华东师范大学出版社2020年版,第650—651页。
[2] Marsilio Ficino, *Opera Omnia*. Vols. 2. Basel, 1576, IX. II. 2.
[3] 保罗·奥斯卡·克里斯特勒:《意大利文艺复兴时期八个哲学家》,姚鹏、陶建平译,上海译文出版社1987年版,第46页。
[4] 保罗·奥斯卡·克里斯特勒:《文艺复兴时期的思想与艺术》,邵宏译,广西美术出版社2017年版,第126页。
[5] Brian P. Copenhaver, *Hermetica: The Greek Corpus Hermeticum and the Latin Asclepius in a New English Translation, with Notes and Introduction*. Cambridge: Cambridge University Press, 1992, pp. 69-70.

受,因为在他看来,人并不是凭借串联万物才获得了值得"最高赞赏"的特权。① 皮科也不愿意把人简单看作一切宇宙要素的集合体。因为这样一来,灵魂就固定于"存在次序"的必然结构之中。这种必然性意味着人类在本体论上遭受束缚,不能完全从宿命中解放出来。人是"小宇宙"的论点与其说是阐明了人性的卓越,毋宁说摧毁了它。正如卡西尔所言,不论"流溢说"还是"创世说",人只是绝对者(太一或上帝)的产物,而且还是一种"混合物"(mixtum compositum)。② 皮科思想的出发点,不是证明人类同宇宙要素的相似性,而是揭示出人类的"差异性"。正是这种差异性彰显人类以某种特殊的属性配享杰出的地位。这一路径才是皮科寻求论证人性的卓越的不同方式。

二、自由抉择是人的尊严的根据

在详细地考察皮科的思想之前,有必要扼要说明《论人的尊严的演说》这个标题的来龙去脉。1486年底,皮科出版了颇有争议的《九百论题》(Conclusiones nongentae, 1486)。依照中世纪大学的辩论传统,皮科希望在罗马举办一场"学术练习"(exercitatio scholastica)。③ 于是,他邀请神学家和法学家前来参加一场针对自己著作的"学院派的学术活动"(scolasticamque exercitationem more academiarum),并许诺给予"旅费资助"。④ 皮科还为这场辩论精心准备了一份简短的开场白,即Oratio(演说)。但不幸的是,皮科的论题遭到了教会的谴责,预期的辩论也被迫中止。⑤ 当得知自己的观点被裁定为异端后,皮科是颇不顺从的,没有丝毫的悔意。在《申辩》(Apologia,

---

① 皮科:《论人的尊严》,第17页。
② Ernst Cassirer, "Giovanni Pico Della Mirandola: A Study in the History of Renaissance Ideas (Part II)", p.320.
③ Joannes Picus Mirandulanus, Opera omnia. Turin: Bottega D'Erasmo, 1971, p.327.
④ 皮科发出的宣传广告写着:"如果有任何的哲学家或神学家,即便他们来自意大利的南北两端,也希望参加罗马的辩论。那么,辩论的主人(皮科)承诺,将从自己的资金中支付其旅费。"参见 Stephen. A. Farmer, Syncretism in the West: Pico's 900 Theses (1486): The Evolution of Traditional Religious and Philosophical Systems. Tempe, AZ: Medieval and Renaissance Texts and Studies, 1998, p.552。
⑤ 英诺森八世(Innocent VIII)任命的委员会裁定,皮科的论题"偏离了正统信仰的轨道"(a recto tramite ortodoxe fidei declare),其中7个是异端,还有6个可疑。参见 Léon Dorez and Louis Thuasne(ed.), Pic de la Mirandole en France (1485—1488), Paris, 1897, p.114。

1487)中,皮科以尖锐的语气捍卫自己的观点,"使一个人成为异端的原因不是智识上的错误,而是意志上的恶意和反常"①。这使得事态更加糟糕。英诺森八世旋即颁布一份简短的法令,宣布皮科的所有论题都有罪,并要求当众焚毁。② 后来,皮科被捕入狱。

由于上述原因,皮科生前并未正式发表他的"演说"(Oratio)。直到他去世之后,其侄子才把它整理出版。在后来的再版过程中,De hominis dignitate(《论人的尊严》)被一些出版商私自添加在了原先简洁的标题之后。③因此,正如一些文献学家考证的那样,"人的尊严"并不是皮科著作的原题,也没有出现在演说的正文中。但据此断定,皮科对"人的尊严"(hominis dignitate)这一文艺复兴时代的规范术语缺乏了解,却言过其实。一些学者抓住这一问题不放,并对皮科过分苛责,是有失公允的。④

皮科最著名的观点是,人类不是按照固定模式来受造的,因为从本体论上说,他没有固定的本性。对人类而言,"最高的特权"在于"是其所是,为其所愿"。这种自由抉择的能力就是皮科"人的尊严"思想的核心之所在。

第一,人在本体论上是自由的,这是其配享尊严的依据。按照经院哲学的观点,"自然"或"形式"(natura / facies)是某一事物的内在原则,使其成为其所是,而不是成为其他东西的根本原因。除非上帝,任何事物都不能成为无限的、不受规定的存在者。自然预先规定着事物在"存在次序"上的位置,从作为绝对创造者的上帝开始,沿着层级序列向下延伸。皮科原创性的观点是,人不是按照任何原型(archetypus)被创造出来的,因为至高的建筑师"没有给人固定的位置或专属的形式(facies),也没有给他独有的禀赋"⑤。作为尚未确定本性的受造物,人必须根据自己选择的"形式"来塑造自己,因为他

---

① Eugenio Garin, *History of Italian Philosophy*. Vol. 1. Rodopi: Amsterdam-New York, 2008, p.307.
② Rudolf Hirsch, *Printing, Selling and Reading: 1450—1550*. Wiesbaden: Otto Harrassowitz, 1967, p.89.
③ Ernst Cassirer, Paul Oskar Kristeller, John Herman Randall Jr. (ed.), *The Renaissance Philosophy of Man: Petrarca, Valla, Ficino, Pico, Pomponazzi, Vives*. Chicago: University of Chicago, 1948, p.218.
④ Brian Copenhaver, "Dignity, Vile Bodies and Nakedness: Giovanni Pico and Giannozzo Manetti", pp.134-135.
⑤ 皮科:《论人的尊严》,第25页。

在"受造的次序"(order of creation)中缺乏"一席之地"(certa sedes)。①

克瑞(Jill Kraye)指出,皮科将人类从"存在次序"的固定位置移除,其目的是为人类分配一种不确定的状态。② 在这一点上,皮科超越了斐奇诺,他使人完全摆脱了古典自然宇宙论的束缚,也使人从消极的、静态的神学世界观中完全解放了出来。这就是布克哈特赞扬的"文艺复兴时期最高的遗产",即人的重新发现。克里斯特勒正确地指出,皮科使人脱离了宇宙等级体系,其目的是强调人的自由。③ 从本质上说,限制性原则的缺失和人类外在于"存在次序",都是为了证明人的自由。在皮科看来,"是其所是,为其所愿"的自由,证明了"人是伟大的奇迹"(Magnum miraculum est homo),而"人的尊严"就表现在,"你不受任何限制的约束,可以按照你的自由抉择决定你的自然(本性)"④。在本体论意义上,所有人都没有固定的本性,因而是自由的;又因为自由是人的最高贵特权、值得称赞的伟大奇迹,所以,任何人都享有尊严。

第二,自由抉择意味着可以上下浮动。按照皮科的观点,由于人类的受造没有固定模式,所以就能在诸多因素的影响下发生改变,正所谓"可以堕落为野兽,也可以再生如神明"。具体而言,皮科提出了对人性开放的五种可能,即植物性、感性、理性、天使或神性的生活,分别对应植物、野兽、天上的动物、天使和上帝。然而,不是所有的选项都是平等的,因为皮科明确地谴责一个人选择植物性和感性的生活。"有人只是满足口腹之欲,不是人,而是植物";"有人为自己的感觉所奴役,不是人,而是野兽。"⑤如果一个人只注重口腹之欲和肉体享乐,他实际就自愿放弃了作为人的资格。由于人类在本性上是自由的,拥有选择更高生活层次的潜能,他有义务摒弃低级的生活方式。从基督教禁欲主义的角度来看,人文主义者宣扬肉体享乐有一定的合理性。但是,皮科强调享乐主义的生活方式根本不可取。在实际生活中,只有努力追求高级生活方式的人,才有资格享有尊严。反之,任性地选择低级的生活方式,诸如植物或动物,沉浸于肉体享乐,这样的人根本配不上"人"的名称,

---

① 皮科:《论人的尊严》,第21页。
② 查尔斯·B.施密特、昆廷·斯金纳主编:《剑桥文艺复兴哲学史》,第349页。
③ 保罗·奥斯卡·克里斯特勒:《意大利文艺复兴时期八个哲学家》,第69页。
④ 皮科:《论人的尊严》,第25页。
⑤ 同上书,第32页。

更何来尊严之有？在这一点上，皮科的尊严概念是精英主义取向的。

第三，自由抉择旨在最高层次的生活。个体的身份取决于过什么样的生活，而生活是根据精神导引的行为决定的。仅仅存在高级的心理倾向或潜能，不足以作为判定个体身份的标准。这种分类学旨在考察个体生活的实际样态，因为实际的生活气质(psychic lives)才是构成个体生命(vita)的重要元素。为了获得更高层次的生活，我们需要"看看他们做什么，过着怎样的生活"①。一定程度上而言，通过学习和实践天使的习性(habit)，一个人就会过上天使的生活。虽然天使的层次很高，但精神世界的顶点不是天使而是上帝。因为天使被禁锢在自身的完满中，例如，纯粹的理性或正义，天使本质上是封闭、静态的。"与上帝合一"是人类终极的生活目标，他有超越天使并位于其上的自由能力。正如皮科所言，人类具有获得享有比天使还要高的"尊严"(dignitatem)的可能性。②

三、只有追求道德至善才能充分彰显人的尊严

在皮科那里，尊严概念存在普遍与特殊的张力。从形式上说，他的尊严概念是普遍的，属于所有人。由于在本体论上人类没有固定的本性，所有的人都是自由的；又因为自由是"伟大奇迹"或"最高的特权"的标志，因此，尊严是对每一个人的颂扬和称赞。但是，像"存在之链"的传统模式一样，皮科的尊严概念又要求一个人选择更高层次的生活，否则，就是一种堕落。这意味着，皮科所说的"自由抉择"，从价值取向来看，并不为沉迷于肉欲的世俗享乐主义作辩护。相反，自由抉择的真谛，在于向上提升，追求崇高的精神生活，达于至善的道德境界。惟其如此，才能彰显人的伟大和卓越，才能获得人之为人的高贵尊严。在这个意义上，"更高的尊严"可理解为对某一部分人的二次褒奖，因为它并不为人们普遍共享，而是特殊主义的。

由于皮科关于尊严思想的论述打上了传统伦理的烙印，有学者指出，"把

---

① 皮科：《论人的尊严》，第37页。
② Eugenio Garin, *History of Italian Philosophy*. Vol. 1, p.324.

皮科的论点……从神学层面剔除掉,似乎是不可能的"①。从某种意义来说,皮科之所以强调人在本体论上的自由,其主旨就是要呼吁人们追求至高的目的,即人与上帝的终极合一。"如果他对任何其他受造物的命运都不满意,他会将自己收拢到自己统一体的中心,变成唯一与上帝同在的灵。"②辩证地看,"与上帝同在"的目标是以皮科的自由主张为前提的,即人没有内在的限制性原则。唯有持续地追求最高的目的,一个人才能恰当地运用其本体论上的自由,从而配享尊严。皮科的论述之所以前后一致,就在于其尊严论说的目的论取向。

为了实现"与上帝的同在"的终极目标,皮科认为需要"三重哲学"的预备性工作。"道德哲学"(philosophia moralis)可以抑制情感冲动,平息肉体欲望,建立习性,消除道德污点,从而"正确地引向适宜的目的"。"辩证法"(dialectica)驱散"理性的阴霾"(rationis caliginem),并且"平息语言的矛盾和三段论的吹毛求疵所造成的理性的混乱"③。"自然哲学"(philosophia naturae)等同于形而上学,甚至等同于自然神学,因为它寻求自然的奇迹(miracula naturae)和上帝的力量(virtus Dei),"通过可见的自然,向人展示上帝的不可见之事"④。

在完成了"三重哲学"的准备性任务之后,人的灵魂将其带入神学(sacred theology)。"借助神学之光,神圣事物的形象才会向有此准备的人们显现。"⑤皮科似乎承认哲学和神学之间的区别,因为前者被认为是后者的必要前提,而前者不能带来和平。神学监督人的灵魂,使得它能够被神圣化。皮科解释说,随着神学的出现,"我们将被提升到她那最高的瞭望塔……我们为神性所充满,将不再是自己,而将是那个造了我们的造物主自身"⑥。因为神学被定义为精神生活和神化(deificatio),"与上帝同在"的目标就只能通过神学才能

---

① Edward P. Mahoney, "Giovanni Pico della Mirandola and Origen on Humans, Choice, and Hierarchy", in: *Vivens Homo: Rivista Teologia Florentina*, Vol. 5 No. 2 (1994), pp.395-376.
② 皮科:《论人的尊严》,第29页。
③ 同上书,第42、51页。
④ 同上书,第61页。
⑤ 同上书,第59页。
⑥ 同上书,第61—64页。

实现。值得注意的是,皮科主张在完成"三重哲学"的准备工作后,神学才会降临在人的灵魂中。有学者认为,皮科的灵魂是被动的或接受性的。① 如果皮科的立场被解读为守护上帝的恩典,那么强调灵魂的被动性是至关重要的。道格蒂(M. V. Dougherty)指出,皮科在论述灵魂被神化时显得有些保守,这缓和了有些学者片面地强调自由的观点。② 然而,皮科似乎对灵魂主动地神化颇为自信:"让我们的灵魂充满神圣的雄心吧! 因为,只要我们意愿它,就能做到。"③实际上,不论灵魂的神化是积极的还是消极的,皮科旨在阐明:我们不能满足于平庸,应该渴望成为至高者。

虽然"人的尊严"意味着人在宇宙中的卓越地位,但这个概念只有借助另一个条件才能获得完整的意义。通过引入至高的目的,皮科才能说明个体有义务实现其本体论上的自由——人的尊严的根据。从实践理性来看,至善主义强调主体的自我提升,关注尊严对人的道德要求,而不是以恰当的方式尊重他人。谈论"人的尊严",主要说明人们应该以何种方式恰当地运用自由抉择的能力,为追求至善而不断努力。这种强调源于潜在的目的论,个体应该从"偶然生成的人"转变为"必然的目的人"。

四、皮科的思想方位:靠近康德还是重释西塞罗?

从社会结构面来看,文艺复兴时代是一个城市工商文明崛起的时代,在这种历史背景下,"人的发现"被认为是一种世俗功利主义和享乐主义的理解,是非常自然的。彼特拉克的说法很有代表性:"我不想变成上帝,或者居住在永恒中,或者把天地抱在怀里。属于人的那种光荣对我就够了,这是我所祈求的一切。我自己是凡人,我只要求凡人的幸福。"④皮科的演说尽管不以世俗功利主义和享乐主义为基调,但他用"尊严"概念礼赞人的自由意志和

---

① Fernand Roulier, *Jean Pic de la Mirandole (1463—1494), Humaniste, Philosophe et Théologien*. Vol. 1. Genève, Slatkine, Bibliothèque Franco Simone, 1989, p.559.
② M. V. Dougherty (ed.), *Pico della Mirandola: New Essays*. Cambridge: Cambridge University Press, 2008, p.146.
③ 皮科:《论人的尊严》,第33页。
④ 彼特拉克:《秘密》,见北京大学西语系编:《从文艺复兴到十九世纪资产阶级文学家艺术家有关人道主义人性论言论选辑》,商务印书馆1971年版,第11页。

发展潜能,驳斥中世纪神学被动的、静态的世界观,终究从一个特定侧面满足了一个充满活力的社会的价值标准。在这个意义上,有学者将皮科的演说誉为"现代性的时刻"[1],虽有些夸张,却也并非没有根据。还有学者认为,皮科以"自由"论证"人的尊严",这跟康德的思想已十分接近。[2] 如何评价这一论点?

按照康德的著名定义,"尊严"(würde)指的是一种"超越一切价格,从而不容有等价物的东西"[3]。这种定义方式显然与世俗幸福主义立场相反;但也必须看到,当康德基于人的理性自律推出永远"把人当作目的"的绝对命令的时候,他对人的"尊严"的辩护同时又是平等主义取向的。质言之,确认和维护人的"尊严",归根到底就是要把每一个人都当作目的本身来尊重,而不是将其当作外在的手段或可交易的物件来处理。这样,康德的"尊严"概念就撇开世间男女在出身、肤色、财富、地位等方面的差异,而指向了一种平等的人格性。问题在于,皮科的"尊严"概念真的接近这一水平了吗?

在《论人的尊严的演说》中,皮科的确讴歌了人的意志和行动自由,但是,这种论述还受限于一种神学目的论的框架。因此,同康德所说的人的理性自律相对照,皮科的自由远非人的自我立法能力,而不过是上帝赋予人的某种高于低级动物的"特权"罢了,此其一。其二,现代性的自由通常意味着人在政治和社会领域的自我决定,与之相比,皮科更加关注的是自由的形而上学的一面。有学者指出,皮科的自由似乎只属于哲学家,因为只有对这些人来说,自由作为获取知识的能力才显得重要。[4] 但是,如果不能把自由解读为适用于每一个人,那么,皮科的"尊严"概念就还没有"把人从约束性的宇宙论或决定论中解放出来"。[5]

---

[1] Walter Pater, *The Renaissance: Studies in Art and Poetry, the 1893 Text*. Berkeley: University of California Press, 1980, pp.30 - 32.

[2] Mette Lebech, *European Sources of Human Dignity: A Commented Anthology*. New York: Peter Lang, 2019, p.200.

[3] 康德:《道德形而上学的基础》,李秋零等译,见《康德著作全集》第4卷,中国人民大学出版社2004年版,第443页。

[4] Stephen. A. Farmer, *Syncretism in the West: Pico's 900 Theses (1486): The Evolution of Traditional Religious and Philosophical Systems*, p.106.

[5] William G. Craven, *Giovanni Pico della Mirandola, Symbol of His Age: Modern Interpretations of a Renaissance Philosopher*. Genève: Librairie Droz, 1981, p.27.

像同时代的大多数人文主义者一样,皮科的演说在风格上是修辞性的和论辩式的。所以,有学者认为,文艺复兴时期的人文主义者借助"尊严"概念对"人的伟大"给予的礼赞,在很大程度上诉诸的是"直觉",而不是"有根据的理论假设"。① 这话有部分道理。但是,考虑到一位出版商也可以给皮科的演说添加"人的尊严"(hominis dignitate)这样的标题,这至少表明"尊严"概念在那时候不仅是一个褒义词,而且已有相当程度的流行。布克哈特的精细考察告诉我们,在整个文艺复兴时期,到处都能找到关于人性伟大和卓越的论述,以至于可以说,由于多角度、多侧面地"认识和揭示了丰满的完整的人性",文艺复兴"取得了一项尤为伟大的成就"。② 在"尊严"论题上,要为文艺复兴时期人文主义者的论述寻找一个思想源头,我们的目光就得投向古罗马,尤其是西塞罗。

按照概念史家的说法,西方话语系统中的"尊严"一词——英语 dignity,法语 dignité,意大利语 dignità,西班牙语 dignidad 等等,皆可追溯到拉丁文 dignitas。因而,在严格的谱系学意义上,它是一个"罗马式概念",尽管其宽泛意义的思想文化元素也可以在希腊术语中找到对等项。③ 在罗马共和时期,dignitas(尊严)被当作政治概念来使用,乃指公共生活中的高贵者和卓越者所应得到的荣誉、尊重、敬仰及优待。从制度安排与治理实践两方面来看,"尊严"的获得可能出于先赋的血统,也可能基于后天的功业。但无论如何"尊严"是精英式的,跟普通平民并没有关系,更不适用于奴隶和外邦人。起先,

---

① Eugenio Garin, *La Cultura del Rinascimento*. EST: Florencia, 1996, p.54.
② 雅各布·布克哈特:《意大利文艺复兴时期的文化》,第 302 页。
③ Samuel Johnson, *A Dictionary of the English Language*, Vol. I. London: J. F. And C. Rivington [etc.]. 1785, p.593; P. G. W. Glare, *Oxford Latin Dictionary*. London: Oxford University Press/Clarendon Press, 1968, p.542; Viktor Pöschl, *Der Begriff der Würde im antiken Rom und später*. Issue 3. Heidelberg: Winter, 1989, S. 11; Daniel P. Sulmasy, "Human Dignity and Human Worth." in Jeff Malpas & Norelle Lickiss (ed.), *Perspectives on Human Dignity: A Conversation*. Netherlands: Dordrecht, 2007, p.10; Stefano Maso, "'dignitatem tueri' in Cicerone: dalla dimensione civile all'istanza filosofica", *Méthexis*, Vol. 22 (2009), p. 79; Henriette Barschel, *Dignitas-Genese eines römischen Wertbegriffs: Eine begriffsgeschichtliche Untersuchung*. Reichert, 2016, S. 1 – 6; Patrice Rankine, "Dignity in Homer and Classical Greece", in Remy Debes (ed.), *Dignity: a history*. New York: Oxford University Press, 2017, p.20 – 24; Mette Lebech, *European Sources of Human Dignity: A Commented Anthology*. New York: Peter Lang, 2019, p.11.

西塞罗也把 dignitas(尊严)用作政治概念,但在晚年政治失意之后,他沉醉于道德哲学思考,并推出了 dignitas humana(人的尊严)这一著名短语。大体而言,此即文艺复兴时期人文主义者类似表述的思想蓝本。

有学者认为,西塞罗将"尊严"概念从政治等级秩序中抽离出来,在道德领域论证一种更具普遍意义的"人的尊严",应被视为一个重大的思想进步。① 但是,高估这一进步的现代性价值并不恰当。因为,即使在道德领域,西塞罗关于"尊严"的论述也仍旧在一种"差序格局"中展开,只不过将"贵族"之于"平民"的优越性做了两种转化而已:一是在宇宙结构中"人类"之于"禽兽"的优越性;二是在意识结构中"理性"之于"肉欲"的优越性。西塞罗这样说:

> 肉体享乐根本配不上 hominis praestantia(人的优越),应该蔑视和抛弃它。如果有人热衷于享乐,那他就该努力保持这种享受的分寸……如果我们有意仔细观察我们 natura excellentia et dignitas(本性的卓越与尊严),那么我们就会理解,沉湎于放荡、矫揉、奢侈的生活是多么可鄙,而节俭、克制、严格、清醒的生活在道德上又是多么正确。②

只要稍加考察,我们就会发现,西塞罗在道德上为"人的尊严"设定的双重优越性,在皮科的演说中统统被保留下来了。一方面,他告诉我们,上帝在创世之余创造了人,但上帝为了表示对人的特别关爱,又不把人限制在固定的地方,而给他以意志和行动的自由,使其超越于自然物和低级动物之上;另一方面,他则提醒我们,意志和行动的自由,可以使人堕落为禽兽,也可以使人再生如神明。因此,只有沿着"雅各之梯"向上流动,不断提升自己的道德修养,及至在心灵上"返回上帝",才能充分彰显人之为万物灵长的伟大和卓越,从而获得享有"尊严"的正当资格。③ 哈贝马斯(Jürgen Habermas)在评价西塞罗的"尊严"概念时指出,把"人的尊严"解释为人类在宇宙中相对于低级生命形式的优越性,与撇开社会成员的身份差异而平等地对待和尊重每一个

---

① 迈克尔·罗森:《尊严:历史和意义》,第12—13页。
② Cicero, De Officiis. I, 105-106.
③ 皮科:《论人的尊严》,第45—46页。

人,远不是一回事。因此,西塞罗式的"尊严"还不足以构成规范性权利要求的根据,并未搭建起通往平等主义的现代概念的语义学桥梁。① 这个评价同样适用于皮科。

五、结语

文艺复兴时期关于"尊严"概念的历史叙事大致可以分为三个阶段。第一阶段,早期人文主义者颂扬人性的卓越,这个意义的 dignitas hominis(人的尊严)是对 miseria hominis(人的悲惨)立场的一种回应,后者蔑视尘世的生活或渲染人生的苦难。为了驳斥这种禁欲主义和悲观主义论调,第一批人文主义者诉诸世俗的幸福主义和快乐主义,推动了人文艺术的进步。第二阶段,运用特定的"哲学人类学"(philosophical anthropology)对 dignitas hominis 的叙事进行理性化重构。随着古典哲学的复兴,人文主义者找到了某种自信的理论基础。人被定义为一个"小宇宙",被赞誉为一个"伟大的奇迹",可以经天纬地、衡量一切,因而具有驾驭万物的特权(尊严)。第三阶段,以人的"自由"论证"人的尊严"。这是皮科的原创性思想贡献。作为上帝的特殊受造物,人不为铁的自然法则所禁锢,具有本体论上的不确定性,可以自我塑造,选择和决定自己想要成为的样子。人的自由不仅意味着他具有无限的潜能,而且意味着一部分"优秀的人"能够通过道德修炼而达于至善境界,成为"人-神"(实现了人的尊严)。

在"尊严"概念的历史长河中,皮科是一位承前启后的思想家。一方面,皮科主张自由是人的尊严的根据,这意味着主体可以在不同的人生轨迹之间做出选择。作为对个体潜能的礼赞与颂扬,人的尊严驳斥了中世纪神学被动的、静态的世界观,满足了一个充满活力的社会标准。在这一点上,皮科的尊严概念与现代性存在一定的关联。然而,皮科认为人的自由是上帝赋予的最高特权,这与康德以降的尊严范式(自律是尊严的根据)还有相当大的距离。另一方面,皮科复兴了尊严的古典范式。在古罗马语境中,人的尊严是指人类在宇宙论上杰出的位置,即他凭借某种卓越的属性(理性或自由)被擢升到

---

① See Jürgen Habermas, "The Concept of Human Dignity and the Realistic Utopia of Human Rights", *Metaphilosophy*, Vol. 41, No. 4 (2010), p.473.

自然界之上。为了配享这一优越的地位，每一个体都要履行一项无条件的道德义务，也就是追求至善的终极目标。反之，如果忽视此项义务，沉迷于肉体欲望，就根本配不上人性的卓越，毫无尊严可言。因此，皮科的尊严概念有着雅努斯的面孔，徘徊在现代（自由）与古典（义务）之间。

评论

高第及其中法战争叙述

葛晓雪*

19世纪后半叶,中法两国围绕越南(根据史料语言,本文亦称"安南")发生了一系列冲突,其中1883—1885年间爆发的中法战争影响甚远。汉学家亨利·高第(Henri Cordier,1849—1925)是较早关注这一事件的法国人,因其相关著述多以法文写作,故中国学界虽然对高第有一定的了解,但对他关于中法战争的叙述知之不多。① 本文首先介绍高第的生平,进而考察高第关于中法战争的叙述,并予以评说。

一、亨利·高第其人

高第,又译为考狄、考迪埃、柯蒂埃等,法国语言学家、历史学家、民族学家、作家及汉学家,曾任巴黎地理学会主席。1849年8月8日,高第出生在美国新奥尔良,1855年随父母移居巴黎,曾于1867年在法国的中国商行工作。1869年春,高第从马赛乘船出发,抵达上海后,在美商旗昌洋行(Roussell and Co.)担任船务核算。1876年3月,高第回法国休假。1877年3月,高第以日

---

* 葛晓雪,南京大学历史学院博士研究生。
① 高第著作的中译本有《东域纪程录丛》(H.裕尔撰、H.考迪埃修订,张绪山译,云南人民出版社2002年版)等。

意格留欧船政学员团队法文秘书的身份,接待搭乘白河号(Peï-ho)邮轮来法留学的中国使团。通过这次工作,高第结识了李凤苞、马建忠、陈季同等人,此后便与马建忠保持书信往来。1900年马建忠逝世后,高第在《通报》上刊登讣告,并在其著作中介绍马建忠的活动。① 此外,高第还与郭嵩焘、曾纪泽等清朝驻欧使节有过接触和交流。

1881年,经国立现代东方语言学院院长薛爱国(Charles Schefer)的推荐,高第在巴黎东方语言学院(École spéciale des langues orientales)任教,讲授远东历史、地理和法律课程。此外,他还担任政治科学自由学院(École libre des sciences politiques)教授。

高第在结识英国东方学家亨利·裕尔(H. Yule,1820—1889)后,对中世纪欧洲旅行家产生了兴趣。在裕尔去世后,他重释《马可·波罗游记》,再版《东域纪程丛录》。1890年,高第与施古德(Gustaaf Schlegel)创办《通报》(*T'oung Pao*),这是第一本国际汉学期刊,主要刊登东亚国家的历史、语言、地理和民族志方面的文章。在个人研究方面,高第所著《中国书目》(*Bibliotheca sinica*, *Dictionnaire bibliographique des ouvrages relatifs à l'Empire chinois*)堪称法国汉学的奠基之作。伯希和(Paul Pelliot,1878—1945)曾说:"考狄以其出版物,而使远东研究拥有了具有某种真实价值的工具书。"②

1925年3月16日,高第因心脏病突发逝世于巴黎,清华周刊附刊《书报介绍》发表讣告《Henri Cordier 之死及其著作》,其中写道:"当代外国人研究中国学问者首推法国哥尔第亚氏,近已卒于巴黎矣。氏尝居中国约九年,与英国皇家亚洲学术会(The Royal Asiatic Society)因缘甚深,为该会图书馆名誉馆长。1881年被任为巴黎近代东方语言学院(the School of Oriental Living Languages)教授。课余专力于《通报》之编辑,该报为研究中国学问之杂志,尝著《中国书目》,又著《中国通史》《西方列强与中国关系史》。"③寥寥几

---

① 马骥:《高第(考狄)档案中的马建忠法文信函——兼论高第与马建忠关系》,《宁波大学学报》(人文科学版)2017年第30卷第6期。
② 伯希和:《法国的百科全书式汉学家考狄》,见戴仁编:《法国中国学的历史与现状》,耿昇译,上海辞书出版社2011年版,第227页。
③ 《Henri Cordier 之死及其著作》,《书报介绍》1925年第18期,第38—39页。

笔,勾勒出了高第与中国的关系。

在高第的中国研究中,中法关系是其关注点之一。1883 年中法战争爆发不久,高第即出版了《法国与中国的冲突:殖民史与国际法研究》(*Le conflit entre la France et la Chine : Étude d'histoire coloniale et de droit international*)一书。此后,高第先后出版了《1860—1900 年间中国与西方列强关系史》(*Histoire des relations de la Chine avec les puissances occidentales*,1860—1900,三卷,1901)、《1886—1891 年五年间的中国研究》(*Half a decade of Chinese studies*,1892—1903 年间陆续在《通报》发表)、《中国及其与外国关系的通史:从远古直到清朝覆灭》(*Histoire generale de la Chine et de ses relations avec les pays etrangers depuis les temps les plus anciens juesqu'a la chute de la dynastie mand'schoue*,四卷,1920—1921)、《中国》(*La Chine*,1921)等。在这些著作中,《法国与中国的冲突:殖民史与国际法研究》与三卷本的《1860—1900 年间中国与西方列强关系史》中涉及中法战争的叙述,是本文所要重点考察的内容。

二、《法国与中国的冲突》

《法国与中国的冲突:殖民史与国际法研究》(以下简称《法国与中国的冲突》)一书[①],是 48 页的小册子(表1)。

表1 《法国与中国的冲突:殖民史与国际法研究》目录

章数	标题
第一章	La France et l'Annam(法国与安南)
第二章	La Chine et l'Annam(中国与安南)
第三章	L'Angleterre et l'Annam(英国与安南)
第四章	La Chine et les puissances européennes(中国与西方列强)
第五章	Procedes diplomatiques de chinois(中国的外交程序)

全书分为两部分。第一部分由前三章组成。高第从冲突爆发开始讲起,先叙写清朝藩属越南与法国的关系,次论中国、英国与越南的关系,明

---

① Henri Cordier, *Le conflit entre la France et la Chine : Étude d'histoire coloniale et de droit international*, Paris: librairie Léopold cerf, 1883.

显含有法国本位的偏向。第二部分由第四、第五两章构成,分别考察了清廷的外交活动及制度。第四章历数欧洲各国与清朝交涉时的龃龉,第五章抨击清朝制度之落后,将列强侵略中国的原因归结于清廷。高第由此认为,在中法冲突中,各国应支持法国,即使不支持,袖手旁观也是一个较好的选择。

《法国与中国的冲突》出版于1883年中法战争爆发之际,各方势力胶着不下,法方需要继续其远东政策的借口。1879年,法国共和派在议会选举中获得多数,成为执政党。共和派政治家的目光转移到对外殖民事务上。1880—1881年,茹费理(Jules Ferry,1832—1893)第一次当选法国总理后,打败意大利,吞并突尼斯。1883年,茹费理再次执政后,将目光投向"远东",希望通过扩张殖民政策来转移国内政治危机。普法战争之后,欧洲形成德奥意与英法俄相互制约的格局,这是高第在文中寻求英俄而非德奥支持的原因所在。

围绕越南,从1882年到1883年5月,中法之间即开始交锋。清廷招抚黑旗军对法作战,但黑旗军渐渐趋于劣势;而孤拔(Amédée Courbet,1827—1885)率领的法军在接连取胜后,试图占领整个越南。当时,李鸿章(1823—1901)与法国外交官宝海(Bourée)协约议定分界保护草案未果,法国改派脱利古(Tricou)与李鸿章交涉,谈判陷入僵持之局面。而在巴黎方面,曾纪泽与法国的交涉因"中立地带"的设定意见不一致而陷入僵局。在和战交织的背景下,高第认为与清廷的外交交涉不可行,鼓吹法国重新开战,并呼吁欧洲各国支持法国。

在第一章,高第认为法国的印度支那政策,历经路易十六、拿破仑一世、拿破仑三世,及至第三共和国,处在从构想变为现实的关键时刻。法越私订的"1874年条约"与中国无关,清朝的干预"不合国际法",清朝"以往从未在藩属国与西方列强之间进行过干预",因此也"无权在安南对法国采取行动"。[①]高第将法国对越南的关系追溯到1684年商人查普勒尔(le Chapplelier)建立贸易据点,实际上所谓法越关系开始于旅行家波微(Pierre Poivre,1719—

---

① Henri Cordier, *Le conflit entre la France et la Chine : Étude d'histoire coloniale et de droit international*, Paris: librairie Léopold cerf, 1883, p.6.

1786)至广南的考察。① 1785 年,越南发生叛乱,阮福映(Nguyễn Phúc Ánh,1762—1820)向法国求助并拟定了《凡尔赛条约》,但条约很快被作废。越南新君继位后,法国派使臣试图订约时遭到拒绝。

第二章将中国与越南关系溯及传说,认为二者关系复杂,"时而互派使臣,时而处于戒备状态",最终"安南接受了强大邻居的绥职,这使他比其他小国更受尊敬"。② 但是,高第在承认中国与越南之间宗藩关系的同时,又把越南王室与明清截然分开,声称自明以来中国未曾干预越南事务,且在 1842 年和 1860 年鸦片战争时亦未召唤藩属参战。如此叙述,高第旨在强调法越签约符合国际法,中国与越南的宗藩关系则不符合国际法。

接着,高第把中越藩属关系与其他宗藩关系进行对比。例如,同为朝贡国的缅甸没有得到清廷的帮助,以致被英国占领。高第推断清朝的宗藩关系"双重标准、缺乏逻辑"。越南和缅甸均得到绥职,清朝却毫不关心缅甸、越南的局势,因此,宗主国的存在是"柏拉图式"的,清朝不能干涉法国在越南进行外交或军事活动。③ 在这一逻辑下,高第把 1860 年法越战争与 1862 年西贡条约当作既定事实,妄图以条约切断中越宗藩关系。高第直言法国建立殖民地的最终目的是打开中国门户,以使欧洲在中国西南边境的贸易开放。④ 但是,越南国王一直遣使到北京朝贡,从 1876 到 1881 年,越南国王采取许多方法逃避被法国殖民的命运。⑤

第三章叙述英国同样对越南有殖民的企图。法越"1874 年条约"的施行对英国在印度支那的利益十分重要,可以联结英国在印度的殖民统治,进而沟通对华贸易。高第认为,英法利益密切相连,英国通过当地报刊表达出对法国的善意与同情。他在最后意味深长地写道:"在安南问题上以法国为代价做出的任何让步,都将成为对付英国在缅甸统治的武器。"⑥

---

① Henri Cordier, *Le conflit entre la France et la Chine: Étude d'histoire coloniale et de droit international*, Paris: librairie Léopold cerf, 1883, pp.7 - 8.
② Ibid, p.13.
③ Ibid, pp.13 - 22.
④ Ibid, p.29.
⑤ Hosea Ballou Morse, *The International Relations of the Chinese Empire*, London New York: Kelly and Walsh, 1910 - 1918, p.347.
⑥ Hosea Ballou Morse, *The International Relations of the Chinese Empire*, London New York: Kelly and Walsh, 1910 - 1918, p.31.

在第四章,高第历数近十年来清朝与其他国家的冲突,如日本(1874)、英国(1876)、俄罗斯(1880)以及现在的法国。① 高第非常清楚法国和列强与清政府之间的紧张:"我们并非依靠中国政府的善意在中国领土上建立(据点),而是依靠征服的权力在那里存在。"提醒各国不要为曾侯爵(曾纪泽)等外交官和善的表象所迷惑,从围绕基督教的冲突——教案,可见清朝在历史、现实、信仰等方面与各国的差异,他提出基督教国家才是完全的利益共同体,理应相互支持,而不应被错误言论所误导。②

高第在第五章中论述清朝的外交制度,认为与清廷谈判徒劳无功,现在法国对清廷方面(曾纪泽)"有求必应",而双方谈判失败的过错在于中国:一是清军、黑旗军的越界问题,二是清廷在谈判中不断增加要求。③ 高第指责清朝野蛮粗暴,法国应该用战争平息怒火。但实际上,正如高第自供,法国"远征东京的真正目的不仅是确保拥有这个殖民地,而是使中国西南边界的欧洲贸易得以开放"④。但是,当曾纪泽重返巴黎和谈时,高第一反此前的态度,承认曾氏谈判的意义,指出曾、李二人的外交谈判始终代表清廷。高第推崇"中立地带",指出只有符合国际法规范,清朝才能获取自己的利益。最后暴露了其真实目的,"中立地带"仍是法国殖民隐晦的一步。⑤

三、《中国与西方列强关系史》

1901—1902 年,高第出版了三卷本《1860—1900 年间中国与西方列强关系史》⑥(以下简称《中国与西方列强关系史》),该书关于中法战争的叙述在第 2 卷(1875—1887)。

《中国与西方列强关系史》和《法国与中国的冲突》相隔 18 年,在此期间,

---

① Hosea Ballou Morse, *The International Relations of the Chinese Empire*, London New York: Kelly and Walsh, 1910 - 1918, p.36.
② Ibid, p.34.
③ Ibid, pp.37 - 38.
④ Ibid, p.29.
⑤ Ibid, p.48.
⑥ Henri Cordier, *Histoire des relations de la Chine avec les puissances occidentales, 1860 - 1900*, Paris: F. Alcan, 1901.

中法两国的关系出现了新的变化:历经中法战争、甲午战争和八国联军之役,清朝国力日衰,与西方各国之间的冲突不断。《法国与中国的冲突》是顺应法国官方政策出版的政论作品,《中国与西方列强关系史》则是史料汇编,《法国与中国的冲突》或可看作《中国与西方列强关系史》第 2 卷的底本之一。

《中国与西方列强关系史》第 2 卷共 30 章,其中第 13 章至第 26 章(除第 16 章)涉及中、法、越三者关系(表 2):

表 2 《1860—1900 年间中国与西方列强关系史》(Ⅱ)目录

章数	标题
第 13 章	L'affaire de Tong-King: Marquis Ts'eng —La France au Tong-King — L'évêque d'Aran et Gia-Long—la Restauration et Chaigneau —Conquête de la basse-cochinchine —traité de Saigon, 1862— exploration du Me-kong — Jean Dupuis— Francis Garnier — traités de Saigon, 1874 — Communication du traité à la Chine 东京事件:曾侯爵—法国在东京—阿兰和嘉隆的主教—复辟与夏尼奥—下交趾支那的征服—1862 年西贡条约—湄公河的探索—堵布益—安邺—1874 年西贡条约—与中国的条约通函
第 14 章	L'affaire de Tong-King(suite) 东京事件(续)
第 15 章	L'affaire de Tong-King(suite) 东京事件(续)
第 16 章	Mort de l'impératrice de l'Est(1884) —Traité Brésilien —Disgrace de Tso — le P. Grimaud 东方女皇之死(1884)—巴西条约—左宗棠的耻辱—格里莫神父
第 17 章	L'affaire du Tong-King(suite)东京事件(续)
第 18 章	L'affaire du Tong-King(suite)—Départ de M. Bourée(1883) 东京事件(续)—宝海先生的离开(1883)
第 19 章	L'affaire du Tong-King(suite)—Traité de Hué (harmand), 25 août 1883 东京事件(续)—1883 年 8 月 25 日顺化条约
第 20 章	L'affaire du Tong-King(suite)—M. tricou (1883) 东京事件(续)—脱利古先生(1883)
第 21 章	L'affaire du Tong-King(suite)— M. De Semallé (1883—1884) 东京事件(续)—谢满禄先生(1883—1884)
第 22 章	L'affaire du Tong-King(suite)—convention fournier 11 mai 1884. 东京事件(续)—1884 年 5 月 11 日福禄诺协定①
第 23 章	L'affaire du Tong-King(suite)—BAC-LÉ (23 juin 1884) 东京事件(续)—北黎冲突(1884 年 6 月 23 日)

---

① 《中法会议简明条约》,又称《李福协定》。

续　表

章数	标题
第24章	L'affaire du Tong-King(suite)—M. patenotre A Hué. 东京事件(续)—巴德诺先生抵达顺化
第25章	L'affaire du Tong-King(fin)—M. patenotre en Chine 东京事件(终)—巴德诺先生在中国
第26章	Traité Cogordan(1886)—Traité Constans(1887) 戈可当条约(1886)①—康斯坦斯条约(1887)②

《中国与西方列强关系史》开篇写道:"中国全权代表曾侯爵写了一封信,把安南问题转变为中国问题。该问题由来已久,并且在战争中没有得到解决,使得纳税人和法国的尊严付出了昂贵的代价。经过一番周折,法国能够避免错误并保持优势,得益于一位政治家,他的坚韧与富有远见卓识的爱国主义使他战胜了因人格所引起的敌意。……儒勒·茹费理带领法国占领了东京与突尼斯,这是共和国在25年间所建立起的殖民帝国的瑰宝。"③高第表示,法国需要寻找一个常驻越南的机会或借口。当法国以传教士相继被杀害为由派遣远征军到越南勒索赔偿时,他认为"这个借口是适当的"。他赞美法国迫使越南割让领土的"1862年条约",该条约使法国把下交趾西部三省并入殖民版图,"对下交趾支那的殖民最终建立了"。④

进而,法国殖民当局又企图把连接湄公河与红河的边境地区纳入殖民统治中。当法国商人堵布益(Jean Dupuis)想要通过红河运送军火、食盐至云南而遭到拒绝时,法国总督杜白蕾(Dupre,1813—1881)利用越南国王阮福时(Nguyễn Phúc Thì,1829—1883)的求助,趁机出兵攻占东京,但因普法战争而匆匆撤兵。高第对这一结果很不满意。⑤ 对于稍后法越签订的"1874年柴棍条约",高第也很不满。他认为,这是一个"意见相左的结果",不但没有明

---

① 《越南边界通商章程》(1886年3月22日),又称《滇粤陆路通商章程》或《天津协定》,由清政府全权代表李鸿章与法国驻华公使戈可当(M.G.Gogordan)在天津签订,共十九款。
② 1887年6月26日,由清总理衙门大臣奕劻、孙家鼐与法国驻华公使恭思当(J. A. E. Constans)在北京签订,即《中法续议商务专条》,共10条;中法签订《续议界务专条》,划定了中国和法属印度支那之间的边境线。
③ Henri Cordier, *Histoire des relations de la Chine avec les puissances occidentales*, 1860 - 1900, Paris: F. Alcan, 1901, p.242.
④ Ibid, p.261.
⑤ Ibid, p.266.

确法国对越南的"宗主权",反而给法国带来了麻烦。① 这个"麻烦"就是高第开篇提到的曾纪泽的信函——将法越问题引向中法问题,1881 年,清廷宣布不承认 1874 年条约。

第 13 至 15 章叙述了 1880 年以前的中法越关系史,与《法国与中国的冲突》的第一章"法国与安南"大致相应。第 15 章记载了 1880 年宝海等人的信件。第 17 章因袭《法国与中国的冲突》的内容,回顾了中国与越南的藩属关系。② 李鸿章希望与宝海解决纠纷,但茹费理上台后,"首次妥协"失败。第 18 至 21 章记载了法国官员宝海、脱利古、谢满禄与清廷交涉的过程,所记载的史料多为备忘录或者官方文件,高第个人评述较少。

北圻战事后,李鸿章与福禄诺签订的"李福草案"(即"中法简明条约",1884 年 5 月 11 日)在撤退期限上留有纠葛。据第 22 至 23 章所述,李鸿章未及时将福禄诺协商的条约内容上报朝廷,导致北黎冲突,清廷被指背约。1884 年 7 月底,李鸿章在报纸上刊登信稿,宣称福禄诺同意删除备忘录中有关撤离日期的部分,并公开其中内容。③ 高第质疑李鸿章言论的真实性,并在第 15 章摘录福禄诺指挥官的备忘录回应这一事件。④

对第二阶段的中法战争,高第简单叙述了法军在基隆之战上的失利,诡称清朝虽然取得了"相对胜利",但未睁眼看世界。⑤ 在基隆失败后,法军继而挑起"马江一战",高第称"法军行动出色"(ces brillantes opérations)、"军事行动大获成功"(complètement réussi comme opération militaire)。他注意到总理茹费理与将军孤拔之间的龃龉。茹费理从国家利益出发不希望战事扩大,而孤拔则野心勃勃,企图扩大战事、建立功业。结果战事绵延,法军封锁台湾达三个多月之久。

此后,法军封锁海疆,北圻战事再起。孤拔封锁台湾,中法两军在中国海疆对峙。高第在简评中侧重描述法军的精神状态、决策以及行动的细节,基本上围绕军官统帅或官员政要展开叙述。对于清方,则仅列举死伤人数,简

---

① Henri Cordier, *Histoire des relations de la Chine avec les puissances occidentales, 1860 – 1900*, Paris: F. Alcan, 1901, p.275.
② Ibid, pp.332 – 342.
③ Ibid, pp.495 – 496.
④ Ibid, pp.501 – 506.
⑤ Ibid, pp.474 – 475.

述中方的几次关键行动。① 关于谅山之战,高第写道:我们发现清廷的军队已经撤离,我们没有受到任何打击就进入这座城市。② 这与中国学者邵循正在《中法越南关系始末》中论述黑旗军、清军竭力抵抗,战况激烈,最后焚城而退的描述截然不同。③ 至于法军遭到痛击的"宣光解围"④,高第则简单略过。1885年中法在巴黎签订停战协定,清军陆续撤退,两国签订《中法新约》及后续附加条款,本书至此结束。

四、结语

《法国与中国的冲突》撰写、出版于中法战争爆发的同年,标题中的"殖民史与国际法研究"表明:与其说该书是学术研究,不如说它是基于"殖民主义"立场撰写的。《中国与西方列强关系史》亦表现出同样的倾向。《中国与西方列强关系史》基本上是资料汇编,收录的是法国官方档案、往来信函,中国方面的资料则很少。

高第的叙述影响了马士(Hosea Ballou Morse,1855—1934)的史著和史观。在马士的《中华帝国对外关系史》(*The International Relations of The Chinese Empire*,1918)一书中,第2卷第17章"法国与东京"(France and Tongking)就以高第的著作为主要参考资料,章节编排也与《中国与西方列强关系史》相似。马士称高第为"激进的法国爱国作家",直言《法国与中国的冲突》是为了法国争夺对越南的宗主权而作。马士曾亲历中法战争,参与清方协调工作,并凭此被授予"二品双龙顶戴"。马士基于宗藩关系,承认了清朝对越南的保护权、干预法国活动的正当性。但受西方"国际法"影响,为维护帝国主义利益,当宗藩关系与"国际法"发生冲突时,马士便认可法越之间的

---

① Henri Cordier, *Histoire des relations de la Chine avec les puissances occidentales*, 1860 – 1900, Paris: F. Alcan, 1901, pp.514 – 516.
② Ibid, pp.516 – 517.
③ 邵循正:《中法越南关系始末》,河北教育出版社2000年版,第208页。
④ Henri Cordier, *Histoire des relations de la Chine avec les puissances occidentales*, 1860 – 1900, Paris: F. Alcan, 1901, pp.518 – 519.

条约关系。[1]

  1933年,邵循正从清华大学毕业,由其硕士论文改编的著作《中法越南关系始末》是中国学界第一本研究中法战争的著作。[2] 书中,作者参考了高第著作里的部分史料,在"绪论"中专门讨论了中越宗藩关系及中法关于保护权的争议。通过将中、法、英三方史料互相参证,作者批驳了高第、马士等人以帝国主义为中心的论述模式。不过,邵氏也肯定了高第著作的史料价值。在《中法战争》史料丛编中,他就择取了高第著作的部分内容。

---

[1] Hosea Ballou Morse, *The International Relations of the Chinese Empire*, London New York:Kelly and Walsh, 1910-1918, p.347.

[2] 邵循正:《中法越南关系始末》,河北教育出版社2000年版。

区域研究中的"空间"

林 鑫*

一、区域研究的"空间转向"

区域研究(area studies)是"二战"后形成于美国的研究领域。与此前的国别研究和异域研究一样,区域研究也建立在霸权之上,是美国对非西方世界的一种应对与控制方式。不同的是,从以东方学为代表的异域研究到区域研究的转变,体现出欧洲和美国权势的此消彼长。从方法来看,区域研究不拘于人文学科方法,更提倡立足于社会科学的跨学科研究;从意图来看,区域研究不在意过去而关注当下,即使研究过去也是基于当下的问题意识和利益期待;从对象来看,区域研究不再以语言、宗教和文明为研究单位,而是根据需要将研究对象划分为一个个区域(area)。① 正如美国国际关系史家布鲁

---

* 林鑫,南京大学历史学院硕士研究生。
① region 指地方、区域、地区、范围等,而 area 除此之外还有视域、功能之意。换言之,region 是整体的一部分,area 是与整体无关的自律概念;region 有明确的领域与边界,area 是特定意图和意识作用的产物。关于 region 和 area 的辨析,可参见孙江:《区域国别学发凡》,《学海》2022 年第 2 期,第 22—26 页;Biray Kolluoglu-Kirli, "From Orientalism to Area Studies", *The New Centennial Review*, vol. 3, no. 3 (Fall, 2003): pp. 93—111。

斯·卡明斯(Bruce Cumings)所言,区域研究正是在国家关心"如何填充对巨大的、充斥着霸权和反霸权斗争的全球空间一无所知的知识真空"中创制的,"正是国家权力的毛细血管形塑了区域研究"。① 易言之,尽管伴随着去殖民化潮流而生成,区域研究仍被设想为一种关于他者的知识生产模式,延续甚至强化了帝国-殖民的文化霸权意识——欧美是知识生产的特权场所,外部只能是源自非西方的异域空间。② 但从诞生之日起,区域研究就遭到了不少质疑,这些声音或来自学界内部的自我反思,或来源于社会运动和政治局势的激发。20世纪90年代以降,区域研究的空间划定和权力运作受到强烈的抨击,区域研究的建制和认识论都亟待"再造"(remaking)。③

20世纪90年代中期,一场名为"空间转向"(spatial turn)的理论运动席卷了人文社会科学。所谓"空间转向",其核心意涵在于将"空间"(space)变成一个理论范畴,视空间为一种有助于理解人类主体不同的历史和文化现象生产的社会建构体。④ 按照法国思想家亨利·列斐伏尔(Henri Lefebvre)的观点,空间不仅仅是一个具体的、物质的对象,更是一个意识形态的、活跃的、主观的对象。⑤ "空间的建构性"揭示了空间的复杂性,亦为重估各个研究领域提供了理论资源,区域研究也不例外。从空间的物质性和建构性的二义性出发,美国人文地理学家爱德华·索亚(Edward W. Soja)将空间话语的主导模式概括为两种:一种强调物质条件、可映射的空间形式、空间中的事物等,即列斐伏尔的"感知空间"(perceived space)或"空间实践"(spatial practices)概念;一种由精神或意识形态的意象、表征以及关于空间的想法来定义,即列斐

---

① 布鲁斯·卡明斯:《边界位移:国家、基金会、冷战中及冷战后的国际关系研究与区域研究》,载《视差:美国与东亚的关系》,李茂增译,生活·读书·新知三联书店2016年版,第242页。
② Barney Warf & Santa Arias, "Introduction: The Reinsertion of Space into the Social Sciences and Humanities", in *The Spatial Turn: Interdisciplinary Perspectives*, London: Routledge, 2008, p. 7.
③ Jon Goss & Terence Wesley-Smith, "Introduction: Remaking Area Studies", in *Remaking Area Studies: Teaching and Learning across Asia and the Pacific*, Honolulu: University of Hawaii Press, 2010.
④ Middell Matthias & Katja Naumann, "Global History and the Spatial Turn: From the Impact of Area Studies to the Study of Critical Junctures of Globalization", *Journal of Global History* (2010)5, pp. 1-22.
⑤ Barney Warf & Santa Arias, "Introduction: The Reinsertion of Space into the Social Sciences and Humanities", p. 4.

伏尔的"构想空间"(conceived space)概念。① 区域研究的重估也涉及上述两种模式:区域研究在实体层面的空间分布的扩大,如何逆写原本单向的权力投射,处理自-他关系,推动作为方法的区域研究;区域研究对空间概念的重估与反思,如何破除容器性的固化思维,促进作为思想的区域研究。此外,面对同受空间转向促发如日中天的全球史(global history),空间尺度仍显僵硬、研究领域彼此孤立的区域研究应当如何迎接挑战,在"处处皆区域"的时代找到非己莫属的位置,亦成为亟待思考的问题。

二、作为方法的区域研究

1978年,爱德华·萨义德(Edward Saïd)出版《东方学》一书,借助米歇尔·福柯(Micheal Foucault)对知识-权力的讨论和安东尼·葛兰西(Antonio Gramsci)的文化霸权(hegemony)概念,指出在18世纪晚期形成的欧洲霸权下,东方学生产出了一个外在的、经过挑拣过滤的东方,东方是人造的、经验和想象的混合物。② 有鉴于此,萨义德提倡要认识东方主义话语之外的"东方",要将东方学这种知识逆写回去。1984年,美国历史学家保罗·柯文(Paul A. Cohen)发表《在中国发现历史:中国中心观在美国的兴起》一书,反对西方中心,倡导基于对中国本身的理解,深入探索中国社会内部的变化动力和形态结构。③ 这些研究体现了美国的区域研究对自身方法论的不断反思。20世纪70年代之后,伴随着各国对他者认识的现实需要,区域研究扩散至美国之外的国家。其中最具特色的是,1983年东京大学设立"地域研究"专业,此前被视作"区域"的日本也开始探索区域研究,作为方法的区域研究呼之欲出。从"感知空间"的角度出发,区域研究在空间分布上的扩散,实则稀释了曾经单向的权力关系。如何调适自我与他者的关系,从而更加接近和理解他者,或许可从日本的中国研究实践中获得启示。

---

① Edward W. Soja, "Taking Space Personally", in Barney Warf & Santa Arias (eds.), *The Spatial Turn: Interdisciplinary Perspectives*, London: Routledge, 2008, p. 19.
② 爱德华·萨义德:《东方学》,王宇根译,生活·读书·新知三联书店2019年版,第10—11页。
③ 保罗·柯文:《在中国发现历史:中国中心观在美国的兴起》,林同奇译,社会科学文献出版社2017年版。

在探索本国区域研究的过程中,日本的中国研究有着自身的理路。1962年和1963年,日本学者增渊龙夫发表两篇同名论文《日本近代史学史中的中国与日本》,通过对比东洋史学者津田左右吉和内藤湖南的中国研究,指出二者看待中日两国文化关系问题上的立场分歧影响了彼此的研究方法。增渊龙夫将内藤湖南的中国认识读解为"内在理解"方法,即通过把握中国历史内在的演变方向来理解当下。虽然如学者黄东兰的研究所示,内藤的"内在视角"并非"内在标准",其中国认识的评判尺度仍是基于近代西方和明治维新后的日本,但作为先行者,增渊龙夫早在20世纪60年代就开始了对日本中国研究的"内在反思"。① 1989年,日本学者沟口雄三出版《作为方法的中国》,认为以竹内好为代表的一代学者,战后为了反帝国主义反侵略的政治正确,否定了此前日本对中国的研究;但又随之走向了另一极端,即将中国作为近代日本的反题:日本放弃自我,近代中国坚持抗争、保持自我。沟口雄三指出,即使在正向化中国的这种憧憬之下,日本的中国研究中仍然没有中国,而只是一种"日本内部的中国",即自我意识的投影,而唯有将自我与他者都真正客体化、他者化,才能进入真正、多面体的复杂世界中,探究作为事实的、带有"异"性的中国。② 简言之,只有努力超越和打破区域研究中原本意图漫溢、宣扬霸权的特质,破除自我中心,将自我-他者的关系对等化,才有可能将区域研究方法化、相对化,以便真正切近他者。

但"再中心化"(re-centralization)不等于"去中心性"(de-centeredness),无视作为事实的中心性正是自我中心性膨胀的标志。20世纪90年代日本学界兴起"从周边看中国"的趋向,试图重估以往以中国为中心的东亚叙事,试图建立多中心的、非中国中心的亚洲史。在此背景下,蒙元史、清史越发成为"显学",冈田英弘和杉山正明极力论证内陆游牧文明的影响力。③ 进入21世纪后,延续上述问题意识,受到丹尼斯·塞诺(Denis Sinor)"中央欧亚"(Eurasie centrale)概念的影响,"东部欧亚"(East Eurasia)概念在日本学界兴

---

① 黄东兰:《内在视角与外在标准——内藤湖南的同时代中国叙述》,《史学理论研究》2021年第4期,第125—141页。
② 沟口雄三:《作为方法的中国》,孙军悦译,生活·读书·新知三联书店2011年版,第32页。
③ 孙江:《新清史的"源"与"流"》,见《新史学(第十三卷)·历史的统一性与多元性》,社会科学文献出版社2020年版,第177—188页。

起,意在批判"东亚"中的中国中心性。① 上述研究对中国研究的视角做出了诸多贡献,但不可回避的现实是,东亚历史中的中国中心性亦是某种挥之不去的特质。正如欧美区域研究者的反思所示:尽管身处后民族国家的语境下,区域研究努力打破民族国家叙述并试图进行重构,但任何关于全球和地区动向的替代性叙述都无法隐匿西欧以及后来的美国在历史中所扮演的主导性角色。② 要言之,中心论(centrism)是可以超越的,但历史时期内的中心性(centeredness)是无法否认的。

而进一步,再中心化的调适也不应指向自我中心性的无限膨胀。在此问题上,俄罗斯地缘政治学者亚历山大·杜金(Alexander Dugin)的"新欧亚主义"(Neo-Eurasianism)即属反例。杜金对欧美中心主义进行了充分反思,坚信人类社会的多元性,"任何一个国家或地区都无权声称自己是所有其他国家或地区的标准。每个民族都有自己的发展模式,有自己的年龄,有自己的'理性',值得按照自己的内部标准去理解和评价"③,其论证过程处处诉诸后民族国家时代"再中心化"的立场。但作为替代,杜金又强调文化间彼此的不可通约性,随之将斯拉夫文化送上高台,结论指向俄罗斯民族的自我中心性。不难说,"再中心化"的反思亦可能被用作自我彰显的工具。

基于上述讨论,区域研究必须在(再)中心化和中心性之间寻求平衡。作为对他者的研究,区域研究难免带有自我中心的诉求,但关键在于研究者能否自我反思、自我超越④;而在反思过程中,如何把握限度不走向另一极端——以消解他者的中心性来高扬自我的中心性——亦是不可回避的问题。

三、作为思想的区域研究

20世纪60年代民权运动席卷美国,自由主义话语将之视为"社会问题",主张用社会科学的方法加以解决,而解决的主要方式即分析少数族裔的原属

---

① 黄东兰:《作为隐喻的空间——日本史学研究中的"东洋""东亚"与"东部欧亚"概念》,《学术月刊》2019年第2期,第152—166页。
② 塞巴斯蒂安·康拉德:《全球史是什么》,杜宪兵译,中信出版集团2018年版,第140页。
③ Alexander Dugin, *Eurasian Mission: An Introduction to Neo-Eurasianism*, Arktos Media Ltd., 2014, p. 10.
④ 孙江:《区域国别学发凡》,《学海》2022年第2期,第22—26页。

地(非洲、东南亚等)与美国本土之间的文化差异,将这些国家纳入区域研究的视野。而这一做法与区域研究的实用宗旨不谋而合。① 一方面,将少数族裔原属地纳入视野促进了区域研究新的增长;另一方面,原本忠实朝外的知识生产模式因寻求向内解决社会问题的现实需要,刺破了原本隐而不彰的民族国家边界,无意中挑战了这一概念容器。

从"构想空间"的角度出发,20世纪90年代中期以后的"空间转向"促发了以下议程:尝试不同的地理范畴和空间划分;将一系列与空间相关的隐喻和观念纳入研究视野,如领域性(territoriality)、地缘政治、流通、网络等,强调事物的共时性特征(synchronicity);重估既定的空间单位及其反映出的种种观念,特别是反对各类中心主义。在这样的问题意识观照下,区域研究原本未经充分检验的空间尺度受到了根本质疑,首当其冲的就是本质主义的区域划分、民族国家作为概念容器的自明性等问题。

由"空间转向"牵引而出的上述观念为反思区域研究的空间尺度提供了思想基础:既然承认空间的建构性,那么自然会认识到在任何时候都存在着多种相互竞争的空间框架或尺度,空间尺度的转换本就是一个去域化(de-territorialization)和再域化(re-territorialization)交织的辩证过程。② 由于涉及语言、政治、地理等多重界线的交织,区域研究不太可能以一元标准对研究对象加以分割;所划设的空间单位也因此带有主观意图和利益期待,未免导致研究对象边界模糊、内涵不定。在这个意义上,正是"区域"的人为设置生产了区域研究"预先存在"、完全"可定义"的研究客体。③ 东南亚就是一个例证,将大陆与岛屿联结并置从来都不是基于某种自然而然的文化因素,而是新近的、人造的结果:1943年路易斯·蒙巴顿(Louis Mountbatten)被任命为东南亚战区盟军总司令,"东南亚"的空间划定首次出现,但其中并不包括法属印度支那与菲律宾,而包括蒙巴顿司令部所在的斯里兰卡;在冷战阴云下,

---

① Vicente L. Rafael, "The Cultures of Area Studies in the United States", *Social Text*, No. 41. 1994, pp. 91-111.
② Middell Matthias & Katja Naumann, "Global History and the Spatial Turn: From the Impact of Area Studies to the Study of Critical Junctures of Globalization".
③ Richard H. Okada, "Areas, Disciplines, and Ethnicity", in Masao Miyoshi & H. D. Harootunian (eds.), *Learning Places: The Afterlives of Area Studies*, Durham and London: Duke University Press Durham and London, 2002, p. 191.

美国力图在这片区域推动民主化进程以反对共产主义扩张,又将其作为扶植日本经济崛起的原料产地;最终在区域研究的确认之下,作为人造区域的"东南亚"就此形成,本尼迪克特·安德森(Benedict Anderson)、詹姆斯·斯科特(James Scott)等"东南亚研究专家"在这一领域大放异彩。而不可否认的是,研究的基本单元很大程度上决定了研究的框架,人为的空间划分既生产和发掘了原先并不存在的研究对象,也屏蔽了先前存在的那些社会关系网络。[①]彼此孤立、一成不变的空间尺度只是区域研究的一隅,区域研究中的"孤立主义"早已成为根深蒂固(entrenched)的结构:尽管号称跨学科,但区域研究依旧保留了具体学科的边界,地区专业知识与一般知识间存在难以跨越的罅隙,通过保持自身的独立性来控制学术议题和资源,彼此之间并未真正凝聚,这也导致诸如印度的"庶民研究"(Sualtern Studies)和詹姆斯·斯科特关于东南亚农民日常抵抗的研究尽管高度相似、彼此关涉,但却因分属于不同的区域和学科而少有交流;尽管进行域外研究,但其组织结构更像是将一个地区和民族国家简化为一个公式,以便纳入教学和研究议程,其代价往往是忽略研究对象的复杂性,更不要说处理更为复杂的跨域现象。[②] 在区域研究领域,上述结构最终生产出两类学者:一类是学科专家,一类是区域专家。前者精通理论,但常常忽视研究区域的特殊性;后者精通当地语言,但往往将语言的同质性误当作其研究对象的统一性,而忽视了地缘政治、认识论的差异。[③]

　　除却学科建制的现实考量,追究上述现象的根源,就不得不回到近代学术知识生产的内在主义思维中。[④] 根据伊曼纽尔·沃勒斯坦(Immanuel Wallerstein)的研究,19世纪思想史的首要标志就在于知识的学科化和专业

[①] Ravi Arvind Palat, "Fragmented Visions: Excavating the Future of Area Studies in a Post-American World", *Review (Fernand Braudel Center)*, Vol. 19, No. 3, 1996, pp. 269–315. J-H Macdonald, "What is the Use of Area Studies?", *International Institute for Asian Studies Newsletter* 34, 2004, pp. 1–4.

[②] Masao Miyoshi & H. D. Harootunian, "Introduction: The 'Afterlife' of Area Studies", *Learning Places: The Afterlives of Area Studies*, Durham and London: Duke University Press Durham and London, 2002, pp. 6–7.

[③] Ravi Arvind Palat, "Fragmented Visions: Excavating the Future of Area Studies in a Post-American World", *Review (Fernand Braudel Center)*, Vol. 19, No. 3, 1996, pp. 269–315.

[④] 塞巴斯蒂安·康拉德:《全球史是什么》,第3—4页。

化,即创立了以生产新知识、培养知识创造者为宗旨的永久性制度结构,这很大程度上是以彼此隔绝为代价的。[1] 而学术生产的孤立化也可以从它与民族国家的关系中反映出来:学科化专业化的进程,特别是社会科学和人文学科的创立,始终与民族国家纠缠在一起;相应地,各个学科在理论上将民族国家预设为"不需反思"的基本研究单位,并视其为一个领土实体,该实体充当着某个社会的"容器",这就是亟待克服的"方法论民族主义"(methodological nationalism)问题。也就是说,无论在何种层面上,彼此孤立、互相隔绝几乎成为近代以来知识生产无法逾越的高墙。而基于"空间转向",通过强调外部性和互联特质对上述问题展开批判,亦是全球史问题意识的起点。

20世纪90年代全球史异军突起,凸显了区域研究的危机。"全球史既是一个研究对象,又是一种审视历史的独特方式。也就是说,它既是过程,又是视角;既是研究主题,又是方法论。"[2] 德国全球史家塞巴斯蒂安·康拉德(Sebastian Conrad)进一步区分了作为历史研究者研究视角(perspective)的全球史和作为历史进程(process)本身的全球史:后者取径不一,或关注"万物的历史",或聚焦全球互联(interconnectedness)的历史,或强调共时性叙事的历史;而前者关心跨域互动中的流动性(fluidity)和交互,通过凸显事物联系的外在性,以对抗惯于从内部路径来解释历史变迁的思维方式。[3] 从上述视角出发,尽管很多全球史研究者来自区域研究领域,但只论突出普遍历史图景或广泛语境,区域研究并不能直接通向全球史。易言之,作为视角的全球史着重强调互联和交互,而许多区域研究在方法上仍然局限于自身的研究空间。[4]

基于上述的考察,区域研究必须对思维的内在性和研究的孤立性进行更深入的批判。对于区域研究来说,摒弃既定的空间单位和打破孤立的研究进程固然重要,但关键不在于选取多少替代性的空间单位、规划多少互通的研究机制,而是能够不固守任何本质主义的概念容器,坚持游走于不同的分析范围之间并试图将之连贯起来,以研究对象的差异性和实际的问题脉络来规划研究。

---

[1] 华勒斯坦等:《开放社会科学:重建社会科学报告书》,刘锋译,生活·读书·新知三联书店1997年版,第8—9页。
[2] 塞巴斯蒂安·康拉德:《全球史是什么》,第9页。
[3] 塞巴斯蒂安·康拉德:《全球史是什么》,第5—12页。
[4] 塞巴斯蒂安·康拉德:《全球史导论》,陈浩译,商务印书馆2018年版,第50页。

四、结语

那么,在"处处皆区域"的时代,区域研究将会如何展开呢？仅就"空间转向"看,区域研究业已呈现出若干变化的迹象。

一个变化是,把握区域研究在实体空间中的传播与更新,以知识-权力批判为核心构建"作为方法的区域研究";处理"中心化"和"中心性"的关系,反对他者知识生产的霸权特质和自我意图的漫溢。

另一个变化是,把握区域研究对想象空间的认识和思考,以空间的物质和建构二义性为核心构建"作为思想的区域研究",关键在于认识到"去域化"和"再域化"的辩证关系,打破"容器式思维"(container thinking)和"将现实区隔化"的做法。

如何实现上述目标呢？1990年,南亚区域研究专家理查德·兰伯特(Richard Lambert)就将区域研究者的基本素养概括为三点:重视事实性知识(broad factual knowledge),根植于对象本土的理论建构而非傲慢地介入;强调实地体验(in-country experience);具备过硬的语言能力。[1] 要言之,只有研究者具备过硬的素养和正心诚意的品格,才能踏实推进区域研究。面对全球史等新兴领域的挑战,如果区域研究的研究者仍各守畛域,不愿面对知识与权力的紧张关系,不能摒除容器式、区隔化的思维,不积极统合理论工具和学科建制,不以研究对象的差异性和复杂性为要旨设置问题、推进研究,区域研究的危机恐怕还将持续下去。

---

[1] Richard Lambert, "Blurring the Disciplinary Boundaries: Area Studies in the United States", *American Behavioral Scientists*, vol. 33, no. 6, 1990, pp. 269-315.

关于尼克拉斯·奥尔森《复数的历史:科塞雷克著作导读》

万里江·热合曼等[*]

德国历史学家科塞雷克(Reinhart Koselleck)是概念史研究无法绕过的一位重要学者。2012 年,哥本哈根大学欧洲史副教授尼克拉斯·奥尔森(Niklas Olsen)出版了《复数的历史:科塞雷克作品介绍》[①]一书,分七章详细介绍了科塞雷克的学术思想。奥尔森是欧洲思想史研究的后起之秀,对科塞雷克的著作研读和理论思考都相当深入。本文旨在通过对奥尔森一书的系统梳理,向中文学界推介这部新近出版的作品。

一、家庭—战争—大学:科塞雷克多样化的教育

本书第一章从广义上描述了科塞雷克学术思想的形成原因。奥尔森认为,科塞雷克学术思想既是其天赋所得,也与他所处的时代背景相关。本章讨论的是科塞雷克所经历的重大事件与其学术思想生成之间的关系。

---

[*] 本文作者是万里江·热合曼、周治强、王芝媛、雷诗慧、周领、董嫱,均为南京大学政治学专业 2019 级硕士研究生。

[①] Niklas Olsen, *History in the Plural: An Introduction to the Work of Reinhart Koselleck*, New York, Oxford: Berghahn Books, 2012.

1923年,科塞雷克出生在德国的一个中产阶级家庭。他的长辈大部分都接受了良好教育,从事大学教授、医生和律师等职业。科塞雷克的父亲是一名师范学院的教授,母亲也有着良好的修养。这种家庭背景对科塞雷克的学术影响主要表现在两个方面:其一,学术主题,科塞雷克的研究大多侧重于文学经典、艺术和美学;其二,学术态度,科塞雷克不是一个喜欢独自钻研学问的"老学究",他更偏爱与同事和学生进行讨论,具有开放和豁达的学术理念。

参与第二次世界大战及其被苏军俘虏的经历也成为影响科塞雷克学术思想的重要因素。关于这段时期,科塞雷克曾在接受采访和个人回忆中表示:"有些经历会像炽热的熔岩一样流进人体并在那里固化。"战争体验影响了科塞雷克对于历史研究主题的选择,他更倾向于使用"危机""冲突""死亡",而不是"民族""祖国""英雄主义"这些带有情感驱策的词汇;同时,科塞雷克对现代社会的政治、科学所表现出来的"进步观"也持怀疑主义的倾向。因此,科塞雷克成为德国社会教育学家薛尔斯基(Helmut Schelsky)口中"怀疑的一代"的一员。"怀疑的一代"指的是所有在战后德国长大的年轻人,他们先后体验过民族社会主义、纳粹统治、战争、囚禁和纳粹的彻底崩溃,这些经历使他们在思想上具有批判、怀疑和不信任的态度和特征。于此,摩泽尔(A. D. Moses)也有"四五世代"的称谓,具体指1922年到1933年出生的德国知识分子,纳粹政权的崩溃成为他们生命的转折点,"四五世代"没有一味为德国的历史传统进行辩护,而是立志要找出德国发展的正确道路。

影响科塞雷克的第三段重要经历是其在海德堡大学(University of Heidelberg)的求学生涯。1947年进入海德堡大学之后,科塞雷克修习了历史、哲学、政治学与社会学等科目,也受到了诸多知名学者的指导与启发。例如,历史学家屈恩(Johannes Kühn)是科塞雷克的博士论文导师,其专著《宽容与启示》(*Toleranz und Offenbarung*)从概念的历史出发,考察了宗教改革和启蒙运动时期新教各派的宽容与不宽容现象,有人也因此称其为"概念史"的创始人之一。卡尔·洛维特(Karl Löwith)在《历史的意义》(*Meaning in History*)一书中将历史视作"世俗化的末世论",这一论点直接影响了科塞雷克的历史观,即对进步的历史观持有怀疑态度。卡尔·施密特(Carl Schmitt)对自由主义的批判深刻影响了科塞雷克对于政治的看法,与施密特一样,科塞雷克本人也主张政治与道德的分离,他认为启蒙思想家只是谈论政治的道德论者，而不是从事政治的国务活动家。海德格尔（Martin Heidegger）和伽达默尔（Hans-Georg Gadamer）是科塞雷克的两位精神导师，前者关于个体存在时间维度的论述启发了科塞雷克对社会时间性（temporality）的思考，而后者的诠释学则帮助科塞雷克提出了"经验空间"和"期待视域"这两组关键概念。在科塞雷克1954年与博士论文一同提交的简历中，他提到了自己参与的13门研讨课与讲座，这些学者的经历与专业各不相同，也为他日后进行跨学科研究奠定了基础。

此外，在德国战后的重整计划中，科塞雷克受教于英国著名马克思主义学者霍布斯鲍姆（Eric Hobsbawm）。本章结尾，奥尔森就引用了霍布斯鲍姆对这位弟子清晰而中肯的评价：科塞雷克是一位"受过极好的教养、聪慧和具有开放心灵的年轻人，但同时也是一位深受战时和战俘经验影响而幻想破灭的年轻人，他对于曾接受过的政治意识形态教育的所有观点都深感怀疑"。

二、现代政治思想的解释、批判与修正

本书第二章分析了科塞雷克在1953年10月提交、1959年出版的博士论文——《批评与危机：资产阶级世界的发病机理研究》[①]（以下简称《批评与危机》）。该书英译本的副标题略作改动，译作"启蒙运动与现代世界的发病机理"（Enlightenment and the Pathogenesis of Modern Society）。奥尔森认为，《批评与危机》是"二战"后诸多反思性作品之一，可以与1940年代后探究纳粹主义出现原因的学术著作进行比较。它们都在思考同样一些问题：如德国民族社会主义和现代极权主义的历史前提是什么？欧洲社会究竟出现了哪些问题，以至于纳粹主义在20世纪三四十年代占领了欧洲的大部分地区？

不过，与其他明确研究上述主题的学者不同，科塞雷克的问题指向则相对隐晦。同阿多诺（Theodor Adorno）、波普尔（Karl Popper）和阿伦特（Hannah Arendt）等学者一样，科塞雷克将极权主义思想的根源追溯至启蒙

[①] Reinhart Koselleck, "Kritik und Krise: Eine Untersuchung der politischen Funktion des dualistischen Weltbildes im 18. Jahrhundert", unpublished dissertation, University of Heidelberg, 1954; *Kritik und Krise Eine Studie zur Pathogenese der bürgerlichen Welt*, Freiburg, 1959.

运动,他同意阿伦特将纳粹主义归入极权主义的观点,却反对阿伦特对于导致极权主义出现的社会病灶的诊断。在阿伦特看来,极权主义出于意识形态的理由,动摇了启蒙理想与普遍人权原则,最终使国家在面对国内少数族群时未能阻止不当的国家与集体暴力。而科塞雷克指出,正是启蒙运动导致了极权主义的最终出现,启蒙运动对于专制国家的社会结构平衡的冲击才是造成极权主义的罪魁祸首。

科塞雷克使用"发病机理"(Pathogenese)的表述,指明在他看来现代世界生来就有一种疾病,这种疾病最终会导致其自身的毁灭。资产阶级现代世界是一种以启蒙运动思想为基础的、盲目的"乌托邦统治"。它未能意识到现实权力的本质是防止内战,而过度关注未来。这种以未来为导向的历史哲学,使资产阶级产生了一种双重世界观:一方面拒绝承认政治对手的存在,认为一切对实现美好未来的障碍都是非法的;另一方面又对革命和内战加以合法化,将其表述为代表人性、理性和真理的,清除进步道路上的障碍的必要手段,最终导致了"在纯粹的暴力中避难"的局面。

《批评与危机》的论题在很大程度上依赖于洛维特的"世俗化的末世论"概念,即启蒙运动的特点是时间观念的转变,因此也是历史意识的转变。科塞雷克还借用了施密特关于权力神学形式的世俗化论点。然而,与洛维特和施密特不同,科塞雷克没有因为身处"劣等"的现代世界而赞成恢复到德国理想主义和国家政治传统。《批判与危机》旨在论证为道德和政治之间建立适当关系的必要性,主张用多元主义代替历史主义和乌托邦主义,从而历史地理解人类社会,并把潜在的冲突从政治上包含在人类社会中。科塞雷克认为,冲突潜藏于人性内部,要想实现负责任的政治和持久的秩序,必须将冲突放在一切关于现在和未来的计划之中加以考虑,这是人类永远无法摆脱的处境。

奥尔森最后指出,科塞雷克在《批判与危机》中表现出的普遍主义与历史哲学特征,成为其20世纪五六十年代后诸多作品的思想来源。

三、改革与革命中的社会历史

本书第三章重点讨论的是科塞雷克在《批评与危机》之后的另一部重要

作品——《改革与革命中的普鲁士》①。通过对这部作品的解读,奥尔森试图理解科塞雷克如何发展出一套政治地理学的历史动态理论,并如何用这套理论发展出其更为广泛的历史思想。

在完成博士论文之后,科塞雷克发表的第一篇文章是《布里斯托——英格兰的"第二城市"》②。在这篇论文中,科塞雷克试图讨论工业化进程与英国民主化问题。他认为,英格兰的历史政治发展受到特殊地理因素——海洋的重要影响。英国内战之后,商人们已经与政府结盟,通过工业技术发展、海外扩张和贸易增长,英国成了世界强国,这也为布里斯托的商人带来了巨大利润。从海德堡到布里斯托,从大陆到海洋,这篇论文也反映了科塞雷克历史写作中的两个崭新维度:其一,对英国政治现代性起源的关注,包括工业和技术革命、海外扩张以及国家和社会之间的关系,科塞雷克将大英帝国的崛起归功于此。其二,将地理条件视为影响国家形成和政治组织的重要因素,也视作世界历史的核心载体。这种解释框架在1950年代中期成为科塞雷克学术思想的核心。

实际上,科塞雷克的这种思想一定程度上借鉴了施密特的著作《大地之法》(*Der Nomos der Erd*)。该书的基本论点是,所有的政治组织都必须被理解为政治权力持有者之间对空间和资源的持续争夺,这是一种持续的索取、分配和生产。施密特指出,民族国家的形成、政治伦理和国际战争的理想与周围环境有关,陆地和海洋长期以来都是两种不同的政治组织模式。科塞雷克和施密特通过探究地理、空间和技术之间的关系来处理历史、政治与现代世界等学术问题的尝试并非个案。20世纪50年代,技术对西方社会各个层面产生了日益普遍的影响。新的武器和通讯系统改变了战争和政治的模式,而工业和文化创新改变了人们的工作条件、社会关系和日常生活,人类生存似乎正在发生根本性变革。此外,无论对技术发展持何种态度,"技术时代"都是不可阻挡的历史趋势。这个问题已经成为战时许多哲学流派和辩论的主流。

---

① Reinhart Koselleck, *Preußen zwischen Reform und Revolution: Allgemeines Landrecht, Verwaltung und soziale Bewegung von 1791 bis 1848*, Stuttgart, 1967.
② Reinhart Koselleck, "Bristol, die 'zweite Stadt' Englands: Eine sozialgeschichtliche Skizze", *Soziale Welt*, 6 (1955), pp. 360 – 372.

哲学家、社会学家和政治学家试图分析技术发展的起源、特点和后果的另一个普遍特征,在于用全球历史的视角取代对传统国家历史的关注。这种趋势在历史学家中也相当普遍。如格哈德·里特(Gerhard Ritter)等一些历史学家长期以来就把当代世界描绘成地理上对立的帝国、文明和国家之间持续斗争的直接结果,而孔茨(Werner Conze)则认为18世纪的革命进程以及技术发展,导致了历史上新的空间和时间维度。此外,为了将历史方法与历史现实联系起来,孔茨希望将历史学和社会学结合起来,并采用政治学和经济学的方法进行相关研究。通过这种跨学科的尝试,孔茨旨在使用一种更广泛、全面的历史综合方法——结构史,从而取代历史学科中方法的专业化。这都对科塞雷克此后的研究具有很大影响。

孔茨和科塞雷克同样认为,现代化进程发生在18世纪末,是稳定的旧世界与新的时代分离开来的关键性断裂。在此过程中,空间、时间和政治的概念发生了根本性改变。在对现代性持怀疑和批判态度的同时,他们都希望找到对抗或平衡现代世界某些所谓消极和潜在危险的方法,特别是技术发展层面的方法,从而创造一个更稳定的社会政治秩序。此外,就他们的理论和方法论视野而言,两人都对传统的历史主义持有批评态度,并试图通过结合历史学和社会学的方法加以超越。

不过,科塞雷克对现代性研究的旨趣和方法与孔茨存在诸多不同。科塞雷克的哲学和语言学背景更强,他的主要兴趣首先在于政治现代性——与政治权力有关的问题;而孔茨则受到社会学训练的启发,对社会结构和利用人口学、民族学和经济学等学科的方法来研究这些结构的东西更感兴趣。科塞雷克从孔茨那里主要学到的是从结构史和社会史的更全面的角度看待通向现代性的历史进程。可以说,社会史研究为他提供了找到解构单数历史和书写复数历史的新方法。正是站在前人的肩膀上,科塞雷克得以完成《改革与革命中的普鲁士》这部著作。

奥尔森指出,在作为历史学家的头二十年里,科塞雷克成功地将实用主义策略与对新方法、新观点和新主题的不断探索结合起来。最重要的是,科塞雷克在某些方面完善了社会史的方法,创造了一个基于人类学的历史概念、现代性理论、历史时代的理论,以及概念性的历史方法;他创造了描述过去和现在的理论;他还创造了将政治地理学应用于历史研究中的理论。科塞雷克的成果借鉴了德国知识传统和学者的话语特点。同时,他在学习和完善研究的过程中,能够将自己与周围环境相比较,创造出一种崭新的历史思想。例如,通过他的历史时间理论,科塞雷克重新定义了什么是社会历史,以及如何进行社会历史的实践。从此,历史时间理论成为科塞雷克的一个关键话语,即解构单数的历史概念,将复数的历史主题化。

四、计划—项目—"紧身衣":《历史性基础概念》

本书第四章着重介绍的是科塞雷克最具代表性的成果——《历史性基础概念:德国政治-社会语言历史辞典》(*Geschichtliche Grundbegriffe: historisches Lexikon zur politisch-sozialen Sprache in Deutschland*)。奥尔森指出,在这部大型概念史辞书的编纂活动中,科塞雷克撰写了诸多重要条目,是其辞典理论、方法论和编纂工作的核心。这部辞典被视为科塞雷克最重要、最具创新性的学术成就。可以说,科塞雷克的名字已经与《历史性基础概念》密不可分。

首先,科塞雷克为辞典的编纂提供了基本纲领和指导方针。1967年,科塞雷克代表辞典编委会在《概念史文库》年刊上发表了《近代社会-政治概念辞典准则》[①]一文。1972年,辞典第一卷又刊登了科塞雷克正式撰写的"导论",是其为整部辞典拟定的基本方针和框架。导论包括总体目标、方法论原则、("鞍型期"与"四化"的)核心假设、材料来源和篇目结构等内容。科塞雷克提出,"历史沉淀于特定概念,并凭借概念化成为历史",鞍型期的基本概念是向现代世界转变的"标志"与"要素",因而辞典的核心要旨在于"通过概念框架的历史,考察旧世界的解体和现代世界的兴起"。奥尔森评论道,这些方针和框架中所包含的社会学维度,远远超过了概念史研究的早期传统,详尽探究社会史与语言之间的联系,由此成为《历史性基础概念》的基本追求。

其次,科塞雷克为《历史性基础概念》确立的研究路径与框架,实际上是他早年成果的延续与发展。奥尔森通过考察科塞雷克分别于1967和1969年完成的关于"历史"(history)与"革命"(revolution)概念的研究,结合其博士论

[①] Reinhart Koselleck, "Richtlinien für das Lexikon politisch-sozialer Begriffe der Neuzeit", *Archiv für Begriffsgeschichte*, Bd. XI (1967), pp. 81–97.

文和教授资格论文进行比较,进而指出:其一,科塞雷克在此前就已经聚焦核心或引领性(leading)概念,以此阐释旧世界向现代世界的转变,包括社会政治语言的"四化"过程;其二,《历史性基础概念》所强调的历史批评方法,包括探究社会史与语言之间关系的目标,与科塞雷克早年对历史主义与"单数"历史概念的批判密切相关;其三,《历史性基础概念》与科塞雷克早期研究之间在研究路径上的主要区别,不在于基本的分析框架,而是对方法和理念的系统化、明确化。

再次,科塞雷克概念史路径对前人思想资源的吸收、利用与区隔。基于科塞雷克本人的列举,奥尔森依次探讨了以下四方面知识传统与科塞雷克的关联,并重点强调了后三者的影响:(一)屈恩聚焦宗教语言的概念研究;(二)布鲁内尔(Otto Brunner)和孔茨的社会史;(三)伽达默尔以及海德格尔的诠释学;(四)施密特从政治法律视角对概念含义的研究,或其所谓"概念的社会学"。正是通过对先前哲学、史学、语言学、法学、政治学等多种学科的知识成果广泛进行批判性借鉴,科塞雷克最终发展出独具特色的概念史路径和框架,"将社会现实、时间与语言作为人类生活中相互关联的三重维度"。

最后,《历史性基础概念》取得了巨大反响,并极大改变了科塞雷克在学界的地位和声誉。在德国学界内部,辞典项目大获成功,自其出版之初就被积极接受,更逐渐吸引了大量学者的关注和加入。在德国之外,项目自1980年代后期开始产生实质性影响,但由于与斯金纳(Quentin Skinner)、波考克(J. G. A. Pocock)所代表的英式思想史路径存在矛盾,科塞雷克的概念史路径对英语世界的影响却十分有限。对科塞雷克本人来说,作为主要发起者和关键推动者,这部辞典使他迈向了学术前沿,成为具有开创性而广受尊敬的学者;而在执行项目、延揽其他编写者的过程中,他也成为促进众多学者生涯发展的"雇主"(employer)。

在本章末尾,奥尔森还简要述及了《历史性基础概念》中概念史路径的后续发展问题。在其看来,这部辞典起初严格的理论框架和方法论预设,明显限制了概念分析框架的进一步更新。事实上,在科塞雷克自己眼中,他的研究路径也不是静态的、一成不变的。正如他在20世纪90年代初的一次演讲中所说,为了辞典的继续编写和出版,这些预设虽有维持和延续的必要,但已经逐渐成为一件"紧身衣"。因此,我们不应该对科塞雷克晚年观点的转变感到惊异。

五、历史时间和历史写作的理论化

本书第五章着重考察了科塞雷克关于历史时间与历史写作的主要观点。20世纪60年代末至70年代初,面对学科危机和理论需求,科塞雷克在《历史是什么》①和《论历史的理论需要》②两篇文章中讨论了历史专业的身份危机。科塞雷克认为,这场危机与20世纪20年代以来人文社会科学的"去历史化"进程有关,历史已经被归入一门附属科学,只能用它的方法来定义。如果历史要重新获得相对于其他科学和社会环境的相关性,并作为一门科学生存下去,那它需要一个特定的研究对象及其理论。由此,科塞雷克提出,历史学科应该专注于发展一种特定的理论——历史时间(historical times)的理论。这种理论将把历史学科与其他社会科学理论相区隔,通过反思人类存在的时间结构,来研究什么是历史以及历史如何展开。

科塞雷克对历史时间的理论化大致包括两部分内容。其一,通过经验(experience)与期待(expectation),勾连过去、现在与未来。他在《过去的未来》③一书中指出,历史时间不是来自自然,而是来自人文历史,"它与人类及其制度和组织的具体社会政治行动联系在一起"。人类的时间结构是自我(ego)在过去、现在和未来这三个时间维度的相互投射和理解中展开的。在这一过程中,意义不是来自过去,而更多来自我们所预测的未来。因此,历史时间的首要维度是未来,可能性优先于现实性(possibility has priority over actuality)。而在《经验空间和期待视野》④一文中,科塞雷克提出并详论了以

---

① Reinhart Koselleck, "Wozu noch Historie?", *Historische Zeitschrift*, 212 (1971), pp.1-18.
② Reinhart Koselleck, "Über die Theoriebedürftigkeit der Geschichtswissenschaft", in Werner Conze ed., *Theorie der Geschichtswissenschaft und Praxis des Geschichtsunterrichts*, Stuttgart, 1972, pp.10-28.
③ Reinhart Koselleck, *Vergangene Zukunft: Zur Semantik geschichtlicher Zeiten*, Frankfurt am Main, 1979.
④ Reinhart Koselleck, "'Erfahrungsraum' und 'Erwartungshorizont': Zwei historische Kategorien", in Ulrich Engelhardt, Volker Sellin and Horst Stuke eds., *Soziale Bewegung und politische Verfassung: Beiträge zur Geschichte der modernen Welt*, Werner Conze zum 65, Geburtstag, Stuttgart, 1976, pp.13-33.

经验和期待作为"元历史"范畴、作为语言和人类学条件来构建人类历史。他将经验定义为"存在于现在的过去",指引社会政治集体的解释和行动,而把期待定义为"基于过去所预测的未来"。科塞雷克指出,没有不存在期待的经验,也没有不存在经验的期待。人们不仅面对自己的经验,而且朝向未知的未来。但是在现代时间,期待视野与经验空间相分离,社会试图用对未来不断增长的期待和计划来弥补经验的不足,这催生了激进行动。

其二,时间层次(temporal layers)与重复结构(repetitive structures)。科塞雷克在1994年首次出版的《时间层次》[①]一书中指出,所有类型的历史都可以作为以重复和变化为特征的时间层或结构来研究。他认为,所有的历史至少包含三层不同的时间结构:第一层是事件,如1789年革命,人类习惯性地将其视为单一事件;一系列单一事件被连续镌刻在不同层次的递归结构中,这些递归结构代表了历史时间结构的第二层;而第三层则涉及人类学范畴中包含的超越(transcending)历史的结构。时间层的理论框架提供了一个结构化的历史,考虑了事件和变化。历史须研究单个事件、递归结构与超越结构中发生的不同水平的运动和变化之间的关系。例如,按照科塞雷克的说法,近代之所以变化为一个"新的时代"(new time),是因为法国大革命前后事件发展速度的巨大加快。"因此,历史学家必须学会区分不同的层次:那些能快速变化的,那些只能缓慢变化的,以及那些更能忍受并包含反复出现的可能性的。"

科塞雷克关于历史写作的理论亦可分为两部分加以审视。其一,客观性(objectivity)与派别性(partisanship)。在《位置忠诚度和时间性》[②]一文中,科塞雷克指出客观性和派别性是历史写作中困境的两极。在其看来,直到18世纪,历史写作的特点是"无派别的科学假设,即不依附于一个派别,节制或中立"。目击者在这种对历史的理解中扮演了重要角色,他们的存在保证了真实性和事实。然而在文艺复兴时期,目击者的地位发生了变化,位置承诺

---

① Reinhart Koselleck, *Zeitschichten: Studien zur Historik*, Frankfurt am Main, 2000.
② Reinhart Koselleck, "Standortbindung und Zeitlichkeit: Ein Beitrag zur historiographischen Erschließung der geschichtlichen Welt", in Reinhart Koselleck, Wolfgang J. Mommsen, and Jörn Rüsen eds., *Objektivität und Parteilichkeit in der Geschichtswissenschaft: Beiträge zur Historik*, Bd. 1, München, 1977, pp.17-46.

的发现成为历史知识的先决条件——历史的每一个时间安排都取决于一个人在历史中所处的位置:所有直觉判断和经验的相对性,以及后来的调查和表征的视角。派别观念在法国大革命期间变得激进,现代进步哲学给历史时间注入了一种新的时间经验模式,因此今天被认为与昨天截然不同,明天与今天亦不相同,这就造成历史写作只能通过对以前历史的批判性回顾来完成,真理和观点不再是可分的。科塞雷克认为,历史写作既不完全由派别性构成,也不完全由客观性构成。事实上,客观性和派别性之间的两难困境所固有的问题不那么关键。因此,他提出了一种"否决权来源"(Vetorecht der Quellen)——资料来源拥有否决权,禁止历史学家提供"基于来源可能是虚假或不可靠的证据"的解释。他还把判断的形成说成是一种"富有成效的紧张关系,历史学家应该看到自己在历史理论和给定资料之间的对抗……派别性和客观性以一种新的方式相互交叉,缺其一对研究来说就毫无价值"。

其二,经验(experience)与方法(method)。在《经验与方法的变化》[①]一文中,科塞雷克通过对经验和方法——这两个看似对立但又密切相关的概念加以反思,试图描述历史写作的某些条件。他认为,历史写作不只是经验的问题,也不是纯方法的问题。科塞雷克划分了三种不同形式的经验和方法。第一种形式的经验依赖于这样一种假设,即历史被讲述和书写是因为人类经历了意想不到的事情,这种经验形式被称为"单数的"。某些单一的经验是通过现有的经验模式来讲述和整合的,这些模式代表了第二种形式的经验,这种经验是获得的、稳定的,通过所谓的"行动单位"移交。单一的经验获取和集体经验的稳定结构的共同点是,人们可以立即与它们产生联系。这有别于第三种经验,即超越了个人和世代,只能通过历史反思来追溯。与之相对应,第一种形式的方法将历史写作表示为一种认知形式,是对单数经验的即时记录或重述。由于单数只有当现有的经验和期待在某种程度上受到挑战时才能令人惊讶,因此科塞雷克提出第二种形式的方法——历史的延续,这一层次关注的是早期和当代经验被写入延续历史的方法。而早期和当代经验的对抗可以导致第三种形式的方法,即所谓的历史重写,"历史的重写和第一次书

---

① Reinhart Koselleck, "Erfahrungswandel und Methodenwechsel: Eine historisch-anthropologische Skizze", in Christian Meier and Jörn Rüsen ed, *Historische Methode*, München, 1988, pp.27-57.

写历史一样独特，它有意识地反对以前报道或书写的历史，这对应于经验的改变，而这种改变相当于新的经验"。

在本章末，奥尔森简要回顾了科塞雷克在比勒菲尔德大学（University of Bielefeld）的学术生涯，虽然曾多次提及自己"被边缘化"的体验，但事实上，科塞雷克仍然进行了卓有成效的研究，他并非如同自己声称的那样"不合时宜"。

六、纪念死者：经验、理解、身份

本书第六章介绍了科塞雷克的另一研究主题——战争的历史记忆与身份认同。

自20世纪70年代起，科塞雷克即开始思考战争、暴力和恐怖是如何被体验的，以及人类和历史学家如何理解、应对和纪念这种经历等问题。在接下来的几十年里，他以梦境、战争纪念馆和个人体验作为原始材料，探索如何在战争中生存。奥尔森强调了科塞雷克这方面研究的重要性。第一，它涉及一系列非常不同的文本，涵盖大约30年的时间跨度。第二，这是科塞雷克工作中尚未完成的领域。他曾在《时间层次》的导言中提到，自己有计划出版一部关于历史记忆和纪念碑的专著，但该书未能问世。第三，科塞雷克对这一领域的认识论和道德问题的重新阐释仍然相对模糊，有待继续挖掘。

奥尔森以时间为序，考察了科塞雷克关于战争、暴力和恐怖的相关论述。早在20世纪70年代，科塞雷克对于梦想、战争纪念馆和漫画就有一定研究，他从战争纪念馆与暴力死亡的正义化议题入手，对死亡加以反思。1990年以后，科塞雷克加入了德国关于纪念馆的辩论，而他本人的一篇自传性文章，也涉及对记忆研究理论假设的批判及其困境的思考。

在奥尔森看来，科塞雷克对记忆研究的兴趣是有选择的。科塞雷克大部分相关作品都聚焦于第二次世界大战，这与他本人的经历和创伤似乎密切相关。也正是在这种情况下，科塞雷克对真实性的坚持成为其著作中经常出现的核心要素，而他对语言表述的不自信则以最不妥协的语言表达出来。值得注意的是，科塞雷克的目标从来都不是所谓的广泛和详细的表述——既不是以学术分析的形式，也不是以对个人经历全面叙述的形式。当科塞雷克谈及自己的战争经历时,总是围绕着几个同样的、选定的关键事件进行叙述(这些事件大都发生在1945年和1946年),而忽略了他在1941年至1945年之间的各种经历。很明显,科塞雷克的战争叙事深深嵌入了他的整体思想及其作为一名学者和公共知识分子的个性之中。

奥尔森最后指出,记忆政治学(memory politics)几乎是科塞雷克认真尝试成为公共知识分子,并试图影响现在和未来的唯一领域。早在20世纪50年代,科塞雷克就将之视为自己工作的一个重要目标。一方面,科塞雷克在早期著作中就对这些问题有过着重论述,但他通过直接参与学术领域之外的公共辩论来影响社会政治状况的尝试则相对有限,二者形成了鲜明对比。另一方面,科塞雷克没有将学术与政治直接联系起来,这也完全符合他在此时为自己确立的学术规划。

在完成上述六章的详细分析后,奥尔森在结尾的第七章中对科塞雷克的学术生涯进行了总结。在其看来,科塞雷克毕生试图解构乌托邦与相对主义构建出的单数历史观,通过半个世纪在不同领域中的耕耘,科塞雷克构筑了自己在复数历史观下展开的研究体系。这也正是奥尔森将自己的著作命名为《复数的历史》之原因所在。

理解的历史

——《什么是概念史》研讨会纪要

闵心蕙等[*]

2020年7月,北京师范大学文学院方维规教授的新著《什么是概念史》由生活·读书·新知三联书店出版。此书收录于罗志田教授主编的"乐道文库",是作者集二十年之功推出的系统梳理西方概念史理论与方法的通论性著作,一经出版,便受到海内外概念史研究者的密切关注。[①] 作为国内概念史研究的重镇,南京大学学衡研究院旋即举办新书研讨会,以文本细读的方式,深入剖析方著的主要内容和学术价值,探讨该书对于中国概念史研究的意义所在。

7月25日下午,研讨会以线上形式展开,设有专家引言、内容述评、著者回应和圆桌讨论等环节,来自中国、日本和德国的十余名学者齐聚线上,共话西方概念史的理论与方法,展望中国概念史研究的新前景。本次会议吸引了五百余位海内外高校的青年教师和硕博学生报名参会,同时开通了视频直播,共计三千余位网友在线观看。

---

[*] 石坤森、徐天娜、钱辰济、罗宇维、刘超等人对会议纪要的整理提供了帮助,谨致谢忱。
[①] 方维规:《什么是概念史》,生活·读书·新知三联书店2020年版,本文标注页码的引文均出自该书。

一、历史沉淀于特定概念

研讨会由南京大学政府管理学院张凤阳教授主持,他在开场白中强调了举办此次读书会的缘由:一是概念史研究在国内异军突起的学术新态势,二是方教授新著《什么是概念史》的出版为中国概念史研究创造的新契机。研讨会按照章节分工细读的方式展开,南京大学学衡研究院院长孙江教授最先发言,引领大家阅读"导论"。以下是孙江教授发言的内容纪要。[①]

方维规教授是国内最早介绍德国概念史理论的引路人,他对概念史研究在中国的兴起具有开拓之功。《什么是概念史》一书新近出版,学衡研究院马上举行线上读书会,邀请方教授与海内外同仁相互切磋、共同研讨。我领读的内容是"导论",共包含九小节内容,可归纳为四个部分。第一部分名为"狄德罗之思",其中提到了一个重要的人物和符号——堂吉诃德。谈到堂吉诃德,中国的读者无人不知,他是以旧时代的想法生活在新时代的人,这种矛盾造成了他行为的乖张,时代的变化与其心性和思想之间发生了断裂。堂吉诃德的隐喻揭示了今昔的语言变化,而狄德罗(Denis Dierot)在《百科全书,或科学、艺术和工艺详解词典》(*Encyclopédie, ou dictionnaire raisonné des sciences, des arts et des métiers*)中意识到了语言和词语的重要性,在他看来,"语言和词语永远同经验、意涵和联想相关联,并以此塑造人的思想。毫无疑问,语言能够展现传统,否则便不可能领会历史。语言展示一个语言共同体的共同经验,同时又是集体知识的基础和工具。语言还能生成意义,是描述新经验的手段,并将之纳入已有知识库"(方维规:《什么是概念史》,第2页,下文仅标原书页码)。这是一种典型的启蒙时代的表述,大家耳熟能详的培根(Francis Bacon)的名言"知识就是力量"意味着一种巨大的翻转。从柏拉图(Plato)到启蒙时代,对语言的怀疑始终存在,柏拉图在《斐德罗》篇中有一句名言"文字的发明在人们的心中播下了遗忘的种子",但

[①] 下文由楷体字体单独标示的段落,是由报告人提供的文字稿,或对报告人发言的录音整理。

这种怀疑的传统在启蒙时代逐渐被淡化。启蒙运动具有强烈的语言意识，并从法国波及德国，以至于18世纪被称为探讨语言的世纪；19世纪之后随着殖民市场的拓展，比较语言学兴起；20世纪初，随着人们对近代的怀疑，出现了对近代产生之前可能性的判定。这是法国年鉴学派和德国学者布鲁内尔（Otto Brunner）等人展开中世纪研究的基础，因为19世纪自由主义的传统已经无法解释过去，必须用当事人的思想、语言和概念去理解过往的时代，概念史的重要性也由此凸显。

本书第二部分谈及"概念史"的词源与原初的理念，理解这一部分最重要的人物是黑格尔（G. W. F. Hegel），他在其名著《世界历史哲学讲座》（《历史哲学》）的"导论"中提出了三种历史："原本的历史"（die ursprüngliche Geschichte）、"反思的历史"（die reflektierte Geschichte）和"哲学的历史"（die philosophische Geschichte）。其中，第二种"反思的历史"又被称为"概念史"，意指专门史。"概念史"一词在黑格尔的所有著作中仅出现过一次，而该书在黑格尔死后的1837年才出版，他的很多著作都经由其弟子编纂修订。黑格尔所谓的"概念史"与后来概念史强调的历史概念的研究和哲学概念的编纂有很大的差异，我想或许是他的口误，抑或是学生的记载错误，产生了这样一种特殊的误读。

在第三部分，方教授探讨了概念史的德国制造。首先，概念史研究的源头可追溯到20世纪二三十年代德国文化史和语言史刊物《词与物》（Wörter und Sachen）的出版，以及布鲁内尔关于中世纪的相关研究《土地与领邦》（Land und Herrschaft）。另外，法国年鉴学派也在《经济社会史年鉴》中专门开设"词汇专栏"，介绍新式关键词。其实德国概念史研究是一枝两叶的：一叶是哲学编纂式的概念史，以罗特哈克尔（Erich Rothacker）、伽达默尔（Hans-Georg Gadamer）和里特尔（Joachim Ritter）等人为代表，关注经典的哲学概念；另一叶是今天我们所说的对历史基本概念的研究，以布鲁内尔、孔茨（Werner Conze）和科塞雷克（Reinhart Koselleck）为代表。概念史的兴起有着悠久和深厚的德国学术传统作为支撑，属于"历史语义学"的范畴，旨在探索文化表述尤其是语言表述的内涵及其变化的历史性。我们很高兴看到方教授把卡尔·施密特（Carl Schmitt）纳入了概念史的谱系中，如果不谈卡尔·施密特，就无法理解布鲁内尔，更无法理解科塞雷克。

第四部分是关于他国制造的概念史，德、英、法各行其是。我在这里打了一个问号，2018 年《读书》杂志曾发表方教授的大作，其中激烈地批评国内学界臆断生造出的"剑桥学派概念史"一说，我对此非常赞同。方教授也在本书中专辟一部分，论述德国概念史与剑桥学派政治思想史、法国的话语分析理论和威廉斯（Raymond Williams）关键词研究在取向和方法上的异同。

简要而言，本书共分上中下三编：第一编强调历史沉淀于特定的概念，第二编是对"语言论转向"（linguistic turn）所带来的德、英、法学界不同取向的反思，第三编侧重概念史的世界之旅。全书体例编排精当，论述高度凝练，抓住了概念史在西方学术谱系中的重要位置。

孙江教授发言结束后，来自德国汉堡大学亚非学院汉学系的青年学者石坤森（Stefan Christ）围绕方著第一章"哲学概念史"展开报告。石坤森认为，虽然在场的很多学者都是历史学家，对概念的历史实践更感兴趣，但概念史的哲学缘起对研究者而言同样至关重要。

第一章的内容极其丰富，方维规教授从分析哲学的奠基人弗雷格（Gottlob Frege）与唯心主义哲学家倭铿（Rudolf Eucken）谈起，然后转向尼采（Friedrich Nietzsche）、海德格尔（Martin Heidegger）对概念的认识，以及罗特哈克尔与伽达默尔对德国概念史的哲学发展所做的贡献，最后讨论了维特根斯坦（Ludwig Wittgenstein）言语行为、语用及意义的影响。我们能从这些欧洲哲学家的经验中管窥德国概念史深厚的哲学基础。

这一章的基本问题是哲学与历史的关系，自康德（Immanuel Kant）之后，欧洲哲学家不可避免地遇到了语言的历史性问题，19 世纪末到 20 世纪 60 年代是深受语言论转向影响的时代。哲学家对这一基本问题的回应可分为两种：第一种是弗雷格、尼采等人秉持的"超越历史"的观点，第二种是倭铿、伽达默尔等将历史视作哲学的方法。其中，弗雷格试图借助合乎逻辑的理想语言，"排除概念的历史性和日常起源"；而尼采虽然认可概念的历史性,但他所倡导的"谱系学"是一种哲学方法,并且否定了历史的"客观性"。"……所有概念都如数聚拢全部过程,因而无法定义;能定义者,唯有无历史之物",尼采的反历史主义(Antihistorismus)视角诠释了什么是从当下出发去阐释历史。相较于上述"超越历史"的观点,另一流派则认可哲学的历史性,即通过历史去追寻更明晰的哲学真理,通过历史把握概念的意义,这集中表现为对哲学概念大辞典的编纂。如倭铿在不少著述中论及哲学术语的历史性,通过研究概念可以诊断时代和文化;而伽达默尔认为研究概念的历史,考察过往概念的意义就是哲学。1960年代之后,随着新兴语言学理论的崭露头角,哲学传统中"为真"的范畴发生了极大的转变。通过语言的作用及其功能去了解语词的"意义",成为全新的视域,即所谓的语用学和言语行为,由此方著重点分析了维特根斯坦如何将语言视作"工具"。

最后,我想援引弗雷格1884年《算术基础》(*Grundlagen der Arithmetik*)中的一句话——"历史的观察当然是有充分道理的,但也有其局限性。如果在永恒的流动中没有任何固定的、继续存在的东西,那么世界的可识别性就会停止"。弗雷格所说仅仅代表他自己的观点。历史其实是不能完全超脱的,哲学亦不能。如果概念史研究缺乏一个抽象的、分析性的哲学范畴作为支撑,那么我们所能见的只是语词的密林或细节的堆叠。上述哲学思考能启发我们对概念史的理解,即所有概念中都蕴含着一个整体性的思想结构。

上承哲学概念史的理论谱系,《什么是概念史》一书的第二章名为"史学概念史与社会学视野",更为侧重史学概念史的内在演变。南京师范大学马克思主义学院的青年教师徐天娜分享了自己的阅读感受,并对德国概念史的前史加以系统回顾。

本书第二章共分为三个部分,方维规教授首先通过对迈内克(Friedrich Meinecke)、韦伯(Max Weber)、曼海姆(Karl Mannheim)和施密特四位学者的学术分析,探讨他们的研究对史学概念史形成的重大影响。方教授在第一节中指出,传统观念史研究以洛夫乔伊(Arthur

Lovejoy)的《存在巨链》和迈内克的三大本观念史著作为代表,随着传统观念史的式微,学界对其中不变的观念单元和不变的历史思想的批判愈来愈多,一种与之相对立的新思想史(如剑桥学派)得以确立。其次,韦伯曾经在《经济与社会》(1922)的论文集中提出了归纳和分析社会事实的"理想型"(Idealtypus)概念和"基本概念"(Grundbegriff),那么,概念史研究的前史可否追溯到韦伯呢?方教授对此做出澄清,他指出尽管韦伯关于建构科学概念的认识,拓展了重构历史概念的视角,理想型理论也涉及概念史同样关注的问题,但他本人对概念史的研究兴趣不大。在其概念类型的建构中,概念史是次要的。第三节涉及曼海姆知识社会学的"历史意义分析",曼氏的知识社会学重视语言,尤其是词语和概念。他对"意识形态""乌托邦""抽象""具体""竞争""自由"等概念的考察和研究,旨在揭示知识和社会之间的联系,被他称作"社会学的观念史"或"历史意义分析"的知识社会学对史学概念史的研究具有启示作用。第四个人物是设置概念的施密特,以研究政治概念,尤其是法学政治概念著称的施密特,提出了时代的"中心域"(Zentralgebiet)理论。中心域的变更不断带来新的政治话题和冲突,作为科塞雷克的老师之一,施密特的理论直接影响了后者博士论文的写作,对"二战"之后德国概念史的形成起过重要作用。

第二部分主要探讨法国年鉴学派的心态史研究和历史语义学之间的关联,反思其对概念史的显著影响。方教授系统梳理了从第一代年鉴学派至第四代年鉴学派长时段的理论探索,年鉴学派的一个共同特征是跨学科,对地理学、民俗学、社会学、心理学和经济学的参酌尤为突出。费弗尔(Lucien Febvre)倡导对法国的经济/社会关键词加以研究,他和布洛赫(Marc Bloch)创办的《经济社会史年鉴》开设"词与物"(Les mots et less choses)专栏,在借鉴德国语言史期刊《词与物》的基础上,更为注重社会史的维度。20世纪50年代后,以布罗代尔(Fernand Braudel)、勒高夫(Jacques Le Goff)等为代表的第二、第三代年鉴学派,转向了心态史和长时段研究。第四代年鉴派学人夏蒂埃(Roger Chartier)则关注"集体心态"的变化。方著指出,法国心态史研究对概念史的具体影响,直接体现在德国概念史项目《法国政治/社会基本概念工具书(1680—1820)》

(*Handbuch politisch-sozialer Grundbegriffe in Frankreich 1680—1820*)之上,这是科塞雷克弟子赖夏特(Rolf Reichardt)编纂的以法国概念为对象的工具书,并发展出一种研究的技术手段——"词语统计学"。德国学者试图用政治语言和概念重新书写法国的心态社会史。

方维规教授在第三部分分析了促成史学概念史最终形成的四位关键人物的学术思想和理论贡献。其中,克布纳(Richard Koebner)所倡导的"现代性历史语义学"的重要价值被重新发现,他所追求的是如何在当今反观和勾勒历史,这体现在集历史理论、方法论和文化批判于一体的"时代转折"(Zeitwende)思想之上。此后,方教授以《历史基本概念》大辞典的编纂为线索,逐一介绍了概念史领域鼎鼎大名的三位先驱——布鲁内尔、孔茨和科塞雷克。这本辞书的出版标志着概念研究的"历史学转向"(经过两次转折完成),这是基于德国传统经验之上的新变化。对于某个概念或概念群的历史考察并非概念史的全部内容,史学概念史特别强调"历史性基础概念需要置于特定的语言和情境中去理解",那么,"历史学意义的概念史"研究具备以下两大目标:一、有意识地区分概念内涵的历史变迁(哪些内涵是曾经有过的,哪些内涵是后来叠加上去的);二、通过概念去"理解历史上不同社会的特征",爬梳概念与时代之间的关系。

随后,来自东南大学人文学院的闵心蕙就全书的核心章节"科塞雷克的概念史理论和实践"展开分析。这一章论述了德国概念史的标志性人物科塞雷克的核心观点与重要理论术语,方教授提要钩玄,既为初学者勾勒了概念史理论的框架,也为研究者提供了方法论上的反思。

科塞雷克的学术生涯可分为两个阶段。第一阶段是撰写博士论文《批评与危机》(*Kritik und Krise*, 1954)前后,依托传统政治思想史的研究方法,受施密特影响较大;第二阶段是在孔茨的启发与指导下,科塞雷克的任教资格论文《处于改革和革命之间的普鲁士》(*Preußen zwischen Reform und Revolution*, 1965)通过了答辩,他转向概念史和社会史,开启了个人学术生涯。诚如"导论"所言,分析科塞雷克与概念史的关系应当厘清两个问题：第一，科氏的学术生涯始终和《历史基本概念》大辞典的编纂紧密相连；第二，科塞雷克终其一生都在推进概念史的理论突破，晚年的反思尤多。

第三章共包含五个部分，每一部分都旨在回答本书的核心问题"什么是概念史"。其中，第一部分指出概念史不是用史料堆积出的概念的历史，其关键在于揭示概念网络中的关系，通过把握社会语言内在语义结构的历时变迁，研究"通过语言生成意义的历史"。科氏的研究明确地将概念史与传统词语史、思想史、事物史（Sachgeschichte）区分开来（第137页），他所关注的"基本概念"不同于"一般概念"，是政治和社会语汇中不可或缺、无法替代，甚至常有争议的概念，能联通人们各式各样的经验和期待，成为特定时代最迫切的焦点问题（第138页）。

第二部分名为"'鞍型期'与概念史"。鞍型期（Sattelzeit）是一个让科塞雷克声名大振的概念，而鞍型期背后的时间框架是德国概念史的重要特色（第144页），概念史对历史时间的关注也是贯穿本书的重要线索。鞍型期大致可理解为德国历史上发生近代政治革命、社会生活转型的时代（1750—1850），许多现代的政治社会基本概念在此期间形成。一些新概念得以产生（如帝国主义、共产主义、阶级），一些往昔的重要概念（如贵族、等级）失去了原有的语言地位。当然，鞍型期的时代划分并非放之四海而皆准，欧洲各个民族国家有着并不完全重合的过渡时代，科氏想强调的是一种共时比较的历时原则（diachrones Prinzip），在概念普遍集新旧含义于一身的过渡时代中，去探明概念结构的历时性变化。

科塞雷克还致力于探讨概念史与社会史的关系，他的同名论文与概念史大辞典的导言都凸显了概念史的社会史维度。此处，方著提到了我们过往了解不多的"概念"（Begriffe）与"事实"（Sachverhalten）在共时和历时维度之下的四种基本变化形式，这在2006年出版的科氏遗作《概念史：政治/社会用语的语义和语用研究》中曾有深入探讨。尽管科氏试图在概念史和社会史的二元结构中去呈现和描述历史经验，但概念史大辞典几乎没有涉及对概念的社会史考察，这是科塞雷克的助手赖夏特在《法国政治/社会基本概念工具书（1680—1820）》中尝试去弥补的。

第四部分围绕"复合单数"（Kollektivsingular）、"不同时的同时性"

(Gleichzeitigkeit des Ungleichzeitigen)、"四化"等专有名词展开。其中，"复合单数"指概念从多样性走向单一性，从所指具体走向高度抽象化。例如"历史"概念，科塞雷克亲自撰写了这一词条，单数的"历史"获得了全新的内涵——"历史总和"与"历史反思"。而"不同时的同时性"比较多地见于科塞雷克对"时间层"(Zeitschichten)的讨论，指聚合着新旧不同历史时间的语义同时附着于一个概念之上，亦即科塞雷克在"历史"词条中所言"同时历史的不同时性集于一个概念"。最后是国内学界较为熟悉的概念史的"四化"，以"时代化"为中心，对诸如"进步""现代""加速"等时代概念的研究把握到了现代历史思维的基本特征。

　　承袭对历史时间的探讨，科氏引入了"经验空间"和"期待视野"这一组经典术语，其中"经验"概念的诠释源自伽达默尔，"期待视野"则出自曼海姆的《变动时代的人和社会》(1935)，经验空间和期待视野之间的落差和断裂，使得概念史理论得以成立。例如，在古代、中世纪涵盖各种国家形态的"共和"概念，后来实则与"民主"紧密相关；再比如法国大革命之后，语言所获得的全新能量，直接表现为概念新旧含义的变化。此外，如何理解概念能充当"表征"(Indikator)和"因素"(Faktor)呢？前者指概念的变化是社会结构变迁的反映，后者更进一步指出概念有时不只反映社会结构，更是推动历史进展的动力。这呼应了科氏的著名信条"历史和社会基本概念不仅是社会和历史发展的'表征'，而且是能够直接影响历史变化的'因素'，概念本身就是历史发展的动力之一"。

　　多义性是科塞雷克判定概念的标准，最后一部分对"词语"和"概念"做了明确区分：概念不同于词语，词语所指明确，可准确界定；概念只能被阐释，是多种含义的聚合，且往往富有争议。由此可知，科塞雷克的"概念"不属于语言学范畴，而是思想的、分析的范畴（这也招来了现代语言学家的批评）。而"语义"(Semantik)和"语用"(Pragmatik)均与概念史谋求的"语境化"密切相关，注重概念在历史语境中的意义生成。

　　作为全书的核心，本章上承对哲学概念史和史学概念史的纵向溯源，下启与福柯(Michel Foucault)知识考古学和剑桥学派政治思想史的横向比较。方教授深耕于德语文献，系统勾连了概念史看似碎片化的术语和名称背后整体性的理论框架，不仅探讨了科塞雷克本人的概念史方法、个人思想的转折,也侧重于向国内读者介绍德语世界的最新研究。其中既有为概念史所做的辩护和正名,也有对概念史方法的疑义甚至批评,比较客观地呈现了概念史在国际学界中的影响。但是,一个在国际上产生重要影响的理论往往是在经典研究中彰显其意涵和效力的,不只是有一个总体性的纲领作为支撑,概念史亦如此。对此,我有一点疑惑,本章内的引文仍然多为纯理论性的反思,鲜有列举科塞雷克作为一个历史学家所撰写的经典性研究,比如大辞典中他所承担的十二组词条如何更新了德语学界的知识基础、改变了一般性的历史认知,这或许有待进一步点明。以往国内学界对概念史方法的介绍多局限于概念史大辞典的导言和科氏的英文著作,而方著则广征博引,结合科氏本人的德语论著,以及德语、英语学界的最新研究成果,向我们呈现近十几年来概念史方法的进展。科氏终其一生都在反思概念史的理论与方法,作为研究者,我们对概念史的理解也不应囿于基本概念或"鞍型期""四化"等概念史的早期经典术语,而应尽可能地把概念史定义在"理解的历史"这一层面之上。

二、"语言论转向"的不同取向

自第四章起,方教授用三章的篇幅分别探究福柯的知识考古、英美观念史与剑桥学派政治思想史和威廉斯的"关键词"研究,并在其中穿插德国概念史和上述西方经典学派的横向比较,甚至颉颃争衡,有助于读者更好地认知概念史方法的得失。南京大学-芬兰赫尔辛基大学的联合培养博士生钱辰济首先发言,详细介绍福柯所开创的话语分析和知识考古学的方法。

> 方维规教授首先指出福柯是难以被归类的,且是对"诸多人文学科产生重要影响的学人"。他虽身处法国左翼阵营,但拒绝后结构主义者和后现代主义者的标签。这一点,我想是在所有富有原创性的思想家身上相通的。为了研究和认知的便利,我们通常用"主义""学派"的标签将一些学者归类,但即便如此,某一流派内部的差异性也很大。
> 福柯的话语分析和知识考古学的研究路径在学术史上的起源是对

传统"观念史"写作方式的不满。在否定意义上,福柯的起点与"剑桥学派"和"施特劳斯学派"这两大主导当代欧美政治思想史研究的流派是一致的。"福柯认为,观念史的重要主题是起源、连续性、整体性等,而所有观念史的根本性缺陷是缺乏非连续性概念。"这里我想简单补充一下,"二战"之前主导英美学界思想史叙事的是19世纪以降的"辉格史观"。"辉格史观"是以当下某种胜出的意识形态为坐标,将人类历史解释为趋向这个目的的进步过程,比如我们熟悉的"阶级史观"和"人民史观"。而西方的代表作是阿克顿(Lord Acton)的《自由史论》(1907),它讲述了自由主义民主如何绵延至今并最终胜出的故事。

当然,福柯反对的不是自由主义的历史叙事,那是剑桥学派的主要任务,他反对的是19世纪以降由布克哈特(Jacob Burckhardt)开启的"人文主义叙事"。在福柯看来,连续性和同一性所主导的历史观,与一种主体意识相关联,他称之为"人类学"和"人文主义"。人文主义者盛赞"大写的人""人的理性"和"人征服自然的力量"。但在福柯看来,人是支离破碎的,没有普遍的、一致的和实在的本性。"他关注各种非传统、非经典的话题与关系,并重新定义史学边界:注目于看似无联系之物之间的联系。他的研究主题大致有监狱、癫狂、性、道德、话语、自我、权力以及人类社会的各种知识。"(第191页)人文主义者关注"人",那么福柯关注"非人"。人文主义者建构了说话的、有生命的和劳动者的人的形象,福柯反其道而行之:劳动的人,说明现代人是置身于匮乏感和贪婪欲中,他必须用劳动来解脱对死亡的恐惧。有生命的人,说明现代人无时无刻不意识到其有限性,被死亡所追赶又不停地逃避死亡威胁。(《词与物》)

如果说传统观念史要告诉读者的是,经典文本向今天的读者传授哪些知识或真理,那么福柯的"知识考古学"则要回溯"知识是何以成为知识"的考古学现场。用福柯的话说,"考古学所要确定的不是思维、描述、形象、主题,不是萦绕在话语中的暗藏或明露的东西,而是话语本身,即服从于某些规律的实践"(《知识考古学》)。方教授援引了一段福柯的形象表述:概念史在"跳上知识的舞台"之前,或曰从幕后走到前台之前才是引人入胜的。(第201页)通过考察话语事件亦即话语的发生和过程,揭示制约话语的深层社会文化结构,也就是权力和各种偶然因素如何使特定话语成为"知识"的可能条件。

说到知识、话语和权力的关系,就进入了福柯的"谱系学",这是第四章第二节处理的议题。方著指出,福柯的"谱系学"受惠于尼采的《道德的谱系》一书,而谱系学(Genealogy)的中文翻译容易让人望文生义。"但福柯所要追溯的,并非一般系谱学所注重的时间顺序和历史连续性;相反,他要重构事件的起源及其特殊性。"福柯的一个常用表述是:有一道裂缝。谱系概念在尼采使用的语境中有两个不同维度:Herkunft(出身,来源)和 Entstehung(发生,出现)。尼采用谱系学来揭示道德偏见的起源,道德观念并非来自绝对价值,而是源于历史。(第 199 页)为方便理解,我用通俗的语言解释一下什么是尼采的"道德偏见"。尼采的任务是要破除苏格拉底以降的形而上学在西方哲学中的支配地位。形而上学在感性世界上塑造了一个理念的世界,理念世界是不生不灭、不变不动的,也就是非历史、普遍的、永恒的存在。这种形而上学支撑了基督教的道德观念,比如"慈爱",可类比儒家中的"三纲六纪",孝敬父母,天经地义。"天经地义"的意思就是不论古今中外,纲常理念都是恒定的。这就是形而上学的信念,不会因适用不同的时间、地点和对象发生改变,就像"1+1=2"一样。而尼采谱系学正是要破除这种确定不移的信念,他以"反讽"的方式把以形而上学为支撑的道德观念称作偏见,把说教这种道德的人称作神学卫道士。他的谱系学方法就是要回溯"真理"的诞生地,把我们习以为常、信以为真的真理还原为权力塑造的产物,而不是像真理自己所宣称的那样天经地义。正如方著指出的,"是权力改变真理,而不是真理改变权力,或曰真理产生于权力形式和权力关系。真理已是权力,是真理游戏的产物"(第 199—200 页)。而考古学就是要还原这场"真理-权力"斗争的胜负未分的起源时刻,分析发生和出现,应当揭示各种力量如何相互作用,如何争衡或与异己斗争。

尼采和福柯的这种权力-真理观/权力-道德观对我们的日常道德观构成了严重的挑战。文中列举了某次电视辩论之后,乔姆斯基(Noam Chomsky)对福柯矢口否认普遍道德深感震惊:"我可从来没有见过如此彻头彻尾不道德的人。"这里有个翻译上的问题与方教授商榷,译文中出现的"无道德"和"不道德",在原文中对应的都是 amoral。amoral 在伦理学中通常被译作"非道德";"不道德"和"无道德"对应的则是 immoral。不道德是道德行为的对立面,如"锄强扶弱"对"恃强凌弱";而非道德是指不以道德法则评价某项行为。如果我们认定优胜劣汰、胜者为王是自然界的法则,那么"恃强凌弱"的行为就构不成一个道德判断,或者说与道德无关。我认为乔姆斯基这里不是对福柯作道德评价,而是说福柯解构了他所认知的道德世界。

最后,我简单概述福柯的分析对象——"话语"和"概念""语境"的异同。方教授提到斯金纳(Quentin Skinner)在一次采访中坦承他对"理解"(understanding)所做的"去本质化"(de-nature)处理受惠于福柯。"我们的理解方式并不是理所当然的,其他社会中有着别样的理解,而且一切都是建构的,人们无法摆脱特定的社会建构。"(第 211 页)我个人的理解是,剑桥学派所说的"语境"是特定社会的政治生活本身为政治思想家设定了问题,而这些问题存在于时间和历史之中,不是哲学的真理,而是在辩论中的意见。以此来理解斯金纳所说的"伟大文本的不重要性",意指任何思想史的文本作者对其所处时代的政治做出的介入(intervention),而不是经典作家之间的"隐秘对话",这种对话可以发生在"柏拉图""卢梭"和"施特劳斯"之间。于是,相对于"话语"的非人格性,剑桥学派把历史中的"行为者"再次请了出来。要理解言语行为,主体(agency)至关紧要;要真正理解文本,不能忽略主体以及意图性(intentionality)。

随后,来自中国社会科学院世界历史研究所的罗宇维助理研究员就本书第五章发表了自己的阅读体会,本章的主题是"英美观念史与剑桥学派的政治思想研究",她主张国内学界应当自觉并明确区分德国概念史与剑桥学派思想史研究的异同。

德国史学概念史和英美观念史、思想史研究在国际和国内的传播路径与受众并不完全相同。然而,诸多研究者和对以话语分析、词语史、概念史、观念史以及思想史等为名的人文社会科学研究,常常并不作明确的区分。笔者尤记得 2017 年,被称为"剑桥学派"三杰之一的昆廷·斯金纳教授在受邀来中国讲学的过程中，数次在讲座提问和日常交流中澄清自己的研究与概念史研究方法和范式的明确差异。实际上，无论是所谓剑桥学派的主要旗手约翰·邓恩(John Dunn)、波考克(John Pocock)、斯金纳，还是宽泛意义上的政治思想史研究，以至于在这几人及其学生、同僚组织之下进行的各种研究，若追根究底，都很难说与概念史研究共享多少哲学资源和方法论基础。就此而言，方教授在本书中专辟一章，概述观念史和剑桥学派思想史研究的理论基础、方法路径与实践范例，其实是有很重要的学术推进意义的。

本章一共包括五个部分，每个部分都旨在回答概念史与观念史和所谓剑桥学派之异同的不同面向，当然，其中差异是主要方面。导言开门见山地点出了概念史与剑桥学派就学术研究发展历程而言，在时间上的相近，从某种意义上讲，两者都是对传统观念史和思想史进行有意识的批判和反思的产物，因此两种路径都重视政治语言，认为可以"透过语言来推究历史"。两者之间差异的根本则存在于其哲学根基之中，概念史研究所依赖的是德国史学和诠释学的传统，而观念史、思想史研究的出现则主要得益于20世纪初的盎格鲁-撒克逊史学和哲学研究的变革，前者指的是拉斯莱特(Peter Laslett)在对洛克《政府论》的研究，特别是1949年重新编订的菲尔默(Robert Filmer)《〈论父权〉及政治著作选》所带来的对政治思想研究的新方法论启示，后者则毫无疑问是由维特根斯坦掀起的哲学的语言转向，以及后来被奥斯丁(John Austin)、瑟尔(John Searle)等哲学家更加明确给出的方法论指导。总体而言，观念史和剑桥学派的研究旨在通过对话语和语言使用环境的恢复和澄清，借由恢复作者意图来考察特定阶段的历史。恰如是，剑桥学派与概念史研究的基本差异便是，前者并非"从概念出发，而是纵观政治理论的所有语言因素，结合语言行为理论去考察近代政治语言，在观念史的框架内考察问题"（第219页）。

英美观念史研究的创生与发轫，主要源自洛夫乔伊的一系列研究活动与成果，尤其是出版于1936年的《存在巨链》以及1940年创办的《观念史杂志》。洛夫乔伊的研究方法主要受其老师、实用主义哲学家詹姆士(William James)，以及新康德主义者卡西尔(Ernst Cassirer)和文德尔班

(Wilhelm Windelband)等的影响,所谓"观念单元"这个研究的核心概念,就取自文德尔班。洛夫乔伊认为,人类思想的基本成分在根本上是不变的、无历史的,变化的仅仅是基本成分的变形和新塑形态。"观念史的任务就是重构各个思想单元的历史命运及其在协调或对立中的相互关系"(第221页);由此出发,洛夫乔伊区分了五种"观念单元"的类型,并把观念史看作跨时代、跨国别、跨学科的综合性研究。

不过,洛夫乔伊的观念史研究与后来在人文社会科学界家喻户晓的剑桥学派观念史和思想史研究,实际上有着非常大的差异。本章的第二部分介绍波考克的研究方法与旨趣,并将其与科塞雷克的概念史研究进行了比较。作为"剑桥三剑客"的一员,波考克的历史研究和"历史语境主义"研究方法在英美史学界产生了很大影响。在波考克看来,政治史中的大量讨论离不开特定语境中的语言运用(第223页),他以英国史为研究对象,分析特定时期的政治语言和政治理论家的习语、修辞、术语、语法及其关联,研究说话的内容、动机、目的和策略。波考克的研究,不仅受到了拉斯莱特及其导师巴特菲尔德(Herbert Butterfield)的影响,在很大程度上也折射出了他对阿伦特(Hannah Arendt)、库恩(Thomas Kuhn)等哲学家的理解与借鉴,尤其是库恩的"范式"理论,为波考克提出自己的思想史研究方法提供了有力的理论工具。就概念史和思想史研究的差异而言,前者注重特定概念的历时变化,后者则在重构共时的政治理论之所有的语言成分上用力。在波考克和科塞雷克的直接对话中,两人也强调了这种差异,波考克认为概念史只不过是对"许多话语的历史以及人的话语和被人运用的话语的辅助研究",而科塞雷克则认为共时分析方法存在很大问题,"历时是根本"(第230页)。文中还简要归纳了其他学者对波考克的批判和质疑以及他自己的回应,在此不作赘述。

在所谓剑桥学派的研究者中,最声名显赫和具有广泛影响力的或许要属昆廷·斯金纳,本章的第三和第四部分都围绕着斯金纳的研究进行分析、比较和讨论。第三部分通过对《观念史中的意涵与理解》《分析政治思想与行为的几个问题》以及《对我的批评者的回应》等几篇方法论文章的介绍与评价,清楚地勾勒了斯金纳思想史研究的主旨与路径。《观念史中的意涵与理解》堪称剑桥学派最早的原则性宣言,批判了诸多前辈学者，攻击了观念中历史哲学研究中的"正统"，也就是"循环反复"与"语境无关"论，反对由于这些传统所造成的思想中时代误置的历时研究神话，包括"学说神话""连贯性神话""预期神话"和"相近神话"。斯金纳呼唤观念史研究的范式转换（第236页），将自己的"语境说观念史设定为具体词语运用的历史"，认为思想家的任何论说，都依赖特定的条件，有其特定的意图，为了解决特定的问题。受奥斯丁在《如何以言行事》一书中给出的言语行为区分的启发，斯金纳构建起了自己的思想史研究方法，特别关注意涵和意图，并且将词语视为争夺政治统治合法性斗争的"工具"和"武器"（第241页）。不同的词语在不同的论说中可能具有不同的含义，要想正确理解这些历史事件和语言使用，首先就必须充分认识到概念的视角性和争议性，在这一点上，斯金纳和科塞雷克的观点是相仿的（第241页）。斯金纳在20世纪90年代以后，尤其注重对修辞策略的研究，同时也关注一些词语在政治历史变迁中，其用法和内涵的历时性变化。

当然，斯金纳的研究方法和成果也遭到了来自各方面的批判。传统主义者认为当代理论模式并不必然导致"时代误置"，其历史语境主义也受到了各方面的批评，"什么是语境"本身就是一个悬而未决的问题，作者的社会状况和言语行为的效应史也不应当被忽略。另一方面，虽然斯金纳的研究方法和一些成果实际上与概念史有某些相似之处，但他本身对概念史持有十分明确的质疑。斯金纳既否认观念史的存在，也否认概念的历史的存在（第246页），认为科塞雷克的研究和《历史基本概念》并非真正的概念史，而是词语史，这或许是有些武断的。此外，概念史研究的呈现方式（辞典）和概念史研究的一个基本预设（鞍型期）都受到斯金纳的质疑。

本章的介绍深入浅出，直指观念史和概念史研究的核心区别，同时也客观地点明了两者在许多方面的类似之处。对我而言，本章最重要的学术和知识贡献在开始时就已经指明。特别是在中文学界，虽然许多研究者早已意识到了两种研究范式在哲学基础和方法论预设上的差别，但是在实际的研究过程中以及学术交流和讨论活动中，却难免混用两者。这种现象当然也可以被解释为结合两种研究范式的优势进行更好的学术探索的尝试,但是落归到学术研究的既定规范和学理套路中,却不免带来一些困难和混淆。我想,这也是方教授专辟一章进行写作的一个考量。

在我看来,本章结尾部分提出的几个比较问题,则是在方法论意义上尤其值得我们思考的问题:"何为分析语言与历史之间的正确切入点?";"英美和德国两种研究范式能否形成对话和对接?";当两方学者在探讨语言与历史关系时,"他们谈论的是同样的问题吗?";等等。这些问题其实都值得对这些研究方法感兴趣的学者和学生们进行更加深入的思考。

毋庸置疑,剑桥学派对英美政治思想甚至人文社会科学中宽泛意义的思想史研究产生了重大影响,不过在对概念史学科的介绍中,它当然只能是背景性的和补充性的内容。因此,也可以理解方教授的写作安排与具体内容的详略取舍。不过,就本章的主要内容而言,我仍然有几点疑问。

第一,本章将洛夫乔伊的观念史与剑桥学派放在一起,同时也非常明确地指出了两者在方法论预设、基本理论立场和研究对象上的差别。特别是文中也点出了波考克和斯金纳等人对洛夫乔伊观念单元的反对与批判,换句话说,两者并非同类。不过,将洛夫乔伊的"观念史"与剑桥学派的观念史放在一个脉络里进行介绍,似乎是比较通行的做法。就此而言,是否还有更加合适的论述方式,以方便读者更清晰地把握每种研究范式的特征?

第二,虽然文中强调了波考克思想史研究与科塞雷克概念史的许多基本区分,但是还有许多类同之处,似乎并未得到澄清和解释。例如,书中指出,波考克受到库恩"范式"理论的影响,特别注重习语、日常语言、修辞和语法等一套话语模式对写作的影响。对他来说,那些不言而喻、不自觉的思维方式和情不自禁的行为,最能反映人们的真实思想,而这一切都在所谓"方言习语"中得到了体现。换句话说,他要分析的是特定时期的一整套语言观念模式,并且这些词语或"词语丛"是会随着时间的流逝变化的。他的研究大多也遵循这种观念展开,甚至常常将所谓经典作家抛诸脑后,去讨论各种在正统思想史研究眼中无甚关联的文本与语汇。就此而言,实际上与科塞雷克概念史辞典编纂中对日常语言用法与含义的强调,有着内在的某种相似性。那么,是什么造成了这种相似性呢?

第三,本书的主要篇幅都在介绍斯金纳及其方法上,也非常清楚地阐明了这种历史语境主义研究的理论来源与实现路径。对此,我仅仅认为可以补充几点,以便于更好地澄清斯金纳研究的一些基本点,同时回应方教授对其研究进路和发展的评价。本书中主要采用的论文《观念史中的意涵与理解》,确是一篇提纲挈领的方法论文章。其实,这篇文章最初的标题或许更能表明早期斯金纳研究的出发点,也就是"论经典文本的无足轻重"。这个标题足以表明,斯金纳观念史的研究,本身就是建立在对传统正典论思想史归纳和诠释的批判与革新上的,当然,这背后的哲学预设,本章也都讲得十分明白。不过,在讨论斯金纳近来的学术写作时,方教授似乎认为其转向修辞策略研究,并未完全践行最初的方法论主张。对此,我有一些自己的看法要谈。

1. 自20世纪70年代斯金纳在阐明和基本确立了分析研究方法以后,实际上并未固步自封,而是一直在进行修正和调整。这一点从他反复回应学界的批判以及对许多研究的持续修订与拓展中就可以看出,当然,其研究的基本预设不变。

2. 针对斯金纳近年来对修辞研究的重视,实际上与其方法论和研究初衷是一脉相承的,可以看作是其延伸。修辞问题对近代早期和人文主义有着重大影响,而阅读、教育和日常语境都是还原作者的意图和用法、话语策略的重要资源,是案例性的尝试。

3. 语境不限于政治写作和政治思想,其实是广义的社会文化环境和产品,图像、音乐、文学、建筑等都可以被纳入其中。就此而言,剑桥学派的语境同样是一个广义的社会文化历史范畴。

当然,不可否认以上也进一步构成了后期斯金纳研究与一般印象中剑桥学派研究,以及与概念史研究巨大差异的部分原因。

接下来,南京大学学衡研究院刘超教授向各位详细介绍了本书第六章雷蒙·威廉斯的"关键词"研究。这位英国马克思主义理论家的《关键词:文化与社会的词汇》(1976)一书曾被学界广泛接受与大量征引,威廉斯明确把历史语义学视作文化与社会研究的方法,也让读者看到了《关键词》与《历史基本概念》大辞典的相通之处。

为了对概念史这一研究范式加以拓展,并通过比较进一步说明以科塞雷克的《历史基本概念》为代表的德国概念史研究的特点和优势,在第六章中,方维规教授聚焦于英国马克思主义文化批评家雷蒙·威廉斯所开创的"关键词"研究,对其成败得失进行了全方位的探讨。全章共分四部分,在第一节中,方教授从"关键词"研究的生成语境,即威廉斯于20世纪50年代所揭橥的"文化与社会"的研究模式出发,指出其通过分析与"文化"相关的重要语词的意义嬗变来考察社会思想层面历史演进轨迹的内在理路,并揭示了"关键词"研究所具有的关注当下、追寻流变、注重整体以及反抗精英文化的基本特征。在第二节中,方教授引入了《关键词》与《历史基本概念》的对比,肯定其同为"理论辞书"。尽管与后者只有三分之一的条目相同,且篇幅相差甚远,但在所谓"历史语义学",即探讨"意义和意义变化"同历史及社会之间复杂关系的问题上却有许多相通之处:二者同样试图透过"词汇含义在历史关键时期所发生的重大变化",尤其是那些"突变、断裂与冲突之现象"洞察贯穿于语言之中的社会和历史发展过程。所不同的是,威廉斯更强调历史"现在的风貌",且更倾向于找出被主流意识形态遮蔽了的"边缘的遗憾"。然而,另一方面,方教授基于对比,力陈《关键词》的一系列不足,包括论述太少、难以延伸拓展、语文学功底薄弱、结构松散、缺乏例证且材料多引自高雅文学以及没有对具体社会事实的阐释等等,进而反衬出《历史基本概念》的严谨、翔实和周密。这种负面的评价在第三小节中得以进一步展开,借斯金纳之口,方教授批判威廉斯将语词和概念、词的内涵和指涉混为一谈,对词语做孤立处理,忽略了词语所具备的极强的整体意义,充满党派之见,不够客观公正,以及未顾及言语行为及其潜能,等等。因此,在第四小节中,方教授对《关键词》之后的"关键词"研究史进行了简要的梳理,断言威廉斯所整理的"关键词"条目已然过时,他的"关键词"方法也已式微,相反,德国概念史研究则方兴未艾。自始至终,方教授一再对威廉斯未能注意到德国概念史研究,更未能接受其影响而深表遗憾,并将其归因于威廉斯本人的学养问题,在对威廉斯与科塞雷克旨趣相合之处大为激赏的同时,更多地则是对其相异之处的批评和指责,以此凸显德国概念史研究的正统地位。

综观全章,诚然,方教授敏锐地挖掘出了威廉斯理论体系中诸如感觉结构、意义的变异性、全部的生活方式、边缘性意涵等核心概念,对"关键词"研究的一般立场洞若观火。一些批评意见,例如缺少社会实证材料、行文过于随意、分析不够深入等,也不可谓不鞭辟入里。但最大的问题在于过分倚重斯金纳的观点,而斯金纳之于《关键词》的评判恰恰是一种具有浓厚精英色彩的误读,充满了内在的矛盾。首先,斯金纳批评《关键词》把词语运用看作对概念的理解,混淆了意涵和指涉。然而,正如索绪尔(Ferdinand de Saussure)在提出所指和能指的任意性之后随即指出的,尽管如此,在历史长河中,一旦语词和概念的结合被纳入规约系统,便受制于语言惯习(convention),在一定社会历史条件下具有极强的通约性和普适性。而威廉斯正是在意识到二者矛盾统一关系的基础之上才在早年的《漫长的革命》中提出了"感觉结构"这一范畴,将日常经验与表达规则有机整合在一起,作为推动历史发展的重要因素之一,其关键词研究也正是从"感觉结构"出发对概念和语词间共时的多义性和历时的多变性展开辩证的分析,既肯定了语词对概念的形塑作用,又强调了概念变化对词语运用的深刻影响(例如从 labour 到 work 再到 job)。其次,斯金纳称威廉斯忽略了语词间的整体意义,对这点构成有力反驳的恰恰是方教授此前的一系列精彩评论,即威廉斯的出发点是对"文化"概念与"工业""民主""阶级""艺术"等范畴的关联性以及"平行概念、上位概念、次要概念、对立概念、复合概念与派生词汇的"系统关注。真实的情况是,在《关键词》中,几乎每一个条目都会引出诸多相关概念,并一再进行相互联系和比较,以呈现出彼此间错综复杂的互动关系。而在每条的结尾处,威廉斯总是会开列其他相关条目,引导读者将其联系在一起展开思考。最后,斯金纳一方面抨击威廉斯过分"参与"和"介入",充满党派之见,放弃公认意义而采用"边缘意涵";另一方面又对雷蒙斯这么做的社会政治意义视而不见,指责其缺乏言语行为的意识,是一种社会变迁单方面决定词汇发展的机械的反映论。这种前后抵触的论调不但消解了其理论批判的合法性,还充分暴露出斯金纳既要坚持知识精英高高在上的"客观立场",又对《关键词》所带来的社会文化冲击如鲠在喉的矛盾心态;而威廉斯所强调的"引申""变异""转移"不但是对语言本身变化的描绘,更揭示了一种话语政治的行动策略。

实际上,整本《关键词》都可以被视为一部具有反抗性的社会亚文化文本,是20世纪六七十年代西方社会"广大而普遍的思想与感觉运动"的一部分,而非单纯意义上的理论辞书。在书中,威廉斯不仅有意挑选了与马克思主义或社会主义紧密相关的一系列核心概念,在阐释的过程中更以马克思主义理论及大众文化的发展为最终落脚点(从《电视时报》等大众传媒及日常社交活动中选取了大量语料),试图通过语义的变化来证明马克思主义所揭示的历史发展道路的前瞻性。换言之,他将当代无产阶级的生活方式和文化创造物视为最根本的社会现实和历史"现在"风貌的集中体现,以此为基础,用一种回溯的方式打破知识精英对于意义生产的垄断,通过语词的发展历程对历史进行重新界定,赋予其以"活的结果"。而之所以以"文化"为突破口,是因为文化在英国从阿诺德(Mattew Arnold)、利维斯(F. R. Leavis)之后就取代了"上帝",成为社会意识形态霸权的化身。正因为此,语文学的考查并不重要,只需寥寥几句作为引言,那些摘自高雅文本的语料也不过是被挪用、戏仿和颠覆的对象,例如对洛维尔、卡莱尔(Thomas Carlyle)、爱默生(R. W. Emerson)等人的引用。而威廉斯却得以从语词的断裂和冲突之处入手,汪洋恣肆、纵横跳跃,自由地阐发他个人的、非客观的、反权威的理论观点,并对精英文化自相矛盾之处极尽嘲讽之能事(如对主义的恐惧)。在这个意义上,无论是就编纂体例、条目选择(art、history、philosophy、humanity、genius、equality等)、行文风格、叙事策略还是政治意图而言,《关键词》直接承袭了狄德罗《百科全书》的书写传统,并带有本雅明(Walter Benjamin)、阿多诺(Theodor Adorno)等人文化批判(*Minima Moralia*,1951)的鲜明印记。相反,其所挑战的,则是英国现代历史上由阿诺德、艾略特、利维斯所开创的"伟大的传统"。

最后,我想借用梁从诫先生对狄德罗《百科全书》的疑问来结束我今天的发言：为何狄德罗和达朗贝这部在"观念形态上的倾向性和时代感如此鲜明、强烈"的杰作竟然"一版而绝"，而"当年英吉利海峡对岸立志要反狄德罗之道而行之的保守的《不列颠百科全书》，二百多年来反倒儿孙满堂"，成为权威和样板，这个问题值得我们反省和深思。《关键词》的历史境遇又何尝不是如此呢？

三、概念史研究的继往开来

方著的最后两章将视野转向了世界、东亚与中国，侧重于评介概念史研究的国际化和前瞻性，20世纪90年代之后，随着大辞典编纂工程逐渐完竣，德国概念史面临着全新的理论与视野转向。南京大学政府管理学院、学衡研究院的李里峰教授就方著第七章"概念史的新近发展与国际影响"和与会学者进行了分享。

方教授在本章开篇引用了科塞雷克弟子贡布莱希特（Hans-Ulrich Gumbrecht）《概念史的维度和局限》(2006)一书长篇绪论中的一句话，出人意料地提出了概念史研究的局限和退潮，"作别概念史"之说由此提出。当时，德国概念史的几部大型辞书皆已或即将编纂完竣，这些卷帙已经成为金字塔，因为1960—1980年代的将来（科塞雷克主编大辞典，推进概念史研究的时代）已经成了"过去的将来"；大辞典完成之后，活跃的概念史研究已在纪念碑的石块中僵化，如同埃及"宏伟的墓碑"（黑格尔语）。显然，方教授并不赞同贡布莱希特对概念史的盖棺定论。这让我想起九年前我第一次见到方维规教授的时候，当时南京大学举办了一场名为"概念史与东亚研究"的学术研讨会，在最后的圆桌会议上，来自德国的施耐德教授认为德国概念史的传统基本上已经没落了，方教授对此并不认同，和施耐德教授展开了激辩。其实，方教授指出，贡布莱希特所谓的概念史退潮并不是针对科塞雷克，而是针对里特尔主编的《哲学历史辞典》，它将布鲁门贝格（Hans Blumenberg）提出的"隐喻学"排除在外是一个很大的错误，由此，也进入了本章的主要内容。我将概念史的新近发展归纳为以下三个方面：范畴的拓展、时间的拓展、空间的拓展。

首先,谈到概念史研究范畴的拓展,概念史研究兴起的一个重要时代背景是20世纪的语言学(论)转向。此外,社会史的传统也非常重要,概念史先驱布鲁内尔与孔茨等人都非常重视社会史的研究,科塞雷克曾指出所有历史研究的类型都可归入概念史与社会史的范畴之中,两者是密切关联和相互补充的关系,方著的前六章已有深入探讨。第七章谈到了那些应当被纳入概念史研究的新近发展,第一个是布鲁门贝格所说的隐喻史(学),所谓"隐喻",是指以某种修辞方式所说的无以言说之物(本雅明语),即没有办法被概念所捕捉的东西。以往概念史研究强调对概念的把捉,但隐喻恰恰是无法被把捉的,那么,无法被概念明确描述与把捉的东西能否被纳入概念史的研究范畴呢?贡布莱希特认为,传统的概念史研究恰恰忽略了这一点,重提隐喻史(学)势在必行,是否应当把隐喻史看作现有概念史的补充?或者重提隐喻史是否改变甚至推翻了弃置"隐喻"的概念史呢?学界对此意见不一。第二个新近发展是宗教概念史,如五卷本《宗教学基本概念工具书》的出版。第三个是跨学科知识及科学史,代表性作品有三卷本的《近代哲学和科学中的认识问题》。

其次,概念史在研究时段上也不断向后延伸。熟悉科塞雷克的朋友们都知晓他提出的"鞍型期"概念,意指德国乃至欧洲传统的概念、知识体系向现代转型的重要过渡时期,1750—1850年的一百年时间是现代概念出现、形成和占据主导地位的一个时期,七卷本概念史大辞典大多数围绕这一时期展开。大辞典出版后,一些学者提出疑问,1850年之后概念的发展与演变难道就不重要吗?戈伊伦(Christian Geulen)在2010年的一篇纲领性论文《为20世纪基本概念的历史所做的申辩》中(第288—289页),针对20世纪概念史的发展,修正了科塞雷克的"四化",并提出了新的"四化"标准:科学化(Verwissenschaftlichung)、大众化(Popularisierung)、聚合化(Verräumlichung)、混合化(Verflüssigung)。新"四化"的含义非常清晰:"科学化"是关于自我和世界的基本概念的高度科学化,包括科学的普及和科学本身的社会化;"大众化"指新的传媒和信息技术使得各种概念得到迅速和广泛的传播;"聚合化"指时间维度之外新增的空间和地域结构,如欧洲化、美国化,如果说科塞雷克重视社会的加速发展,那么戈伊伦则强调不断增长的空间化使全球化成为新的意义上的复合单数;"混合化"强调政治社会概念的多义性与开放性,及其在不同语境中的运用和融合。

最后,概念史新近发展的第三个特征表现为空间上的拓展。方教授在本章指出,尽管德国概念史和英国剑桥学派的方法是我们处理许多思想观念和概念的两种重要学术类型,但他们无疑都把谈论对方的方法论看作雷区,斯金纳的代表作迄今没有德译本,这都是非常有趣的细节。近年来,概念史也从德国向其他国家拓展,如西班牙、荷兰、芬兰、罗马尼亚都有概念史的项目,其中最有代表性的是参考科塞雷克研究进路的"伊比利亚概念史网络",2014年已经出版了十卷本丛书《伊比利亚概念史》。最后一个层次是跨国概念史,即不再局限于以民族国家为单元的研究,强调区域内多语种的跨国比较,如"欧洲概念史项目"(ECHP)。与此同时,东亚概念史的研究也正当其时,韩国翰林大学主编《概念与疏通》杂志,强调殖民地的经验和社会史的研究;日本学者沈国威、陈力卫等则从语言学的角度,探讨近代中、日词汇与概念之间的交流和互动;而中国的概念史研究,首推方教授本人。此外,金观涛、刘青峰伉俪出版了《观念史研究》(2008),由台湾政治大学、韩国翰林大学与日本关西大学合作出版的《东亚观念史集刊》对概念史在东亚的推进具有标志性意义。国内《新史学》同仁亦对概念史研究表现出了极大的兴趣,南京大学学衡研究院自成立以来,始终致力于推进概念史研究,目前已出版了六卷《亚洲概念史研究》丛刊,并在进一步筹划概念史研究丛书与译丛,推进中国本土历史的基本概念大辞典的编纂。

研讨会最后,南京大学历史学院、学衡研究院教授李恭忠概述全书第八章内容,对东亚尤其是中国本土的概念史研究提出了自己的创见,主张概念史的理论思考与研究实践应齐头并进。

作为全书的收尾部分,第八章连同第七章第四节"概念史在东亚:中国成就简览"在内,对中国学者而言是最重要的部分。说一千道一万,前面介绍了那么多国外的相关研究,说到底还是为了给中国的概念史研究提供参考、借鉴,为了促进中国学者更好地开展概念史研究。

第八章分为两节。第一节主要从"鞍型期""过渡期""转型期"三个说法入手,讨论东亚比较概念史研究的可能性。科塞雷克的"鞍型期"(1750—1850),描述的是欧洲近代概念形成与时代变迁经历。中国台湾地区近代史专家王尔敏提出的"过渡时代"(1840—1900),意指近代中国对"新概念之吸收、融会、萌芽、蜕变的过程",体现了思想领域一直在加速的"求变求新"趋势。美国华裔近代思想史专家张灏所谓的"转型时代"(1895—1925),描述的是中国近代思想文化由传统向现代的过渡、传播媒介和思想内容的突破性剧变。

方教授认为,过渡期和转型期不能截然分开,二者合起来大致相当于近代中国概念史上的"鞍型期"。这个转折阶段,也大体适用于东亚地区的概念史。因为中国、日本和朝鲜半岛,在这一时期都经历了大体相似的历程,在西方概念大规模翻译、传入的过程中,一系列新的概念逐渐确立。

但这个过程并非纯粹的"西化",亦非外来概念的简单移植,而是西方现代性与东亚本土传统和时代体验的相互融会。比如"变局""洋务""自强"等概念,就反映了独特的时代经验、期待和行为;"文明""科学""民主""权利"等概念,还包含着外来概念在中国、在东亚不同语境下的理解、接受和运用情况。而且,正如语言学家沈国威、陈力卫以及比较文化史专家刘建辉等人的研究已经表明的,这一过程,包含着欧美、中国、日本、朝鲜半岛、越南之间在字形、语义乃至语音等方面的复杂的交流关系。

为此,方教授主张,"我们需要一种比较视野,查考东亚过渡期以及相关概念之统一性中的多样性"(第317页)。这种比较概念史,可以摆脱传统观念史的窠臼(即把观念视为常数、将"概念"与"含义"混为一谈)。一方面是厘清一些重要概念的形成、流变过程,丰富对历史细节的了解;另一方面,尤其重要的是,对一些关键概念在东亚不同国家的"运用史"进行比较,由此折射、透视东亚地区近代以来"经验巨变的多元性",以及东亚国家"各自从传统走向现代的不同过渡方式"(第316—317页)。

东亚比较概念史的提出,是一个至关重要的问题。中国学者、东亚地区的学者研究概念史,不是简单地追踪欧洲的学术潮流,而是需要自己的、本土的问题意识。我想主要还不是构建一个普遍适用于东亚地区的概念史框架体系,跟欧洲进行对照,比如中国的"鞍型期"与德国"鞍型期"的异同,等等。我们的问题意识,是在比较的视野下,透过概念这一窗口,借助概念史的研究,更好地认识自身的历史,认识中国、认识日本各自不同的道路,更好地理解东亚以及东亚各国的现代性。而且从近十几年的情况来看,东亚地区特别是中国的概念史研究已经呈现蓬勃发展的势头,用孙江的话来说,"概念史研究的中国转向",已经渐成事实了。

开展东亚比较概念史研究,有两点很重要:一是不同学术机构、不同学科的学者个人之间,有必要开展学术交流、合作。不同国家、不同地区的情况既有联系又有区别,单个学者、机构很难穷尽,所以学术合作很重要。这也是我们南京大学学衡研究院这些年大力推动的事情。

二是从学者自身来说,头脑中需要有一根弦,有比较的意识、宽广的视野、比较的眼光。研究中文语境里一个或者一批具体概念的历史,也有必要关注它在西文、中文、日文甚至韩文、越南文等不同语境下的"旅行"经历。这样做起来可能有困难,解决方法一是自我增强实力,特别是年轻的学生,可以多学一门或者几门外语;二是前面提到的,加强学者之间、学术机构之间的交流合作。

第八章第二节,方教授主要提出了以下三个理论问题:

一是数据库和词频统计方法与历史语义学对概念史研究的不同意义。数据库只是第一步,统计方法只是辅助工具,"分析和提炼才是重中之重"(第319页)。"一个概念或关键词的重要性或关键发展,常常不在于频繁使用,而是取决于被论辩、被争夺的强度,或在某个历史时期和关键时刻的多义性和争议性及影响力,或在观察和解释社会、政治状况时的不可或缺。……概念史关注的是一个(重要)概念的生成、常态或者非连续性、断裂和变化,关注变化的转折点、衔接点、关节点,而这些都是计量分析无法胜任的。……精神现象很难用数量来概括,要发现数据背后的深层含义及其多层次关联,不仅要披沙拣金,更需要历时和共时的宏观视野。"(第320页)方老师这个看法,是有所依据的,那就是第二章介绍过的《法国政治/社会基本概念工具书(1680—1820)》,为了贯彻"社会史"的旨趣、突出大众心态,曾经采用过"词语统计学"方法,侧重于运用辞典、百科全书、报纸杂志、年鉴、宗教手册、传单、集会记录、钱币、纪念章、图画、歌曲,以及节日、庆典、游戏、宗教活动等非文本资料,进行量化分析,试图构建"结构语义学"。可是,这些资料类型庞杂、性质不一,它们汇集起来,确实能在相当程度上呈现"概念"的通俗的、民间流行的一面,但这样的"概念"却很模糊,未必就完整精确。(第115页)正如方老师在第一章所说的,"史料不可悉数",尽管多多益善,但最重要的还是"对能够说明问题的史料的合理使用和精当解读"(第81页)。对这个看法,本人深表赞同。

二是概念史研究的理论定位问题。概念、词语、话语,有何联系与区别?概念史是像在德国那样的"人文科学和阐释学的基础研究",还是"一种具有特定认识旨趣的辅助研究"?(第321页)或者说,概念史研究只是一种实证研究,还是需要有专门的理论前提和方法论思考?这个问题,第三章介绍科塞雷克的概念史理论时也有涉及,不过科塞雷克自己也没有解答好,所以方老师也没有明确的答案。

这让我想到三十多年前社会史研究在中国(再度)兴起时的讨论:是有着特定研究对象的专门史,还是一种新的通史,抑或一种新的研究范式?一开始,大家争论很热闹。各有各的理解、看法,专史说强调社会史主要是研究社会生活,通史说强调对社会历史变迁的整体把握,范式说偏重研究风格的更新,既包括旨趣、题材、对象,也包括视角、路径、方法、手段等方面。意见很难统一,大家于是根据自己的理解,分头做起来。三十多年过去了,到现在,社会史研究已经蔚为大观,成为气象万千的莽莽森林。当然,也有一些问题,比如"碎片化"(其实我不太愿意用"碎片化"这个说法,因为这个词现在已经具有语言暴力了,实际上"碎片"本身是有其独特价值的。如果要用一个词来描述目前社会史乃至史学研究的不足,我觉得"表面化"更加合适),正因为存在着这样的不足,所以在三十多年来社会史研究的实践过程中,也不断有学者进行理论方法上的反思、检讨。理论、方法层面的思考,与研究实践的开展相互促进,问题就能逐渐弄明白。就目前国内的总体情况来看,基于本土语境的扎扎实实的概念史研究实践,不是太多,而是还不够,还需要大力提倡。

三是概念史研究与文化研究、新文化史的区别。概念史研究强调语言的重要性，这跟文化研究有相似之处。但新文化史过分夸大"文化"因素，甚至有"唯文化论"的倾向；而且滥用"文化"概念，不少研究显得过于琐碎。概念史研究注重考察语言、概念在具体历史和社会语境中的运用情况，也许可以"为失去后劲的文化研究"找到一条出路。方老师这个见解，本人也很赞同。概念史研究不能停留在相对虚的层面，眼里只有概念及其含义的变化；而要"由虚入实""虚实结合"，由概念切入行为乃至制度，在一定程度上贯穿文化、政治、经济等维度。

方维规教授认真听取了每位发言人的报告，并于研讨会最后作出——回应，以下为方教授回应的内容纪要。

一个月以前，孙江兄和我联系，希望我为即将出版的新书做个讲座或读书会，我欣然答应，今天举办这种形式的读书会，七八位老师围绕我的书——报告，对我自己而言，是很有帮助的。

李里峰教授刚刚说的新"四化"如何翻译，其实见仁见智，孙江兄（的翻译）应当是受到了《亚洲概念史研究》中一篇文章的影响。九年前在南京我与施耐德教授的"文明吵架"，并不妨碍我们的私交，术业有专攻，概念史研究就是在这样不断地探讨甚至争论中逐步向前的。其实"四化"和"鞍型期"最早是我介绍到国内的，里峰刚刚提到的"可意识形态化"（Ideologisierbarkeit）是我比较熟悉的，学界一般直接使用"意识形态化"。德语中的"意识形态化"是Ideologisierung，但是，科塞雷克却生造了另一个词，来表示"意识形态化的可能性"这层意涵，两者在词法上的内涵是有所差异的。

刚才各位发言人在报告的时候，我正在进行激烈的思想斗争，我在这里作一个统一的回应。闵心蕙提到的问题，科塞雷克自己对一些概念的解释是不是更新了德语学界的认识，我想答案是肯定的，但这是一个相对很小的圈子，这其实和"大众化"的问题密切相关，但由于时间关系，没法详细展开。钱辰济提到的翻译问题我认为很重要，我有一篇叫《中国翻译重灾区》的文章提到了中国的不少译者的"四不懂"：一不懂外语，二不懂汉语,三不懂翻译,四不懂专业。这种说法虽有夸张之嫌,但不是危言耸听,我想国内的一些译者过分地倚靠双语辞典了。罗宇维的思考比较多,她对剑桥学派和概念史的比较有不少反思。关于是否要将洛夫乔伊的"观念史"与剑桥学派的观念史放在一个脉络里进行介绍,我觉得还可以进行商榷;关于波考克和科塞雷克研究中的相似性问题,波考克更强调概念的共时性,而科塞雷克在强调共时性的同时,认为只有历时性才能成就概念史。另外,罗宇维的一个建议非常好,如何把斯金纳、福柯、科塞雷克三方之间的关系糅合到一起进行比较,是我将来打算写的一个题目。刘超提出的看法是很重要的,我不否认我是借斯金纳之口去批评威廉斯,斯金纳的观点毋庸置疑是精英式的,而威廉斯则更多地强调大众化的因素。

最后,我想对观念史和概念史之间的区分再多说两句,刚刚几位老师也提到了这一点,这是必须要厘清的问题。其实,观念史和概念史没有高下之分,翻开孙江主编的《亚洲概念史研究》第一辑,第一句话便是"名不正,则言不顺。言不顺,则事不成"。2009年,我曾在《概念史研究方法要旨》(载《新史学》第三卷)一文中详细指出两者的不同。自觉地明确并区分两者在学术脉络、研究视角和理论方法上的差异,将有助于中国概念史研究的再出发。

在圆桌讨论的环节,孙江教授充分肯定了方教授在中国概念史研究领域中的重要贡献和地位,以及《什么是概念史》一书在国内学界的前沿价值。他对东亚概念史研究的未来提出了一点设想,概念史在东亚涉及跨文化的问题和具体的翻译行为,这些都造就了东亚概念史的特殊性,孙江教授在《概念史研究的中国转向》一文中提出了中国概念史研究的新"四化",其中最重要的是衍生化,即具有东亚、中国特色的下位概念是如何上升为一个上位概念的。日本成城大学的陈力卫教授对年轻人如何引用辞典进行翻译提出了具体的建议,他认为年轻人应尽量引用历史辞典,和时代保持距离,并谨慎对待同时代的辞典。日本关西大学的沈国威教授对本次研讨会进行总结,他高度评价了方维规教授的新书,认为它将成为国内介绍西方概念史理论的经典之作。同时,沈国威教授也借方教授的《概念的历史分量》一书指出中西方概念史研究的差异,东亚概念史研究涉及汉字文化圈中概念翻译、接受和普及的问题,该书的外译将为英语、德语学界提供新的视野与启发。有志于概念史研究的青年学者,势必获得了知识基础的更新和方法论上的启发,至此,方维规教授的新书研讨会取得圆满成功。

南京大学学衡研究院自2014年成立以来,始终以概念史研究作为主要研究领域之一,主办中文集刊《亚洲概念史研究》、英文集刊 *Conceptual History: China, Asia, and the Global*,主编"学衡概念史研究丛书"和"学衡概念史研究译丛",编纂《中国现代政治-社会基本概念大辞典》等,以期系统梳理中国现代基本概念体系之形成与变迁,为国内人文社会科学研究的深化和拓展奠定基础。此次适逢北京师范大学方维规教授著作《什么是概念史》一书出版,国内外概念史学者围绕方著展开的热烈研讨,势将助推概念史研究的中国转向。

征稿启事

1. 《亚洲概念史研究》由南京大学学衡研究院主办。

2. 刊载与语言、翻译、概念、文本、学科、制度和现代性等主题有关的论文和评论。

3. 除特约稿件外,论文字数以不多于 30 000 字为宜,评论以不多于 20 000字为宜。

4. 热忱欢迎海内外学者不吝赐稿。请将电子稿寄至 xuehengnju@163.com 或将打印稿寄至:南京市栖霞区仙林大道 163 号南京大学圣达楼学衡研究院收(邮编:210023)。

5. 文稿第一页请标示以下内容:文章标题、作者姓名、单位、电子邮箱、通讯地址。

6. 投寄本刊文章,凡采用他人成说,请务必加注说明,注释一律采用当页脚注,并注明作者、书名、出版信息及引用页码,参考文献另列于文末。

7. 本刊实行匿名评审制度。编辑部有权对来稿文字做技术性处理,文章中的学术观点不代表编辑部意见。

8. 投稿一个月之内未收到刊用通知,请自行处理。